国际贸易实务

（第四版）

主　编 ◎ 吴国新　毛小明
副主编 ◎ 郭凤艳　何一红　杨春梅

International Trade Practice

清华大学出版社
北　京

内 容 简 介

本教材突出"应用性",注重对学生实际应用能力的培养。全书共十三章,以国际贸易交易磋商、签约和合同履行这一基本程序为主线,全面系统地介绍了国际贸易合同的十大条款,内容主要包括品质、数量、包装、价格(包括贸易术语)、交付(包括运输与保险)、支付、报检与报关、索赔、不可抗力和仲裁。

在编写过程中,本教材贯穿了国际贸易应该遵循的国际贸易惯例和法规,特别注重最新国际贸易惯例的变化,如有关贸易术语方面的INCOTERMS 2020、UCP 600等。同时,本教材注重互动式教学内容设计和应用性特色,力求相关知识内容与外贸公司的实际业务紧密相连,强调案例分析,以提高学生解决问题的能力。为体现应用性和实用性强的特点,本教材的编写与国际经济与贸易类资格考试密切联系,每章后均有练习题,对学生参加目前我国经济类各种资格考试和全国各种贸易类资格考试均有一定的帮助和参考价值。

本教材可以作为高等院校国际经济与贸易、国际物流专业本科教材,也可供相关业务部门作为培训教材,还可供外贸、国际运输等领域理论与实际工作者阅读参考。

本书封面贴有清华大学出版社防伪标签,无标签者不得销售。
版权所有,侵权必究。举报:010-62782989,beiqinquan@tup.tsinghua.edu.cn。

图书在版编目(CIP)数据

国际贸易实务 / 吴国新,毛小明主编. —4版. —北京:清华大学出版社,2021.12(2023.8重印)
ISBN 978-7-302-59804-6

Ⅰ. ①国… Ⅱ. ①吴… ②毛… Ⅲ. ①国际贸易—贸易实务—高等学校—教材 Ⅳ. ①F740.4

中国版本图书馆CIP数据核字(2021)第269688号

责任编辑:邓　婷
封面设计:刘　超
版式设计:文森时代
责任校对:马军令
责任印制:沈　露

出版发行:清华大学出版社
网　　址:http://www.tup.com.cn, http://www.wqbook.com
地　　址:北京清华大学学研大厦A座　　邮　　编:100084
社 总 机:010-83470000　　邮　　购:010-62786544
投稿与读者服务:010-62776969,c-service@tup.tsinghua.edu.cn
质量反馈:010-62772015,zhiliang@tup.tsinghua.edu.cn
印 装 者:三河市君旺印务有限公司
经　　销:全国新华书店
开　　本:185mm×260mm　　印　张:20.25　　字　数:480千字
版　　次:2011年6月第1版　　2021年12月第4版　　印　次:2023年8月第3次印刷
定　　价:59.80元

产品编号:088456-01

第四版前言

本教材从实务角度论述国际商品交换的操作过程，以国际贸易交易磋商、签约和合同履行这一基本程序为主线，贯穿应遵循的国际惯例和法规。全书内容涵盖面广、深入浅出，对重点问题进行了挖掘，突出了应用性和实践性；在内容处理上注重理论与实践相结合，力求原理清晰、实务突出，有利于培养学生的综合应用能力，与应用型本科院校培养学生的宗旨相吻合。本书的特点具体表现在以下几个方面。

一是内容新颖，体系完整，便于学习。本书介绍了国际贸易管理的新变化和新发展。例如，INCOTERMS 2020 的实施，我国报检报关主管部门的合并带来的相关政策内容的变化，报关与检验检疫流程方面的变化，以及海关总署于 2019 年 1 月 22 日公告《中华人民共和国海关进出口货物报关单填制规范》对报关单的填制进行了修订，等等。全书覆盖面广，而且每章都有小结和重要概念，便于学生学习，每章开篇均有案例引入，每章后均有思考题和案例分析题，便于学生把握重点，加深对教材内容的吸收和消化，有利于提高学生分析问题和解决问题的能力。

二是注重互动式教学内容设计和应用性特色，该部分的知识内容力求与外贸公司的实际业务紧密相连，以提高学生思考问题的能力。为了加强互动式教学，我们在每章中都穿插了案例。为体现应用性和实用性强的特点，本教材的编写与国际经济与贸易类资格考试密切联系，教材每章后均设有练习题，对学生参加目前我国经济类各种资格考试和全国各种贸易类资格考试均有一定的参考价值。为了方便教师高效、便捷地使用本教材，我们将提供本教材的辅导教学材料，主要包括每章 PPT 课件、每章思考题参考答案、案例讨论、国际贸易实务练习题以及国际贸易实务实训模块，并及时跟踪国际贸易最新发展动态，及时提供相关内容。

本教材在编写过程中采用了一些外贸单证，其来源主要有吴国新老师在中国银行上海市浦东分行国际贸易结算部教学实践时索取的单证和毛小明老师在外贸公司实践中的一些资料，以及参编老师带领学生到外贸公司实习时收集的一些单证资料，此外，还有外贸公司、货代公司和物流公司的朋友提供的单据。在此要说明的是，该教材在采用这些原始单据的过程中都做了一些修改，已不存在泄露商业秘密的问题，请有关人士放心，在此一并向你们表示衷心的感谢。

参加本书编写的有：南昌大学的毛小明老师（第十三章），北华航天工业学院的郭凤艳老师（第七章），上海商学院的何一红老师（第九章、第十章、第十一章），上海立信会计金融学院的杨勤老师（第十一章），上海应用技术大学的洪静老师（第一章、第六章）、天津工业大学的杨春梅老师（第五章）和上海对外经贸大学的吴国新教授（第二章、第三章、第四章、第八章、第十二章），最后由吴国新教授对全书进行修改、总纂和定稿。

同时，本教材也是上海市教委重点教材建设项目（项目编号：J041）和上海市教育委员会重点课程建设项目（项目编号：M07005）的建设成果。

限于编者水平，书中难免存在疏漏与不足之处，敬请读者指教匡正。

编　者
2021年6月

目 录

第一章 绪论 ... 1
- 第一节 国际贸易实务的研究对象、内容 ... 1
- 第二节 国际贸易适用的法律 ... 5
- 第三节 国际贸易的基本业务流程 ... 8
- 本章小结 ... 10
- 本章重要概念 ... 11
- 思考题 ... 11
- 学生课后阅读参考文献 ... 11

第二章 国际贸易合同的标的 ... 12
- 第一节 商品的名称和品质 ... 13
- 第二节 商品的数量 ... 19
- 第三节 商品的包装 ... 23
- 本章小结 ... 30
- 本章重要概念 ... 30
- 思考题 ... 31
- 学生课后阅读参考文献 ... 31

第三章 贸易术语 ... 32
- 第一节 贸易术语与国际贸易惯例 ... 32
- 第二节 适用于海运和内河水运的贸易术语 ... 38
- 第三节 适用于任何一种或多种运输方式的贸易术语 ... 46
- 第四节 使用贸易术语应注意的问题 ... 58
- 本章小结 ... 59
- 本章重要概念 ... 59
- 思考题 ... 59
- 学生课后阅读参考文献 ... 60

第四章 国际贸易商品成本核算与价格确定 ... 61
- 第一节 进出口商品价格的掌握 ... 62
- 第二节 主要贸易术语的价格构成和换算方法 ... 65
- 第三节 商品作价的基本方法 ... 68
- 第四节 佣金和折扣 ... 70

- 第五节 出口报价核算和出口商品成本核算 72
- 第六节 买卖合同中的价格条款 77
- 本章小结 79
- 本章重要概念 79
- 思考题 79
- 学生课后阅读参考文献 80

第五章 国际货物运输 81
- 第一节 国际货物运输方式 81
- 第二节 国际货物运输单据 100
- 第三节 买卖合同中的装运条款 103
- 本章小结 108
- 本章重要概念 108
- 思考题 108
- 学生课后阅读参考文献 108

第六章 国际货物运输保险 110
- 第一节 国际货物运输保险概述 110
- 第二节 海洋运输货物保险保障的范围 112
- 第三节 我国海洋运输货物保险的条款 116
- 第四节 我国其他货运保险 123
- 第五节 伦敦保险协会《海运货物保险条款》 126
- 第六节 国际货物运输保险实务 128
- 本章小结 131
- 本章重要概念 132
- 思考题 132
- 学生课后阅读参考文献 132

第七章 进出口货物报关与检验检疫 133
- 第一节 进出口货物报关概述 133
- 第二节 进出口货物的报关程序 138
- 第三节 进出口报关单填制的规范 148
- 第四节 商品检验检疫概述 151
- 第五节 "单一窗口"电子报关报检 157
- 本章小结 159
- 本章重要概念 159
- 思考题 160
- 学生课后阅读参考文献 160

第八章　国际货款的结算 161
- 第一节　结算工具 161
- 第二节　汇付和托收 166
- 第三节　信用证 173
- 第四节　银行保证书和国际保理 191
- 第五节　不同结算方式的选用 193
- 本章小结 194
- 本章重要概念 194
- 思考题 195
- 学生课后阅读参考文献 197

第九章　索赔、不可抗力和仲裁 198
- 第一节　索赔 198
- 第二节　不可抗力 203
- 第三节　仲裁 205
- 本章小结 210
- 本章重要概念 210
- 思考题 211
- 学生课后阅读参考文献 211

第十章　贸易磋商与合同的签订 212
- 第一节　交易磋商的重要性及磋商前的准备 213
- 第二节　磋商交易的步骤 215
- 第三节　合同的成立 221
- 第四节　合同的形式与内容 222
- 本章小结 225
- 本章重要概念 225
- 思考题 225
- 学生课后阅读参考文献 226

第十一章　进出口合同的履行 227
- 第一节　出口合同的履行 227
- 第二节　进口合同的履行 240
- 本章小结 247
- 本章重要概念 247
- 思考题 247
- 学生课后阅读参考文献 248

第十二章　国际贸易单证的缮制与填写 249
- 第一节　汇票的缮制与填写 249

第二节　商业发票的缮制与填写 252
　第三节　海运提单的缮制与填写 255
　第四节　保险单的缮制与填写 258
　第五节　原产地证书的缮制与填写 261
　第六节　进出口货物报关单的缮制与填写 266
　第七节　其他单证的缮制与填写 287
　本章小结 289
　本章重要概念 289
　思考题 289
　学生课后阅读参考文献 294

第十三章　国际贸易综合实训 295
　实训一：买卖双方谈判 295
　实训二：买卖双方签订售货合约 298
　实训三：卖方与生产商签订购销合同 300
　实训四：卖方成本核算 301
　实训五：买方信用证申请书填制 302
　实训六：买方信用证正文 303
　实训七：出口报关单填制 306
　实训八：出境货物订舱单 307
　实训九：卖方按信用证要求将填制好的结汇单据递交议付行 308
　本章小结 314
　学生课后阅读参考文献 314

参考文献 315

后记 316

第一章 绪 论

> **学习目的与要求**
>
> 通过本章的学习,理解和掌握国际贸易实务的研究对象、范围和基本内容;了解国际贸易的相关法律和惯例;掌握国际贸易实务的基本程序。

开篇案例:国际贸易中法律和惯例的适用原则

【案情】

2020年,上海A外贸公司与纽约B公司在美国订立一份CIF合同,B公司出售一批iPad给A公司,货运目的港是中国上海,按CIF SHANGHAI贸易术语达成交易。双方在执行合同过程中发生了争议。请问,此项合同纠纷应当适用什么法律?为什么?

【分析】

中国和美国均为《联合国国际货物销售合同公约》(以下简称《公约》)的缔约国,按照《公约》的规定,如果合同双方当事人的营业地是处于不同的国家,该公约就适用于这些当事人间订立的货物买卖合同,即《公约》适用于营业地处于不同的缔约国家的当事人之间订立的买卖合同。由于本案例中双方公司的营业地分别处于中国上海和美国纽约,因此该合同纠纷适用《公约》。

在国际贸易中,买卖双方在签订和履行合同时主要涉及哪些内容呢?国际贸易实务的主要研究内容有哪些呢?这些是本章要回答的问题。

国际贸易实务是一门主要研究国际商品交换具体过程的学科,也是一门具有涉外活动特点的、实践性很强的综合性应用学科。学习国际贸易实务,首先要明确国际贸易实务这门学科的研究对象、范围和内容,清楚国际贸易和国内贸易的区别,并初步了解国际贸易实务活动开展的框架和基本程序,这些对于深入学习国际贸易实务的原理和知识,学习国际贸易实务的操作技能,具有重要的指导意义。

第一节 国际贸易实务的研究对象、内容

一、国际贸易实务的研究对象

国际贸易实务课程针对国际贸易的特点和要求,从实践和法律的角度分析、研究国际贸易适用的有关法律与惯例和国际商品交换过程的各种实际运作,总结国内外实践经验

和吸收国际上一些行之有效的贸易习惯做法，以便学习者掌握从事国际贸易的知识技能，学会在进出口业务中，既能正确地贯彻我国对外贸易的方针政策和经营意图，确保最佳经济效益，又能按国际规范办事，使自身的贸易做法能为国际社会普遍接受，做到同国际接轨。

　　国际间商品交换的具体过程，从一个国家的角度看，具体体现在进出口活动的各个环节。在这些环节中，由于存在法律上的不同规定和贸易习惯上的差异，所以在涉及利害关系时，买卖双方往往会产生矛盾和争议。如何协调利害关系，使买卖双方在平等互利、公平合理的基础上达成交易，完成约定的进出口业务，乃本课程研究的中心课题。

　　国际贸易的标的包括货物、服务和技术。虽然当代服务贸易和技术贸易在国际贸易中已经占有相当大的比重，而且该比重还有不断上升的趋势，但是，无论是在我国还是在国际上，货物贸易仍然是国际贸易中最主要和最基本的部分。此外，不少有关技术贸易和服务贸易的业务做法是从货物贸易的基本做法中演变出来的，有的甚至直接沿袭了货物贸易的基本做法。所以，有关国际货物贸易的基本理论和业务做法是每一个从事国际贸易实际工作和研究的工作人员必须掌握的基本知识。同时，掌握国际货物贸易的知识也是更好地掌握国际服务贸易和国际技术贸易知识的重要途径。本书所阐述的国际贸易实务的原理、知识、方法、技能都是就国际货物贸易而言的。

　　对于一笔货物贸易，首先要明确它是国际贸易还是国内贸易，而判断货物贸易是否具有"国际性"在实务中是一个重要的问题。在货物贸易中，有时会出现一些争议和违约情况，解决争议和处理违约往往会涉及所适用的法律，而国际贸易和国内贸易所适用的法律是有所不同的。因此，明确贸易是否具有"国际性"具有很重要的实际意义。

　　由于不同国家的法律和国际条约依据不同标准给"国际性"赋予含义，因此，对于一笔贸易是否具有"国际性"，不同国家可能有不同的判定结果。综合来看，各国法律和国际条约对"国际性"的判定标准主要有：① 买卖双方当事人的营业地处于不同的国家；② 当事人具有不同的国籍；③ 订立合同的行为完成于不同的国家；④ 货物必须由一国运往另一国。

　　对于以上这些标准，有的国家采取其中一个来判定贸易的国际性，也有的国家采用多个标准来判定。例如，英国在《不公平合同条款法》（1977年）中规定，如果订约当事人的营业地处于不同国家，而且符合下列情况之一，即认为具有国际性：① 货物将由一国领土运往另一国领土；② 构成要约和承诺的行为完成于不同国家的领土之内；③ 合同所供应的货物须交付到完成上述行为的国家以外的其他国家。如果属于国际性贸易，则卖方可以在合同中排除其对货物所承担的各项默示担保义务；对于非国际性贸易，则不允许卖方以合同排除其对货物的默示担保义务。

　　联合国国际贸易法委员会在1980年制定的《联合国国际货物销售合同公约》（以下简称《公约》）中采用单一的营业地标准，即以买卖双方的营业地点是否处于不同国家为标准。按此标准，如果买卖双方的营业地均设立在同一个国家，那么即使他们所订立的合同要求将货物由一国运往另一国或交付到另一个国家，或要约与承诺行为完成于不同的国家，该合同仍不被认为具有国际性；反之，只要双方当事人的营业地点设立在不同国家，则即使他们所订立的合同是工厂交货，无须出国交付，这种合同仍被视为具有国际性，适用该《公约》。如果当事人拥有多处营业地，则《公约》规定采用最密切联系原则。

案例 1.1

某跨国公司 A 在甲、乙两国均有一个子公司，B 公司在甲国注册经营。A 公司与 B 公司签订一份买卖合同，如果是 A 公司位于甲国的子公司与 B 公司签订的买卖合同，那么该合同是否具有国际性？如果是 A 公司位于乙国的子公司与 B 公司签订的买卖合同，那么该合同又是否具有国际性？

二、国际贸易实务课程的基本内容

国际贸易实务是一门综合性、应用性很强的学科，它涉及的范围比较广，包括国际贸易基本政策、国际商法、国际金融、国际市场营销、国际运输、国际保险等知识。具体包括以下几方面主要内容。

（一）国际贸易法律规范

国际贸易活动需要在一定的法律规范下开展，只有这样，才能保证国际贸易的持久、有序和健康，才能保证贸易商的利益不受损害。因此，国际贸易法律规范是开展国际贸易实务的基本条件，国际贸易工作者掌握这方面的知识是很有必要的。从国际贸易的实践来看，国际贸易法律规范越来越重要了。

各国的法律、国际条约和国际惯例共同组成了国际贸易法律规范的框架，这三个方面的内容是从事国际贸易实务活动必须要学习和掌握的。首先，国际贸易法律规范要以各国制定的有关贸易的法律为基础。其次，为协调各国法律制度存在的差异，国家之间及国际组织通过制定一系列条约、协定，从而在一定程度上调整各国之间的法律关系，力求在国际上实施统一的法律规范。最后，由于各国法律及国际条约对国际贸易实务的很多具体细节问题难以做出规范，因此，往往会借用国际贸易中长期以来被反复使用的国际贸易惯例作为法律规范的补充。

（二）国际贸易条件

贸易商为了实现各自的经济目的，必然要在贸易中提出一系列贸易条件。国际贸易是围绕这些贸易条件进行的，贸易商之间的谈判内容主要针对这些贸易条件。当贸易商就各项贸易条件达成一致意见后，便以合同的形式把这些条件确定下来，之后再各自按事先商定的贸易条件履行义务、完成交易，最后获得期望的利益。因此，贸易条件是国际贸易实务活动的基本活动。国际贸易条件主要包括货物的品质（质量）、数量、包装、价格、交货（运输和保险）、支付、检验、索赔、不可抗力和仲裁。我们将前六项条件称为主要交易条件（major terms and conditions），将后四项条件称为一般交易条件（general terms and conditions）。

（三）国际贸易程序

国际贸易程序大体上可分成三个阶段：第一个阶段是国际贸易准备。这个阶段的内容是开展国际市场调研、制订国际贸易计划以及对将要进行的交易进行成本、价格和经济效应核算。第二个阶段是交易磋商和订立合同。这个阶段主要是谈判成交的过程，其中包括询盘、发盘、还盘、接受和订立合同等环节。第三个阶段是履行合同和违约处理。这个阶段的内容主要包括怎样履行合同；在履行合同的过程中要注意哪些问题；怎样避免违约；如果发生了违约事件，应该如何去处理；等等。

（四）国际贸易方式

国际贸易方式也是国际贸易实务中的一个重要内容。要发展对外贸易，就要研究和运用新型国际贸易方式。在当代国际贸易中，已经有很多贸易方式被应用了。例如，为了稳定贸易双方长期关系的包销和寄售；为了引起买家之间和卖家之间竞争的招标、投标和拍卖；将生产和贸易相结合的加工贸易；将进口和出口相结合的易货贸易、互购贸易、补偿贸易；以不转移货物所有权为特点的租赁贸易；以有特定组织形式和买卖公开竞争为特点的期货贸易等。

三、国际贸易实务课程的基本学习方法

（一）贯彻理论联系实际的原则

在学习本课程时，要以国际贸易基本原理和国家对外方针政策为指导，对在《国际贸易》等先行课程中所学到的基础理论和基本政策加以具体运用。在学习过程中，对涉及的内容，可有针对性地回顾一下，力求将理论与实践、政策与业务有效地结合起来，不断提高分析与解决实际问题的能力。

（二）注意业务同法律的联系

国际贸易法律课程的内容同国际贸易实务课程的内容关系密切，因为国际货物买卖合同的成立必须经过一定的法律步骤，国际货物买卖合同是对合同当事人双方有约束力的法律文件。履行合同是一种法律行为，处理履约当中的争议实际上是解决法律纠纷问题。而且，针对不同法系的国家，具体裁决的结果也不一样，这就要求从实践和法律两个侧面来研究本课程的内容。

（三）加强英语学习

对于外贸专业人员而言，不仅要掌握一定的专业知识，而且必须会用英语与外商交流、谈判及发送传真、书信和 E-mail。如果专业英语知识掌握得不好，就很难胜任工作，甚至会影响业务的顺利进行。因此，外贸人员在学习过程中应加强对英语的学习，掌握外贸专业术语。

（四）注意本课程同其他相关课程的联系

国际贸易实务是一门综合性学科，与其他课程内容紧密相连，因此学生在学习的过程中应该综合运用各学科知识。例如，讲到商品的品质、数量和包装内容时，就应去了解商品学的知识；讲到商品的价格时，就应去了解价格学、国际金融学及货币银行学的内容；讲到国际货物运输、保险内容时，就应去了解运输学、保险学的内容；讲到争议、违约、索赔、不可抗力等内容时，就应去了解有关法律知识等。

（五）贯彻"洋为中用"的原则

为了适应国际贸易发展的需要，国际商会等国际组织相继制定了有关国际贸易方面的各种规则，如《国际贸易术语解释通则》《托收统一规则》《跟单信用证统一惯例》等。这些规则已成为当前国际贸易中公认的一般国际贸易惯例，被人们普遍接受和使用，并成为国际贸易从业人员应当遵守的行为准则。因此，在学习本课程时，学生必须根据"洋为中用"的原则，结合我国国情来研究国际上一些通行的惯例和普遍实行的原则，并学会灵活运用国际上的一些行之有效的贸易方式和习惯做法，以便按国际规范办事，在贸易做法上同国际市场接轨。

（六）坚持学以致用原则

本课程是一门实践性很强的应用学科。在学习过程中，学生要重视案例、实例分析和平时的操作练习，并结合校外参观、实习，以增加感性知识，加强基本技能的训练，注重能力培养。

第二节　国际贸易适用的法律

国际货物贸易是一种跨越国界的经济活动，它的法律关系调整要比在同一法律制度下的国内货物贸易法律关系的调整复杂得多。之所以会产生国际货物买卖合同的法律适用问题，主要是因为买卖双方的营业地分别处在不同的国家或地区。既然买卖双方在不同的国家，而各国的法律又有所不同，在签约和履约的过程中就会产生法律冲突和法律适用问题。适用于国际货物贸易关系的法律主要包括三个方面，即各国有关国际贸易的法律、国际条约和协定以及国际贸易惯例。掌握这三个方面的知识对于我国企业顺利开展国际贸易业务，维护企业在对外贸易中的权利，进一步发展我国的对外贸易，具有重要的意义。

一、国内法

在国际货物买卖中，交易双方所处的国家不同，他们都要遵守各自所在国的国内法。大陆法系的国家大多把有关贸易的法律编入民法典内，作为民法典的一个组成部分。例如，《法国民法典》《德国民法典》《日本民法典》都对贸易双方的权利和义务做出了具体的规定，这些国家除了民法典外，还制定了商法典，专门就商事行为、海商、保险、票据或公司等方面的法律分别做出具体的规定。英美法系国家的贸易法由普通法和成文法两部分组成，如英国的《1979年货物买卖法》（Sale of Goods Act, 1979）、《美国统一商法典》（Uniform Commercial Code）。我国有关货物贸易的法律主要有《中华人民共和国合同法》、《中华人民共和国海关法》（以下简称《海关法》）、《中华人民共和国海商法》（以下简称《海商法》）、《中华人民共和国仲裁法》、《中华人民共和国商标法》以及《中华人民共和国进出口商品检验法》（以下简称《进出口商品检验法》）等。

各国法律制度不同，对同一问题往往有不同的规定，为了解决这种"法律冲突"，各国一般在国内法中规定冲突的规范方法。我国《合同法》第一百二十六条规定："涉外合同的当事人可以选择处理合同争议所适用的法律，但法律另有规定的除外。涉外合同的当事人没有选择的，适用与合同有最密切联系的国家的法律。"

二、国际条约

在国际货物买卖中，交易者必须遵守国家对外缔结或参加的有关国际贸易、国际运输、商标、专利、工业产权、仲裁等方面的国际条约和协定。

国际条约是国际货物买卖法的重要基础。它是国家之间通过国际组织或国际会议共同制定的、用来明确经济贸易方面的相互权利和义务关系的书面协议。国际贸易条约产生的原因是各国制定的有关贸易的法律存在着差异，若国际贸易使用某一国的法律，难免使其他国家的贸易当事人感到不适应，这种国际贸易中的法律障碍不利于国际贸易的发展。因此，第二次世界大战以后，随着国际贸易的飞速发展，国家之间开始通过国际组织或国际会议共同制定国际贸易条约来规范国际贸易行为，以消除国际贸易的法律障碍，使国际贸易得以顺利开展。许多国际组织，如国际商会、罗马国际统一私法协会、联合国国际贸易法委员会、国际法协会等也积极地从事统一国际贸易法的工作。

有关国际货物买卖的国际条约主要有：《联合国国际货物销售合同公约》（United Nations Convention on Contracts for the International Sale of Goods）、《联合国国际货物买卖时效期限公约》（United Nations Convention on the Limitation Period in the International Sale of Goods）、《国际货物买卖合同法律适用公约》（Convention on the Law Applicable to Contracts for the International Sale of Goods）、《关于统一提单的若干法律规则的国际公约》（International Convention for the Unification of Certain Rules of Law Relating to Bills of Lading）、《修改统一提单若干法律规则的国际公约议定书》（Protocol to Amend the International Convention for the Unification of Certain Rules of Law Relating to Bills of Lading）以及《联合国海上货物运输公约》（United Nations Convention on the Carriage of Goods by Sea）等。

其中，《联合国国际货物销售合同公约》（以下简称《公约》）是迄今为止有关国际货物买卖合同的最为重要的一项国际条约。它是由联合国国际贸易法委员会主持制定的，该公约于1980年在维也纳举行的外交会议上获得通过，并于1988年1月1日正式生效。我国是该公约的缔约国之一。我国对该公约的态度是：基本上赞同《公约》的内容，但在《公约》允许的范围内，根据我国的具体情况，提出了以下两项保留内容。

（一）国际货物买卖合同必须采用书面形式

按照该公约的规定，国际货物买卖合同不一定要以书面方式订立或以书面证明，在形式方面不受限制。这就是说，无论国际货物买卖合同采用书面形式、口头形式或其他形式，都被认为是有效的。这一规定与当时我国《涉外经济合同法》中涉外经济合同（包括国际货物买卖合同）必须采用书面形式订立的规定是有抵触的。因此，我国在批准该公约时对此予以保留。

（二）关于《公约》的适用范围

《公约》在确定其适用范围时，是以当事人的营业地处于不同国家为标准的，对当事人的国籍不予考虑。按照《公约》的规定，如果合同双方当事人的营业地是处于不同的国家，而且这些国家又都是该公约的缔约国，该公约就适用于这些当事人间订立的货物买卖合同，即《公约》适用于营业地处于不同的缔约国家的当事人之间订立的买卖合同。对于这一点，我国是同意的。但是，该公约又规定，当当事人的营业地分处于不同的国家，而他们的营业地的所属国家不是《公约》的缔约国时，如果按照国际私法的规则指向适用某个缔约国的法律，则该公约亦将适用于这些当事人之间订立的买卖合同。这一规定的目的是要扩大《公约》的适用范围，使它在某些情况下也可适用于营业地处于非缔约国的当事人之间订立的买卖合同。对于这一点，我国在核准该公约时亦予以保留。在我国，《公约》的适用范围仅限于营业地点分处于不同的缔约国的当事人之间订立的货物买卖合同。

> **案例 1.2**
> 我国上海某外贸公司与日本东京一家企业在华交会上签订了一份买卖合同，交货地点为中国上海港，合同未规定处理争议所适用的法律，但在履行合同时买卖双方发生了纠纷。请问：应该如何处理该纠纷？你认为本案是否适用《公约》？是否适用我国的法律？

三、国际贸易惯例

国际贸易惯例是在国际贸易长期实践的基础上逐渐形成和发展起来的，是人们从事国际货物买卖活动的行为规范和应当遵守的准则，也是国际贸易法律的重要组成部分。在当今国际贸易中影响较大且被广泛使用的国际贸易惯例有以下几种。

（一）国际商会制定的《国际贸易术语解释通则》（INCOTERMS）

该通则制定于1936年，于1953年、1967年和1976年做了三次修订。近年来，为了适应国际货物运输方式的变化和电子技术的发展，国际商会又于1980年、1990年、2000年、2010年和2020年对该通则做了五次修订，现行的文本是2020年修订本，即INCOTERMS 2020。该通则在国际上已获得了广泛的承认和采用，我国在外贸业务中也大量使用该通则。

（二）国际法协会于 1932 年制定的《华沙—牛津规则》

该规则是针对 CIF 合同制定的，对 CIF 合同中买卖双方所应承担的责任、风险与费用做了详细的规定，在国际上有相当大的影响。

（三）国际商会制定的《跟单信用证统一惯例》和《托收统一规则》

国际商会制定的《跟单信用证统一惯例》（*Uniform Customs and Practice for Documentary Credits*，2007 年修订本，国际商会 600 号出版物）和《托收统一规则》（*Uniform Rules for Collection*）是两项有关国际贸易支付方面的重要惯例，它们确定了在采用信用证和托收方式时，银行与有关当事人之间的责任与义务，在国际上有很大的影响，我国在外贸业务中也普遍使用。

国际贸易惯例虽然不是法律，但在实践中经常被引用，它实际上是对国际贸易法律的补充。但是，不是任何贸易商的习惯做法都可以成为国际贸易惯例，只有在长期的国际贸易活动中被应用，具有确定的内容，而且被许多国家和地区认可的习惯做法，才可被称为国际贸易惯例。国际贸易惯例为贸易当事人提供了共同遵守的行为准则，为解决当事人之间的纠纷提供了依据。

当买卖合同中做出了与国际贸易惯例相抵触的规定，本着法律优于惯例的原则，在履行合同和处理争议时，应以买卖合同的规定为准。国际贸易惯例本身不是法律，它对合同当事人不具有强制性约束力，但买卖双方如在合同中约定采用某种惯例，则该项惯例就具有强制性约束力，买卖双方都应遵守。在发生争议时，法院和仲裁机构也可以参照国际贸易惯例来确定当事人的权利与义务。

第三节 国际贸易的基本业务流程

在进出口贸易中，由于交易方式和成交条件不同，业务环节也不尽相同。各环节的工作可先后进行，也可交叉进行，有时也可同时进行。但是，不论进口贸易还是出口贸易，一般都包括交易前的准备、商定合同和履行合同三个阶段。现将进出口贸易的业务流程分别简介如下，详细内容参见第十一章"进出口合同的履行"。

一、出口贸易的基本业务流程

目前，我国出口贸易合同大多数为 CIF 合同或 CFR 合同，并且一般采用信用证付款方式，故在履行这类合同时，必须切实做好货（备货、报验）、证（催证、审证、改证）、运（托运、报关、保险）、款（制单结汇）四个基本环节的工作，同时，还应密切注意买方的履约情况，以保证合同最终得以圆满履行。现以海运为例介绍出口贸易的基本业务流程，如图 1-1 所示。

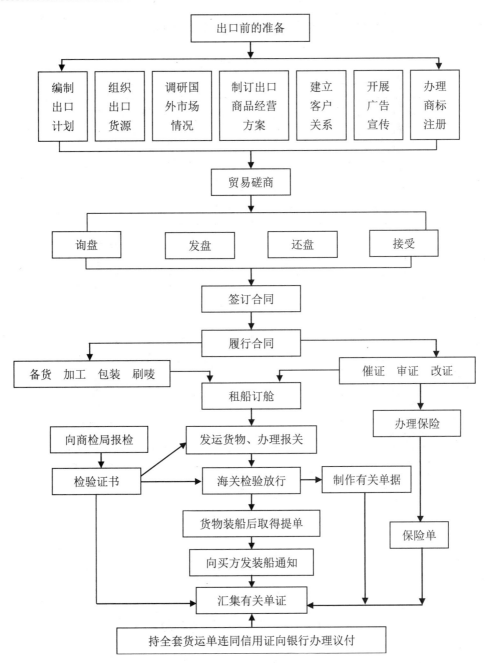

图 1-1 海运出口贸易基本业务流程

二、进口贸易的基本业务流程

目前,我国进口贸易合同大多以 FOB 条件成交,以信用证方式结算货款。履行这类进口贸易合同的一般程序包括签订贸易合同、开立信用证、租船订舱、装运、办理保险、审单付款、接货报关、检验、索赔等事项,进口商应与各有关部门密切配合,逐项完成。下面以海运为例介绍进口贸易的基本业务流程，如图 1-2 所示。

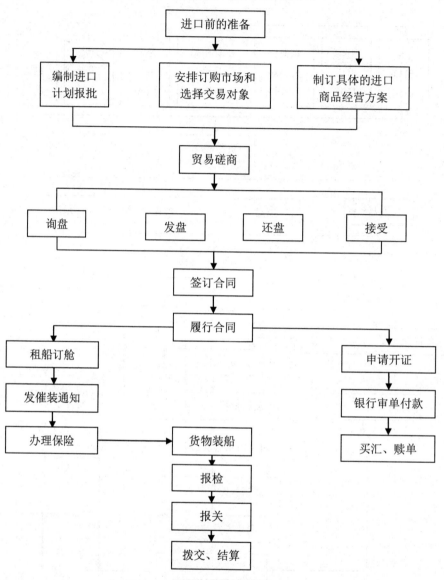

图 1-2　海运进口贸易基本业务流程

本章小结

国际贸易实务的研究对象是国际性商品交换的具体运作过程，包括该过程经历的环节、操作方法和技能，以及应遵循的法律和惯例等行为规范。

判断一笔具体的交易是否属于国际贸易，这在实务中是一个重要的问题。国际贸易和国内贸易所适用的法律是有所不同的，因此，明确贸易是否具有国际性很重要。世界上有很多国家采用营业地标准，即以买卖双方的营业地是否处于不同国家来判断交易是否属于国际贸易。

国际贸易实务是一门综合应用性学科，主要内容有国际贸易法律规范、国际贸易条件、国际贸易程序、国际贸易方式等。

国际贸易的基本业务程序可以分成三个阶段：第一个阶段是交易前的准备；第二个阶段是进行贸易磋商，争取以有利条件成交和订立合同；第三个阶段是履行国际贸易合同。

本章重要概念

国际贸易　　国际法　　国际贸易惯例　　国际条约
国内贸易　　国内法　　国际贸易实务

思考题

1. 国际贸易实务的研究对象是什么？
2. 国际贸易和国内贸易有什么区别？
3. 国际贸易中适用的法律和惯例有何区别？
4. 常用的适用于国际贸易的惯例有哪些？
5. 简述出口贸易的基本业务流程。
6. 简述进口贸易的基本业务流程。

学生课后阅读参考文献

[1] 黎孝先. 国际贸易实务[M]. 北京：对外经济贸易大学出版社，2000.
[2] 吴百福. 进出口贸易实务教程[M]. 4版. 上海：上海人民出版社，2003.
[3] 吴国新，李元旭. 国际贸易单证实务[M]. 2版. 北京：清华大学出版社，2010.
[4] 吴国新. 国际贸易理论与实务[M]. 北京：机械工业出版社，2008.
[5] 唐海燕. 进出口贸易实务新编[M]. 上海：华东师范大学出版社，1999.
[6] 王保树. 中国商事法[M]. 北京：人民法院出版社，2002.

第二章　国际贸易合同的标的

> **学习目的与要求**
>
> 通过本章的学习，理解和掌握表示商品品质的方法、品质条款、数量的计量方法和订立数量的条款以及运输包装和运输标志等内容。

开篇案例：国际贸易合同中品质的表示方法

【案情】

中国 A 公司与新加坡 B 公司签订一份合同，出口一批童装。洽谈中，B 公司查看过 A 公司提供的样品，同意以此作为交货的品质标准，合同品质条款仅仅规定了规格、质料、颜色。货到新加坡后，B 公司提出"颜色不正、缝制工艺粗糙"，要求 A 公司赔偿损失。

A 公司辩解货物是凭样品成交，样品经新加坡 B 公司确认过。B 公司指出合同中并没有写明"凭样品成交"字样，也没有写明样品编号，而且 A 公司没有封存样品作为证物。A 公司解释纺织品按常识会存在色差问题，B 公司回复合同中的品质说明中没有注明所交货物会有色差。请问，本例中，A 公司是否应该承担赔偿责任？

【分析】

本例中，A 公司应该承担赔偿责任。合同中品质的表示方法有凭文字说明和凭样品表示两种，两种方式的陈述都要求既准确又保持必要的灵活性。卖方有义务使所交货物与样品或说明完全一致，如果发生货物的品质与样品或说明不符的情况，买方有权解除合同，拒绝收货并要求卖方赔偿损失。因此，对于因制造技术上确有困难，不能做到与样品一致的商品，卖方应该在合同中保留"交货与样品近似""品质与样品大致相同""品质接近样品"等类似描述。本案中，除在合同的品质条款中列明商品的名称、商标/牌号、规格、型号等必要项目外，还要明确样品的编号、寄送样品的日期及有关寄送样品等内容，不能简单地只做一般描述，而且，服装类产品应该标明"允许有色差"。A 公司未在合同中列明与样品相关的内容，而货物又和合同中的品质说明不符，故 A 公司需要承担赔偿责任。

标的是合同当事人双方权利和义务所共同指向的对象。国际货物买卖合同的标的是进入国际贸易领域的货物，本章所指"合同的标的"为商品的质量、数量和包装。明确规定标的物及其品质要求，这是商订国际货物买卖合同时必须首先解决的问题。

第一节　商品的名称和品质

一、商品的名称

商品的名称（name of commodity）又称"品名"，是指一种商品区别于其他商品的称呼或文字，是合同标的的具体名称。按照有关法律和惯例，作为标的物的交易商品的具体名称是构成商品说明的一个主要组成部分，是买卖双方交接货物的基本依据。而且，在国际贸易中，交易双方大多是凭借对交易商品的描述来确定交易标的的，因此必须在合同中列明商品的名称。

国际货物买卖合同中品名条款的格式并无统一的规定，可以由交易双方商定。品名条款一般比较简单，通常是在"商品名称"或"品名"的标题下列明交易双方成交的商品的名称；也可以省略标题，在合同的开头部分直接用语句说明，如"买卖双方同意买卖某种商品"；品名条款有时也可以包括在品质条款中，即出现品名条款和品质条款合并的情况。

由于品名条款是合同的主要条件，因此，在规定此条款时，买卖双方应当注意以下几点。

（1）品名必须是商品的正式全称。必须针对商品实际情况，在条款中做出实事求是的规定，避免使用做不到或不必要的描述性词句。

（2）品名必须明确具体，避免空泛、笼统。品名要和海关、税务部门规定的名称相吻合，要尽可能地使用国际上的通用名称，避免造成误解。如使用地方性名称，交易双方事先应就其含义达成共识。

（3）应该选择对我方有利的名称。商品名称不同，关税税率有别，配额约束也不同，为节省开支，减少关税负担和避免非关税壁垒的限制，应选择恰当的、对我方有利的名称。国际上为了便于统计征税，对商品有共同的分类标准，即海关合作理事会（现名"世界海关组织"）主持制定的《商品名称及编码协调制度》。该制度于1988年1月1日起正式实施，我国于1992年1月1日起采用该制度。目前，各国的海关统计、普惠制待遇等都按该制度进行。所以，我们在采用商品名称，特别是通用名称时，应与该制度规定的商品名称相对应。

案例 2.1

上海 A 公司出口苹果酒一批，国外来证货名为"Apple Wine"，A 公司为了单证一致，所有单据上均采用"Apple Wine"。不料货到目的港后遭海关扣留罚款，因该批酒的内外包装上均写的是"Cider"字样。结果，外商要求 A 公司赔偿其罚款损失。

请问 A 公司有无责任？为什么？

二、商品的品质

商品的品质（quality of goods）又称"质量"，是指商品的外观形态和内在特性的综合。前者包括商品的外形、色泽、款式、透明度、味道等，后者包括物理性能、机械性能、化学成分、生物特征、技术指标等。商品品质是决定商品使用效能和价格的基本因素，也是买卖双方签订和履行合同的重要依据。

国际贸易中交易的商品种类繁多，特点各异，所以对品质的表示方法也多种多样，但归纳起来，通常惯用的表示方法有两种：一是以实物或样品表示；二是以文字说明表示。

（一）以实物或样品表示

若买卖双方根据成交商品的实际品质进行交易，通常是先由买方或其代理人在卖方所在地验看货物。只要卖方交付的是被验看过的商品，买方就不得对品质提出异议。这种做法多用于寄售、拍卖和展卖业务中。

在国际贸易中，由于交易双方远隔两地，根据商品的实际品质在现场看货交易是非常不便的，通常是寄送从中抽取的样品来表示品质。所谓样品（sample），是指从一批商品中抽取的或由生产部门加工出来的，足以反映和代表整批商品质量的少量实物。凡是以样品作为成交和交货依据的，称为凭样品买卖（sale by sample）。在国际贸易中，这种方法适用于质量难以标准化、规格化的商品，如工艺品、服装、土特产品、轻工产品等。根据样品提供者的不同，凭样品买卖可分为以下两种。

1. 凭卖方样品（sale by seller's sample）

凭卖方样品买卖是指凭卖方提供的样品作为交货品质的依据。通常在买卖合同中应订明"品质以卖方样品为准"（quality as per seller's sample）。在此情况下，卖方应注意：① 卖方选择的样品要有充分的代表性（representative sample），即交货品质应与样品大体相同，并以此样品提供给买方；② 样品应编号留存，通常应备三份。卖方在将样品寄送买方的同时，应保留与送样品质完全一致的另一份样品，即复样（duplicate sample），以备将来组织生产、交货或处理质量纠纷时做核对之用。买方留存一份以便收货时作为货物验收的品质标准。同时，为了防止交易双方在履约过程中产生分歧，必要时还应使用封样（sealed sample），即由第三方或公证机关在一批商品中抽取同样质量的样品若干份，每份样品用封识章等不同方式加封，由第三方或公证机关留存一份备案，其余供当事人使用。③ 对于样、货难以达到完全一致的商品，应在合同中规定如"品质与样品近似（Quality is nearly same as the sample）"等弹性条款，切忌绝对、不留余地。

例 2.1　圣诞熊，货号 S123，根据卖方 2013 年 10 月 28 日寄送的样品。

S123 Christmas bear, as per the samples dispatched by the Seller on 28 Oct, 2013.

2. 凭买方样品买卖（sale by buyer's sample）

凭买方样品买卖是指以买方提供的样品作为交货品质的依据。在国际货物买卖中，凭样品买卖通常由卖方出样，但对买方要求以其所提供的样品来成交的情况也可接受。通常在合同中应订明"品质以买方样品为准（quality as per buyer's sample）"。在此情况下，卖方在实际操作时应注意：① 卖方应根据买方样品再复制一份与买方样品相似的样品提交买方，即提交一份回样（return sample）或对等样（counter sample），请买方确认。对方一旦确认以回样作为双方交易的质量依据，凭买方样品买卖即转化为凭卖方样品买卖。② 在凭买方样品买卖时，要特别注意是否侵犯第三方知识产权等问题，通常在合同中应加列"工业产权争议免责条款"，并规定"货物在买方国家或其他任何国家或地区发生的有关专利、商标、设计等侵权行为，由买方负责，卖方对此概不负责"的免责条款。

在当前国际贸易中，单纯凭样品成交的情况不多，有时可用样品来表示某种商品的一个或几个方面的质量指标。例如，在纺织品和服装中，采用"色样"（color sample）来表示商品的色泽，而用"款式样"（pattern sample）来表示商品的款式，对于商品的其他方面的质量则采用文字说明来表示。

买卖双方为了发展贸易关系，往往采用寄送样品的方法。这种以介绍商品为目的而寄出的样品，最好表明"仅供参考（for reference only）"字样，以免与标准样品混淆。这不属于凭样品买卖，这种样品对买卖双方均无约束力。

（二）以文字说明表示

在国际贸易中，大多数商品的品质是采用文字说明表示的，即交易双方在合同中以文字、图表、照片等方式来说明商品质量，具体有以下几种。

1．凭规格买卖（sale by specification）

商品的规格是指用以反映商品质量的若干主要指标，如化学成分、含量、容量、性能、大小、长短、粗细等。用规格表示商品质量的方法在国际贸易中使用得最广泛，因为它简单易行、明确具体，而且具有可根据每批成交货物的具体品质状况灵活调整的特点。

例 2.2　芝麻　　　　　　　　　　　　　sesame seeds
　　　　水分　　　最高　　8%　　　moisture（max.）　　　8%
　　　　含油量　　最低　　50%　　 oil content（min.）　　 50%
　　　　杂质　　　最高　　6%　　　impurity（max.）　　　6%

2．凭等级买卖（sale by grade）

商品的等级是指同一类商品按其规格上的差异所进行的分类。商品的等级通常是由制造商或出口商根据长期实践经验，在掌握商品质量规律的基础上制定出来的，通常在合同中只需列明等级即可，但对于交易双方不熟悉的等级内容，为了避免争议，最好明确每一等级的具体规格。

例 2.3　我国将出口玉米等级划分为三个等级。
　　　　　　　　纯质（最低）　　　杂质（最高）
　　　一级　　　　97%　　　　　　0.5%
　　　二级　　　　94%　　　　　　1.0%
　　　三级　　　　91%　　　　　　1.5%

3．凭标准买卖（sale by standard）

商品的标准是指标准化的规格和等级。商品的标准一般由标准化组织、政府机关、行业团体、商品交易所等规定并公布，如国际标准化组织的"ISO9000"标准。此外，各国都有自己的标准，如美国的"ANSI"（American National Standards Institute），英国的"BS"

（Britain Standards）等。还有民间组织的标准，如美国保险人实验室的"UL"（Underwrites Laboratories）标准。公布了的标准经常需要修改变动，因此凭商品标准成交时，应注明依据什么标准及标准的版本和年份。

例 2.4 利福平 符合 2015 年版《英国药典》 Rifampicin in Conformity with British Pharmacopoeia 2015

为了促进各国产品质量的提高，完善企业管理制度，保护消费者利益，国际标准化组织推出了 ISO9000 质量管理和质量保证系列标准以及 ISO14000 环境管理系列标准。我国是国际标准化组织常任理事国。1992 年 10 月，我国技术监督局将"ISO"系列标准等效转化为"GB/T19000"系列国家标准，以双编号形式出现，于 1993 年 1 月 1 日起实施，这有助于改善和提高我国企业和产品在国内外消费者、客户心中的形象，降低经营及管理成本，使我国产品适应国际市场对于产品质量的新需求，提高我国产品的国际竞争能力。

在国际贸易中，农副产品由于品质变化较大，难以等级化和标准化，买卖时常采用 FAQ（fair average quality）标准，即农副产品的每个生产年度的中等货或某一装船月份在装运地发运的同一种产品的平均品质，也叫"良好平均品质"，俗称"大路货"。采用 FAQ 表示品质时，除注明 FAQ 字样外，通常还注明货物的具体规格。

例 2.5 中国花生仁：良好平均品质，水分（最高）13%，杂质（最高）5%，含油量（最低）44%。

Chinese groundnut:FAQ,moisture(max.)13%,admixture(max.)5%,oil content(min.)44%.

除了 FAQ，有时还使用 GMQ（good merchantable quality）标准，即卖方所交货物的品质需上好，适于销售，故叫作"上好的可销品质"。这种标准抽象、含糊，一般只适用于木材或冷冻鱼虾等商品。由于容易产生争议，我国对外贸易中很少使用 GMQ 标准。

4. 凭品牌或商标买卖（sale by brand）

商品的品牌是指工商企业为区别同类产品而给本企业生产或销售的商品冠以名称。商标经注册后，不仅是代表商品质量的一种标志，而且是维护商品在国外市场上的合法权益和树立良好信誉的一种手段。特别是一些在国际上久负盛誉的名牌产品，其商标或品牌自身就会成为品质良好的象征，人们在从事这类商品的交易时，仅指定品牌或商标即可确定其品质，如可口可乐。但是，许多知名品牌，如 IBM，由于其产品品种具有多样性，因此是不可能仅凭商标或品牌成交的，应在合同中明确规定品质指标或技术说明。

例 2.6 大白兔奶糖 White Rabbit Creamy Candy

5. 凭产地名称买卖（sale by name of origin）

我国有些地区的产品因产地的自然条件及传统加工工艺等因素的影响，在品质方面具有其他产区的产品不具有的独特风格和特色，对于这类商品，也可以采用产地名称来表示其独特的品质，如"景德镇瓷器""涪陵榨菜""湘绣"等。根据 WTO 的规定，因地域特色而造就的优良产品,可以申请产地名称的保护,如"西湖龙井绿茶"。

例 2.7　四川榨菜　　Sichuan Preserved Vegetable

6. 凭说明书和图样买卖（sale by description and illustrations）

在国际贸易中,机器、电器、仪表、大型设备、交通工具等技术密集型产品因结构复杂,对材料和设计的要求严格,用以说明其性能的数据较多,很难用几个简单的指标来表明其品质的全貌,因此买卖双方订立合同时,往往以说明书及有关图样、照片、设计图纸、分析表及各种数据来说明这种产品的具体性能和结构特点,这种方式称为凭说明书和图样买卖。

例 2.8　品质见卖方所提供的产品说明书中的技术性能部分。

Quality as per technical feature indicated in the illustrations submitted by seller.

凭说明书和图样买卖时,卖方交付的货物必须符合说明书所规定的各项指标,但由于技术产品的结构复杂,技术性能的发挥又常常依赖于一定的外部环境和调试能力,所以往往要订立卖方品质保证条款和技术服务条款,如"卖方须在一定期限内保证其商品的品质符合说明书所规定的指标,如在保证期内发现品质低于规定或部件的工艺不良,或因原材料内部隐患而产生缺陷,买方有权提出索赔,卖方有义务消除缺陷或更换有缺陷的商品或材料,并承担由此引起的各项费用"。

在国际贸易的实际业务中,用文字说明规定商品品质的方法有时会与以样品表示品质的方法结合起来使用。

三、品质条款的规定

品质条款中应写明商品的名称、规格和等级等,或说明样品的编号和日期。根据商品的特性,可分别采用文字说明或样品,或两者兼用。

> **案例 2.2**
> 上海某出口公司向香港出口一批茶叶,合同及信用证上均写的是"二级茶叶",但到发货时才发现二级茶叶库存告罄,于是该出口公司改以一级茶叶交货,并在发票上加注"一级茶叶仍按二级茶叶计价"。请问:这种做法是否妥当?可能会给出口方带来什么问题?

（一）规定品质机动幅度

在国际贸易中,卖方交货品质必须严格与买卖合同规定的品质条款相符,但在实际业务中,由于产品特征、生产条件、运输条件以及气候等原因,卖方要使商品完全符合合同规定的品质条款并非易事。为保证交易的顺利进行,通常的做法是对一些商品的规格做弹性处理,即在合同中加列品质机动幅度和品质公差条款。

1．品质机动幅度

农副产品等初级产品的质量不稳定，为了便于交易的顺利进行，一般在规定其他品质指标的同时，另外规定一定的品质机动幅度，即允许卖方所交货物的品质指标在一定幅度内上下波动。具体方法有以下几种。

（1）规定范围，如"全棉印花布，幅阔 35/36"。

（2）规定极限，如"籼米含水率最高 15%"。

（3）规定上下差异，如"灰鸭绒，含量 18%，±1%"。

2．品质公差

在工业制成品生产过程中，产品的质量指标出现一定的误差是不可避免的，如电机的机械效率为 70%±5%。像这样的误差，即使在合同中没有规定，只要卖方交货品质在公差范围内，也不能视作违约。但为了明确起见，还应在合同品质条款中订明一定幅度的公差，即允许卖方交货品质高于或低于合同规定的品质指标，也就是国际间同行业所公认的产品品质误差。例如，"尺码允许有±3%～5%的合理公差"。

对于在机动幅度内的品质差异，价格一般按合同单价计算，不做调整。但如果有些品质指标的变动会给商品质量带来实质性的变化，为了体现按质论价，经双方协商同意，可以在合同中订立品质增减价条款，如"大豆，含油量不低于 20%，以 20%为基础，含油量±1%，价格±2%"。

（二）正确运用各种表示品质的方法

在销售某一商品时，能够用文字说明表示商品品质的就不要用样品。如果某些商品既用文字说明又用样品表示商品质量，一旦成交，卖方则必须保证实际交付的商品品质既要符合文字说明又要和样品保持一致。

用文字说明表示商品品质的方法有很多种，双方既可以约定单独使用某一种方法，如等级，也可以结合使用两种或两种以上的方法，如既列明等级，又注明具体规格。但是凡是能够用一种方法来表示商品品质的，就不宜采用两种或两种以上的方法，以免顾此失彼，给履约带来困难。

（三）订立品质条款时应注意的问题

（1）品质条款的文字要简要、肯定。为了防止品质纠纷，合同中的品质条款应尽量明确具体，避免含糊不清、模棱两可，用词不能绝对化，如使用"猪肉不含猪毛"等条件苛刻的词句，也不宜采用诸如"大约""左右"等用语，所涉及的数据应力求明确，而且要切合实际，避免订得过高、过低、过繁或过细。

（2）订立品质机动幅度和品质公差，为交货留下一定余地。

（3）卖方要避免对所交货物质量承担双重担保的责任。在买卖合同中，表示品质的方法往往是结合使用文字和实物样品，但如果不是凭样成交的买卖，在向外寄送样品时，应明确表示该样品仅供参考，否则就构成了双重质量指标，会使卖方陷入被动的局面。

> **案例 2.3**
>
> 我国某外贸公司向德国出口一批大豆,合同规定水分最高 13%,杂质不超过 2%。但在成交后,我方向对方寄送样品,并电告对方"成交货物与样品相似"。货到德国后,买方出具了货物品质比样品低的检验证明,并要求赔偿 800 欧元的损失费。我方拒绝赔偿,认为这批商品在交货时是经过挑选的,因为是农产品,不可能做到与样品完全相符。经多次协商,最终以我方违约而赔付一笔品质差价而了结此案。

第二节　商品的数量

商品的数量是国际货物买卖合同的主要交易条件之一。《联合国国际货物销售合同公约》规定:按照合同规定的数量交付货物是卖方的一项基本义务。如卖方交货数量大于约定的数量,买方可以拒收多交的部分,也可以收取卖方多交部分的一部分或全部,但应按照实际收取数量付款。如卖方交货数量少于约定的数量,卖方应在规定的交货期届满之前补交,且不得使买方遭受不合理的损失,买方可保留要求赔偿的权利。因此,正确订立合同中的数量条款对进出口商双方都具有十分重要的意义。

一、商品的计量单位

数量是由计量单位进行表述的,而计量单位是依据一定的度量衡制度而言的。在国际贸易中,商品的种类繁多,性质不同,加之各国度量衡制度也不尽相同,所以表示商品数量的方法也不统一,通常使用的主要有以下几种。

(一) 按重量计量

按重量计量商品数量是当今国际贸易中使用得最广泛的一种方法,适用商品包括一般天然产品以及部分工业制成品,如羊毛、棉花、谷物、矿产品、油类、盐、药品等。

常用计量单位:公吨(metric ton)、长吨(long ton)、短吨(short ton)、公斤(kilogram)、克(gram)、磅(pound)、盎司(ounce)等。

(二) 按体积计量

适用商品:木材、天然气以及化学气体等。

常用计量单位:立方米(cubic meter)、立方码(cubic yard)、立方英尺(cubic foot)、立方英寸(cubic inch)等。

(三) 按容积计量

适用商品:谷物类、部分流体、气体物品等。

常用计量单位:公升(litre)、加仑(gallon)、蒲式耳(bushel)等。

其中,公升和加仑主要用于酒类、油类等液体商品;蒲式耳用于各种谷物。

（四）按面积计量

适用商品：玻璃板、地毯、皮革等。

常用计量单位：平方米（square meter）、平方码（square yard）、平方英尺（square foot）、平方英寸（square inch）等。

（五）按长度计量

适用商品：金属绳索、丝绸、布匹等。

常用计量单位：米（meter）、码（yard）、英尺（foot）、厘米（centimeter）等。

（六）按数量计量

适用商品：大多数工业制成品，尤其是日用消费品、轻工业品、机械产品以及一部分土特产品。

常用计量单位：件（piece）、双（pair）、台（套、架）（set）、打（dozen）、卷（roll）、令（ream）、罗（gross）、大罗（great gross）、包（bale）、袋（bag）、桶（barrel）、箱（case）等。

目前，国际贸易中常使用的度量衡制度有四种：公制（The Metric System，又称米制）、美制（The U. S. System）、英制（The British System）和国际单位制（International System of Units，SI）。由于各国使用的度量衡不尽相同，因此，同一计量单位表示的实际数量有时会有很大差异。例如，以重量单位吨计量时，实行公制的国家一般采用公吨，每公吨为1000千克；实行英制的国家一般采用长吨，每长吨约为1016千克；实行美制的国家一般采用短吨，每短吨约为907.2千克。为方便计量，国际法制计量组织在1960年召开国际计量大会，在公制基础上颁布了国际单位制。我国采用的是以国际单位制为基础的法定计量单位。《中华人民共和国计量法》规定："国际单位制计量单位和国家选定的其他计量单位，为国家法定计量单位。"在外贸实务中，一般应采用法定计量单位。

二、重量的计算方法

在国际贸易中，用重量来计量货物的数量的方法使用得很广，根据一般商业习惯，通常计算重量的方法有以下几种。

（一）按毛重（gross weight）计算

毛重是指商品本身的重量加皮重，即商品加包装物的重量。对货值较低的商品，一般以毛重作为商品的重量，即以毛重作为计算价格和支付货物的计量基础，在国际贸易中被称为"以毛作净（gross for net）"。由于这种计重方法直接关系到价格的计算，因此在合同的数量条款和价格条款中均应注明"以毛作净"。

（二）按净重（net weight）计算

净重是指除去包装物后的商品本身的重量，即商品实际重量。计算净重是国际贸易中最常见的计重方法。采用净重计重时，首先要计算出皮重（tare weight），然后用毛重扣除皮重。计算皮重的方法主要有以下几种。

（1）按实际皮重（real tare or actual tare）计算。实际皮重指包装物的实际重量，是对包装逐一过秤后所得的重量总和。

（2）按平均皮重（average tare）计算，即从整批货物中抽出一定件数称出其重量，然后求出每件包装的平均重量，再乘以总件数，即可得到整批货物的皮重。随着包装材料规格的标准化和技术的发展，此种做法日益普遍。平均皮重通常也称为"标准皮重"（standard tare）。

（3）按习惯皮重（customary tare）计算。对于一些包装比较规格化、标准化的商品，可按公认的标准单件包装重量乘以商品的总件数即可得出皮重。

（4）按约定皮重（computed tare）计算，即双方事先商定单件包装皮重，再乘以总件数，求得该批商品的总皮重，而不再实际过秤。

去除皮重的方法可根据商品的性质、包装的特点以及商业习惯的不同，由买卖双方事先约定后再在合同中做出具体规定，以免事后引起不必要的争议。

（三）按公量（conditional weight）计算

对于少数经济价值较大而水分含量极不稳定的商品，如羊毛、生丝、棉花等，往往采用公量计算其重量，即用科学的方法抽出商品中的水分后称重，然后再加上标准含水量，所求得的重量即为公量。回潮率是指水分与干量之比。标准回潮率是指国际上公认的商品中的水分与干量之比。国际上公认的羊毛、生丝的标准回潮率为11%。

其计算公式为

$$回潮率 = \frac{商品所含水分}{干量} \times 100\%$$

$$公量 = 干量 + 标准含水量 = \frac{实际重量 \times (1 + 标准回潮率)}{1 + 实际回潮率}$$

（四）按理论重量（theoretical weight）计算

理论重量是指某些固定规格和尺寸的商品，如马口铁、钢板等，由于尺寸规格一致，重量也大致相等，根据商品件数即可计算出其总重量。

（五）法定重量（legal weight）和净净重（net net weight）

法定重量是指商品重量加上直接接触商品的包装材料（如内包装等）的重量，而除去这部分内包装的重量及其他包含杂物的重量，则是净净重。根据一些国家的海关法，法定重量和净净重主要是作为海关征税的基础。

按照国际贸易惯例，如果在合同中没有约定商品重量是毛重还是净重，则以净重作为商品的重量。

三、数量条款的规定

合同中的数量条款主要包括成交商品的具体数量和计量单位，国际货物买卖合同中应明确规定具体的买卖数量以及使用的计量单位。

（一）数量条款应明确具体

为了避免买卖双方日后产生争议，合同中的数量条款应当完整准确，双方应对计量单位的实际含义理解一致。采用双方使用的计量单位时，要注意换算的准确性，以保证实际交货数量和合同数量一致。对于按照重量计量的大宗商品，一般要明确是按毛重还是净重来计量。如按毛重，应注明"以毛作净"；如未特别注明按净重计算，此时应该进一步明确计算包装重量的方法。如果合同中的成交数量是包、桶、盒等，应进一步明确每包、每桶、每盒内的净重或件数。对于原油、樟脑等在运输途中会挥发而使重量减少的商品，以及像石灰等由于吸入水分而会使重量增加的商品，合同中应规定商品重量的计量是按照运出重量还是运入重量。

（二）合理规定数量机动幅度

在实际业务中，许多商品受本身特征、包装、生产、运输等条件限制，在交货时不易精确计算，如散装谷物、钢材、矿砂以及一般的工业制成品等。为了避免实际履约过程中的一些纠纷，通常应在合同中订立数量机动幅度条款，允许卖方交货量在一定范围内上下波动，即所谓的溢短装条款（more or less clause），也称为"增减条款"（plus or minus clause）。在合同中订立溢短装条款时，要注意以下几个事项。

1. 关于溢短装幅度的规定

溢短装幅度一般以百分比形式在合同中做出具体规定，其大小应视商品特性、行业或贸易习惯及运输方式等因素而定。例如，合同中有"5000公吨大米，卖方可溢装或短装3%"，按此规定，卖方实际交货数量如果4850~5150公吨，买方不得提出异议。

有时，由于具体业务的需要，也可以使用"约"（about、approximate）量条款来表示。根据《跟单信用证统一惯例》（国际商会第600号出版物）第三十条"信用证金额、数量及单价的增减幅度"a款规定：凡"约""近似""大约"或类似意义的词语用于涉及信用证金额或信用证规定的数量或单价时，应解释为允许有关金额、数量或单价有不超过10%的增减，即"约"有10%的含义。但因其含义在各国或各行业中有不同的解释，容易引起纠纷，在实际使用时，双方应事先取得一致的理解。另外，根据《跟单信用证统一惯例》第三十条b款规定：在信用证未以包装单位件数或货物自身件数的方式规定货物数量时，货物数量允许有5%的增减幅度，只要总支取金额不超过信用证金额。在实际业务中，此项也应当引起重视。

案例 2.4

我国上海某公司对中东某海湾国家出口电扇 1000 台，国外来证规定不允许分批装运，但在出口装船时始发现有40台电扇的包装破裂，有的风罩变形，有的开关按钮脱落，临时更换已来不及，为保证质量，发货人员认为根据UCP 600规定，即使不准分批装运，在数量上也可有5%的伸缩，少装40台并未违反此规定，结果实装960台。当卖方持单到银行议付时，银行拒绝付款，为什么？

2. 关于溢短装选择权的规定

合同中规定有溢短装条款，具体伸缩量的掌握大都是卖方决定，有时由买方派船装运，如在 FOB 条件下由买方负责租船订舱，可能在合同中规定伸缩幅度由买方决定。租船运输时，为了充分利用船舱容积，也可以在买卖合同中规定由承运人决定伸缩幅度。

例 2.9　中国大米 10 000 公吨，5%增减由卖方决定。
CHINESE RICE 10 000 M/T, 5% more or less at Seller's option.

例 2.10　美葵 1000 公吨，以毛作净，卖方可溢短装 5%，增减部分按合同价计算。
AMERCIAN SUNFLOWER SEEDS 1000 M/T, gross for net, 5% more or less at Seller's option at contract price.

> **案例 2.5**
> 　　上海某粮油进出口公司向拉美某公司购买 12 000 吨小麦，合同规定在数量上可溢短装 5%，由卖方选择，由我方派船接货。而在装货时，国际市场上小麦价格大幅上扬，卖方因此少装 600 吨（5%），造成空舱，给我方带来损失。请问该损失是否可以避免？

3. 关于溢短装部分的计价方法

一般地，对于市场价格比较稳定的商品，在数量机动幅度范围内的多装或少装部分都按合同价格结算货款，多交多收，少交少收。但对于那些交货时市场价格会有较大的涨落变化的商品，为了防止拥有数量增减选择权的一方当事人利用数量机动幅度，根据市场价格变化，在价格上涨时少装，价格下跌时多装，以获取额外收益，买卖双方可在合同中规定对溢短装部分的货物按装运日价格或到货日某指定市场价格计算。

4. 条款的有关国际惯例

《跟单信用证统一惯例》（国际商会第 600 号出版物）第三十条 c 款明确规定：如果信用证规定了货物数量，而该数量已全部发运，及如果信用证规定了单价，而该单价又未降低，或当第三十条 b 款不适用时，则即使不允许部分装运，也允许支取的金额有 5%的减幅。若信用证规定有特定的增减幅度或使用第三十条 a 款提到的用语限定数量，则该减幅不适用。所以，在国际贸易中，一定要注意对有关国际惯例的理解和使用，以免造成不必要的损失。

第三节　商品的包装

国际贸易货物要经过运输、存仓、报关、检验等许多环节，要经过多次搬运、装卸，绝大多数货物在运输过程中都需要适当包装。现在，越来越多的大宗颗粒状或液态商品，如粮食、水泥、石油等都采用散装（cargo in bulk）方式，即直接装入运输工具内运送，配合机械化装卸作业。还有一类可以自行成件的商品，在运输工程中只需加以捆扎即可，称为裸装，如车辆、钢材、木材等。包装不仅对商品具有重要的保护作用，能减少储存、运输等环节的货损,而且还能美化和宣传商品,提高商品价值,方便消费,促进销售,增加利润。

在国际货物买卖合同中,包装是说明货物的重要组成部分,包装条件是买卖合同中的一项主要交易条件。《联合国国际货物销售合同公约》第三十五条(1)款明确规定:卖方按照合同规定的方式装箱或包装,否则,构成违约行为。因此,双方应在买卖合同中对包装做出明确和具体的规定。

一、包装的种类

根据包装在流通过程中的不同作用,可将其分为运输包装和销售包装两类。

(一)运输包装

运输包装(transport packing),又称大包装或外包装(outer packing),是指将货物装入特定容器,或以特定方式成件或成箱的包装。运输包装的作用在于保护货物在长时间、远距离的运输过程中不被损坏和消失,方便货物的搬运与储存等。运输包装的主要要求是坚固耐用、便于运输、保护商品品质安全和数量完整。例如,运输包装一般应该能够防震、防锈、防潮等。运输包装还需符合运输工具、装卸工具、仓储等提出的要求。

1. 运输包装的种类

为了适应商品运输、装卸过程中的不同要求,运输包装按其集合程度可分为单件运输包装和集合运输包装两种方式。

(1)单件运输包装。单件运输包装是指货物在运输过程中作为一个计件单位的包装。常用的有:① 箱(case),主要用于包装不能紧压的货物;② 包(bale),用于包装可以紧压的货物;③ 袋(bag),主要用于包装粉状、颗粒状和块状的农产品及化学原料等货物;④ 桶(barrel),多用于包装液体、半液体以及粉状、粒状等货物。此外,还有瓶(bottle)、卷(roll)、罐(can)、坛(carboy)和篓(basket)等。对于单件包装的不同规格和要求,应在合同中规定清楚。

(2)集合运输包装。集合运输包装是在单件包装的基础上,将一定数量的单件包装组合成一件大的包装或装入一个大的包装容器内,以适应机械化作业的要求,又称成组化运输包装。这种运输包装具有能更有效地保护商品、提高装卸效率和节省运输费用的特点。常见的方式有集装包、托盘和集装箱三种方式。

① 集装包(flexible container),又称集装袋,它是一种用塑料重叠丝纺织成的柔软可折叠的圆形大口袋或方形大包。其结构简单、装载量大(容量一般为1~4t,最高可达13t左右)、使用方便、对货物形状的适应性强、利于周转和回收利用、费用较低,适合装运矿砂和其他粉末或粒状商品。

② 托盘(pallet),又称集装盘,是指用木材或金属做成的一块平托板,上面堆放货物,并用箱板纸、塑料薄膜和金属绳索加以固定,组合成一个整体包装。托盘下面有叉口,能够被叉车叉起。根据国际惯例,运输中对托盘本身不计运费,且每一块托盘装货后的重量不能超过2200kg,也不得低于500kg或体积不得小于$1m^3$。国际标准化组织推荐的托盘

规格有五种：800mm×1200mm；1000mm×1200mm；1200mm×1600mm；1200mm×1800mm；800mm×1000mm。托盘既能起到搬运工具底板的作用，又能起到集合包装的作用，是国内外工业制成品经常采用的包装形式，尤其是大型机械设备，由于形状不规范，最适合此种包装。托盘具有保护商品、减少货损、便于运输和装卸、节省包装材料、简化包装手续、推动包装标准化等优点。

③ 集装箱（container）是指用钢板、不锈钢钢板或铝合金制造的，具有固定尺寸、规格和足够承载能力，能周转使用的，可装一定数量单件包装的专用包装容器，其外形像一个箱子，可将货物集中装入箱内，故又称"货柜"或"货箱"。集装箱的种类很多，有干货集装箱、罐式集装箱、冷藏集装箱、框架集装箱、挂式集装箱等。由于其结实坚固，能更好地保护商品且有利于机械化操作，装卸快，从而缩短了货物的流通时间，因而发展速度异常迅猛。目前，国际上最常用的集装箱有"TEU"（twenty-foot equivalent unit，20英尺集装箱）和"FEU"（forty-foot equivalent unit，40英尺集装箱）。目前，在中美航线上大多使用45英尺长的集装箱。

2．运输包装标志

运输包装标志是指为了方便货物运输、装卸及储存保管，便于识别货物和防止货物损坏而在商品外包装上刷写的标志，按用途不同，可分为运输标志、指示性标志和警告性标志三种。

（1）运输标志（shipping mark）。运输标志，俗称"唛头"，是指在运输包装上书写、压印、刷制的简单图形、文字和符号，其目的在于便于在装卸、运输、储存过程中识别、点数，防止错发错运。

标准化的运输标志包括以下四项内容。

① 收货人名称的英文缩写或简称。

② 参考号，如订单号、发票号或运单号。

③ 目的港或目的地的名称，如需经某港口或转运地，需注明转运地名称，如"经××港转运"（VIA××）。

④ 件号，指本批每件货物的顺序号和总件数。

以上每项不超过17个字母。此外，有的运输标志还包括原产地、合同号、许可证号和体积与重量等内容。

例2.11 运输标志的式样。
ABC CO.……收货人代号
SC1234……参考号
NEW YORK……目的地
NO.1—100……件号、批号

运输标志在国际贸易中还有其特殊的作用。按照有关规定，在商品特定化以前，风险不转移到买方承担，而最有效的商品特定化方式就是在商品的外包装上刷上运输标志。此外，国际贸易凭单付款时，主要的单据（如发票、提单、保单）上都必须标明运输标志。采用集装箱运输时，可以集装箱号码和封印号码代替运输标志。

（2）指示性标志（indicative mark）。指示性标志是操作注意标志，它是根据商品的特性，在包装上以简单、醒目的图形和文字做出指示，以提示有关人员在装卸、运输和保管过程中注意。

表 2-1 是一些指示性标志的参考图标。

表 2-1　指示性标志

标志名称	标志图形	使用说明	标志名称	标志图形	使用说明
小心轻放	小心轻放	用于碰震易碎、需轻拿轻放的运输包装件	怕湿	怕湿	用于怕湿的运输包装件
禁用手钩	禁用手钩	用于不得使用手钩搬动的运输包装件	重心点	重心点	用于指示运输包装件重心所在处
向上	向上	用于指示不得倾倒、倒置的运输包装件	禁止翻滚	禁止翻滚	用于不得滚动搬运的运输包装件
怕热	怕热	用于怕热的运输包装件	堆码重量极限	堆码重量极限	用于指示允许最大堆码重量的运输包装件
远离放射源及热源	远离放射源及热源	用于指示需远离放射源及热源的运输包装件	堆码层数极限	堆码层数极限	用于指示允许最大堆码层数的运输包装件，N 为实际堆码层数
由此吊起	由此吊起	用于指示吊运运输包装件时放链条和绳索的位置	温度极限	温度极限	用于指示需要控制温度的运输包装件

（3）警告性标志（warning mark）。警告性标志，又称危险品标志，是指在危险货物包装上刷写或粘贴的危险性质和等级标志，以使流转过程中的工作人员注意并提高警惕。例如，有毒（poison）、爆炸物（explosive）、易燃物（inflammable）。针对危险货物的包装、运输、储存，各国政府都有专门的特殊管理规定，进出口商应严格遵照执行。我国常见的危险货物包装警告性标志如表 2-2 所示。

表 2-2　警告性标志

（二）销售包装

销售包装（selling packing），又称小包装或内包装（inner packing），是在商品制造出来以后用适当的材料或容器所进行的初次包装。销售包装的作用主要有两个：一是保护商品；二是美化、宣传商品，便于消费者识别、选购、携带及使用，促进销售。具有艺术魅力的销售包装需要精心设计，对于销售包装的设计和制作，要注意满足以下要求：第一，便于陈列展售，以吸引消费者选购；第二，便于消费者识别商品；第三，便于消费者携带和使用；第四，要具有独特的艺术特点，既能吸引消费者，又能扩大销路和提高售价；第五，要符合进口国政府对标签的规定及当地的风俗习惯，避免使用当地居民所忌讳的色彩、图案等。

1. 销售包装的分类

随着国际市场竞争的日益加剧，生产商和销售商越来越注重商品的销售包装。根据商品的特征和形状，可设计不同种类的销售包装，主要有便于陈列展销的堆叠式、挂吊式和展开式包装；便于携带使用的携带式包装、礼品包装、易开包装、喷雾包装；配套包装以及一次性包装等；便于保存商品的真空包装等。

2. 销售包装的装潢和文字说明

在销售包装上一般都附有装潢画面和文字说明，其装潢画面要求大方美观，富于艺术吸引力，同时，还应适应进口国或销售地区的民族习惯和爱好，以利于出口。文字说明要同装潢画面紧密结合，和谐统一，以达到宣传、促销的目的，同时，文字表达应力求简明扼要，必要时可中外文同时使用。另外，在使用文字说明或制作标签时，还应注意有关国家的标签管理条例的规定。

目前，许多国家的超市都使用条形码技术进行自动扫描结算，从而使条形码成为商品销售包装的一个组成部分。条形码（product code）是一种产品代码，它是由一组带有数字的粗细、间隔不等的黑白平行线条组成的标志，如图2-1所示。

20世纪70年代初，美国首先将条形码用于零售杂货类商品，此后许多国家都在内包装上使用。只要将条形码对准光电扫描器，计算机就能自动识别条形码信息，确定品名、品种、数量、生产日期、制造厂商、产地等，并据此在数据库中查询其单价，进行货款结算。这样既方便了顾客，也提高了结算效率。

图2-1 条形码示例

国际上通用的条形码主要有两种：一种是美国统一代码委员会编制的 UPC 码（Universal Product Code），另一种是由国际物品编码协会编制的 EAN 码（European Article Number）。EAN 码由12位数字的产品代码和1位校验码组成，前3位为国别码，中间4位数字为厂商号，后5位数字为产品代码。我国于1988年12月建立"中国物品编码中心"，并于1991年4月代表中国加入国际物品编码协会，统一组织、协调、管理我国的条形码工作。该协会分配我国国别码为"690""691""692""693"，此外，我国书籍代码为"978"，杂志代码为"977"。凡标有上述国别号条形码的，即表示是中国生产的商品。

（三）中性包装

所谓中性包装（neutral packing），是指在出口商品和内外包装上不标明生产国别、地名、生产厂商的包装，即在出口商品包装的内外都没有原产地和出口厂商的标记。中性包装可分为无牌中性包装和定牌中性包装。前者是指在商品和包装上不注明生产国别，也不使用任何商标或牌名的包装；后者是指在商品和包装上不注明生产国别，但使用买方指定的商标或牌名的包装。

采用中性包装是国际贸易中的习惯做法，其目的是打破某些进口国或地区的关税和非关税壁垒以及适应交易的特殊需要，如转口贸易等。采用中性包装也是出口国厂商加强对外竞销和扩大出口的一种手段。在实际业务中，我们要注意区分中性包装中的定牌中性和无牌中性与一般意义上的定牌和无牌。定牌是指卖方按买方要求在其出售的商品或包装上标明买方指定的商标或牌名。目前，许多国家的超级市场、大百货公司和专业商店对其经营出售的商品，都会在商品或包装上标有该商店使用的商标或品牌，以扩大其知名度和显示该商品的身价。而作为出口商，有时为了利用买方的经营能力及其商业信誉或牌号以扩大销路，也愿意接受定牌生产。无牌是指对于一些需要进一步加工的半制成品，买方往往要求卖方在装运出口时不使用任何商标或牌名，主要是为了降低成本费用。在采用定牌或无牌商品的包装时，通常须注明生产国别或地区。在我国出口贸易中，须注明"中国制造"字样。

现在，世界上大多数国家对进口商品都规定了必须在内外包装上标明产地，甚至在商品上标明产地。因此，在国际贸易中采用中性包装的交易越来越少。

> **案例 2.6**
> 某外商欲购我国某品牌自行车，但要求改用"ABC"牌商标，并不得在包装上注明"Made in China"字样。请问：我方公司是否可以接受？为什么？

二、包装条款的规定

包装条款一般包括包装材料、包装方式、包装标志、包装费用等内容。为了使买卖双方更好地履行合同，在订立包装条款时，要注意以下问题。

（一）关于包装材料和包装方式的规定

包装材料和包装方式首先要根据商品的性能和特点而定，如水泥怕潮、玻璃制品易碎、流体货物易渗漏和流失等。其次要根据商品所采取的运输方式而定，如海运包装要求包装牢固，并具有防止挤压和碰撞的能力；铁路运输包装要求不怕震动；航空运输包装要求轻便，不能过大。

包装条款通常有两种规定方法：一种是做出具体规定，如"木箱装，每箱 30 匹，每匹 40 米"；另一种是使用含义笼统的术语，如"适用海运包装""卖方惯常方式"等，但这种方式缺乏统一的解释，容易产生争议，所以不宜采用。此外，有些包装要注意选择填充材料，如美国、日本、加拿大等国规定禁止用稻草、生丝、报纸、干草等做填充材料，英国严格限制玻璃、陶瓷之类的进口包装。

例 2.12 每一罗乙烯袋装一件，然后装入纸盒，50 纸盒装一纸箱，两纸箱装一木箱。
One gross to a poly bag, covered with paper box, 50 paper boxes to an inner carton, 2 inner cartons to a wooden case.

（二）关于包装标志的规定

关于商品包装上的识别标志、指示标志、危险货物标志以及条形码标志等，一般在买卖合同中无须规定，而由卖方在对货物进行包装时根据实际情况决定。按照国际贸易惯例，运输标志一般也由卖方决定，但若买方要求自己决定，应在合同中具体规定清楚，如果订约时不能决定，则应规定买方提交唛头式样的最迟期限，若超过此期限，卖方没有收到买方通知，则由卖方自行选定运输标志并通知买方。

（三）关于包装费用的规定

包装费用一般包括在货价之内，不另计收。如买方要求采用特殊包装，也可以采用包装费用单列的方法，并在合同中具体规定由谁负担费用和支付方式。

如果经双方商定，由买方提供全部或部分包装材料，则应在合同中规定包装材料最迟到达卖方的时间，以及如果包装材料不能及时到达而导致交货延迟时双方的责任。

在实际业务中,应该在买卖合同中明确规定包装费用由何方负担。

例 2.13 涤纶袋包装,50 磅装一袋,4 袋装一木箱,木箱用金属做衬里。包装费用由买方承担。

To be packed in poly bags, 50 pounds in a bag, 4 bags in a wooden case which is lined with metal. The cost of packing is for the buyer's account.

(四)关于包装数量规格的要求

在进出口业务中,出口人在发货时应严格按照合同规定的包装规格装箱发运,否则会给合同的履行带来许多麻烦。

> **案例 2.7**
> 某出口业务中合同规定"出口冷冻鸭罐头,纸箱装,每箱 48 听,共 100 箱",但在实际发货时却为"60 听,共 80 箱",我国 A 外贸公司向议付行交单议付时遭到银行拒付,请问为什么?

本章小结

本章主要介绍国际货物买卖合同中标的的名称、质量、数量和包装条款。在国际贸易中,买卖双方所交易的每种商品都有具体的商品名称及其品质标准。商品品质可以以实物样品或文字说明来表示,在订立品质条款时,要选择合适的表示品质的方法,要注意订立品质机动幅度和品质公差。商品的数量是买卖合同的基本条款,主要了解重量的计算方法和数量机动幅度条款。包装不仅能保护商品,而且能美化和宣传商品,起到促进销售的作用,因而,包装条款也是合同中一项不可忽视的内容,主要应掌握运输包装和销售包装、运输包装标志、中性包装以及包装条款等内容。

在实际业务中,只有正确处理好有关商品质量、数量和包装的条款,以及以后章节介绍的一系列条款,熟悉国际贸易的有关法律、法规、条例、惯例,才能够更好地促进国际贸易的发展。

本章重要概念

品质	运输包装	国际单位制	样品
规格	中性包装	品质机动幅度	等级
毛重	以毛作净	数量机动幅度	净重
销售包装	运输标志	溢短装条款	标准

思考题

1. 国际货物买卖合同中表示商品品质的方法有哪些？
2. 在"凭卖方样品买卖"或"凭买方样品买卖"时应分别注意哪些问题？
3. 品质条款中关于品质机动幅度有哪几种规定方式？
4. 何谓"以毛作净"？什么商品通常采用"以毛作净"？
5. 什么是溢短装条款？在具体装运时，溢装或短装究竟由谁来决定？溢装或短装部分的货物价格应如何确定？
6. 在国际贸易中，如买卖双方在合同中未明确规定以何种计重方法计价，应按何种重量计价？
7. 什么是运输标志？它一般由哪些内容组成？运输标志有何作用？
8. 什么是中性包装？在国际贸易中，使用中性包装应注意什么问题？
9. 我方出口某种化工原料，共 500 公吨。合同与来函均规定为麻袋装，但我方在装船时发现麻袋装的货物只够 480 公吨，剩下 20 公吨以塑料袋包装。这样做有无问题？应该怎样做？
10. 我国某出口公司向西欧某公司出口某商品一批，成交前，我方曾向买方寄过样品，合同中又规定水分最高为 15%，杂质不得超过 3%。货物到后，买方出具了货物的质量检验证明，货物的质量比样品低 7%，水分 14%，杂质 2.5%，并据此要求我方赔偿 600 英镑的损失。我方是否应该理赔？

学生课后阅读参考文献

[1] 黎孝先，邱年祝．国际贸易实务[M]．北京：中国人民大学出版社，2000．
[2] 吴百福．进出口贸易实务教程[M]．4 版．上海：上海人民出版社，2003．
[3] 彭福永．国际贸易实务教程[M]．3 版．上海：上海财经大学出版社，2004．
[4] 韩常青．新编进出口贸易实务[M]．北京：电子工业出版社，2005．
[5] 吴国新，郭凤艳．国际贸易实务[M]．北京：机械工业出版社，2016．

第三章 贸易术语

> **学习目的与要求**
>
> 贸易术语是国际贸易货物价格的重要组成部分,也是国际贸易惯例之一。通过本章的学习,要求掌握贸易术语的种类和每种贸易术语中买卖双方责任、费用和风险划分的界限等。同时,还要了解有关贸易术语方面的国际贸易惯例以及几种常用贸易术语在使用中应注意的问题。

开篇案例:CIF 贸易术语交货方式是象征性交货

【案情】

上海某外贸公司与新加坡某公司按 CIF 条件签订了一笔初级产品的交易合同。在合同规定的装运期内,卖方备妥了货物,安排好了从装运港到目的港的运输事项。在装船时,卖方考虑到从装运港到目的港距离较近且风平浪静,几乎不会发生意外,因此没有办理海运货物保险。实际上,货物也安全及时地抵达了目的港,但卖方所提交的单据中缺少了保险单,买方因市场行情发生了对自己不利的变化,就以卖方所交的单据不全为由拒收货物、拒付货款。请问,买方的做法是否合理?此案应如何处理?

【分析】

按上述情况,买方的做法是合理的。因为按 CIF 贸易术语成交时,根据惯例,卖方的基本义务是按时在指定的装运港口把货物装上船,及时通知买方;办理从装运港到目的港的货物运输手续并支付运费;办理保险,支付保险费,并提交保险单。CIF 合同属于象征性交货方式,即卖方凭合格的单据交货,买方根据卖方提交的合格单据付款。

在本案中,卖方在交货时并没有办理保险,因而提交的单据中缺少了保险单,按 CIF 贸易术语的解释,即使货物安全抵达目的港,也不能认为卖方完成了交货义务,因为卖方提交的单据不齐全。尽管买方的实际动机是由于市场行情发生了对其不利的变化,但由于其抓住了卖方的把柄,使自己处于有利的地位,所以,本案对卖方非常不利。

由此可见,学习和掌握国际贸易中的有关贸易术语及有关国际惯例对于确定价格和明确买卖双方各自承担的风险、责任和费用有着非常重要的意义。

第一节 贸易术语与国际贸易惯例

国际贸易的买卖双方一般分处两个不同的国家,在卖方交货和买方接货的过程中会涉及许多问题。例如：

（1）在何地办理货物交接？

（2）由谁租船订舱，办理货物运输、保险和申领进口许可证？

（3）由谁支付上述责任下所产生的费用及其他开支，如运费、保险费、装卸费等？

（4）由谁承担货物在运输途中的货损、货差和灭失？

（5）上述风险在何时何地转移？

如果对每笔交易，买卖双方都要就上述费用、风险和责任等问题进行反复磋商，并将结果写进合同，势必耗费大量的时间和费用，既影响交易的达成，也会使合同的篇幅巨大，最终会降低国际贸易的效率。长期的国际贸易实践逐渐形成了各种不同的贸易术语，通过使用贸易术语即可解决上述问题，方便和促进交易的达成。

一、贸易术语与国际贸易惯例概述

（一）贸易术语的含义

贸易术语（trade terms），又称贸易条件、价格条件，是进出口商品价格的一个重要组成部分，它是用一个简短的概念（如 free on board）或三个英文字母的缩写（如 FOB）来表示商品的价格构成，说明买卖双方责任、费用和风险划分等方面的专门术语。贸易术语是在国际贸易的长期实践中形成的，使用贸易术语可以简化交易磋商的内容，缩短成交的时间，节省业务费用，有利于交易的达成和贸易的发展。

在国际贸易中采用某种专门的贸易术语主要是为了说明买卖双方在交接货物方面彼此承担责任、费用和风险的划分。例如，按 FOB 条件成交和按 CFR 条件成交，由于交货条件不同，买卖双方各自承担的责任、费用和风险就有很大区别。同时，贸易术语也可用来表示成交商品的价格构成，特别是货价中所包含的从属费用。如按 FOB 价成交与按 CFR 价成交，由于其价格构成因素不同，所以成交价应有区别。具体地说，FOB 不包括从装运港到目的港的运费，而 CFR 则包括从装运港到目的港的通常运费，所以买卖双方确定成交价格时，FOB 价应比 CFR 价低。

不同的贸易术语表明买卖双方各自承担不同的责任、费用和风险，而责任、费用和风险的大小又影响成交商品的价格高低。一般来说，凡使用出口国国内交货的贸易术语，如工厂交货（EXW），卖方承担的责任、费用和风险都比较小，所以商品的售价就低；反之，凡使用进口国国内交货的贸易术语，如完税后交货（DDP），卖方承担的责任、费用和风险则比较大，这些因素必然要反映到成交商品的价格上。所以，在进口国国内交货的价格通常要比在出口国国内交货的价格高，有时甚至高出很多。

由此可见，贸易术语具有双重性，即一方面表示交货条件，另一方面表示成交价格的构成因素，这两者是紧密相关的。

（二）贸易术语的作用

贸易术语在国际贸易中的作用表现在以下几个方面。

1. 有利于买卖双方洽商交易和订立合同

由于每种贸易术语都有其特定的含义,因此,买卖双方只要商定按何种贸易术语成交,即可明确彼此在交接货物方面所应承担的责任、费用和风险,这样就能简化交易手续,缩短洽商交易的时间,从而有利于买卖双方迅速达成交易和订立买卖合同。

2. 有利于买卖双方核算价格和成本

由于贸易术语表示价格构成因素,所以,买卖双方确定成交价格时,必然要考虑采用的贸易术语中包含哪些从属费用,如运费、装卸费、保险费和其他费用等,这就有利于买卖双方进行比价和加强成本核算。

3. 有利于买卖双方解决履约中的争议

买卖双方商订合同时,如对合同条款考虑欠妥,使某些事项规定不明确或不完备,致使履约当中产生的争议不能依据合同的规定解决,可以援引有关贸易术语的一般解释来处理。这是因为,贸易术语的一般解释已成为国际惯例,并被贸易界和法律界的人士所理解和接受,它是大家所遵循的一种类似行为规范的准则。

(三)国际贸易惯例的性质和特点

贸易术语在国际贸易中的运用可以追溯到一百多年前,但是在相当长的时间内,国际上并没有形成对各种贸易术语的统一解释。为了解决这一问题,国际商会、国际法协会等国际组织以及美国一些著名商业团体经过长期的努力,分别制定了解释国际贸易术语的规则,这些规则在国际上被广泛采用,因而成为一般的国际贸易惯例。可见,国际贸易惯例是在长期的国际贸易实践中形成并被广泛采用的习惯做法。

国际贸易惯例的适用是以当事人的意思自治为基础的,因为惯例本身不是法律,它对贸易双方不具有强制性,故买卖双方有权在合同中做出与某项惯例不符的规定。但是,国际贸易惯例对贸易实践仍具有重要的指导作用。具体体现在:一方面,如果双方都同意采用某种惯例来约束该项交易,并在合同中做出明确规定,那么这项约定的惯例就具有了强制性;另一方面,如果双方对某一问题没有做出明确规定,也未注明该合同适用某项惯例,在合同执行过程中如发生争议,受理该争议案的司法和仲裁机构也往往会引用某一国际贸易惯例进行判决或裁决。所以,国际贸易惯例虽然不具有强制性,但它对国际贸易实践的指导作用不容忽视。

在我国的对外贸易中,在平等互利的前提下适当采用这些惯例,有利于外贸业务的开展,而且,通过学习掌握有关国际贸易惯例的知识,可以帮助我们避免或减少贸易争端。即使在发生争议时,我们也可以引用某项惯例争取有利地位,减少不必要的损失。

二、有关贸易术语的国际惯例

目前,在国际上有较大影响的有关国际贸易术语的惯例主要有以下三个。

(一)《1932年华沙—牛津规则》(*Warsaw—Oxford Rules* 1932,*W.O.Rules* 1932)

国际法协会于1928年在华沙举行会议,制定了有关 CIF 买卖合同的统一规则,共22条,称为《1928年华沙规则》。该规则后经1930年纽约会议、1931年巴黎会议和1932年牛津会议修订，定名为《1932 年华沙—牛津规则》，共 21 条。该规则主要说明 CIF 买卖合同的性质和特点，并且具体规定了 CIF 合同中买卖双方所承担的费用、责任与风险。该规则适用的前提是必须在买卖合同中明确表示采用此规则。虽然这一规则现在仍得到国际上的承认，但实际上已很少被采用。

（二）《1941 年美国对外贸易定义修订本》（*Revised American Foreign Trade Definitions*，1941）

1919 年，美国九大商业团体共同制定了《美国出口报价及其缩写条例》，随后即得到世界各国的广泛承认和使用。但自该条例出版以后，贸易习惯发生了很大变化，因而各国贸易商在 1940 年举行的第 27 届美国全国对外贸易会议上强烈要求对该条例做进一步的修订。1941 年 7 月 30 日，由美国商会、美国进出口协会及全国对外贸易协会所组成的联合委员会通过了《1941 年美国对外贸易定义修订本》。该修订本主要对以下六种术语做出了解释。

1．EX（point of origin）：原产地交货

所报价格仅适用于原产地交货，卖方同意在规定日期或期限内在双方商定的地点将货物置于买方控制之下。

2．FOB（free on board）：在运输工具上交货

此术语又分为以下六种解释。

（1）FOB（named inland carrier at named inland point of departure），"在指定内陆发货地点的指定内陆运输工具上交货"。

（2）FOB（named inland carrier at named inland point of departure，freight paid to named point of exportation），"在指定内陆发货地点的指定内陆运输工具上交货，运费付到指定的出口地点"。

（3）FOB（named inland carrier at named inland point of departure，freight allowed to named point），"在指定的内陆发货地点的指定内陆运输工具上交货，减除至指定的出口地点的运费"。

（4）FOB（named inland carrier at named point of exportation），"在指定出口地点的指定内陆运输工具上交货"。

（5）FOB Vessel（named port of shipment），"指定装运港船上交货"。

（6）FOB（named inland point in country of importation），"进口国指定内陆地点交货"。

3．FAS（free along side）：在运输工具旁交货

FAS 是指卖方所报价格包括将货物交到各种运输工具旁边，如果在 FAS 后面加上 Vessel 字样，则表示"船边交货"。

4．C&F（cost and freight）：成本加运费

卖方所报价格包括将货物运到指定目的地的运输费用在内。

5．CIF（cost, insurance and freight）：成本加保险费、运费

卖方所报价格包括货物的成本、海洋运输保险费和将货物运到指定目的地的一切运输费用。

6. EX Dock（named port of importation）：目的港码头交货

按此术语，卖方所报价格包括货物的成本和将货物运到指定进口港的码头所需的全部费用，并交纳进口税。

本定义主要适用于美洲国家，在很多解释上与其他惯例不同，因此，使用本定义或对该地区交易时要慎重，不要轻易使用。

（三）《2020 年国际贸易术语解释通则》（International Rules for the Interpretation of Trade Terms "INCOTERMS 2020"）（以下简称《2020 年通则》）

国际商会（ICC）自 1921 年就开始了对国际贸易术语做统一解释的研究，并于 1936 年提出了一套解释贸易术语的具有国际性的统一规则，定名为 INCOTERMS 1936（International Commercial Terms 1936），其副标题为 International Rules for the Interpretation of Trade Terms，故译作《1936 年国际贸易术语解释通则》。随后，国际商会为适应国际贸易实践的不断发展，于 1953 年、1967 年、1976 年、1980 年、1990 年、2000 年、2010 年和 2020 年对 INCOTERMS 做了多次修订和补充。国际商会为了适应国际贸易的最新发展和国际贸易实践领域发生的新变化，于 2016 年 9 月正式启动了《2010 年国际贸易术语解释通则》（以下简称《2010 年通则》）的修订动议，与来自各国家和地区的法律、保险、银行、进出口和海关等行业的专家开展了研讨。2018 年 10 月，国际商法与惯例委员会秋季会议审议并讨论通过了《2020 年通则》终稿。2019 年 9 月 10 日，国际商法正式向全球发布了《2020 年通则》，该通则于 2020 年 1 月 1 日起生效。

相比《2010 年通则》，《2020 年通则》更加适应当代国际贸易的实践，不仅有利于国际贸易的发展和国际贸易法律的完善，而且起到了承上启下、继往开来的作用，标志着国际贸易惯例的最新发展。在销售合同中引用《2020 年通则》，可以明确界定当事方各自的义务，并可减少引发法律纠纷的风险。

三、《2020 年通则》与《2010 年通则》的主要区别

《2020 年通则》力求做到清楚和确切地反映贸易实践，主要有以下几个特点。

1. 《2020 年通则》对十个 A/B 条款的内部顺序全部做了重大调整

调整后的顺序如下。

A1/B1	一般义务
A2/B2	交货/提货
A3/B3	风险转移
A4/B4	运输
A5/B5	保险
A6/B6	交货/运输单据
A7/B7	出口/进口清关
A8/B8	查验/包装/标记

A9/B9　　费用划分

A10/B10　　通知

《2020年通则》将交货和风险放在更显著的位置，即卖方将货物"交付"给买方的时间和地点的不同点，而风险即在那个时间和地点转移给了买方。

2. 对核实的集装箱总重（VGM）的注释

2010年之后，国际贸易实践中有了特别的发展，即"核实的集装箱总重"问题。自2016年7月1日起，根据《国际海上人命安全公约》（SOLAS）的规定，在集装箱运输的情况下，托运人负有义务使用经过校准和认证的设备对已包装的集装箱进行称重，或者对集装箱的内容物进行称重，再加上空集装箱的重量。在两者中的任一情况下，承运人都应记录核实的集装箱总重（VGM）。如违反要求，根据《国际海上人命安全公约》的规定，托运人将受到制裁，即集装箱"不得装船"。

3. 已装船批注提单和INCOTERMS FCA术语

如货物以FCA术语销售经由海运方式运输，卖方或买方可能需要已装船批注提单。然而，FCA术语下的交货在货物装船之前已经完成，无法确定卖方是否能够从承运人处获取已装船提单。根据运输合同，只有在货物实际装船后，承运人才可能有义务并有权签发已装船提单。为了满足这种情形，《2020年通则》FCA中的A6/B6提供了一个附加选项。买方和卖方可以约定，买方将指示其承运人在货物装船后向卖方签发已装船提单，然后卖方有义务，通常通过银行，向买方提交该提单。

4. 有关费用的列出问题

《2020年通则》中A9/B9列出了每一特定术语划分的所有费用，目的是向用户提供一站式费用清单，以便于卖方或买方可以在一个地方找到其在INCOTERMS特定术语下将负责的所有费用。

5. CIF和CIP中保险险别的不同层级

《2020年通则》在CIF术语和CIP术语中规定不同的最低险别。CIF更可能用于海运大宗商品贸易，但维持《协会货物保险条款》条款（C）作为默示立场的现状，当然双方当事人仍旧可以自由商定较高的保险险别。在CIP术语中，尽管卖方现在必须取得符合《协会货物保险条款》条款（A）的保险险别，但双方当事人仍可以自由商定较低的保险险别。

6. 在FCA、DAP、DPU、DDP中使用卖方或买方自己的运输工具安排运输

在《2020年通则》中，考虑到在某些情况下，虽然货物要从卖方运往买方，但仍然可以在根本不雇用任何第三方承运人的情况下进行运输。例如，在FCA术语下的采购，不能阻止买方使用自己的运输工具来收取货物并运往买方所在地。同样地，在D组术语下，卖方可不将运输外包给第三方，而使用卖方自己的运输工具来安排运输。

7. 将DAT改为DPU

将DAT（delivered at terminal）的名称修改为DPU（delivered at pace unloaded），强调了目的地可以是任何地方，而不仅仅是"运输终端"的现实。但是，如果该地点不在运输终端，卖方应确保其打算交付货物的地点是能够卸货的地点。

第二节　适用于海运和内河水运的贸易术语

在国际贸易中，FAS、FOB、CFR、CIF 四种贸易术语适用于海运和内河水运，其中，FOB、CFR 和 CIF 的使用较为广泛。因此，熟悉这几种主要贸易术语的含义、买卖双方的义务，以及在使用中应注意的问题就显得特别重要。

一、FAS

FAS 是 free alongside ship 的缩写，中文译名为船边交货。该术语后跟指定装运港名称（…named port of shipment），仅适用于海运或内河水运。

FAS（船边交货）是指当卖方在指定的装运港将货物按规定的期限交到买方指定的船边（例如，置于码头或驳船上）时，即为交货。买卖双方负担的风险和费用均以船边为界。如果买方所派的船只不能靠岸，卖方也要负责使用驳船将货物运送至船边交货。买方必须承担自那时起货物灭失或损坏的一切风险。

由于卖方承担在特定地点交货前的风险和费用，而且这些费用和相关作业费可能因各港口惯例不同而变化，特别建议双方尽可能清楚地订明指定的装运港内的装货点。

卖方要负责办理货物的出口清关手续，并承担出口清关的费用，但卖方无义务办理进口清关、支付任何进口税或办理任何进口海关手续。

（一）买卖双方的责任和义务

采用 FAS 贸易术语，卖方承担的责任和义务可概括如下。

（1）必须在指定的装运港将货物置于买方指定的船舶旁边，并及时给予买方充分的通知。

（2）自负风险和费用，取得出口许可证或其他官方批准的证件，并负责办理货物出口所需的一切海关手续。

（3）承担完成交货前货物灭失或损坏的一切风险。

（4）提供符合买卖合同约定的货物和商业发票，以及合同可能要求的其他与合同相符的证据。任何单证在双方约定或符合惯例的情况下，可以是同等作用的电子记录或程序。

买方承担的责任和义务可概括如下。

（1）买方必须自负费用签订自指定装运港起运货物的运输合同，并将船舶名称、装船点和其在约定期限内选择的交货时间向卖方发出充分的通知。

（2）自负风险和费用，取得进口许可证或其他官方批准的证件，并负责办理货物进口所需的一切海关手续。

（3）承担卖方交货后货物灭失或损坏的一切风险。如由于买方指定的船舶未准时到达或未收取货物，则买方自约定交货日期或约定期届满之日起承担所有货物灭失或损坏的一切风险，但以该货物已清楚地确定为合同项下之货物者为限。

（4）根据买卖合同的约定收取货物、接收卖方提供的运输凭证和支付货款。

（二）按 FAS 条件订立合同需注意的几个问题

1．查对费用和检验费用的相关规定

卖方必须支付为了交货所需要进行的查对费用（如查对质量、丈量、过磅、点数的费用），以及出口国有关机构强制进行的装运前检验所发生的费用。买方必须支付任何装运前必需的检验费用，但出口国有关机构强制进行的检验的费用除外。

2．买卖双方协助提供信息及相关费用的规定

应买方要求并由其承担风险和费用，卖方必须及时向买方提供或协助其取得相关货物进口和/或将货物运输到最终目的地所需要的任何单证和信息，包括安全相关信息。应卖方要求并由其承担风险和费用，买方必须及时向卖方提供或协助其取得相关货物进口和/或将货物运输到最终目的地所需要的任何单证和信息，包括安全相关信息。

3．采用集装箱运输时的交货地点问题

当货物装在集装箱里时，卖方通常在集装箱码头将货物交给承运人，而非交到船边。这时，FAS 术语不适用，而应当使用 FCA 术语。

二、FOB

FOB 是 free on board 的缩写，即船上交货，术语后跟指定装运港（…named port of shipment）。该术语仅用于海运或内河水运。

FOB 是指卖方以在指定装运港将货物装上买方指定的船上或通过取得已交付至船上货物的方式交货。货物灭失或损坏的风险在货物交到船上时转移，同时，买方承担自那时起的一切费用。卖方与买方之间承担风险是以"货物交到船上"为界，即卖方承担货物装上船之前的风险，而买方承担货物装上船后的风险。FOB 可能不适用于货物在上船前已经交给承运人的情况，如用集装箱运输的货物通常是在集装箱码头交货，在此类情况下，则应使用 FCA 术语。

（一）买卖双方的责任和义务

采用 FOB 贸易术语，卖方承担的责任和义务可概括如下。

（1）必须在指定的装运港将货物置于买方指定的船上，并及时给予买方充分的通知。

（2）自负风险和费用，取得出口许可证或其他官方批准的证件，并负责办理货物出口所需的一切海关手续。

（3）承担完成交货前货物灭失或损坏的一切风险。

（4）提供符合买卖合同约定的货物和商业发票，以及合同可能要求的其他与合同相符的证据。任何单证在双方约定或符合惯例的情况下，可以是同等作用的电子记录或程序。

买方承担的责任和义务可概括如下。

（1）买方必须自负费用签订自指定装运港起运货物的运输合同，并将船舶名称、装船点和其在约定期限内选择的交货时间向卖方发出充分的通知。

（2）自负风险和费用，取得进口许可证或其他官方批准的证件，并负责办理货物进口所需的一切海关手续。

（3）承担卖方交货后货物灭失或损坏的一切风险。如由于买方指定的船舶未准时到达或未收取货物，则买方自约定交货日期或约定期届满之日起承担所有货物灭失或损坏的一切风险，但以该货物已清楚地确定为合同项下之货物者为限。

（4）根据买卖合同的约定收取货物、接收卖方提供的运输凭证和支付货款。任何单证在双方约定或符合惯例的情况下，可以是同等作用的电子记录或程序。

（二）按FOB条件订立合同需注意的几个问题

1．"装船"的概念与风险划分的界限

"装船"是FOB合同划分风险的界线，国际上不同惯例对"装船"的解释不尽一致。按照《2010年通则》规定，FOB合同的卖方必须在装运港及时将货物"装上船"，并承担货物在装运港装上船以前的一切风险，即当货物在装运港装上船后，卖方即履行了交货义务。卖方的交货点（point of delivery）是在"船上"，买方承担自该交货点起，货物灭失或损坏的一切风险。在实际业务中，卖方应该根据合同规定或者双方确立的习惯做法，负责在装运港把货物装到船上，并提供清洁的已装船提单。

2．船货衔接问题

在FOB合同中，由买方负责安排船只（租船或订舱），卖方负责装货，这其中就存在一个船货衔接的问题。如果船只如期到达指定的装运港，而卖方的货物却未能如期到达，买方则会因船只空舱等待而多支付空舱费；相反地，如果卖方如期将货物运到规定地点，准备装船，而买方安排的船只却没有如期到达，卖方只好将货物存放在港口的仓库里等待，这需要支付额外的仓储费用，增加了卖方的成本。因此，在FOB合同中，买卖双方必须对船货衔接问题做出明确规定，并在订约以后加强联系、密切配合，防止船货脱节。

按照国际惯例和有关法律的规定，按FOB术语成交的合同，买方应在安排好船只后及时通知卖方，以便卖方备货装船。如果买方未能按规定通知卖方或未能按时派船（包括未经对方同意提前或延迟将船派到装运港的情况），卖方有权拒绝交货，由此产生的各种损失，如空舱费、滞期费及卖方增加的仓储费等均由买方负担。如果买方指派的船只按时到达装运港，而卖方却未能备妥货物，那么由此产生的上述费用则由卖方负担。

在按FOB术语订约的情况下，如成交数量不大，只需要部分舱位或用班轮装运时，卖方可以接受买方委托，代买方办理各项装运手续。但这纯属代办性质，买方应负担卖方由于代办而产生的费用，若租不到船只或订不到舱位，其风险也由买方自己负责。

3．查对费用和检验费用的相关规定

卖方必须支付为了交货所需要进行的查对费用（如查对质量、丈量、过磅、点数的费用），以及出口国有关机构强制进行的装运前检验所发生的费用。买方必须支付所有装运前必需的检验费用，但出口国有关机构强制进行的检验的费用除外。

4．买卖双方协助提供信息及相关费用的规定

应买方要求并由其承担风险和费用，卖方必须及时向买方提供或协助其取得相关货物

进口和/或将货物运输到最终目的地所需要的任何单证和信息,包括安全相关信息。应卖方要求并由其承担风险和费用,买方必须及时向卖方提供或协助其取得货物运输和出口及从他国过境运输所需要的任何单证和信息,包括安全相关信息。

(三)《1941 年美国对外贸易定义修订本》对 FOB 贸易术语的特殊解释

《1941 年美国对外贸易定义修订本》将 FOB 术语分为 6 种,其中,只有"指定装运港船上交货"(FOB vessel...named port of shipment)与《2020 年通则》解释的 FOB 术语相近。主要区别是:《1941 年美国对外贸易定义修订本》规定,FOB vessel 的卖方只有在买方提出请求,并由买方负担风险的情况下,才有义务协助买方取得由出口国签发的出口所需的证件和在目的地进口所需的证件,并且出口税以及其他捐税和费用也需要由买方负担,而《2020 年通则》则将此作为卖方的一项义务。

三、CFR

CFR 是 cost and freight 的缩写,即成本加运费,术语后跟指定目的港名称(…named port of destination)。该术语仅用于海运或内河水运。

CFR 是指卖方在船上交货或以取得已经这样交付的货物方式交货。货物灭失或损坏的风险在货物交到船上时转移。卖方必须签订运输合同,并支付必要的成本和运费,将货物运至指定目的港。CFR 可能不适用于货物在上船前已经交给承运人的情况,如用集装箱运输的货物通常是在集装箱码头交货,在此类情况下,应当使用 CPT 术语。

与 FOB 相比,CFR 术语的卖方承担了更多的责任和义务,即卖方要负责安排运输、支付运费。

(一)买卖双方的责任和义务

采用 CFR 贸易术语,卖方承担的责任和义务可概括如下。

(1)卖方必须按照通常条件订立运输合同、支付运费,以将货物装上船或以取得已装船货物的方式交货,并及时给予买方充分的通知。

(2)自负风险和费用,取得出口许可证或其他官方批准的证件,并负责办理货物出口所需的一切海关手续。

(3)承担完成交货前货物灭失或损坏的一切风险。

(4)提供符合买卖合同约定的货物和商业发票,以及合同可能要求的其他与合同相符的证据。任何单证在双方约定或符合惯例的情况下,可以是同等作用的电子记录或程序。

买方承担的责任和义务可概括如下。

(1)买方必须在指定目的港自承运人处收取货物。

(2)自负风险和费用,取得进口许可证或其他官方批准的证件,并负责办理货物进口所需的一切海关手续。

(3)承担卖方交货后货物灭失或损坏的一切风险。如由买方决定货物运输时间和/或指定目的港内收取货物点,买方必须向卖方发出充分的通知,否则买方自约定交货日期或约定期届满之日起承担所有货物灭失或损坏的一切风险，但以该货物已清楚地确定为合同项下之货物者为限。

（4）接收卖方提供的运输凭证和支付货款。任何单证在双方约定或符合惯例的情况下，可以是同等作用的电子记录或程序。

（二）采用CFR贸易术语需注意的问题

1. 租船或订舱的责任

根据《2010年通则》规定，CFR合同的卖方只负责按照通常条件租船或订舱，经惯常航线，将货物运至目的港。因此，卖方有权拒绝买方提出的关于限制船舶的国籍、船型、船龄或指定某班轮公司的船只等要求。但在实际业务中，若针对国外买方所提上述要求，卖方能够办到且不增加成本，可以考虑予以通融。

2. 有关费用的划分

卖方负担完成交货前与货物相关的一切费用；除非运输合同另有规定，包括驳运费和码头费在内的卸货费由买方负担。

3. 关于装船通知

按CFR订立合同，需特别注意装船通知问题。因为在CFR术语下，卖方负责租船订舱，将货物装上船，由买方负责办理货物保险，货物在装船后所发生的风险损失由买方承担。因此，在货物装船后及时向买方发出装船通知就成为卖方应尽的一项至关重要的义务。因为办理运输保险针对的是运输过程中出现的风险和损失，一旦因卖方未及时通知而导致买方不能及时投保，那么卖方就必须承担因此而产生的全部损失。

为此，在实际业务中，出口企业应事先与国外买方就如何发装船通知商订具体做法。如事先未商订，则应根据双方的习惯做法，或根据订约后、装船前买方提出的具体请求，及时用电信的方式向买方发出装船通知。

4. 查对费用和检验费用的相关规定

卖方必须支付为了交货所需要进行的查对费用（如查对质量、丈量、过磅、点数的费用），以及出口国有关机构强制进行的装运前检验所发生的费用。买方必须支付所有装运前必需的检验费用，但出口国有关机构强制进行的检验的费用除外。

5. 买卖双方协助提供信息及相关费用的规定

应买方要求并由其承担风险和费用，卖方必须及时向买方提供或协助其取得相关货物进口和/或将货物运输到最终目的地所需要的任何单证和信息，包括安全相关信息。应卖方要求并由其承担风险和费用，买方必须及时向卖方提供或协助其取得货物出口及从他国过境运输所需要的任何单证和信息，包括安全相关信息。

6. 风险转移与费用转移问题

按照CFR术语成交，买卖双方风险划分的界限与FOB术语一样，仍然在装运港，即货物装上船时，风险即由卖方转移至买方，因为CFR术语仍然属于装运港交货的贸易术语，事实上，卖方只是保证按时装运，但并不保证货物按时到达，也不承担将货物送抵目的港的义务。

案例 3.1

上海某公司按 CFR 条件出口一批季节性较强的货物，因意外事故导致货物比原定时间晚五天到达目的港，使买方错过了销售季节造成损失。买方以卖方货物未按时到达目的港为由，提出索赔。问：买方的这种做法是否合理？卖方是否有责任？

四、CIF

CIF 是 cost、insurance and freight 的缩写，中文译名为成本加保险费加运费，术语后跟指定目的港名称（…named port of destination）。该术语仅用于海运或内河水运。

CIF 是指卖方在船上交货或以取得已经这样交付的货物方式交货。货物灭失或损坏的风险在货物交到船上时转移。卖方必须签订合同，并支付必要的成本和运费，以将货物运至指定的目的港。卖方还要为买方在运输途中货物的灭失或损坏风险办理保险，但买方应注意到，在 CIF 下，卖方仅需投保最低险别，如果买方需要更多保险保护的话，则需要与卖方明确达成协议，或者自行做出额外的保险安排。

CIF 术语只适用于海运和内河水运，不适用于货物在上船前已经交给承运人的情况，如用集装箱运输的货物通常是在集装箱码头交货，在此情况下，应当使用 CIP。

在业务上，有人误称 CIF 为"到岸价"，将 CIF 误解为卖方承担货物从装运港至目的港的一切风险和费用，这是错误的，不能使用"到岸价"的说法。

（一）买卖双方的责任和义务

采用 CIF 贸易术语，卖方承担的责任和义务可概括如下。

（1）卖方必须按照通常条件订立运输合同、支付运费，以将货物装上船或以取得已装船货物的方式交货，并及时给予买方充分的通知。卖方必须自负费用取得货物保险。

（2）自负风险和费用，取得出口许可证或其他官方批准的证件，并负责办理货物出口所需的一切安检清关手续。

（3）承担完成交货前货物灭失或损坏的一切风险。

（4）提供符合买卖合同约定的货物和商业发票，以及合同可能要求的其他与合同相符的证据。任何单证在双方约定或符合惯例的情况下，可以是纸质或电子形式。

（5）卖方必须承担费用，向买方提供运至约定目的港的习惯运输单据。该运输单据必须载明合同货物，且其签发日期必须在约定的运输期限内，还必须能使买方在目的港凭以向承运人索取货物，并且除非另有约定，必须能使买方通过向其下家买方转让该单据或通知承运人来转卖在途货物。当此运输单据以可转让形式签发并有数份正本，全套正本必须向买方提交。

买方承担的责任和义务可概括如下。

（1）买方必须在指定目的港从承运人处收取货物。无论何时，根据约定，买方有权决定运输时间及/或指定目的港的收货点，买方必须给予卖方充分通知。

（2）自负风险和费用，取得进口许可证或其他官方批准的证件，并负责办理货物进口所需的一切海关手续。

（3）承担卖方交货后货物灭失或损坏的一切风险。如由买方决定货物运输时间和/或指定目的港内收取货物点时，买方必须向卖方发出充分的通知，否则买方自约定交货日期或约定期届满之日起承担所有货物灭失或损坏的一切风险，但以该货物已清楚地确定为合同项下之货物为前提条件。

（4）接收卖方提供的运输凭证和支付货款。任何单证在双方约定或符合惯例的情况下，可以是纸质或电子形式。

（二）使用 CIF 贸易术语应注意的问题

1. 关于交货和风险问题

按 CIF 术语成交，虽然由卖方安排货物运输和办理货运保险，但卖方并不承担保证把货物送到约定目的港的义务，因为 CIF 属于装运港交货的术语，而不是目的港交货的术语，也就是说，CIF 术语的风险转移地点与费用转移地点是不同的，卖方将运费和保险费支付到目的港，其承担风险的责任却在装运港就结束了。

同时，双方应尽可能准确地指定约定目的港的交付点，因为将货物交至该交付点的费用由卖方承担。如果卖方按照运输合同在目的地发生了卸货费用，则除非双方事先另有约定，卖方无权向买方要求补偿该项费用。

2. 关于保险问题

CIF 是由卖方负责办理货运保险，但是如果货物在运输途中出现风险和损失，卖方并不承担责任，买方可以凭保险单向保险公司进行索赔，但是否得到赔偿与卖方没有关系。因此，CIF 术语下，卖方是为了买方的利益办理保险，属于代办性质。卖方应投保什么样的险别、投保金额是多少，一般应在签订买卖合同时明确规定。《2020 年通则》规定，该保险需符合《协会货物保险条款》中"条款（C）"或类似条款。当买方要求且能够提供卖方所需的信息时，卖方应办理任何附加险别，由买方承担费用。保险最低金额是合同金额另加 10%（即 110%合同金额的），并采用合同中的货币结算。保险范围应从货物自规定的交货点起，至少至指定的目的港止。

3. 关于装运港和目的港终点确定问题

CIF 术语合同中会约定一个目的港，但未必会指定装运港，而装运港是风险转移给买方的地方。为了防止日后出现分歧，《2020 年通则》特别建议双方在合同中尽可能清楚地指定装运港，同时也特别建议双方尽可能精确地指定目的港的特定地点，因为卖方需要承担将货物运往该地点的费用。卖方必须签订涵盖货物运输的一份或多份合同，包括从货物交付到运至指定港或销售合同中已约定的该港口范围内约定地点。

4. 关于查验费用和包装费用的相关规定

卖方必须支付为了交货所需要进行的查验的费用（如查验品质、丈量、计重、点数的费用）。卖方必须自负费用包装货物，除非该特定贸易运输的所售货物通常无须包装。除非双方已经约定好具体的包装或标志要求，否则，卖方必须以适合该货物运输的方式对货物进行包装和标记。

5. 关于买卖双方协助提供信息及相关费用的规定

应买方要求并由其承担风险和费用,卖方必须及时向买方提供或协助其取得相关货物进口和/或将货物运输到最终目的地所需要的任何单证和信息,包括安全相关信息。应卖方要求并由其承担风险和费用,买方必须及时向卖方提供或协助其取得货物出口及从他国过境运输所需要的任何单证和信息,包括安全相关信息。

6. 关于象征性交货问题

从交货方式来看,CIF 是一种典型的象征性交货。象征性交货是针对实际交货而言的。实际交货是指卖方要在规定的时间和地点将符合合同规定的货物提交给买方或其指定人,不能以交单代替交货;而象征性交货是指卖方只要按期在约定地点完成装运,并向买方提交合同规定的、包括物权凭证在内的有关单据,就算完成了交货义务,而无须保证到货。

可见,在象征性交货时,卖方是凭单交货,买方是凭单付款。只要卖方如期向买方提交了符合合同规定的全套合格单据,即使货物在运输途中损坏或灭失,买方也必须履行付款义务。反之,如果卖方提交的单据不符合要求,即使货物完好无损地运达目的地,买方也有权拒付货款。

在 CIF 合同中,卖方实际上有两项义务——交付货物和提交单据,这两项义务缺一不可。相应地,买方也有两项权利——验单权和验货权。如单货不符,且责任属于卖方,买方可拒收货物,即使已付款,也可按合同规定要求退货或赔偿。

> **案例 3.2**
>
> 我国上海某公司按 CIF 条件和美国某公司成交一笔草帽业务,货装船后停泊在码头,结果在起运前发生一场大火,将一船草帽全部烧光。买方闻讯后即致电卖方,要求退还货款或由卖方赔偿一切损失,问卖方是否应赔偿损失或退款?

五、FOB、CFR、CIF 贸易术语的比较

FOB、CFR、CIF 贸易术语是国际贸易中最常用的术语,掌握这三种术语的内容和特点,有助于我们了解其他的贸易术语。从买卖双方的责任和义务来看,这三种术语在有些方面是相同的,但也有些是不同的,它们的异同点如表 3-1 所示。

表 3-1 FOB、CFR、CIF 异同点一览表

相同点	交货方式相同:都是象征性交货,即卖方凭单交货、买方凭单付款					
	运输方式相同:都适用于水上运输					
	交货地点相同:都在出口国装运港口					
	风险转移点相同:都在装运港船上					
	出口清关手续负责人相同:都是卖方					
不同点	运输责任/费用		办理保险/费用		装船后卖方是否及时通知买方	
	FOB	买方	FOB;CFR	买方	FOB;CFR	及时通知
	CFR;CIF	卖方	CIF	卖方	CIF	一般通知

第三节 适用于任何一种或多种运输方式的贸易术语

除了常用的三种贸易术语 FOB、CFR、CIF，国际贸易中还可使用其他贸易术语。随着对外贸易的发展和贸易方式的逐渐灵活，近年来，我国也采用其他贸易术语，现对其中七种贸易术语做简要介绍。

一、EXW

EXW 是 ex works 的缩写，中文译名为"工厂交货"，术语后跟指定地点（…named place）。

EXW 术语是指当卖方在其所在地或其他指定的地点（如工厂或仓库等）将货物交给买方处置时，即完成交货。卖方不需要将货物装上任何前来接收货物的运输工具，需要清关时，卖方也无须办理出口清关手续。

该术语是卖方承担责任最小的术语。买方必须承担在卖方所在地受领货物的全部费用和风险。在买方不能直接或间接地办理出口手续时，不应使用该术语，最好使用 FCA 术语。EXW 更适合国内贸易。

（一）买卖双方的责任和义务

采用 EXW 贸易术语，卖方承担的责任和义务可概括如下。

（1）卖方必须在指定的交付地点或该地点内的约定点（如有的话），以将未置于任何运输车辆上的货物交给买方处置的方式交货。若在指定交货地没有约定特定的点，且有几个点可供使用时，卖方可选择最适合自身目的的点。卖方必须在约定日期或期限内交货。

（2）经买方要求，并承担风险和费用，卖方必须协助买方取得出口许可或出口相关货物所需的其他官方授权，以及提供所掌握的该项货物安检通关所需的任何信息，并必须给予买方收取货物所需的任何通知。

（3）承担完成交货前货物灭失或损坏的一切风险。

（4）提供符合买卖合同约定的货物和商业发票，以及合同可能要求的其他与合同相符的证据。任何单证在双方约定或符合惯例的情况下，可以是同等作用的电子记录或程序。

买方承担的责任和义务可概括如下。

（1）买方必须在约定地点收取货物。

（2）自负风险和费用，取得出口许可证或其他官方批准的证件，并负责办理货物出口所需的一切海关手续，支付货物出口应交纳的一切关税、税款和其他费用及办理海关手续的费用。

（3）承担卖方交货后货物灭失或损坏的一切风险。如由买方决定在约定期限内的时间和/或在指定地点内的接收点，买方必须向卖方发出充分的通知，否则买方自约定交货日期或交货期限届满之日起，承担货物灭失或损坏的一切风险，但以该货物已清楚地确定为合同项下之货物者为限。

（4）必须向卖方提供已收取货物的相关凭证，按照买卖合同约定支付货款。任何单证在双方约定或符合惯例的情况下，可以是同等作用的电子记录或程序。

（二）使用 EXW 贸易术语应注意的问题

1．有关明确交货地点的问题

按 EXW 术语成交，买卖双方应在指定交货地范围内尽可能地明确具体交货地点，因为在货物到达交货地点之前的所有费用和风险都由卖方承担，买方则需承担自此指定交货点（如有的话）收取货物所产生的全部费用和风险。

2．关于装货义务的问题

采用 EXW 术语，卖方对买方没有装货义务，即使实际上卖方也许更方便这样做。如果是卖方装货，也是由买方承担相关风险和费用。

3．有关出口通关问题

采用 EXW 术语，购买出口产品的买方需要明白，卖方只有在买方要求时，才有责任协助买方办理出口，即卖方无义务安排出口通关。因此，在买方不能直接或间接办理出口清关手续时，尽量不要采用 EXW 术语。

4．查对费用和检验费用的相关规定

卖方必须支付为了交货所需要进行的查对的费用（如查对质量、丈量、过磅、点数的费用）。买方必须支付任何装运前必需的检验所发生的费用，包括出口国有关机构强制进行的检验所发生的费用。

5．买卖双方协助提供信息及相关费用的规定

应买方要求并由其承担风险和费用，卖方必须及时向买方提供或协助其取得相关货物出口和/或进口，和/或将货物运输到最终目的地所需要的任何单证和信息，包括安全相关信息。买方必须及时告知卖方任何安全信息要求，必须偿付卖方向其提供或协助其取得单证和信息时发生的所有费用。

二、FCA

FCA 是 free carrier 的缩写，中文译名为"货交承运人"，术语后跟指定地点（…named place）。该术语可适用于任何一种运输方式，也可适用于多种运输方式。

FCA 是指卖方在其所在地或其他指定的地点将货物交给买方指定的承运人或其他人，并办理了出口清关手续，即完成交货。如果在卖方所在地交货，则应当将卖方所在地地址明确为指定交货地；如果双方在其他地点交货，则必须确定不同的特定交货地点。所谓承运人，是指受托运人的委托，负责将货物从约定的起运地运往目的地的人。承运人既包括拥有运输工具、实际完成运输任务的运输公司，也包括不掌握运输工具的运输代理人。FCA 术语之后要加注双方约定的交货地点，即承运人接运货物的地点，如"FCA Beijing"。

（一）买卖双方的责任和义务

采用 FCA 术语，卖方承担的责任和义务可概括如下。

（1）卖方必须在约定日期或期限内，在指定地或指定点（如有的话），将货物交付给买方指定的承运人（或其他人），或以取得已经如此交付货物的方式交货并给买方充分的

通知。

（2）卖方必须自负风险和费用，取得所需的出口许可或其他官方授权，办理货物出口所需的一切安检清关手续，支付完成交货前与货物相关的一切费用，包括出口应交纳的一切关税、税款和其他费用。

（3）承担完成交货前货物灭失或损坏的一切风险。

（4）卖方对买方没有订立运输合同的义务，但是，在应买方要求并由其承担风险和费用的情况下，卖方必须向买方提供卖方拥有的买方安排运输所需要的任何信息，包括与运输有关的安全要求。如已约定由卖方代买方订立运输合同，则卖方必须按照惯常条款订立运输合同，由买方承担风险和费用。卖方必须在完成交货之前遵守任何与运输有关的安全要求。

（5）提供符合买卖合同约定的货物和商业发票，以及合同可能要求的其他与合同相符的证据。任何单证在双方约定或符合惯例的情况下，可以是纸质或电子形式。

买方承担的责任和义务可概括如下。

（1）买方必须在约定地点收取货物，必须自负费用签订自指定的交货地点起运货物的运输合同，指定承运人，并将承运人等信息通知卖方。

（2）自负风险和费用，取得进口许可或其他官方批准的证件，并负责办理货物进口和从他国过境运输所需的一切安检清关手续，支付货物进口应交纳的一切关税、税款和其他费用，办理安检清关手续的费用和从他国过境运输的费用。

（3）承担卖方交货后货物灭失或损坏的一切风险。如买方未按照规定通知其所指定的承运人，或指定的承运人未在约定的时间接管货物，则自约定交货期届满之日起，买方承担货物灭失或损坏的一切风险。

（4）接收卖方提供的交货凭证，按照买卖合同约定支付货款。买方提供的任何单据在双方约定或符合惯例的情况下，可以纸质或电子形式。

（二）使用 FCA 贸易术语应注意的问题

1. 关于交货与风险转移的问题

采用"货交承运人"（指定地点），如指定地点是卖方所在地，则货物完成交付是当货物装上了买方的运输工具之时；如果指定的地点是另一地点，则货物完成交付是当货物已装上了卖方的运输工具，或货物已抵达该指定的另一地点，且已做好从卖方的运输工具上卸载的准备，交由买方指定的承运人或其他人处置之时。无论选择了上述两个交货地点的哪一个，该地点即确定风险转移给买方且买方开始承担费用的地点。

2. 关于交货地或交货点的问题

以 FCA 进行的货物销售可以仅仅指定在卖方所在地或其他地方，而不具体说明在该指定地内的详细交货点。但是，特别建议双方应尽可能清楚地指明指定地方范围内的详细交货点。详细的交货点不仅可让双方均清楚货物交付的时间和风险转移至买方的时间，还标志着买方承担费用的地点。

如果未明确指定交货地内特定的交货点，在此情况下，卖方则有权选择"最适合卖方目的"的地点，该地点即成为交货点，风险和费用从该地点开始转移至买方。如果合同中未指定详细的交货点,则视为留待卖方选择"最适合卖方目的"的交货点。这意味着,卖方可能会选择某个点作为交货点,而货物恰好在到达交货点之后发生了灭失或损坏,从而可能使买方承担风险。因此,买方最好将交货地范围内的详细交货点规定清楚。

3. 关于查对费用和检验费用的问题

卖方必须支付为了交货所需要进行的查对的费用(如查对质量、丈量、过磅、点数的费用),卖方必须自负费用包装货物,除非该特定贸易的所售货物的运输通常无须包装。除非双方已经约定好具体的包装或标记要求,否则卖方必须以适合该货物运输的方式对货物进行包装和标记。

4. 关于买卖双方协助提供信息及相关费用的问题

应买方要求并由其承担风险和费用,卖方必须及时向买方提供或协助其取得相关货物进口和/或将货物运输到最终目的地所需要的任何单证和信息,包括安全相关信息。买方必须及时告知卖方任何安全信息要求,必须偿付卖方向其提供或协助其取得单证和信息时发生的所有费用。

5. 关于已装船批注提单的问题

在买方收货地是内陆地点而不是港口,船舶无法抵达该地装运货物的情况下,卖方采用 FCA 销售货物时,有时需要提交已装船批注提单。为了满足这一需求,INCOTERMS 2020 对 FCA 术语已装船批注提单的做法提供了以下可选择机制:如果双方在合同中如此约定,则买方必须指示承运人出具已装船批注提单给卖方。当然,承运人可能同意或不同意买方的请求,因为只有货物在港口装船,承运人才有义务并且有权出具该提单。但是,如果在买方承担费用与风险的情况下,承运人已经向卖方出具了提单,卖方必须将提单提供给买方,以便买方用该提单从承运人处提取货物。当然,如果双方已约定卖方将提交给买方一份仅声明货物已收妥待运而非已装船的提单,则不需要选择该方案。此外,应强调的是,即使采用该可选机制,卖方对买方也不承担运输合同条款下的义务。最后,如采用该可选机制,则内陆交货及装船的日期将可能不同,这将可能对信用证下的卖方造成困难。

FCA 贸易术语适用于各种运输方式,其中包括公路、铁路、江河、海洋、航空运输以及多式联运。无论采用哪种运输方式,卖方承担的风险均于货交承运人时转移给买方,即卖方承担货交承运人前的风险和费用,买方承担货交承运人后的风险和费用。风险转移之后,与运输、保险相关的责任和费用也相应地发生转移。

三、CPT

CPT 是 carriage paid to 的缩写,中文译名为"运费付至",术语后跟指定目的地名称(…named place of destination)。该术语适用于任何运输方式,也适用于多种运输方式。

CPT 是指卖方将货物在双方约定的地点(如果双方已经约定了地点)交给卖方指定的承运人或其他人。卖方必须签订运输合同并支付将货物运至指定目的地所需费用。

(一)买卖双方的责任和义务

采用 CPT 贸易术语,卖方承担的责任和义务可概括如下。

(1)卖方必须在约定的日期或期限内,按照通常条件签订或取得运输合同,将货物交至签订合同的承运人；支付货物自交货地的约定交货点（如有的话）运送至指定目的地或该目的地的交付点（如有约定）的运费，经由通常航线和习惯方式运送货物，并及时给予买方充分的通知。

（2）自负风险和费用，取得出口许可证或其他官方授权，办理货物出口和交货前从他国过境运输所需的一切海关手续；支付货物出口所需通关手续费，出口应交纳的一切关税、税款和其他费用，以及运输合同规定的由卖方支付的货物从他国过境运输的费用。

（3）承担完成交货前货物灭失或损坏的一切风险。

（4）提供符合买卖合同约定的货物和商业发票，以及合同可能要求的其他与合同相符的单据。任何单证在双方约定或符合惯例的情况下，可以是同等作用的电子记录或程序。

买方承担的责任和义务可概括如下。

（1）买方必须在指定目的地自承运人处收取货物。当买方有权决定发货时间和/或指定目的地或目的地内收取货物的点时，买方必须向卖方发出充分的通知。

（2）自负风险和费用，取得进口许可证或其他官方授权，并负责办理货物进口和从他国过境运输所需的一切海关手续；支付货物进口应交纳的一切关税、税款和其他费用，以及办理进口海关手续的费用和从他国过境运输的费用。

（3）承担卖方交货后货物灭失或损坏的一切风险。当买方有权决定在约定期限内的具体时间和/或指定目的地内的收取货物的点时，如买方未及时给予卖方通知，则买方必须从约定的交货日期或交货期限届满之日起，承担货物灭失或损坏的一切风险，但以该货物已清楚地确定为合同项下之货物为限。

（4）接收卖方提供的运输凭证和支付货款。任何单证在双方约定或符合惯例的情况下，可以是同等作用的电子记录或程序。

（二）采用CPT贸易术语需注意的问题

1. 有关风险转移和费用转移的问题

按CPT术语成交，双方应该尽可能确切地在合同中规定交货地点，因为风险在交货地点转移至买方；同时，应该指定目的地（卖方必须签订运输合同将货物运到该目的地）。如果运输到约定目的地涉及多个承运人，且双方不能就交货点达成一致，卖方将货物交给第一承运人时，风险转移至买方。由于卖方需承担将货物运至目的地交货点的费用，双方应尽可能确切地订明约定的目的地内的该点。如果卖方按照运输合同在指定的目的地卸货发生了费用，除非双方另有约定，卖方无权向买方要求偿付。

2. 关于买卖双方的通知问题

卖方必须向买方发出已交货的通知，以便于买方采取收取货物通常所需的措施；当买方有权决定发货时间和/或指定目的地或目的地内收取货物的点时，买方必须向卖方发出充分的通知。

3. 查对费用和检验费用的相关规定

卖方必须支付为了交货所需要进行的查对的费用（如查对质量、丈量、过磅、点数的费用），以及出口国有关机构强制进行的装运前检验所发生的费用。买方必须支付装运前必需的所有检验的费用,但出口国有关机构强制进行的检验的费用除外。

4. 买卖双方协助提供信息及相关费用的规定

应买方要求并由其承担风险和费用,卖方必须及时向买方提供或协助其取得相关货物进口和/或将货物运输到最终目的地所需要的任何单证和信息,包括安全相关信息。应卖方要求并由其承担风险和费用,买方必须及时向卖方提供或协助其取得货物出口及从他国过境运输所需要的任何单证和信息,包括安全相关信息。

四、CIP

CIP 是 carriage and insurance paid to 的缩写,中文译名为"运费、保险费付至",术语后跟指定目的地名称(…named place of destination)。该术语可适用于任何运输方式,也可适用于多种运输方式。

CIP 术语是指卖方将货物在双方约定地点(如双方已经约定了地点)交给其指定的承运人或其他人,并签订运输合同,支付将货物运至指定目的地的所需费用,为在运输途中货物的灭失或损坏风险签订保险合同。

(一)买卖双方的责任和义务

采用 CIP 贸易术语,卖方承担的责任和义务可概括如下。

(1)卖方必须在约定的日期或期限内,按照通常条件签订或取得运输合同,将货物交至签订合同的承运人;支付货物自交货地的约定交货点(如有的话)运送至指定目的地或该目的地的交付点(如有约定)的运费,经由通常航线和习惯方式运送货物,并及时给予买方充分的通知。

(2)卖方必须自负费用取得货物保险。根据《2020年通则》规定,该保险须符合《协会货物保险条款》"条款(A)"或任何适于货物运输方式的类似条款。当买方要求,且能够提供卖方所需的信息时,卖方必须办理任何附加险别,由买方承担费用。最低保险金额是合同金额另加 10%(即 110%合同金额的),并采用合同中的货币结算。卖方必须提供给买方保险单或保险证明或其他保险投保证明。

(3)自负风险和费用,取得出口许可证或其他官方授权,办理货物出口和交货前从他国过境运输所需的一切安检清关手续;支付货物出口所需清关手续费,出口应交纳的一切关税、税款和其他费用,以及运输合同规定的由卖方支付的货物从他国过境运输的费用。

(4)承担完成交货前货物灭失或损坏的一切风险。

(5)提供符合买卖合同约定的货物和商业发票,以及合同可能要求的其他与合同相符的证据。任何单证在双方约定或符合惯例的情况下,可以是纸质或电子形式。

买方承担的责任和义务可概括如下。

(1)买方必须在指定目的地自承运人处收取货物。当买方有权决定发货时间和/或指定目的地或目的地内收取货物的点时,买方必须向卖方发出充分的通知。

(2)自负风险和费用,取得进口许可证或其他官方授权,并负责办理货物进口和从他国过境运输所需的一切安检清关手续;支付货物进口应交纳的一切关税、税款和其他费用,以及办理进口安检清关手续的费用和从他国过境运输的费用。

（3）承担卖方交货后货物灭失或损坏的一切风险。当买方有权决定在约定期限内的具体时间和/或指定目的地内的收取货物的点时，如买方未及时给予卖方通知，则买方必须从约定的交货日期或交货期限届满之日起，承担货物灭失或损坏的一切风险，但以该货物已清楚地确定为合同项下之货物为限。

（4）接收卖方提供的运输凭证和支付货款。任何单证在双方约定或符合惯例的情况下，可以是纸质或电子形式。

（二）采用 CIP 贸易术语需注意的问题

1. 关于交货与风险转移的问题

按 CIP 术语成交，双方应该尽可能确切地在合同中规定交货地（或交货点），因为风险在这一地点转移至买方，一旦卖方将货物交付给承运人，卖方即完成交货，风险转移给买方。卖方并不保证货物将以良好的状态、约定的数量或确实到达目的地。

2. 关于保险问题

卖方必须为买方签订从交货点起至少到目的点的货物灭失或损坏的保险合同。如目的地国家要求在当地购买保险，则可能会造成困难，在此情况下，双方应考虑使用 CPT。买方还应注意，在《2020 年通则》的 CIP 规则下，卖方投保需要符合《伦敦保险协会货物保险条款》（A）款或其他类似条款下的范围广泛的险别，而不是符合《伦敦保险协会货物保险条款》（C）款下的范围较为有限的险别。但是，双方仍然可以自行约定更低的险别。

3. 关于交货地（交货点）和目的地（目的点）的问题

买卖双方应尽可能精确地确定交货地和目的地，或者交货地和目的地内的具体地点。如果运输到约定目的地涉及多个承运人，且双方没有约定具体的交货地或交货点，卖方将货物交给第一承运人时，风险转移至买方。如双方希望风险的转移在稍晚阶段（如在某海港、河港或者机场），或在稍早阶段（如在距某个与海港或河港有一段距离的某内陆地点），则需要在销售合同中明确约定，并谨慎考虑在货物灭失或损坏时这种做法的后果。

同时，双方应该尽可能精确交货指定目的地（卖方必须签订运输合同将货物运到该目的地）。由于卖方需承担将货物运至目的地交货点的运费和保险费，双方应尽可能确切地约定的目的地内的交货点。如果卖方按照运输合同在指定的目的地卸货发生了费用，除非双方另有约定，卖方无权向买方要求偿付。

4. 关于查验费用和包装费用的问题

卖方必须支付为了交货所需要进行的查验的费用（如查验质量、丈量、过磅、点数的费用），以及出口国有关机构强制进行的装运前检验所发生的费用。卖方必须自负费用包装货物，除非该特定贸易运输的所售货物通常无须包装。除非双方已经约定好具体的包装或标记要求，否则，卖方必须以适合所售货物运输的方式对货物进行包装和标记。

5. 关于买卖双方协助提供信息及相关费用的规定

应买方要求并由其承担风险和费用，卖方必须及时向买方提供或协助其取得相关货物进口和/或将货物运输到最终目的地所需要的任何单证和信息，包括安全相关信息。应卖方要求并由其承担风险和费用,买方必须及时向卖方提供或协助其取得货物出口及从他国过境运输所需要的任何单证和信息,包括安全相关信息。

CIP 术语与 CIF 术语有相同之处,它们的价格构成中都包括了通常的运费和保险费,因此,按这两种贸易术语成交,卖方要负责安排运输和保险并支付有关运费和保险费。但是,CIP 术语和 CIF 术语也有明显的区别,主要是适用的运输方式的范围不同,CIP 适用于各种运输方式,CIF 仅适用于水上运输方式。采用不同运输方式时,交货地点、风险划分界限以及有关责任和费用的划分自然也不相同。例如,CIP 条件下,卖方要办理货运保险,支付保险费,如果是采用多式联运方式,货运保险要包括各种运输险,而按 CIF 术语,卖方办理水上运输险即可。

五、DAP

DAP 是 delivered at place 的缩写,中文译名为"目的地交货",术语后跟指定目的地。该术语可用于任何运输方式,也可用于多种运输方式。

DAP 是指卖方在指定目的地将还在运抵运输工具上可供卸载的货物交由买方处置时,即为交货。卖方承担将货物运送到指定地点的一切风险。

(一)买卖双方的责任和义务

采用 DAP 贸易术语,卖方承担的责任和义务可概括如下。

(1)卖方必须在约定的日期或期限内,将货物放在已运抵的运输工具上,准备好在指定的目的地(如有的话)的约定点卸载,听由买方处置。

(2)卖方必须自负费用签订运输合同,将货物运至指定目的地或指定目的地内的约定点(如有约定)。如未约定特定的点或不能由实务确定,卖方则可在指定目的地内选择最适合的交货点,并给买方发出所需通知,以便于买方采取收取货物通常所需要的措施。

(3)自负风险和费用,取得出口许可证或其他官方授权,办理货物出口和交货前从他国过境运输所需的一切海关手续;支付货物出口所需海关手续费,出口应交纳的一切关税、税款和其他费用,以及运输合同规定的由卖方支付的货物从他国过境运输的费用。

(4)承担完成交货前货物灭失或损坏的一切风险。

(5)提供符合买卖合同约定的货物和商业发票,以及合同可能要求的其他与合同相符的证据。任何单证在双方约定或符合惯例的情况下,可以是同等作用的电子记录或程序。

买方承担的责任和义务可概括如下。

(1)买方必须在指定目的地自承运人处收取货物。

(2)自负风险和费用,取得进口许可证或其他官方授权,并负责办理货物进口和从他国过境运输所需的一切海关手续;支付货物进口应交纳的一切关税、税款和其他费用,以及办理进口海关手续的费用和从他国过境运输的费用。

(3)当买方有权在约定期限内的具体时间和/或指定目的地内的收取货物的点时,买方必须向卖方发出充分的通知。

(4)承担卖方交货后货物灭失或损坏的一切风险。当买方有权决定在约定期限内的具体时间和/或指定目的地内的收取货物的点时，如买方未及时给予卖方通知，则买方必须从约定的交货日期或交货期限届满之日起，承担货物灭失或损坏的一切风险，但以该货物已清楚地确定为合同项下之货物为限。

（5）接收卖方提供的交货凭证和支付货款。任何单证在双方约定或符合惯例的情况下，可以是同等作用的电子记录或程序。

（二）采用DAP贸易术语需注意的问题

1. 关于"交货点"的约定问题

由于卖方承担在特定地点交货前的风险，买卖双方应尽可能明确地约定目的地内的交货点，卖方签订的运输合同应尽量与所选择的目的地内的"交货点"相吻合。另外，如果卖方按照运输合同在目的地发生了卸货费用，除非双方另有约定，卖方无权向买方要求偿付。

2. 查对费用和检验费用的相关规定

卖方必须支付为了交货所需要进行的查对的费用（如查对质量、丈量、过磅、点数的费用），以及出口国有关机构强制进行的装运前检验所发生的费用。买方必须支付装运前必需的所有检验的费用，但出口国有关机构强制进行的检验的费用除外。

3. 买卖双方协助提供信息及相关费用的规定

应买方要求并由其承担风险和费用，卖方必须及时向买方提供或协助其取得相关货物进口和/或将货物运输到最终目的地所需要的任何单证和信息，包括安全相关信息。应卖方要求并由其承担风险和费用，买方必须及时向卖方提供或协助其取得货物出口及从他国过境运输所需要的任何单证和信息，包括安全相关信息。

六、DPU

DPU是delivered at place unloaded的缩写，中文译名为"目的地卸货后交货"，术语后跟指定目的地。该术语可用于任何单一运输方式，也可用于多种运输方式。

DPU是指卖方在指定目的地将货物从运抵的运输工具上卸载，交由买方处置时即完成交货及风险转移。采用DPU术语时，卖方承担将货物送至指定目的地并将其卸下期间的一切风险，因此，《2020年通则》中，交货和到达目的地是相同的。DPU是唯一要求卖方在目的地卸货的贸易术语，卖方应该确保自身可以在指定地组织卸货。如果双方不希望卖方承担卸货的风险和费用，则不应该使用DPU，而应该使用DAP。

（一）买卖双方的责任和义务

采用DPU贸易术语，卖方承担的责任和义务可概括如下。

（1）卖方必须在约定的日期或期限内，在指定的目的地约定地点（如有的话），将货物从运抵的运输工具上卸下并交由买方处置，或以取得已经如此交付的货物的方式交货。

（2）卖方必须自负费用签订运输合同或安排运输，将货物运至目的地或指定目的地内的约定交货点（如有的话）。如未约定具体地点，也未根据实务确定，卖方可以选择最符合其目的之指定目的地内的交货点,并给买方发出所需通知,以便于买方采取收取货物通常所需要的措施。

(3)自负风险和费用,取得出口许可证或其他官方授权,办理货物出口和交货前从他国过境运输所需的一切安检清关手续;支付货物出口所需安检清关手续费,出口应交纳的一切关税、税款和其他费用,以及运输合同规定的由卖方支付的货物从他国过境运输的费用。

(4)承担完成交货前货物灭失或损坏的一切风险。

(5)提供符合买卖合同约定的货物和商业发票,以及合同可能要求的其他与合同相符的证据。任何单证在双方约定或符合惯例的情况下,可以是纸质或电子形式。

买方承担的责任和义务可概括如下。

(1)买方必须在指定目的地自承运人处收取货物。

(2)自负风险和费用,取得进口许可证或其他官方授权,并负责办理货物进口和从他国过境运输所需的一切安检清关手续;支付货物进口应交纳的一切关税、税款和其他费用,以及办理进口安检清关手续的费用和从他国过境运输的费用。

(3)无论何时,根据约定,买方有权决定约定交货期内的时间及/或指定目的地的提货点时,买方必须向卖方发出充分的通知。

(4)承担卖方交货后货物灭失或损坏的一切风险。买方有权决定约定交货期内的时间及/或指定目的地的提货点时,如买方未及时给予卖方通知,则买方必须从约定的交货日期或交货期限届满之日起,承担货物灭失或损坏的一切风险,但以该货物已清楚地确定为合同项下之货物为限。

(5)接收卖方提供的交货凭证和支付货款。任何单证在双方约定或符合惯例的情况下,可以是纸质或电子形式。

(二)采用 DPU 贸易术语需注意的问题

1. 关于确定"交货地或交货点"的问题

采用 DPU 术语时,精准地确定交货地或交货点特别重要。第一,货物灭失或损坏的风险在该交货地或交货点转移至买方,因此买卖双方应清楚地知晓该交货地或交货点是风险转移点。第二,发生在该交货地或交货点之前的费用由卖方承担,发生在该交货地或交货点之后的费用由买方承担。第三,卖方必须签订运输合同或安排货物运输到约定交货地或交货点。如果卖方未履行此义务,卖方即未履行义务,并将对买方随之产生的任何损失承担责任。例如,卖方将负责承担承运人因额外的续运而向买方收取的任何额外费用。

2. 关于出口/进口清关问题

DPU 要求卖方办理出口清关手续,但是,卖方没有义务办理进口清关或交货后经由第三国过境的清关手续和支付任何进口关税或办理任何进口海关手续。因此,如果买方没有安排进口清关,导致货物被滞留在目的地国家的港口或内陆运输终端,将由买方来承担货物被滞留在目的国家的入境处时可能发生损失的风险。

3. 查验费用和包装费用的相关规定

卖方必须支付为了交货所需要进行的查验的费用(如查验质量、丈量、计重、点数的费用),以及出口国有关机构强制进行的装运前检验所发生的费用。卖方必须自负费用包装货物,除非该特定贸易运输的所售货物通常无须包装。除非双方已经约定好具体的包装或标记要求,否则,卖方必须以适合所售货物运输的方式对货物进行包装和标记。

4. 买卖双方协助提供信息及相关费用的规定

应买方要求并由其承担风险和费用,卖方必须及时向买方提供或协助其取得相关货物进口和/或将货物运输到最终目的地所需要的任何单证和信息,包括安全相关信息。应卖方要求并由其承担风险和费用,买方必须及时向卖方提供或协助其取得货物出口及从他国过境运输所需要的任何单证和信息,包括安全相关信息。

七、DDP

DDP 是 delivered duty paid 的缩写,中文译名为"完税后交货",术语后跟指定目的地名称。该术语可用于任何单一运输方式,也可用于多种运输方式。

DDP 术语是指卖方在指定的目的地将仍处于运抵的运输工具上,已完成进口清关且可供卸载的货物交由买方处置时,即完成交货义务。卖方承担将货物运至进口国目的地的一切风险和费用,并且有义务办理货物出口和进口清关手续,支付所有出口和进口的关税和所有海关费用。所以,DDP 术语是卖方承担责任、费用、风险最大的一种术语。在此情况下,除非买卖合同另行规定,任何增值税或其他应付的进口税款均由卖方承担。如果卖方不能直接或间接地完成进口清关,建议不要使用 DDP 术语。

(一)买卖双方的责任和义务

采用 DDP 贸易术语,卖方承担的责任和义务可概括如下。

(1)卖方必须在约定的日期或期限内,在指定的目的地或目的地内约定的地点(如有的话)将可供卸载的货物交由买方处置,完成交货。

(2)卖方必须自负费用签订运输合同,将货物运至指定目的地或指定目的地内的约定点(如有约定)。如未约定特定的点或不能由实务确定,卖方则可在指定目的地内选择最适合的交货点并给买方发出所需通知,以便于买方采取收取货物通常所需要的措施。

(3)自负风险和费用,取得进出口许可证或其他官方授权,办理货物出口和交货前从他国过境和进口所需的一切海关手续;支付货物进出口所需海关手续费,进出口应交纳的一切关税、税款和其他费用,以及货物从他国过境运输的费用。

(4)承担完成交货前货物灭失或损坏的一切风险。

(5)提供符合买卖合同约定的货物和商业发票,以及合同可能要求的其他与合同相符的证据。任何单证在双方约定或符合惯例的情况下,可以是同等作用的电子记录或程序。

买方承担的责任和义务可概括如下。

(1)买方必须在指定目的地自承运人处收取货物。

(2)应卖方要求并由其承担风险和费用,买方必须协助卖方取得货物进口所需要的任何进口许可或其他官方授权。

(3)当买方有权决定在约定期限内的具体时间和/或指定目的地内的收取货物的点时,

买方必须向卖方发出充分的通知。

（4）承担卖方交货后货物灭失或损坏的一切风险。当买方有权决定在约定期限内的具体时间和/或指定目的地内的收取货物的点时，如买方未及时给予卖方通知，则买方必须从约定的交货日期或交货期限届满之日起，承担货物灭失或损坏的一切风险，但以该货物已清楚地确定为合同项下之货物为限。

（5）接收卖方提供的交货凭证和支付货款。任何单证在双方约定或符合惯例的情况下，可以是同等作用的电子记录或程序。

（二）采用 DDP 贸易术语需注意的问题

1. 关于"交货点"的约定问题

由于卖方承担在特定地点交货前的风险和费用，买卖双方应尽可能明确地约定在指定目的地内的交货点，卖方签订的运输合同应尽量与所选择的目的地内的"交货点"相吻合。另外，如果卖方按照运输合同在目的地发生了卸货费用，除非双方另有约定，卖方无权向买方索要偿付。

2. 查对费用和检验费用的相关规定

卖方必须支付为了交货所需要进行的查对的费用（如查对质量、丈量、过磅、点数的费用），以及进出口国有关机构强制进行的装运前检验所发生的费用。

3. 买卖双方协助提供信息及相关费用的规定

应买方要求并由其承担风险和费用，卖方必须及时向买方提供或协助其取得自指定目的地将货物运输到最终目的地所需要的任何单证和信息，包括安全相关信息。应卖方要求并由其承担风险和费用，买方必须及时向卖方提供或协助其取得货物运输、进出口及从他国过境运输所需要的任何单证和信息，包括安全相关信息。

八、对《2020 年通则》中 11 个贸易术语的总结

为了便于学习、记忆、比较和掌握，现将《2020 年通则》中 11 种贸易术语做归纳对比，如表 3-2 所示。

表 3-2 《2020 年通则》11 种贸易术语的对比

国际电码	交货地点	风险转移界限	出口报关责任、费用由谁负担	进口报关责任、费用由谁负担	适用的运输方式
EXW	出口方所在地	货交买方处置时起	买方	买方	任何方式
FCA	出口国内地、港口	货交承运人处置时起	卖方	买方	任何方式
CPT	出口国内地、港口	货交承运人处置时起	卖方	买方	任何方式
CIP	出口国内地、港口	货交承运人处置时起	卖方	买方	任何方式
DAP	目的地	货交买方处置时起	卖方	买方	任何方式
DPU	目的地卸货后	货交买方处置时起	卖方	买方	任何方式
DDP	进口国内	货交买方处置时起	卖方	卖方	任何方式
FAS	装运港口	货交船边后	卖方	买方	水上运输

续表

国际电码	交货地点	风险转移界限	出口报关责任、费用由谁负担	进口报关责任、费用由谁负担	适用的运输方式
FOB	装运港口	货物装上船时起	卖方	买方	水上运输
CFR	装运港口	货物装上船时起	卖方	买方	水上运输
CIF	装运港口	货物装上船时起	卖方	买方	水上运输

第四节　使用贸易术语应注意的问题

在国际贸易中，合理、恰当地选择贸易术语对促进成交、提高效益和避免合同争议都具有重要的意义。作为交易的当事人，在选择贸易术语时，主要应考虑以下因素。

一、采用的运输方式及货源情况

买卖双方采用何种贸易术语，首先应考虑采用何种运输方式运送货物。在安排运输无困难，经济上又合算的情况下，可争取按由自身安排运输的条件成交（如按 FCA、FAS 或 FOB 进口，按 CIP、CIF 或 CFR 出口），否则应酌情争取按由对方安排运输的条件成交（如按 FCA、FAS 或 FOB 出口，按 CIP、CIF 或 CFR 进口）。

另外，在选择贸易术语的时候还要考虑货源情况。国际贸易中的货物品种很多，不同类别的货物具有不同的特点，它们在运输方面各有不同要求，故安排运输的难易程度不同，运费开支大小也有差异，这些是选择贸易术语应考虑的因素。此外，成交量的大小也直接涉及安排运输是否有困难和经济上是否合算的问题。当成交量太小又无班轮通航的情况下，负责安排运输的一方势必会增加运输成本，故选用贸易术语时也应予以考虑。

二、运费变动因素

一般而言，当运价看涨时，为避免承担运费上升的风险，可以选用由对方安排运输的贸易术语成交，如按 F 组术语出口、C 组术语进口，如因某些原因不得不采用由自身安排运输的术语成交，也应把运费上涨的风险预先考虑到货价中去，以免承担运价变动造成的风险损失。

三、运输途中的风险

在国际贸易中，交易的商品一般需要通过长途运输，货物在运输过程中可能遇到各种风险，特别是在遇到战争或正常的国际贸易遭到人为阻碍与破坏的时期和地区，运输途中的风险更大。因此，买卖双方洽商交易时，必须根据不同时期、不同地区、不同运输路线和运输方式的风险情况，并结合购销意图来选用适当的贸易术语。如果运输途中的风险性较大，应力争以风险转移点较早的几个贸易术语成交（如 E 组、F 组或 C 组术语）。

四、办理进出口结关手续的难易程度

在国际贸易中,关于进出口货物的结关手续,有些国家规定只能由结关所在国的当事人安排或代为办理,有些国家则无此项限制。因此,当某出口国政府规定买方不能直接或间接办理出口结关手续,则不宜采用 EXW 术语成交,而应选用 FCA 条件成交;若进口国当局规定,卖方不能直接或间接办理进口结关手续,此时则不宜采用 DDP 术语出口,而应选用 D 组的其他术语成交。

本章小结

贸易术语又称"价格术语"或"价格条件",来源于国际贸易惯例,是在国际贸易长期实践的基础上逐渐形成与发展起来的。它不仅用来表示买卖双方各自承担的责任、费用和风险的划分,而且还用来表示商品的价格构成。

有关贸易术语的国际贸易惯例主要有《华沙-牛津规则》《1941 年美国对外贸易定义修订本》《2020 年国际贸易术语解释通则》。其中,《2020 年通则》是包含内容最多、使用范围最广和影响最广的一种。

在我国对外贸易中,使用得最多的贸易术语为 FOB、CFR 和 CIF。近年来,随着集装箱运输和国际多式联运业务的发展,FCA、CPT 和 CIP 三种贸易术语被认为是最有发展前景的术语。

本章重要概念

FOB	CIF	CIP	实际交货	象征性交货
FCA	CPT	CFR	贸易术语	国际贸易惯例

思考题

1. 什么叫"贸易术语"?为什么要在国际贸易中使用贸易术语?
2. 简述 FOB、CFR、CIF 和 FCA、CPT、CIP 的异同。
3. 比较 FOB、CFR、CIF 三种贸易术语的异同。
4. 关于贸易术语的国际贸易惯例有哪些?
5. 我国上海某外贸公司以 CFR 贸易术语与 B 国的 H 公司成交一批消毒碗柜的出口合同,合同规定装运时间为 4 月 15 日前。出口方备妥货物,并于 4 月 8 日装船完毕,由于遇星期日休息，出口公司的业务员未及时向买方发出装运通知，导致买方未能及时办理投保手续，而货物在 4 月 8 日晚因发生了火灾被烧毁。问：货物损失责任由谁承担？为什么？

6. 我国上海 A 公司与荷兰 B 客商以 CIF 条件成交一笔交易，合同规定以信用证为付款方式。卖方收到买方开来的信用证后，及时办理了装运手续，并制作好一整套结汇单据。卖方准备到银行办理议付手续时收到买方来电，得知载货船只在航海运输途中遭遇意外事故，大部分货物受损，据此，买方表示将等到具体货损情况确定以后，才同意银行向卖方支付货款。

问：（1）卖方可否及时收回货款？为什么？
　　（2）买方应如何处理此事？

学生课后阅读参考文献

[1] 国际商会（ICC）．国际贸易术语解释通则 2010[M]．北京：中国民主法治出版社，2010．

[2] 帅建林．国际贸易实务[M]．北京：对外经济贸易大学出版社，2008．

[3] 侯学文．国际贸易实务[M]．北京：清华大学出版社，2009．

[4] 陈宪，韦金鸾，应诚敏．国际贸易理论与实务[M]．北京：高等教育出版社，2009．

[5] 宫焕久，许源．进出口业务教程[M]．上海：格致出版社，上海人民出版社，2009．

[6] 吴国新．国际贸易理论·政策·实务[M]．上海：上海交通大学出版社，2009．

[7] 查德利．国际贸易实务[M]．重庆：重庆大学出版社，2002．

[8] 中国国际商会官网．www.ccoic.cn．

第四章 国际贸易商品成本核算与价格确定

学习目的与要求

学习本章要求了解进出口商品价格的作价原则和作价方法,并能结合汇率变动选择合适的计价货币;熟悉成本核算的方法和不同贸易术语的价格构成;掌握出口报价的核算以及佣金与折扣的应用,能够正确订立合同的价格条款。

开篇案例:国际贸易中如何报价

【案情】

我国上海新龙股份有限公司向美国 CRYSTAL KOBE LTD. 出口一批商品。出口报价资料如下:每打 CIFC3% NY,共 400 打女士短衫。含增值税(17%)的成本是 24.88CNY/PIECE,退税率为 9%。国内费用包括运杂费 860 元人民币、商检报关费 150 元人民币、港区杂费 600 元人民币、认证费 80 元人民币、业务费 1000 元人民币、其他费用 800 元人民币。海洋运输费用为 2070 美元。海运保险按 CIF 价格加 10% 投保中国人民保险公司海运货物保险条款中的一切险和战争险,其保险费费率合计为 0.85%。客户佣金为出口报价的 3%,利润为报价的 10%,外汇牌价为 6.0 元人民币兑换 1 美元。请核算 CIFC3%NY 价是多少?

【分析】

成本:含税成本:24.88 元人民币/件

退税收入:24.88÷(1+17%)×9%=1.9138(元人民币/件)

实际成本:24.88-1.9138=22.9662(元人民币/件)

费用:国内费用:(860+150+600+80+1000+800)÷4800=0.7271(元人民币/件)

出口运费:2070×6.0÷4800=2.5875(元人民币/件)

客户佣金:报价×3%

保险费:CIF 报价×110%×0.85%

利润:报价×10%

CIFC3 报价 = 成本+费用+利润

= 22.9662 + 0.7271 + 2.5875 + 报价 ×3%
(实际成本)(国内费用)(出口运费)(客户佣金)

+ 报价×110%×0.85% + 报价×10%
 (海运保险费)   (预期利润)

$$CIFC3\% = (22.9662+0.7271+2.5875) \div (1-3\%-110\%\times 0.85\%-10\%)$$
$$= 26.2808 \div 0.8607$$
$$= 30.5342（元人民币/件）$$
$$= 5.0890（美元/件）$$

此案涉及出口商品的报价核算，出口商品如何对外报价？报价时要考虑哪些因素？如何进行成本核算？本章将解决这些问题。

第一节　进出口商品价格的掌握

在国际贸易中，成交商品价格的确定是买卖双方最关心的一个重要问题。因此，买卖双方在洽商交易和订立合同时，要正确掌握进出口商品价格的作价原则，适当考虑影响价格的各种因素，准确地核算成本，切实订好买卖合同中的价格条款。

一、正确贯彻作价原则

我国对外交易报价的原则是随行就市，并以国际市场价格水平为依据，同时也根据不同货物、货源情况，结合购销意图，按照国别、地区政策，贯彻平等互利原则，统一掌握制定，并由有关的商业协会加以协调。

（一）参考国际市场价格水平

国际市场价格受供求关系的影响，并围绕着商品的价值上下波动。国际市场价格是指在国际贸易中，一种商品在一定时期内具有代表性的成交价格。它通常是指：① 商品在国际集散中心的市场价格，如纽约市场的棉花价格，伦敦市场的茶叶、有色金属价格，芝加哥的小麦价格等。② 主要进口国家或地区对某商品的进口价格。③ 主要出口国家或地区对某商品的出口价格，以该商品输往当地市场的国际贸易价格为依据。

某些没有国际市场价格的商品也应参照类似商品的国际市场价格作价。

（二）结合国别、地区政策作价

不同国家和地区属于不同的细分市场，消费者的消费水平千差万别，国际贸易的政策与倾向也各有差别。因此，为了配合我国的外交政策，对有些国家或地区，商品可以略低于国际市场水平的价格出售，也可以略高于国际市场价格购买商品。

（三）结合购销意图作价

价格调整是一种营销手段，销售者是想通过低价打败对手，还是要与竞争者和平共处；产品档次如何定位；是想在对方市场长期发展，还是只谋求短期利益，这些因素决定了出口公司所采取的价格策略，如渗透定价或撇脂定价，从而呈现出不同的价格水平。但为了防止进口反倾销，不能一味地压低出口价格或进口价格。

一般而言，滞销积压商品可考虑适当降低价格以刺激需求，畅销商品则应稳价上调，但也不宜调得过快、过猛。为了控制市场,与对手竞争,有时需低价销售。为了开拓市场,打开销路,有些商品的价格也可以适当低于当地的价格水平。

二、影响价格的各种具体因素

(一)产品因素

根据产品的质量和档次差别,贯彻"按质论价、优质优价"原则。产品的品质应包括商品的包装和装潢。精致的包装是提高售价的重要因素。此外,新产品按照市场的需求情况,价格也会有所不同。

(二)成交数量因素

原则上,非紧俏商品的成交数量越小,价格越高,加大数量则可适当给予减价优惠,以鼓励客商经营商品的积极性。

(三)运输距离因素

同一类商品在不同的国家或地区,由于运输距离、交货地点的差异,货物价格中所包含的相应费用水平也不一样。一般来说,离产地较远、运距较长的商品的卖价可以相应地提高。另外,由于货源、贸易习惯和其他因素的影响,不同国家或地区的价格水平也有一定的差别。

(四)季节因素

根据不同商品的季节性特征,季节性强的商品应抢先应市,并在适销季节适当卖高价,增加外汇收入。农有节气,商有销时,节气不可错,销时不可过,俗话说"抓鲜",也就是说要抢时间,只有这样,商品才能卖得好价钱。这类商品只要赶上销售季节,即便价格高些,买主也会认头,因此对装运时间必须严格把握。过节令的商品往往售价很低,甚至以低于成本的"跳楼价"出售。

(五)交货地点与交货条件因素

在国际货物贸易中,由于交货地点和交货条件的不同,买卖双方承担的责任、费用和风险也有差别,在确定进出口商品的价格时,必须考虑这些因素。同时,同一运输距离内成交的同一商品,按 CIF 条件成交与按 DES 条件成交,其价格应当不同。

(六)支付条件因素

支付条件是否有利直接影响商品的价格高低。如果以即期信用证方式付款,价格方面可以考虑给予一些优惠;反之,若以远期信用证付款或跟单托收方式付款,价格水平可相应调高。

(七)计价货币因素

确定商品价格时,一般应当争取采用对自身有利的货币成交。出口应争取选用保持上浮趋势的硬币，进口则应当选择有下浮趋势的软币支付。如争取不到，则可以通过适当加价或要求降价的方式，或者采用订立"保值条款"的办法来避免汇率变动可能产生的风险或损失。

总之，我们必须在调查研究的基础上，切实注意上述影响价格的各种因素，通盘考虑，权衡得失，然后确定适当的价格。

三、加强进出口商品的成本核算

在国际贸易业务中，为了做到心中有数，一般都要核算成本、利润等指标，在进出口业务中，我们也可同时用下列公式核算业务效益。

（一）出口业务

1. 出口商品盈亏率的核算

$$出口商品盈亏率 = \frac{出口盈亏额}{出口总成本} \times 100\%$$

$$= \frac{出口销售人民币净收入 - 出口总成本}{出口总成本} \times 100\%$$

使用该公式时应注意以下内容。

（1）出口销售人民币净收入是根据出口商品的 FOB 价格按外汇牌价折成人民币的数额。

（2）出口盈亏额是指出口销售人民币净收入与出口总成本的差额，正数为盈利额，负数为亏损额。

例 4.1　某商品的出口总成本为 CNY47 000，出口后的外汇净收入为 USD10 000。设中国银行外汇牌价每 1 美元合人民币 6.0 元，则盈亏率为多少？

出口盈亏额 = 10 000×6.0 − 47 000 = 13 000（元）

$$出口商品的盈亏率 = \frac{出口盈亏额}{出口总成本} \times 100\%$$

$$= (13\,000 \div 47\,000) \times 100\%$$

$$= 27.66\%$$

则每出口 100 元商品，盈利 27.66 元。

2. 出口换汇成本的核算

出口商品的换汇成本是指商品出口净收入 1 美元所需要的人民币成本，也就是说用多少元人民币才能换回 1 美元。其公式为

$$换汇成本 = \frac{出口总成本（本币）}{出口外汇净收入（美元）}$$

核算换汇成本的主要意义如下。

（1）比较不同类出口商品的换汇成本，以便调整出口商品的结构。

（2）比较同类商品出口到不同国家或地区的换汇成本，以作为选择市场的依据。

（3）比较同类商品不同时期的换汇成本的变化，以利于改善经营管理和采取扭亏为盈

的有效措施。

例 4.2 某公司出口棉袜，每打出口总成本为 10 元人民币，出口价格为每打 5 美元 CIFC3%某港（设运费为 0.35 美元，保险费为 0.02 美元，佣金为 0.15 美元），则该商品的换汇成本为多少？

每打出口总成本=10 元人民币

出口外汇净收入=5-0.35-0.02-0.15=4.48（美元）

$$换汇成本 = \frac{出口总成本（本币）}{出口外汇净收入（美元）} = \frac{10}{4.48} = 2.2$$

说明每出口 2.2 元人民币的商品即可换回 1 美元。

换汇成本可以与当时的外汇牌价比较，以判断出口商品是否有利可图。

（二）进口业务

对于进口商品，除了"货比三家"，还有下述公式供测算。

（1）进口成本=进价成本+流通费用=进价外汇支出×中国银行人民币外汇牌价（卖出价）+流通费用

（2）进口盈亏额=进口销售收入-进口成本

（3）进口盈亏率 = $\frac{进口盈亏额}{进口成本}$ ×100%

第二节 主要贸易术语的价格构成和换算方法

在国际货物贸易中，贸易术语通常是进出口商品单价的组成部分。例如，某商品单价为 USD 200 per metric CIF London（每公吨 200 美元 CIF 伦敦）。由此可见，在确定进出口商品单价时，必然会涉及对贸易术语的选用问题。应当提出的是，合理选用贸易术语对促进成交、提高经济效益和顺利履行进出口合同有着重要意义。

为了合理选用商品单价中的贸易术语，外贸从业人员不仅应了解各种常用的主要贸易术语的价格构成和价格换算，而且应了解选用贸易术语的注意事项。下面将分别介绍和说明各主要贸易术语的价格构成和换算方法。

一、主要贸易术语的价格构成

（一）FOB、CFR 和 CIF 的价格构成

在我国海运进出口业务中，最常用的贸易术语是 FOB、CFR 和 CIF。这三种贸易术语的价格构成通常包括进货成本、费用和净利润三方面内容。其中，费用的核算最为复杂，它包括国内费用和国外费用两部分。

1. 国内费用

国内费用涉及的项目较多，主要包括：① 加工整理费用；② 包装费用；③ 保管费用

（包括仓租、火险等）；④ 国内运输费用（出口商所在地仓库至装运港码头的运输费用）；⑤ 证件费用（包括商检费、公证费、领事签证费、产地证费、许可证费、报关单费等）；⑥ 装船费（装船费、起吊费和驳船费等）；⑦ 贴现利息和手续费等费用；⑧ 预计损耗（耗损、短损、漏损、破损、变质等）；⑨ 邮电费（电报、电传、邮件等费用）。

2．国外费用

国外费用主要包括：① 国外运费（自装运港至目的港的海上运输费用）；② 国外保险费（海上货物运输保险）；③ 如有中间商，还应包括将支付给中间代理商的佣金。

3．计算公式

FOB、CFR 和 CIF 三种贸易术语的价格构成的计算公式为

FOB 价格＝进货成本价＋国内费用＋净利润

CFR 价格＝进货成本价＋国内费用＋国外运费＋净利润

CIF 价格＝进货成本价＋国内费用＋国外运费＋国外保险费＋净利润

（二）FCA、CPT 和 CIP 的价格构成

随着集装箱运输和国际多式联运的发展，国际商会制定的 FCA、CPT 和 CIP 三种贸易术语的适用范围也愈加广泛，它们与上述三种贸易术语 FOB、CFR 和 CIF 类似，其价格构成也包括进货成本、费用和利润三部分。由于这些贸易术语适用的运输方式不同，交货地点和交易方式也有差别，故其产生的具体费用也不尽相同。

以下为 FCA、CPT 和 CIP 三种贸易术语涉及的国内外费用。

1．国内费用

国内费用涉及的项目较多，通常包括：① 加工整理费；② 包装费；③ 保管费（包括仓租、火险）；④ 国内运输费用（仓库至码头、车站、机场、集装箱运输场、集装箱堆场的运输费用）；⑤ 拼箱费（如货物不够一整个集装箱）；⑥ 证件费用（商检费、公证费、领事签证费、产地证费、许可证费、报关单费等）；⑦ 贴现利息和手续费等费用；⑧ 预计损耗（耗损、短损、漏损、破损、变质等）；⑨ 邮电费（如电报、电传、邮件等费用）。

2．国外费用

国外费用主要包括：① 国外运费（自出口国内陆起运地至国外目的地的运输费用）；② 国外保险费；③ 如果有国外中间商介入，还应该包括支付给中间代理商的佣金。

3．计算公式

FCA、CPT 和 CIP 三种贸易术语的价格构成的计算公式为

FCA 价格＝进货成本价＋国内费用＋净利润

CPT 价格＝进货成本价＋国内费用＋国外运费＋净利润

CIP 价格＝进货成本价＋国内费用＋国外运费＋国外保险费＋净利润

二、主要贸易术语的价格换算

在国际货物贸易中，交易双方都希望选用于己有利的贸易术语。如在洽商交易过程中，一方不同意另一方提出的贸易术语，希望对方改用其他贸易术语报价，就需要货代工作人

员了解贸易术语的价格换算。

（一）FOB、CFR 和 CIF 的价格换算

CIF 的价格构成为

$$CIF 价格 = FOB 价格 + 国外运费 + 国外保险费$$

这里要特别注意的是，国外保险费是以 CIF 价格为基础计算的，所以，如果写明保险费的计算办法，上述公式则应为

$$CIF 价格 = FOB 价格 + 国外运费 + CIF 价格 \times 投保加成 \times 保险费率$$

如已知 FOB 价格，现改报 CFR 价格或 CIF 价格，则 CFR 价格和 CIF 价格分别为

$$CFR 价格 = FOB 价格 + 国外运费$$

$$CIF 价格 = \frac{FOB 价格 + 国外运费}{1 - 投保加成 \times 保险费率}$$

如已知 CIF 价格，现改报 FOB 价格或 CFR 价格，则 FOB 价格和 CFR 价格分别为

$$FOB 价格 = CIF 价格 - 国外保险费 - 国外运费$$
$$= CIF 价格 \times (1 - 保险加成 \times 保险费率) - 国外运费$$

$$CFR 价格 = CIF 价格 - 国外保险费$$
$$= CIF 价格 \times (1 - 保险加成 \times 保险费率)$$

如已知 CFR 价格，现改报 FOB 价格或 CIF 价格，则 FOB 价格和 CIF 价格分别为

$$FOB 价格 = CFR 价格 - 国外运费$$

$$CIF 价格 = \frac{CFR 价格}{1 - 投保加成 \times 保险费率}$$

（二）FCA、CPT 和 CIP 的价格换算

CIP 的价格构成应为

$$CIP 价格 = FCA 价格 + 国外保险费 + 国外运费$$

特别要注意的是，保险费应以 CIP 价格为基础计算，所以，如果写明保险费的计算办法，上述公式则应为

$$CIP 价格 = FCA 价格 + CIP 价格 \times 投保加成 \times 保险费率 + 国外运费$$

这样，如已知 FCA 价格，现改报 CPT 价格或 CIP 价格，则 CPT 和 CIP 价格分别为

$$CPT 价格 = FCA 价格 + 国外运费$$

$$CIP 价格 = \frac{FCA + 国外运费}{1 - 投保加成 \times 保险费率}$$

如已知 CIP 价格，现改报 FCA 价格或 CPT 价格，则 FCA 价格和 CPT 价格分别为

$$FCA 价格 = CIP 价格 - 国外保险费 - 国外运费$$
$$= CIP 价格 \times (1 - 保险加成 \times 保险费率) - 国外运费$$

$$CPT 价格 = CIP 价格 - 国外保险费$$
$$= CIP 价格 \times (1 - 保险加成 \times 保险费率)$$

如已知 CPT 价格，现改报 FCA 价格或 CIP 价格，则 FCA 价格和 CIP 价格分别为

$$FCA 价格 = CPT 价格 - 国外运费$$

$$\text{CIP 价格} = \frac{\text{CPT 价格}}{1 - \text{投保加成} \times \text{保险费率}}$$

第三节 商品作价的基本方法

关于如何规定进出口商品的价格,有多种方法可以选择,应根据具体交易的情况加以选用。

一、固定价格

固定价格即固定作价法,是指买卖双方在签订合同时,将货物价格一次"订死",不再变动。在合同有效期内,即使约定价格与实际市场价格相差很远,也不得变更。

例如,每公吨 100 英镑 CIF 伦敦。如果买卖双方对此无其他特殊约定,应理解为固定价格,即订约后,买卖双方按此价格结算货款,即使在订约后,市价有重大变化,任何一方不得要求变更原固定价格。

这种固定作价的办法有利于结算,因此是一种常规做法。但是,市场价格变化会给某一方造成损失,从而使履约发生困难。为了减少价格风险,在采用固定价格作价法时,双方应事先认真确定市场供求关系变化的趋势,并对价格前景做出判断,以此作为定价的依据。此外,对客户的资信情况要进行了解和研究,慎重选择交易对象。

固定作价办法比较适合交易量不大、市场价格变动不大、交货期较短的商品交易。在大宗交易时,一般应加订保值条款,规定如果计价和支付货币币值发生变动,价格可根据保值货币做相应调整,以防止汇率变动可能产生的风险损失。可以考虑的保值方式有黄金保值条款(gold proviso clause)、外汇保值条款(exchange proviso clause),也可以选择期货交易的套期保值方式。

二、非固定价格

非固定价格是与固定价格相对而言的,在做法上有以下几种。

(一)待定价格

此种定价办法又可细分为下列两种具体做法。

1. 明确约定定价时间与定价方法

以海运进出口合同为例,如采用此种定价办法,双方可在价格条款中一并规定定价时间与定价方法。例如,"在装船月份前 45 天,参照当地及国际市场价格水平协商议定正式价格"或"按提单日期的国际市场价格计算"。

2. 只规定作价时间

这是指在进出口合同价格条款中,双方只规定作价时间,如"由双方在××年××月××日协商确定价格"。这种方式由于未就作价方式做出规定,容易加大合同的不稳定性,双方可能因缺乏明确的作价标准而在商定价格时各执己见、相持不下,导致合同无法执行。

因此，这种方式一般只适用于双方有长期交往并已形成比较固定的交易习惯的合同。

（二）暂定价格

暂定价格是指在合同中先约定一个初步价格，作为开立信用证和初步付款的依据，待双方确定最终价格后，再进行最后清算，多退少补。例如，"单价暂定 CIF 纽约，每公吨 1000 美元，定价方法：以纽约交易所 3 个月期货，按装船月份月平均价加 5 美元计算。买方按本合同规定的暂定价开立信用证"。

（三）部分固定价格、部分非固定价格

为了照顾双方的利益，解决双方在采用固定价格或非固定价格方面的分歧，也可采用部分固定价格、部分非固定价格的做法，或是分批定价的办法，即交货期近的商品的价格在订约时固定下来，余者在交货前一定期限内定价。

非固定作价方式对于交货期长、市场行情上下波动的商品交易而言，有利于减少风险，促成交易。但是，由于这种方式是先订约后作价，带有较大的不确定性，所以，如果事后双方在作价时不能取得一致意见，就有可能导致合同无法执行。因此，合理明确地规定作价标准是一个关键问题。

三、价格调整条款

价格调整条款也称为滑动价格，是指先在合同中规定一个基础价格，交货时或交货前一定时间，按工资、原材料价格变动的指数做相应调整，以确定最后价格。合同中对调整价格的办法应一并具体订明。

在国际贸易中，一些加工周期较长的成套设备、大型机械的买卖合同普遍采用"价格调整条款"，即在订约时只规定初步价格（initial price），同时规定如原料价格、工资发生变化，卖方保留调整价格的权利。调整价格计算公式为

$$P_1 = P_0 \times \left(A + B \frac{M}{M_0} + C \frac{W}{W_0} \right)$$

式中，P_1——商品交货时的最后价格；

P_0——签合同时约定的初步价格；

A——管理费用和利润在价格中所占的比重；

B——原材料成本在价格中所占的比重；

C——工资成本在价格中所占的比重；

M——交货时的原材料批发价指数；

M_0——订约时原材料批发价指数；

W——交货时的工资指数；

W_0——订约时的工资指数。

A、B、C 分别代表的比例在签合同时确定后固定不变，三者相加应为 100%。

例 4.3 某公司购进一套光缆生产线。合同规定：设备初步价格为 1000 万美元，原材

料价格、工资、管理费和利润在设备价格中的比重分别为 50%、25%、25%；双方同意按物价指数和工资指数调整最终价格，物价指数和工资指数均为 100。在设备交货时，原材料价格指数和工资指数分别上升到 115 和 110，试计算该合同的最终价格。

$$P_1 = P_0 \times \left(A + B \frac{M}{M_0} + C \frac{W}{W_0} \right)$$
$$= 1000 \text{万美元} \times \left(25\% + 50\% \times \frac{115}{100} + 25\% \times \frac{110}{100} \right)$$
$$= 1100 (\text{万美元})$$

上述"价格调整条款"的基本内容是按原材料价格和工资的变动来计算合同的最后价格的。在通货膨胀的条件下，它实质上是出口厂商转嫁国内通货膨胀风险、确保利润的一种手段，但这种做法已被联合国欧洲经济委员会纳入它所制定的一些"标准合同"之中，而且其应用范围已从原来的机械设备交易扩展到一些初级产品交易，因而具有一定的普遍性。

由于这类条款是以工资和原料价格的变动作为调整价格的依据的，因此，在使用这类条款时应该注意工资指数和原料价格指数的选择，并在合同中予以明确。此外，也有用物价指数作为调整价格的依据的情况。

第四节　佣金和折扣

一、佣金和折扣的含义

佣金（commission）是中间商因介绍买卖而取得的报酬。在进出口业务中，如交易对象是中间商，就涉及佣金问题。折扣（discount）是卖方按原价格给买方一定比例的减让。

佣金和折扣的运用可以起到调整价格、增强竞争力、促进客商经营积极性的作用，达到扩大交易的目的。佣金和折扣在实际运用中的名目很多，正确运用佣金和折扣可以起到灵活掌握价格的作用，但幅度的掌握必须恰如其分，应区别不同的商品、市场、交易对象等具体情况，否则会适得其反。

佣金一般是由卖方收妥货款后再另行付给中间商，折扣一般可由买方在付款时予以扣除，至于具体如何支付，则应按照买卖双方事先约定办理。

二、佣金和折扣的表示方法

凡价格中包含佣金的称含佣价（price including commission）。含佣价的表示方法有两种：一是在价格条件后加上代表佣金的缩写字母"C"和佣金率，例如，每公吨 200 美元 CIFC2%伦敦（USD 250 Per Metric Ton CIF C2% London）。二是用文字说明。例如，每公吨 250 美元 CIF 伦敦包括佣金 3%（USD 250 Per Metric Ton CIF London Including 3% Commission）。

折扣一般用文字说明，例如，每公吨 200 美元 CIF 伦敦减 1%折扣（USD 200 Per Metric

Ton CIF London Less 1% Discount）。

不包括佣金或折扣的实际价格称为净价（net price）。为了明确说明成交的价格是净价，可在价格条件中加上"净价"字样。例如，每公吨 200 美元 CIF 净价伦敦（USD 250 Per Metric Ton CIF Net London）。

三、佣金的计算方法和支付方式

在我国进出口业务中，一般是以发票金额（即含佣价）为基数计算佣金的，即发票金额乘佣金率。例如，每公吨 200 美元 CIFC2%伦敦，发票金额为每公吨 200 美元，佣金即每公吨 4 美元。

在国际贸易的做法中，也有按 FOB 净价为基数计算佣金的。如按 CIF 买卖合同成交，双方商定以 FOB 净价为基数计算佣金，就必须将 CIF 价换算成 FOB 价，再计算应付的佣金数。

佣金的支付方式一般有两种：一种是由中间代理商直接从货价中扣除佣金；另一种是在委托人收清货款后，再按事先约定的期限和佣金比率另行付给中间代理商。无论采用哪一种支付方式，都应在合同中订明。另外，支付佣金时，应防止错付、漏付和重付等失误发生。

四、净价与含佣价之间的换算

净价与含佣价的差别是佣金，它们之间的换算公式为

$$佣金 = 含佣价 \times 佣金率$$

$$净价 = 含佣价 - 含佣价 \times 佣金率 = 含佣价 \times (1 - 佣金率)$$

$$含佣价 = \frac{净价}{1 - 佣金率}$$

例 4.4 我国某出口公司向英国某商人出售一批货物，我方原报价为 CIFC3%伦敦 850 美元，后英商要求改报 CIFC5%，问：我方在净收益不变的情况下应如何报价？

本题已知含佣价 CIFC3%为 850 美元，佣金率为 3%，可首先计算净价

$$净价 = 含佣价 \times (1 - 佣金率) = 850 \times (1 - 3\%) = 824.5（美元）$$

净收益不变，即 824.5 美元，佣金率为 5%时，含佣价为

$$含佣价 = \frac{净价}{1 - 佣金率} = \frac{824.5}{1 - 5\%} = 867.9（美元）$$

五、折扣的计算方法与支付方法

折扣通常是以成交额或发票金额为基础计算出来的，其计算方法为

$$折扣额 = 原价（或含折扣价）\times 折扣率$$

$$折后净价 = 原价 - 折扣额$$

若 CIF 伦敦价格为每公吨 1000 英镑，折扣率 2%，则卖方的净收入为

$$折扣额 = 原价（或含折扣价）\times 折扣率 = 1000 \times 2\% = 20（英镑）$$

折后净价=原价-折扣额=1000-20=980（英镑）

折扣的支付方法一般是在买方支付货款时预先予以扣除，也有的折扣金额不直接从货价中扣除，而按暗中达成的协议另行支付给买方，这种做法通常在"暗扣"或"暗佣"时使用。

第五节 出口报价核算和出口商品成本核算

一、出口报价的核算

出口报价的核算一般包括成本核算、出口税收核算、运费核算、保险费核算、佣金和银行手续费核算、利润核算。

（一）成本核算

对出口商而言，成本即采购成本，一般来说，供货商所报的价格就是采购成本。供货商报出的价格一般包含税收，即增值税。增值税是以商品进入流通环节所发生的增值额为课税对象的一种流转税。由于国家要鼓励出口，为了提高本国商品竞争力，往往对出口商品采取按增值税税款金额或按一定比例退还的做法（也就是出口退税），因而在核算成本时应将出口退税减去。

首先看下列公式

购货成本=货价+增值税额=货价+货价×增值税率=货价×(1+增值税率)

$$货价（净价）=\frac{购货成本}{1+增值税率}$$

实际成本=购货成本-出口退税额
=货价×(1+增值税率)-货价×出口退税率
=货价×(1+增值税率-出口退税率)
$$=\frac{购货成本}{1+增值税率}\times(1+增值税率-出口退税率)$$

$$购货成本=\frac{实际成本\times(1+增值税率)}{1+增值税率-出口退税率}$$

$$退税收入=货价\times出口退税率=\frac{购货成本}{1+增值税率}\times出口退税率$$

例 4.5 某商品每件购货成本是 200 元人民币，其中包括 17%的增值税，若该商品出口可以退 9%，那么该商品（每件）的实际成本为多少？

利用上述公式，可算出上例中每件商品的实际成本为

$$实际成本=\frac{购货成本}{1+增值税率}\times(1+增值税率-出口退税率)$$

$$=\frac{200\times(1+17\%-9\%)}{1+17\%}=184.6（元）$$

（二）出口税收核算

对出口货物，我国海关将根据《中华人民共和国进出口关税条例》的规定和《中华人民共和国进出口税则》规定的税率，从价征收出口关税。

出口关税的计算公式非常简单，即

$$出口货物应纳关税 = 出口货物完税价格 \times 出口货物关税税率$$

$$完税价格 = \frac{FOB}{1+出口税税率}$$

我国绝大多数商品免征出口关税。

（三）运费核算（详见本书第五章）

出口货物的运输通常采用海洋运输方式，而在海运方式中，又可分为班轮运输和租船运输，各种运输方式下运费的计算方法详见本书第五章的相关内容。

（四）保险费核算（详见本书第六章）

出口贸易中，在以CIF（或CIP）术语成交的情况下，出口方需计算保险费。具体公式为

$$保险金额 = CIF（CIP）货价 \times (1+保险加成率)$$

$$保险费 = 保险金额 \times 保险费率$$

（五）佣金和银行手续费核算

第四节已经介绍了佣金即含佣价乘佣金率，佣金率是由双方商定的。一般而言，含佣价就是一笔交易的对外报价，如FOBC3%价。银行手续费一般也是在报价的基础上按一定百分比计算，如银行手续费按CFR价的0.5%计。

（六）利润核算

了解了出口交易的成本和费用，根据不同术语所包含的不同费用再加上预期利润就可以计算出对外报价了。利润由商家自己决定，可以某一固定数额作为单位商品的利润，也可用一定的比率作为经营的利润率来核算利润额。在用利润率核算利润额时，其计算基础可用某一成本（生产成本、购货成本或出口成本）来核算，也可用销售价格核算。

二、出口报价核算实例分析

常用的几种术语的报价可用以下公式

FOB报价=实际成本+国内费用+客户佣金+银行手续费+预期利润

CFR报价=实际成本+国内费用+出口运费+客户佣金+银行手续费+预期利润

CIF报价=实际成本+国内费用+出口运费+出口保险费+客户佣金+银行手续费+预期利润

在等式右边的出口保险费、客户佣金、银行手续费和预期利润的计算以报价本身为基础时，可将要求的报价因子提出并移项，得到以下可运用于三种常见贸易术语的报价计算公式

$$出口报价 = \frac{货物实际采购成本 + 出口各项费用额之和}{1 - 出口各项费用率之和 - 利润率}$$

例 4.6 上海某公司出口一批陶瓷制品,共 200 纸箱,装入一个 20 英尺集装箱。报价资料如下:每纸箱瓷器的采购单价为 500 元人民币(供货单价中均包括 17%的增值税,出口陶瓷制品的退税率为 9%),一个 20 英尺集装箱发生的国内费用有:运杂费 800 元人民币、商检费 150 元人民币、报关费 50 元人民币、港区港杂费 650 元人民币、公司业务费用 1200 元人民币、其他费用 900 元人民币。此外还有以下费用。

海洋运费:从深圳出口陶瓷餐具至加拿大多伦多,一个 20 英尺集装箱的包箱费用为 1750 美元。

货运保险:CIF 成交金额的基础上加 10%投保中国人民保险公司海运货物保险条款中的水渍险、碰损破碎险和战争险,费率分别为 0.5%、0.3%和 0.16%。

客户佣金:成交价格的 5%。

报价利润:报价的 10%。

报价汇率:6.0 元人民币兑换 1 美元。

请报 FOB 深圳净价及含佣价、CFR 多伦多净价及含佣价和 CIF 多伦多净价及含佣价。

$$实际采购成本 = \frac{含税采购成本 \times (1+增值税率-出口退税率)}{1+增值税率}$$

$$= \frac{500 \times (1+17\%-9\%)}{1+17\%} = 461.54 （元）$$

$$国内费用 = \frac{800+150+50+650+1200+900}{200} = 18.75 （元）$$

$$海外运费 = \frac{1750 \times 6.0}{200} = 52.50 （元）$$

$$FOB 价 = \frac{实际采购成本+国内费用}{1-利润率}$$

$$= \frac{461.54+18.75}{1-10\%} = \frac{480.29}{0.9} = 533.66 （元）$$

$$= 533.66 \div 6.0 = 88.94 （美元）$$

$$FOBC5\% 价 = \frac{实际采购成本+国内费用}{1-佣金率-利润率}$$

$$= \frac{461.54+18.75}{1-5\%-10\%} = \frac{480.29}{0.85} = 565.05 （元）$$

$$= 565.05 \div 6.0 = 94.18 （美元）$$

$$CFR 价 = \frac{实际采购成本+国内费用+海外运费}{1-利润率}$$

$$= \frac{461.54+18.75+52.50}{1-10\%}$$

$$= \frac{532.79}{0.9} = 591.99 （元）$$

$$= \frac{591.99}{6.0} = 98.67 （美元）$$

$$CFRC5\%\text{价} = \frac{\text{实际采购成本}+\text{国内费用}+\text{海外运费}}{1-\text{佣金率}-\text{利润率}}$$

$$= \frac{461.54+18.75+52.50}{1-5\%-10\%}$$

$$= 626.81（元）$$

$$= \frac{626.81}{6.0} = 104.47（美元）$$

$$CIF\text{价} = \frac{\text{实际采购成本}+\text{国内费用}+\text{海外运费}}{1-(1+\text{投保加成})\times\text{保险费率}-\text{利润率}}$$

$$= \frac{461.54+18.75+52.50}{1-1.1\times(0.5\%+0.3\%+0.16\%)-10\%}$$

$$= 599.02（元）$$

$$= \frac{599.02}{6.0} = 99.84（美元）$$

$$CIFC5\% = \frac{\text{实际采购成本}+\text{国内费用}+\text{海外运费}}{1-(1+\text{投保加成})\times\text{保险费率}-\text{佣金率}-\text{利润率}}$$

$$= \frac{461.54+18.75+52.50}{1-1.1\times(0.5\%+0.3\%+0.16\%)-5\%-10\%}$$

$$= 634.70（元）$$

$$= \frac{634.70}{6.0} = 105.78（美元）$$

故该出口商的报价为：每箱 FOB 深圳和每箱 FOBC5%深圳分别为 88.94 美元和 94.18 美元；每箱 CFR 多伦多和每箱 CFRC5%多伦多分别为 98.67 美元和 104.47 美元；每箱 CIF 多伦多和每箱 CIFC5%多伦多分别为 99.84 美元和 105.78 美元。

三、出口退税条件下的商品成本核算

（一）出口商品盈亏率

出口商品盈亏率是指出口商品盈亏额与出口商品总成本的比率。比率为正时，表示盈利，为负则意味着亏本。其计算公式为

$$\text{出口商品盈亏率} = \frac{\text{出口商品盈亏额}}{\text{出口商品总成本}} \times 100\%$$

其中，出口总成本包含原料成本、生产加工费、加工损耗、管理费用、机器损耗、国内运费、税金和杂费等成本。由于目前大部分企业仍享有出口退税待遇，所以出口成本中应减掉这部分退税收入，即

出口商品总成本（退税后）=出口商品采购成本（含增值税）+定额费用-出口退税收入

其中，定额费用一般包括生产加工费、银行利息、交通费用、管理费用和仓储费用等，计算公式为

出口商品采购进价×费用定额率（5%～10%）

以 FOB 对外报价时

出口商品盈亏额=出口销售人民币总收入-出口总成本

以 CIF 对外报价时

出口商品盈亏额=出口销售人民币总收入-国际运费-保险费-出口总成本

例 4.7 某服装进出口公司对外报价为每打 USD280.00CIF NEW YORK，总计 300 打，原料采购成本（含 17%的增值税）为 CNY300 000.00，生产加工费 CNY100 000.00，加工损耗为 2%，管理费用为 10%，仓储费用为 6%，退税率为 12%，运费为每打 USD10.00，保险费为每打 USD1.00，若暂不考虑机器损耗和其他杂费，以买入价 USD1=CNY6.0（为美元的买入价）计算该出口商品盈亏率。

注意：计算盈亏率的时候应首先将货币统一，则方法如下。

（1）出口销售人民币总收入=280.00×300×6.0= 504 000（元）

（2）出口商品总成本=300 000.00+100 000.00+300 000.00×(2%+10%+6%)

$\qquad$ -300 000.00÷(1+17%)×12%

$\qquad$ = 423 231（元）

（3）出口商品盈亏额=出口销售人民币总收入-出口总成本-运费-保险费

$\qquad$ =504 000-423 231-(3000+300)×6.0

$\qquad$ =60 969（元）

（4）出口商品盈亏率=$\dfrac{60\,969}{423\,231}\times 100\% = 14\%$

从上面的例子中可以看出，出口商品的盈利不仅与生产过程的成本有关，而且还与本币和进口国货币的比价有直接关系。

（二）出口商品换汇成本

出口商品换汇成本是指通过商品出口，用多少本币可以换回一个单位外币。这项指标较为直观，在实际业务中常被采用。其计算公式为

$$\text{换汇成本} = \frac{\text{出口总成本（本币）}}{\text{出口商品的外汇净收入（FOB 价）}}$$

换汇成本核算盈亏的方法是将计算出的换汇成本与银行外汇买入价进行比较，如果计算出的换汇成本大于外汇买入价，则表示亏损，反之则意味着盈利。

如例 4.7，出口商品的外汇净收入（FOB 价）=USD84 000.00-USD3000.00-USD300.00=USD80 700.00

出口总成本=423 231（元）

换汇成本=$\dfrac{423\,231}{80\,700}=5.24$

可以理解为通过出口该商品，每换回 1 美元用 5.24 元人民币，而外汇牌价为每买入 1 美元用 6.0 元人民币，因此每换回 1 美元可盈利 0.76（6-5.24）元人民币，盈利率为 14%（0.76÷5.24×100%），与前例的计算结果相吻合。

（三）出口商品盈亏核算实例分析

例 4.8 下面是我国上海市×××进出口公司向美国 CRYSTAL KOBE LTD.的报价，请根据报价资料核算上海市×××进出口公司的出口商品盈亏率和出口商品换汇成本。

报价资料：每打 CIFC3% NY48.5 美元，共 500 打女士短衫。含增值税 17%的成本是 17.41CNY/PIECE，退税率为 9%。国内费用包括运杂费 860 元人民币、商检报关费 150 元人民币、港区杂费 600 元人民币、认证费 80 元人民币、业务费 1000 元人民币、其他费用 800 元人民币。海洋运输费用为 2070 美元。海运保险按 CIF 价格加 10%投保中国人民保险公司海运货物保险条款中的一切险和战争险，其保险费率合计为 0.85%。当时的汇率为 6.0 元人民币兑换 1 美元。

出口商品盈亏率的核算如下。

（1）出口销售人民币总收入=48.50×6.0×500=145 500（元）

（2）出口商品总成本=104 460+3490-8035.3846
　　　　　　　　　=99 914.6154（元）

（3）出口商品盈亏额=出口销售人民币总收入-运费-保险费-出口总成本
　　　　　　　　　=145 500×(1-3%)-2070×6.0-145 500×(1+10%)×0.85%-99 914.6154
　　　　　　　　　=27 439.9596（元）

（4）出口商品盈亏率=27 439.9596÷99 914.6154×100%=27.46%

出口商品换汇成本的核算如下。

出口商品的外汇净收入（FOB 价）=145 500÷6.0×(1-3%)-2070-145 500÷6.0×110%×0.85%
　　　　　　　　　　　　　　　=23 522.50-2070-226.7375
　　　　　　　　　　　　　　　=21 225.7625（美元）

出口总成本=99 914.6154（元）

换汇成本=99 914.6154 CNY/USD21 225.7625 =4.7072

因此，上海市×××进出口公司通过出口该商品，每换回 1 美元用 4.7072 元人民币，而外汇牌价为每买入 1 美元用 6.0 元人民币，因此每换回 1 美元可盈利 1.2928（6.0-4.7072）元人民币，盈利率为 27.46%（1.2928÷4.7072×100%）。

第六节　买卖合同中的价格条款

一、价格条款的基本内容

国际货物买卖合同中的价格条款一般包括单价（unit price）和总值或总金额（total amount）两个项目。

（一）单价

国际货物买卖合同中的单价比国内贸易的单价要复杂，它由计量单位、单位价格金额、计价货币和贸易术语四项内容组成。

例 4.9　$\dfrac{\text{每公吨}}{\text{计量单位}}$　$\dfrac{200}{\text{单位价格金额}}$　$\dfrac{\text{美元}}{\text{计价货币}}$　$\dfrac{\text{CIF 伦敦}}{\text{贸易术语}}$

英文表述为 US$200 Per Metric Ton CIF London。

单价的各个组成部分必须表达明确、具体，不得有误，并且应注意四个部分在中、外文书写中的不同先后次序，不能任意颠倒。如前所述，单价中也可包括佣金和折扣等。

（1）计量单位。一般来说，计量单位应与数量条款所用的计量单位一致。例如，计量单位为公吨，则数量和单价中均应用公吨，而不能另用长吨或短吨。

（2）单位价格金额。应按双方协商一致的价格，正确填写在书面合同中，金额写错容易引起争议，甚至会导致不必要的损失。因为写错单位价格金额或书面合同中的其他条款，若经当事人双方签字确认，按国际贸易惯例可以否定或改变磋商时决定的条件。

（3）计价货币。不同国家或地区使用不同的货币，有的货币名称相同，但其币值不同，如"元"有"美元""加元""日元""港元"等。因此，在表示计价货币时，必须明确是哪一个国家的货币。同时，单价和总金额所用的货币也必须一致。

（4）贸易术语。贸易术语一方面标明商品价格构成，另一方面也标明合同的性质。在贸易术语的表达中，一方面要注意运用变形来表明术语本身尚不能明确的责任义务的划分（如装、卸货费用，佣金和折扣等）；另一方面必须根据不同术语的含义加注装运港（发货地或目的地）。例如，F 组术语后必须加注装运港（发货地），C 组术语后则必须注明目的港（目的地）。由于国际上同名的港口和城市很多，所以还必须加注国别或地区名称，以防误解。

（二）总值或总金额

总值是单价和数量的乘积。在总值项下一般也同时列明贸易术语。如果一份合同中有两种以上的不同单价，就会有两个以上的金额，几个金额相加再形成总值或总金额。总值所使用的货币必须与单价所使用的货币一致。总值除用阿拉伯数字填写外，一般还用文字表示。填写金额要求认真细致、计算正确，防止出错。

二、规定价格条款应注意的问题

（一）适当确定单价水平，防止偏高或偏低

规定价格条款时应贯彻我国进出口商品作价原则，灵活运用差价规则，结合销售意图，确定适当的价格水平。出口商品的价格过高会不利于市场的开拓，甚至会导致市场的丧失，价格偏低又会使外汇收入减少。同时，必须掌握各类货物的价格弹性特征，对于一些价格弹性低的商品，低廉的价格并不能起到扩大销售和增加外汇收入的效果。进口合同如果价格偏高会造成外汇的浪费，影响进口经营的经济效益。

（二）争取选择有利的计价货币或加订保值条款

计价货币的选择会直接影响进出口业务的经济效益，由于国际上一些货币的币值具有不稳定性，为了避免由于货币币值不稳定带来的风险损失，出口合同应争取采用"硬币"，进

口合同应尽量选用"软币",否则应考虑通过加订"保值条款"来避免货币币值变动的风险。

(三)根据货源与船源选择适当的贸易术语

应根据货源的特征及我国船源的供给状况选用适当的贸易术语,这对于更好地履行合同,促进我国运输事业的发展都有着重要的意义。

(四)避免承担价格风险

国际货物买卖中价格变动剧烈,对于波动幅度大的敏感性商品,在规定价格水平时,应掌握价格波动趋势。出口业务中,货物价格必须考虑价格趋涨的因素。一般来说,敏感性商品的交货期不能太长,多次分期装运的货物也不宜一次将价格固定。另外,在有溢短装的情况下,也必须对溢短装部分的价款做出明确规定。

本章小结

本章主要介绍了有关国际货物价格的一些基本知识,包括定价方法和原则、计价货币的选择和外汇风险的防范、佣金和折扣的运用等内容;重点介绍了出口成本核算的方法和常用术语下的出口报价核算。掌握这些知识对于正确订立价格条款,提高出口企业的经济效益至关重要。

本章重要概念

出口总成本	出口外汇净收入	出口销售人民币净收入
出口换汇成本	出口盈亏额	出口盈亏率
固定价格	非固定价格	佣金
含税购货成本	实际采购成本	折扣

思考题

1. 以下为上海某外贸公司出口报价,写法是否正确?如有错误或不完整,请更正或补充。
   (1)每码 3.5 元 CIF 香港。
   (2)每箱 400 英镑 CFR 英国。
   (3)每吨 1000 美元 FOB 伦敦。
   (4)每打 200 欧元 CFR 净价含 2%佣金。
   (5)1000 美元 CIF 上海减 1%折扣。

2. 上海某外贸公司出口一批商品，国内进货价共 10 000 元人民币，加工费支出 1500 元人民币，商品流通费是 1000 元人民币，税金支出为 100 元人民币，该批商品出口销售外汇净收入为 2000 美元。试计算：

（1）该批商品的出口总成本是多少？

（2）该批商品的出口销售换汇成本是多少？

（3）该商品的出口销售盈亏率是多少？

（已知当天的汇率为 USD100=RMB804.49～807.71）

3. 上海某公司出口某商品 1000 箱，对外报价为每箱 22 美元 FOBC3%广州，外商要求将价格改报为每箱 CIFC5%汉堡。已知运费为每箱 1 美元，保险费为 CIF 加成 10%，投保一切险，保险费率为 0.8%。请问：

（1）要保持出口外汇净收入不变，CIFC5%应改报为多少？

（2）已知进货成本为 160 元人民币每箱，每箱的商品流通费为进口成本的 3%，出口退税为 30 元每箱，该商品的出口销售盈亏率及换汇成本是多少？（已知当天的汇率为 USD100=RMB804.49～807.71）

4. 某欧洲客商对上海某出口商品的报价为每公吨 400 欧元 CIF 汉堡，而上海公司对该商品内部掌握的价格为 FOB 广州每公吨人民币 1980 元。当时中国银行的外汇牌价为 100 欧元=728.09～730.28 元人民币。上海公司备有现货，只要不低于公司内部掌握价即可出售。现该商品自中国某口岸至汉堡港的运费为每公吨 600 元人民币，按发票价值加成 10%投保一切险，保险费率为 1%。

试问：上海公司能否接受该报价？为什么？

学生课后阅读参考文献

[1] 吴国新. 国际贸易理论与实务[M]. 上海：上海交通大学出版社，2009.

[2] 马雁. 国际贸易实务[M]. 北京：机械工业出版社，2004.

[3] 黎孝先. 国际贸易实务[M]. 北京：中国人民大学出版社，2004.

[4] 安微. 国际贸易实务教程[M]. 北京：北京大学出版社，2005.

[5] 吴百福. 进出口贸易实务教程[M]. 上海：上海人民出版社，2003.

[6] 吴国新，李元旭. 国际贸易单证实务[M]. 北京：清华大学出版社，2009.

[7] 中国银行官网. http://www.bank-of-china.com.

第五章　国际货物运输

> **学习目的与要求**
> 通过本章的学习，使学生掌握海洋运输、集装箱运输和国际多式联运等各种运输方式和各种不同的运输单据；熟悉班轮运费结构与计算；掌握国际货物买卖合同中的装运条款。

开篇案例：清洁提单还是不清洁提单

【案情】

某货代公司在制单时，提单上有如下批注：

Shipper's load, count and seal, Carriers not responsible for quality, quantity, packing, condition and/or nature of goods.

问：这是否构成不清洁提单？

【分析】

这不是不清洁提单。所谓不清洁提单，是指承运人在提单上加注有货物及包装状况不良或存在缺陷的批注的提单。例如，"被雨淋湿""三箱玷污"等类似批注。而"Shipper's load, count and seal"是集装箱整箱货条件下表明货主装箱、计数和封箱，后面内容表示承运人对商品的质量、数量和包装状况不负责任。

本章的相关内容将要介绍不同种类的提单以及它们各自的特征。

第一节　国际货物运输方式

国际货物运输方式的种类很多，其中包括海洋运输、铁路运输、公路运输、航空运输、邮包运输、管道运输和国际多式联运等，具体应由买卖双方在磋商交易时约定。我国对外贸易货物中，绝大部分通过海洋运输，少部分通过铁路运输，也有一些货物是通过空运等其他运输方式进行交易的。根据进出口货物的特点、运量的大小、路程的远近、需要的缓急、运费的高低、风险的大小、装卸的情况、气候与自然条件以及国际政治形势的变化等因素合理选择和正确利用各种运输方式对我国外贸企业具有重要的意义。

一、海洋运输

国际海洋货物运输是指使用船舶通过海上航道在不同国家和地区的港口之间运送货物

的方式。海洋运输是国际贸易中最主要的运输方式，我国 80%的进出口货物都是通过海洋运输方式运送的。由于海洋运输的通过能力强、运输量大且运费低廉，对货物的适应性也强，所以许多国家特别是沿海国家的进出口货物，大部分都采用这种方式。但海洋运输易受自然条件的影响（如暴风巨浪、港口冰封），风险较大，且航行速度较慢，因此，对于难以经受长途运输的货物以及急需和易受气候条件影响的货物，一般不宜采用这种运输方式。

按船公司对船舶经营方式的不同，海洋商船可分为班轮（liner）和不定期船（tramp）两种类型，这两种类型的船舶在经营上各有特点，所以海洋运输又可分为班轮运输和租船运输两种方式。

（一）班轮运输

班轮运输（liner transport）通常是指在预先固定的航线和港口往返运载货物，按照预先规定的时间表航行，并且由船方负责装卸，运费按相对固定费率收取的运输方式。

在班轮运输条件下，船方出租的不是整船，而是部分舱位，因此，凡班轮停靠的港口，一般不论货物数量多少，都能接受装运。这对于成交数量少、批次多、交接港口分散的货物运输比较合适。

1. 班轮运输的特点

（1）"四固定"，即航线、挂港、船期、运价比较固定。

（2）同一航线上的船型相似并保持一定的航班密度。

（3）在班轮运费中包括装卸费，故班轮运货的港口装卸费由船方负担。

（4）班轮承运货物比较灵活，不论数量多少，只要有舱位，都接受装运。因此，少量货物或件杂货通常多采用班轮运输。

（5）班轮不必签订运输契约。

2. 班轮运费

运费是承运人根据运输契约完成货物运输后从托运人处收取的报酬，或者说是有货主因承运人运输货物而向其支付的货币对价。运费与运价的关系是：运费等于运价与运量之积。即

$$F = Q \times f$$

式中，F 为运费；Q 为运量；f 为运价。

班轮运费包括基本运费和附加运费两部分。基本运费是对任何一种托运货物计收的运费；附加运费是根据货物种类或服务内容的不同情况而加收的运费，可以说是由于在特殊情况下或者临时发生某些事件的情况下而加收的运费。附加运费可以按每一计费吨加收，也可按基本运费的一定比率计收。

（1）基本运费。基本运费是指对运输每批货物所应收取的最基本的运费，是运费的主要构成部分，是根据基本运价和计费吨计算出来的。基本运价按航线上基本港之间的运价给出，是计算班轮基本运费的基础。基本运价的确定主要反映了成本定价原则，确定费率的主要因素是各种成本支出，主要包括船舶的折旧或租金、燃油费、修理费、港口费、管

理费、职工工资等。

基本运价有多种形式，如普通货物运价、个别商品运价、等级运价、协议运价、集装箱运价等，而根据货物特性等所确定的特别运价有军工物资运价、高价货运价、冷藏运价、危险品运价、甲板货运价、小包裹运价等。

（2）附加运费。基本运费是构成全程运费中应收运费的主要部分，是根据航线上的各基本港之间进行运输的平均费用水平向普通货物收取的费用。而实际上，经常有一些需要特殊处理的货物，如需要加靠非基本港或转船接运的货物。即使是基本港口之间的运输，也因为基本港的自然条件、管理规定、经营方式等情况的不同而导致货物运输成本的差异。以上这些都会使班轮公司在运营管理中支付相应的费用，为了使这些增加开支得到一定的补偿，需要在基本运费的基础上，在计算全程运费时计收一定的追加额。这一追加额就是构成班轮运费的另一组成部分，即附加运费。

附加运费的种类主要有以下几种。

① 燃油附加费（bunker adjustment factor，BAF）。这是由于燃油价格上涨，使船舶的燃油费用支出超过原核定的运输成本中的燃油费用，承运人在不调整原定运价的前提下，为补偿燃油费用的增加而计收的附加费。

② 货币贬值附加费（currency adjustment factor，CAF）。这是当国际金融市场汇率发生变动，计收运费的货币贬值，使承运人的实际收入减少时，为了弥补货币兑换过程中的汇兑损失而计收的附加费。

③ 港口附加费（port additional）。港口装卸效率低，或港口使费过高，或存在特殊的使费（如进出港要通过闸门）等都会增加承运人的运输经营成本，承运人为了弥补这方面的损失而计收的附加费称为港口附加费。

④ 港口拥挤附加费（port congestion surcharge）。若港口拥挤，船舶抵港后需要长时间等待泊位而产生额外的费用，为补偿船舶延误损失而计收的附加费称为港口拥挤附加费。

⑤ 转船附加费（transshipment additional）。运输过程中货物需要在某个港口换装另一船舶运输时，承运人计收的附加费称为转船附加费。

⑥ 超长附加费（long length additional）。由于单件货物的外部尺寸超过规定的标准，运输时需要特别操作，从而产生额外费用，承运人为补偿这一费用所计收的附加费称为超长附加费。

⑦ 超重附加费（heavy life additional）。超重附加费是指每件商品的毛重超过规定重量时所增收的附加运费。

⑧ 直航附加费（direct additional）。这是托运人要求承运人将其托运的货物从装货港不经过转船而直接运抵航线上某一非基本港时所增收的附加费。

⑨ 洗舱附加费（cozening fee）。船舶装载了污染货物后，或因为有些货物外包装破裂、内容物外泄时，为不再污染以后装载的货物，必须在卸完污染物后对货舱进行清洗，承运人对由此而支出的费用所增收的附加费称为洗舱附加费。

⑩ 变更卸货港附加费（alteration of discharging port additional）。由于收货人变更、交货地变更或清关问题等需要，有些货物在装船后需变更卸货港，因货物不在提单上原定的

卸货港卸货而增收的附加费称为变更卸货港附加费。

⑪ 绕航附加费（deviation surcharge）。这是指船舶因某一段正常航线有战争、运河关闭或航道阻塞等意外情况发生被迫绕道航行、延长运输距离而增收的附加运费。

⑫ 旺季附加费（peak season surcharge）。这是目前出现在集装箱班轮运输中的一种附加费，它是在每年运输旺季时，承运人根据运输供求关系状况而加收的附加费。

⑬ 超额责任附加费（additional for excess of liability）。这是托运人要求承运人承担超过提单上规定的赔偿责任限额时，承运人增收的附加费。

案例 5.1

我国上海某出口公司同伊拉克某公司签订销售合同一份，价格条件为 CFR 巴士拉。由于合同中既未规定"港口拥挤费由买方负担"的条款，报价时也未把拥挤费因素考虑在内，结果交货时，巴士拉港口空前拥挤，船舶候泊时间长达 65 天，港口拥挤费增加至基本运费的 300%，致使运费在货价中所占比重高达 96%。这一笔交易使该公司损失 50 多万元人民币。试问该公司从中能吸取什么教训？

（3）计费标准。班轮运费的计费标准（freight basis）也称计算标准，是指计算运费时使用的计算单位，涉及的基本概念有运费吨、起码运费等。运费吨是计算运费的一种特定的计费单位。通常取重量和体积中数值较大的为计费标准，以便对船舶载重量和舱容的利用给予合理的费用。如 100 个纸箱包装的纸制品，重 1.2T，体积为 15m³，它的运费吨按照 15m³ 计算。而 100 箱的铁钉，重 9000kg，体积 2.6m³，它的运费吨则计为 9T。在运价表中，运费吨一般表示为 Ft（freight ton）或 W/M（weight/measurement）。

起码运费（minimum rate/minimum freight），也称起码提单，指以一份提单为单位最少收取的运费。承运人为维护自身的最基本收益，对小批量货物收取起码运费，用以补偿其最基本的装卸、整理、运输等操作过程中的成本支出。不同的承运人使用不同的起码运费标准，件杂货和拼箱货一般以 1 运费吨为起码运费标准。有的承运人以提单为单位收取起码运费，按提单为标准收取起码运费后不再加收其他附加费。

班轮运输中主要使用的计费标准是按容积和重量计算运费；对于贵重商品，则按货物价格的某一比率计算运费；对于某些特定的商品，也可能按其某种包装状态的件数计算运费。某些商品则按实体个数或件数计算运费，如活牲畜按"每头（per head）"计收；车辆按"每辆（per unit）"计收，以及按承运人与托运人双方临时议定的费率（open rate）计收运费等。按临时议定的费率计收运费多用于低价商品的运输。

在集装箱运输中，有按每一个集装箱计算收取运费的规定。此时，根据集装箱的箱型、尺寸规定不同的费率（box rate）。

（4）杂货班轮运费的计算方法。

① 运费计算公式。杂货班轮运费是由基本运费和各项附加运费所组成的，其计算公式为

$$F = F_b + \sum S$$

式中，F 为运费总额；F_b 为基本运费额；S 为某一项附加费。

基本运费是所运商品的计费吨（重量吨或容积吨）与基本运价（费率）的乘积，即

$$F_b = Q \times f$$

式中，Q 为计费吨；f 为基本运价。

附加运费是各项附加费的总和，各项附加费均按基本运费的一定比率计算时，附加费的总额应为

$$\sum S = F_b \times (s_1 + s_2 + \cdots + s_n) = Q \times f \times (s_1 + s_2 + \cdots + s_n)$$

式中，$s_1, s_2, \cdots, s_n$ 分别为某一项附加费费率，因此，运费总额的计算公式为

$$F = F_b + \sum S = Q \times f + Q \times f \times (s_1 + s_2 + \cdots + s_n)$$
$$= Q \times f \times (1 + s_1 + s_2 + \cdots + s_n)$$

上述公式也可以表示为

班轮运费=基本运费+附加运费=计费吨×基本运费×(1+附加费率之和)

应当注意的是，虽然在实践中通常是按以上计算公式进行计算，但在货币贬值附加费以比率的计算形式出现时，理论上在其他附加费中还应包括货币贬值的因素，即货币贬值附加费的计算不但要按基本运费的一定比率，还要按其他附加费的一定比率计收。

如果燃油附加费增收 10%，货币贬值附加费增收 10%，由于存在货币贬值附加费，所以两项附加费合起来并不是增收 20%，而是增收 21%。实践中，有时为了计算方便，人们才将两项附加费相加计算。

当附加费率按每计费吨加收若干的形式规定时，则附加费的总额应为

$$\sum S = Q \times (s_1 + s_2 + \cdots + s_n)$$

此时的运费总额计算公式为

$$F = F_b + \sum S = Q \times f + Q \times (s_1 + s_2 + \cdots + s_n)$$
$$= Q \times (f + s_1 + s_2 + \cdots + s_n)$$

② 从价运费计算中的货物价格换算。从价运费（A.V.）是按货物的 FOB 价格的某一比率计算的。但是，某些贸易合同可能是以 CIF 价格成交的，所以，要将 CIF 价格换算为 FOB 价格之后，再算出从价运费。

按照一般的贸易习惯，按 CFR 价格是 CIF 价格的 99%的比率，通过以下关系式求得 FOB 价格。

$$CFR = 0.99 CIF$$
$$FR = FOB\,(A.V.)$$
$$CFR = FOB + FR = FOB + FOB(A.V.) = FOB \times (1 + A.V.)$$
$$FOB = \frac{CFR}{1 + A.V.} = \frac{0.99 CIF}{1 + A.V.}$$

例 5.1 出口货物共 100 箱，报价为每箱 4000 美元 FOB 某港，基本费率为每运费吨 26 美元或 1.5%，以 W/M or A.V.选择法计算，每箱体积为 1.4m×1.3m×1.1m，毛重为每箱 2 公吨，并加收燃油附加费 10%，求总运费。

解：

求每箱基本运费。

按"W"计算：26×2=52（美元）

按"M"计算：26×1.4×1.3×1.1=52.05（美元）

按"A.V."计算：4000×1.5%=60（美元）

三者比较，则该批货物每箱的基本运费为60美元。

总运费：60×(1+10%)×100=6600（美元）

（二）租船运输

租船运输（carriage of goods by chartering）是相对于班轮运输的另一种海上运输方式，其既没有固定的船舶班期，也没有固定的航线和挂靠港，而是按照货源的要求和货主对货物运输的要求安排船舶航行计划，组织货物运输。因此，租船运输又被称为不定期船运输（tramp shipping）。相对班轮运输业务而言，各国政府对租船运输业务几乎不采取任何管制，在不影响各国公共利益的情况下，几乎完全按照"合同自由"原则，交由承租双方进行自由协商。

1．租船运输的特点

租船运输中，船舶的营运是根据船舶所有人与承租人双方签订的租船合同来进行的，一般进行的是特定货物的运输。船舶所有人提供的是货物运输服务，而承租人则是按约定的租金率或运价支付运费。因此，区别于班轮运输，租船运输具有以下特点。

（1）按照船舶所有人与承租人双方签订的租船合同安排船舶航线，组织运输；没有相对于班轮运输的船期表和航线。

（2）适合大宗散货运输，货物的特点是批量大、附加值低、包装相对简单。因此，租船运输的运价（或租金率）相对班轮运输而言较低。

（3）舱位的租赁一般以提供整船或部分舱位为主，主要是根据租约来定。另外，承租人一般可以将舱位或整船再租予第三人。

（4）船舶营运中的风险以及有关费用的负担责任由租约约定。

（5）租船运输中提单的性质完全不同于班轮运输，它不是一个独立的文件，对于承租人和船舶所有人而言，其仅相当于货物收据，这种提单要受租船契约约束，银行不乐意接收这种提单，除非信用证另有规定。当承租人将提单转让予第三人时，提单起着权利凭证的作用，而在第三人与船舶所有人之间，提单这时则是货物运输合同的证明。

（6）承租人与船舶所有人之间的权利和义务是通过租船合同来确定的。

（7）租船运输中的船舶港口使用费、装卸费及船期延误费按租船合同规定由船舶所有人和承租人分担、划分及计算，而班轮运输中船舶的一切正常营运支出均由船方负担。

2．租船运输的类型

在租船实务中，由于承租人所要运输的货物可能是一次性的、单向的，也可能是长期的、往返的，此外承租人有时并不是要运输自己的货物，而是租进一艘船舶，进行揽货运输，这样就导致了租船运输方式的多样性。目前，航运业主要的租船运输经营方式有航次租船（voyage charter，trip chaster）、定期租船（time charter，period charter）、光船租船（bare-boat charter，demise charter）等基本形式，还有包运租船（contract of affreightment，

COA）和航次期租（time charter on trip basis，TCT）等形式。

（1）航次租船。航次租船又称"航程租船"或"程租船"或"程租"，根据我国《海商法》规定，航次租船是指由船舶所有人向承租人提供船舶或船舶的部分舱位，在指定的港口之间进行单向或往返的一个航次或几个航次用以运输指定货物的租船运输方式。船舶所有人主要负责船舶的航行，承租人只负责货物的部分管理工作。航次租船方式可分为单航次租船（single trip or single voyage charter）、往返航次租船（return trip or return voyage charter）、连续单航次租船（consecutive single voyage charter）和连续往返航次租船（consecutive return voyage charter）等形式。

在航次租船的情况下，船长由船舶所有人任命，船舶由作为船舶所有人的代理人的船长管理，船舶的营运调度仍由船舶所有人负责，船舶仍归船舶所有人占有和支配。在这种意义上，航次租船合同与班轮运输合同一样，都是以承揽货物运输为目的的运输合同。

航次租船是租船市场上最活跃、最普遍的一种租船方式，对运输水平的波动最为敏感。在国际现货市场上成交的绝大多数货物（主要有液体散货和干散货两大类）通常都是通过航次租船方式运输的。

航次租船运输首先要进行航次租船合同的签订。航次租船合同中的条款反映船舶所有人和承租人的意愿，规定了各自的义务，且双方在开展航次租船运输时必须履行相应义务。因此，航次租船合同是一项详细记载双方当事人的权利和义务以及航次租船各项条件和条款的承诺性运输契约。

航次租船的特点主要表现在以下方面。

① 与班轮运输相同，提单都可能具有海上货物运输合同证明的性质。

② 航次租船合同的船舶所有人和承租人"完全"处于同等的谈判地位，双方根据租船市场行情和其他条件讨价还价，商谈条款。

③ 由托运人或承租人负责完成货物的组织，支付按货物装运数量计算的运费及支付相关的费用。

④ 船舶所有人占有和控制船舶，负责船舶的营运调度、配备并管理船员。

⑤ 船舶所有人负责支付船舶营运所产生的费用。

⑥ 船舶所有人出租整船或部分舱位，并根据货物品种、数量，航线和装卸港条件，以及租船市场行情等多种因素，综合考虑每吨货物的运费率，并按实际装船的货物数量或整船舱位包干计收运费。

⑦ 承租人向船舶所有人支付的运输费用通常称为运费（freight），而不称租金。

⑧ 航次租船合同中都规定有可用于在港装卸货物的时间（laytime）、装卸时间的计算方法、滞期和速遣以及滞留损失等规定。

（2）定期租船。定期租船又称"期租船"或"期租"，是指由船舶所有人将特定的船舶按照租船合同的约定，在约定的期限内租给承租人使用的一种租船方式。这种租船方式以约定的使用期限为船舶租期，而不以完成航次数来计算。在租期内，承租人既可以利用租赁的船舶进行不定期船货物运输，也可以投入班轮运输，还可以在租期内将船舶转租，以取得运费收入或赚取租金差额。在定期租船中，租期的长短完全由船舶所有人和承租人根据实际需要约定。

与航次租船相比，在定期租船中，虽然船长、船员是由船舶所有人任命，船期也是由作为船舶所有人的代理人的船长进行管理，但船舶所有人仍可通过船长对船舶行使占有权。但是，采取定期租船时，在租期内，船舶是由承租人使用的，由承租人负责营运调度，揽货订舱不再是船舶所有人的事情，因而定期租船不再完全是一种承揽运输的营运方式。一方面，船舶所有人将船舶交由租船人使用包含了一定的财产租赁的性质；另一方面，船舶所有人仍然对船舶拥有占有权，对驾驶和管理船舶负有责任，而且当承租人本身就是货主时，船舶所有人就是承运人，这时，定期租船具有运输承揽的性质。

定期租船实际上是一种租赁船舶财产用于货物运输的租船形式，其主要特点如下。

① 船舶所有人负责配备船员，并负担其工资和伙食。

② 承租人在船舶营运方面对包括船长在内的船员拥有指挥权，有权要求船舶所有人撤换船员。

③ 承租人负责船舶的营运调度，并负担船舶营运中的可变费用。

④ 船舶所有人负担船舶营运的固定费用。

⑤ 船舶租赁以整船出租，租金按船舶的载重吨、租期以及商定的租金率计收。

⑥ 租约中往往订有交船和还船以及停租的规定。

（3）光船租船。光船租船又称船壳租船，它实际上是一种财产租赁方式，船舶所有人不具有承揽运输的责任。在租期内，船舶所有人只提供一艘空船给承租人使用，船舶的船员配备、营运管理、供应以及一切固定或变动的营运费用都由承租人负担。船舶所有人在租期内除了收取租金外，对船舶和其经营不再承担任何责任和费用。

光船租船具有以下特点。

① 船舶所有人提供一艘适航空船，不负责船舶的运输。

② 承租人配备全部船员，并负有指挥责任。

③ 承租人以承运人身份负责船舶的经营及营运调度工作，并承担在租期内的时间损失，包括船期延误、修理等。

④ 承租人负担除船舶的资本费用外的全部固定及变动成本。

⑤ 以整船出租，租金按船舶的载重吨、租期及商定的租金率计算。

⑥ 船舶的占有权从船舶交予承租人使用时起转移至承租人。

（4）包运租船。包运租船是指船舶所有人向承租人提供一定吨位的运力，在确定的港口之间，按事先约定的时间、航次周期和每航次较为均等的运量，完成合同规定的全部货运量的租船方式。以包运租船方式所签订的租船合同称为"包运租船合同"，或称"运量合同"（quantity contract/volume contract）。

包运租船的主要特点有以下几个。

① 包运租船合同中不确定某一船舶，仅规定租用的船级、船龄和其技术规范等。船舶所有人只需根据这些要求，提供能够完成合同规定每航次货运量的运力，这在调度和安排船舶方面给船舶所有人提供了方便。

② 租期取决于运输货物的总运量及船舶的航次周期。

③ 有运输需求的货物主要是运量较大的干散货或液体散装货物。承租人通常是货物贸易量较大的工矿企业、贸易机构、生产加工集团或大型国际石油公司。

④ 航次中所产生的航行时间延误风险由船舶所有人承担，而对于船舶在港内装、卸货物期间所产生的延误，与航次租船相同，一般是通过合同中的"滞期条款"来处理，通常是由承租人承担船舶在港的时间损失。

⑤ 运费按船舶实际装运货物的数量及约定的运费费率计收，通常采用航次结算。

⑥ 装卸费用的负担责任划分一般与航次租船方式相同。

上述四种租船方式的区别主要体现在船舶所有人和承租人对船舶的支配权、占有权方面，从而也体现在双方营运过程中所承担的责任及风险方面，如与船员的雇佣关系、保证船舶适航的责任、对第三者的法律关系等方面的差异，而负担营运费用的差别则反映在租金水平上。

3．租船合同的主要内容

租船合同（charter party）是租船人和船主之间订立的载明租船人与船主双方权利和义务的文件，是海上运输合同的一种形式。由于租船合同涉及内容范围广、条款多，与国际货物买卖合同关系密切，因此，从事进出口业务的人员应当要了解租船合同中的基本内容，以便于正确制定进出口贸易合同的装运条款。下面以航次租船合同为例，介绍其主要内容。

我国《海商法》第九十三条规定："航次租船合同的内容，主要包括出租人和承租人的名称、船名、船籍、载货重量、容积、货名、装货港和目的港、受载期限、装卸期限、运费、滞期费、速遣费以及其他有关事项。"

（1）合同当事人。租船合同的当事人是指对租船合同履行义务、承担责任的人，航次租船合同的当事人应该是船舶所有人和承租人。为此，租船合同中须列明船舶所有人和租船人的名称、住址和营业所地址。

尽管在租船市场上，租船经纪人经常受船舶所有人或承租人的委托，代表他们在合同上签字，但是，这并不意味着租船经纪人就是合同的当事人。只要租船经纪人是在委托人授权委托范围之内行事，并在签字时表明自己代理人的身份，他就不能被认定为合同当事人，除非他在签署合同时没有表明自己的代理人身份。

（2）船舶概况。

① 船名。船名（name of vessel）是航次租船合同中十分重要的一项内容。选择什么样的船舶完成航次租船合同所规定的运输任务是双方当事人，特别是承租人极其关心的问题。目前，对于一般的具体船舶的确定，通常有指定船名、代替船舶和船舶待指定三种办法可供当事人选择。

② 船籍（nationality of vessel）。船籍是指船舶所属的国籍，它是通过船旗（vessel flag）来表现的。出于政治和船货安全的需要，以及货物保险费率的不同，在租船合同中，承租人经常指定船籍，或者声明不得悬挂某国国旗，而且，除非合同另有约定，船舶所有人不得在合同履行期间擅自变更船舶国籍、更换船籍，否则对于承租人构成违约行为。

③ 船级（classification of vessel）。船级是船舶检验机关认定的反映船舶技术状态的指标，确定船级主要是为了保证船舶的适航性能。租船合同中的船级是指双方在订立合同时，

船舶应实际达到的技术状态的指标，并不意味着船舶所有人有义务在整个合同履行期间保持这一船级。

④ 船舶吨位（tonnage of vessel）。船舶吨位是船舶规范资料之一，其除表明船舶的大小与装载货物的数量关系外，也是征收港口费用、运河通行费、代理费、吨税等的基本参数，所以租船合同中要记明船舶的登记吨和载重吨。登记吨是按船舶容积折算的吨位；载重吨，又称载货能力，表明船舶实际装载货物的能力。

按照国际航运业务的惯例，凡是货物积载系数（货物容积/货物重量）小于 1.1328 立方米每公吨的货物一般都称为重货（deadweight cargo or heavy goods）；凡是货物的积载系数大于 1.1328 立方米每公吨的货物都称为轻泡货（measurement cargo or light goods），简称为轻货。按照我国的规定，凡是每立方米的重量大于 1 公吨的货物为重货，小于 1 公吨的货物为轻货。

（3）船舶位置。船舶位置是指订立合同时船舶所处的位置或状态。因为它直接影响船舶能否按期抵达预定的装货港，而承租人也要按照有关船舶位置或状态的说明，在船舶到港前备货和安排货物装运的准备工作，所以，必须在租船合同中正确地记载船舶的位置。

（4）预备航次（preliminary voyage）。所谓预备航次，是指相对于为完成航次租船合同约定的货物运输的航次，船舶前往装货港准备装货的航次。

（5）装卸港口。

① 装卸港口或地点（loading/discharging ports or places）。在航次租船运输中，装卸港通常由承租人指定或选择，航次租船合同中也对具体港口名称予以记载。目前，国际上约定装卸港的方法有明确指定具体的装货港和卸货港、规定某个特定的装卸泊位或地点和由承租人选择装货港和卸货港等。

② 安全港口和安全泊位。在航次租船合同中，装货港和卸货港通常都是由承租人指定或选择的，为了保证船舶进出港口和在港内装卸作业的安全，承租人所指定的港口或泊位都必须是能使船舶安全进出并装卸货物的"安全港"和"安全泊位"。

（6）受载期和解约日。受载期（laydays）是船舶在租船合同规定的日期内到达约定的装货港，并做好装货准备的期限。解约日（canceling date）是船舶到达合同规定的装货港，并做好装货准备的最后一天。如果受载期以"某月某日至某月某日"的形式表示，解约日往往就是这段时间的最后一天；如果受载期是以具体规定某一天的形式表示的，解约日通常会订在这一天之后十天至二十天中的某一天，航次租船合同中将该条款用"LAYCAN"来表示。

受载期是指船舶在这一段时间内的任意一天到达装货港都是被租约允许的，无论是受载期的第一天还是最后一天，船舶抵达装货港并做好装货准备即可。根据租约中的规定，如是港口合同，则船舶抵达装货港口区域；如是泊位合同，船舶靠抵泊位，船舶所有人即可"递交"装货准备就绪通知书（notice of readiness，NOR）。经过通知时间后，就可以起算装卸时间（laytime），因此，承租人就必须在受载期之前将货物运到码头或泊位，以备装船，否则，如果装卸时间已起算，而货物仍未备妥，所耽误的时间都是通过滞期费或滞期损失的形式由承租人承担的。

（7）装卸费用分担。装卸费用是指将货物从岸边（或驳船）装入舱内和将货物从船舱内卸至岸边的费用。如果租船合同中没有做出约定，则该费用由船舶所有人负担，但关于装卸费用及风险，一般租约中都会做出约定，此时应完全依据合同条款的具体约定处理。常见的约定方法有班轮条款（liner terms）、舱内收货条款（free in，FI）、舱内交货条款（free out，FO）、舱内收交货条款（free in and out，FIO）、舱内收交货和堆舱、平舱条款（free in and out，stowed and trimmed，FIOST）。

（8）装卸时间。按照波罗的海国际航运公会（The Baltic and International Maritime Council，BIMCO）等国际航运组织联合制定的《1980 年租船合同装卸时间定义》的解释，所谓装卸时间，是指"合同当事人双方约定的船舶所有人使船舶并且保证船舶适于装卸货物，无须在运费之外支付附加费的时间"，也可以说是承租人和船舶所有人约定的，承租人保证将合同货物在装货港全部装完和在卸货全部卸完的时间之和。

二、铁路运输

铁路运输是仅次于海运的一种主要的运输方式。铁路运输具有运量大、速度快、安全可靠、运输成本低、运输准确性和连续性强、受气候影响较小等一系列特点，是国民经济的"大动脉"，联系着工业和农业、城市和乡村、内陆和沿海，是我国运输网中的骨干。在国际货物运输中，铁路运输起着非常重要的作用。

（一）国际铁路货物联运

国际铁路货物联运指两个或两个以上国家的铁路当局联合起来完成一票货物运送，使用一张统一的国际联运票据，在由一国铁路向另一国铁路移交货物和办理有关手续时，无须发货人、收货人参加的铁路运输方式，它必须在有关国际条约的协调下进行。目前，影响较大的条约有两个：一个是欧洲各国政府批准的《国际铁路货物运输公约》；另一个是包括我国在内的多国参加的《国际铁路货物联运协定》。

开展国际铁路货物联运对于简化货运手续、加速货物流转、降低运杂费用，从而促进国际贸易的发展有着积极的作用。根据《国际铁路货物联运协定》的规定，凡参加《国际铁路货物联运协定》的国家的进出口货物，从发货国家的始发站到收货国家的终到站，不论中途经过多少国家，只要在始发站按国际联运要求办妥托运手续，有关国家的铁路即负责将这批货物一直运到最终站并交给收货人。

（二）我国内地对香港地区的铁路货物运输

我国内地对香港地区的铁路运输由大陆段和港九段两部分铁路运输组成，其特点为"两票运输，租车过轨"，也就是出口单位在发送地车站将货物托运至深圳北站，收货人为深圳外运公司。货车到达深圳北站后，由深圳外运作为各地出口单位的代理向铁路租车过轨，交付租车费并办理出口报关等手续。经海关放行过轨后，由香港的"中国旅行社有限公司"作为深圳外运在港代理，由"中旅"在港段罗湖车站向港九段铁路另行起票托运至九龙，货到九龙后由"中旅"负责卸货并交收货人。

我国内地对香港地区的铁路运输费用分内地段和香港段分别计算。内地段按人民币计算，包括国内铁路运费、深圳过轨租车费和劳务费；香港段按港币计算，包括香港段铁路运费、终点站卸货费、劳务费等。

三、航空运输

航空运输的优点是速度快、运行时间短、货物中途破损率低，但航空运输的运量有限，且运费一般较高。航空运费通常是按重量或体积计算，取二者中收费较高者。尽管航空运费一般较高，但由于空运有一定的班期且准点率高，同时空运能节省包装费和保险费，并因运行速度快而便于货物抢行应市和卖上好价格，所以小件急需品和贵重货物采用航空运输反而有利。

（一）航空运输的承运人

（1）航空运输公司。它是实际承运人，并对全程负责。

（2）航空货运代理公司。它可以是货主的代理，负责办理订舱、交接货、进出口报关等；也可以是航空公司代理，办理接货并以航空承运人身份签发航运单；亦可两者兼之。中国对外贸易运输总公司就是兼任货主、航空公司代理人的职责。

（二）国际航空货物运输方式

（1）班机运输方式。这是指客、货班机定时、定点、定线运输，它适用于载运数量较小的货物，也适用于市场上急需的商品以及贵重商品的运输。班机运价较包机的方式昂贵。

（2）包机运输方式。包机分为整包机和部分包机。

整包机是指航空公司或包机代理公司按照与租机人双方事先约定的条件和费率将整架飞机租给包机人，从一个或几个航空站装运货物至指定目的地的运输方式，它适合运输大宗货物，运费比班机运费要低。

部分包机是指由几家航空货运代理公司（或发货人）联合包租一架飞机，或者是由包机公司把舱位分别租给几家航空货运代理公司。该种方式适合于货物较多（1吨以上）但又不够装满整架飞机的货物的运输，运费比班机要低。

（3）集中托运。这是指航空货运公司把若干单独发运的货物组成一整批货物，用一份总运单整批发运到预定目的地，由航空货运公司在该预定目的地的代理人收货、报关、分拨后交给实际交货人。这是种方式在国际航空运输中使用得比较普遍。

（4）航空快递。这是指航空快递公司与航空公司合作派专人用最快的速度传递急件，如药品、单证、货样等，称为"桌到桌"运输。航空快递业务主要有三种方式：① 门到门服务；② 门到机场服务；③ 专人派送。

航空快递作为一种专门业务而独立存在，具有以下主要特征：① 快递公司有完善的快递网络。从运动范围来看，航空快递以收运文件和小包裹为主。② 运输单据。航空快递业务中有一种其他运输形式所没有的单据——POD（proof of delivery），即交付凭证。③ 从服务层次上来看，航空快递因设有专人负责，减少了内部交接环节，缩短了衔接时间，因而运送速度快于普通航空货运业务和邮递业务，这是快递业务有别于其他运输形式的最本质、最根本的一点。

（三）航空运费的计算

1．计费重量（chargeable weight）

计费重量是指用以计算货物航空运费的重量。货物的计费重量或者是货物的实际毛重，或者是货物的体积重量，或者是较高重量分界点的重量。一般地，计费重量采用货物的实际毛重与货物的体积重量中较高者，但当货物按较高重量分界点的较低运价计算的航空运费较低时，则以此较高重量分界点的货物起始重量作为货物的计费重量。

国际航协规定，国际货物的计费重量以 0.5kg 为最小单位，重量尾数不足 0.5kg 的，按 0.5kg 计算；0.5kg 以上、不足 1kg 的，按 1kg 计算。例如，103.001kg 按 103.5kg 计，103.501kg 按 104.0kg 计。

当使用同一份运单，收运两件或两件以上可以采用同样种类运价计算运费的货物时，其计费重量规定为：计费重量为货物总的实际毛重与总的体积重量中较高者。同上所述，较高重量分界点重量也可能成为货物的计费重量。

（1）实际毛重（actual gross weight）。包括货物包装在内的货物重量称为货物的实际毛重。由于飞机最大起飞全重及货舱可用业载的限制，一般情况下，对于高密度货物（high density cargo），应考虑其货物实际毛重可能会成为计费重量。

（2）体积重量（volume weight）。按照国际航协规定，将货物的体积按一定的比率折合成的重量称为体积重量。由于货舱空间体积的限制，一般对于低密度的货物（low density cargo），即轻泡货物，应考虑其体积重量可能会成为计费重量。

一般而言，不论货物的形状是否为规则长方体或正方体，计算货物体积时，均应以最长、最宽、最高的三边的长度（cm）计算。长、宽、高的小数部分按四舍五入取整，对于体积重量的折算，换算标准为每 $6000cm^3$ 折合 1kg。

体积重量的计算公式为

$$体积重量 = 货物体积 \div 6000$$

在收取空运运费时，有时会收取最低运费。所谓最低运费，是指一票货物自始发地机场至目的地机场航空费用的最低限额。货物按其适用的航空运价与其计费重量计算所得的航空费用应与货物最低运费相比，取较高者。

2．航空运价种类

航空运价分为普通货物运价和指定商品运价。

（1）普通货物运价。普通货物运价（general cargo rate，GCR）是指除了等级货物运价和指定商品运价以外的适合于普通货物运输的运价。该运价公布在 TACT（《空运货物运价表》，*The Air Cargo Tariff*）Section 4 中。

通常，普通货物运价根据货物重量不同，分为若干个重量等级分界点运价。例如，"N"表示标准普通货物运价（normal general cargo rate），是指 45kg 以下的普通货物的运价（如无 45kg 以下运价时，N 表示 100kg 以下普通货物运价）。同时，普通货物运价还公布有"Q45""Q100""Q300"等不同重量等级分界点的运价。这里，"Q45"表示 45kg 以上（包括

45kg）普通货物的运价，依次类推。对于45kg以上的不同重量分界点的普通货物运价均用"Q"表示。

用货物的计费重量和其适用的普通货物运价计算而得的航空运费不得低于运价资料上公布的航空运费的最低收费标准。普通货物运费计算步骤的术语解释如下。

volume：体积

volume weight：体积重量

chargeable weight：计费重量

applicable rate：适用运价

weight charge：航空运费

（2）指定商品运价。指定商品运价（specific commodity rate，SCR）是指适用于自规定的始发地至规定的目的地运输特定品名货物的运价。通常情况下，指定商品运价低于相应的普通货物运价。就其性质而言，该运价是一种具有优惠性质的运价。有鉴于此，指定商品运价在使用时，对于货物的起讫地点、运价使用期限、货物运价的最低重量起点等均有特定的条件。

① 指定商品运价的使用规则。在使用指定商品运价时，只要所运输的货物满足下述三个条件，则运输始发地和运输目的地就可以直接使用指定商品运价。

□ 运输始发地至目的地之间有发布的指定商品运价。

□ 托运人所交运的货物的品名与有关指定商品运价的货物品名相吻合。

□ 货物的计费重量满足指定商品运价使用时的最低重量要求。

使用指定商品运价计算航空运费的货物，其航空货运单的"RATE CLASS"栏用字母"C"表示。

② 指定商品运费的计算步骤如下。

□ 先查询运价表，如有指定商品代号，则考虑使用指定商品运价。

□ 查找TACT的品名表，找出与运输货物品名相对应的指定商品代号。

□ 如果货物的计费重量超过指定商品运价的最低重量，则优先使用指定商品运价。

□ 如果货物的计费重量没有达到指定商品运价的最低重量，则需要比较计算。

（3）等级货物运价。等级货物运价（class rate）是指在规定的业务区内或业务区之间运输特别指定的等级货物的运价。它是在普通货物运价的基础上增加或减少一定的比率而形成的运价。等级运价仅适用于指定地区内的少数货物。当没有普通货物运价适用时，以特种货物运价为基础。例如，稀有金属、宝石等贵重物品一般按45kg以下普通货物运价的200%计收，而报纸杂志等则按照45kg以下的普通货物运价的50%计收。

（4）特种货物运价。特种货物运价（specific commodity rate）是指航空公司与经常运输货物的发货人经协商确定的货物运价，这种运价一般比较优惠。

四、邮政运输

邮政运输（parcel transport）在对外贸易中经常采用，以邮政部门为承运人，各国邮政部门之间都订有协定和公约，形成全球性的邮政运输网，使邮包运输具有很强的国际性，成为应用得最广泛的运输方式。

国际邮政运输是一种具有国际多式联运性质的运输方式。邮件一般要经过两个或两个以上国家的邮政机构和两种或两种以上不同的运输方式的联合作业才能完成,其发货人只要到邮政部门办理一次托运手续、付清足额邮资,并取得邮政包裹收据,就完成了交货手续。途中邮件的运送、交接、保管等事项由各国邮政机构负责。邮件到达收货地后,收件人凭身份证明和到件通知向邮局提取包裹。邮政运输手续简便、费用较低。

国际邮政运输分为普通邮包运输和航空邮包运输,但不论哪种,对邮包的重量和体积都有一定限制,一般规定每件邮包的重量不超过 20kg、长度不超过 150cm,长度和长度以外最大周长不超过 300cm,较适合体积小、重量轻的货物。

按邮局规定的寄往世界各地的费率和包裹重量就可计算出邮费,包裹重量以 50g 为单位计,不足 50g 部分按 50g 计。

五、集装箱运输

集装箱运输(container transport)指将件杂货预先放入特制的、具有一定规格的集装箱内,作为货运单元出运。它是目前发展得最快的一种运输方式,提高了运输中最关键环节的装卸效率(一个标准集装箱的装卸时间只需 3 分钟),目前在国际主要班轮航线上处于支配地位。

所谓集装箱,是指具有一定强度、钢度和规格,专供周转使用的大型装货容器。集装箱是运输货物的一种大容器,是一种综合性的运输工具。

(一)集装箱具备的条件

根据国际标准化组织第 104 技术委员会及我国《集装箱术语》(GB/T 1992—2006)的规定,集装箱应具备以下条件。

(1)能长期反复使用,有足够的强度。

(2)能中途转运,能不动箱内货物直接换运,以减少货损、货差。

(3)能快装快卸,并能适合各种运输工具。

(4)运输手续简便。发货人一次托运交货后,海关、商检局查验封箱完毕,途中不必开箱验货。

(5)每个集装箱具有 $1m^3$ 以上的容积。

(二)集装箱的规格和种类

国际标准化组织制订了 3 个系列、13 种型号的集装箱,其中,第一系列是大型集装箱,适用于洲际运输。1A~1F 型高宽均为 8 英尺,其中,1A 型长 40 英尺,容积为 63~68 立方米,载重 30 吨;1C 型长 20 英尺,容积为 31~35 立方米,载重 20 吨。前者适宜装轻泡货,后者适宜装实重货。为了便于统计计算,国际上均以 20 英尺集装箱为标准箱,以 TEU 表示。

(三)集装箱运输的关系人

(1)承运人:一类为实际承运人,如经营集装箱运输的船公司;另一类为无船承运人,经营集装箱揽货、装拆箱、内陆运输、中转站业务,但对全程运输负责。

(2) 集装箱出租公司:出租对象为承运人、货主。

(3) 集装箱码头经营人:一般拥有自己的集装箱专用码头和集装箱堆场(CY),集装箱堆场负责整箱集装箱装箱业务。

(4) 集装箱货运站(CFS)和内陆集装箱转运站:集装箱货运站负责处理拼箱集装箱业务。

(四)集装箱货物交接程序

集装箱货物有整箱(FCL)和拼箱(LCL)之分,因此交接方式可分为:① 整箱交、整箱接(FCL/FCL),该方式最能发挥集装箱运输的优越性;② 拼箱交、拆箱接(LCL/LCL);③ 整箱交、拆箱接(FCL/LCL);④ 拼箱交、整箱接(LCL/FCL)。

集装箱货物交接地点可以是工厂、仓库、集装箱堆场和集装箱货运站。整箱货可在工厂、仓库交接,也可送至堆场交接;拼箱货必须在货运站装拆箱。因此,交接方式又可分为:① 门到门:由承运人在工厂、仓库接货,在收货人工厂、仓库交货,该方式最适合整箱接、整箱拆。② 门到场站:承运人在发货人工厂、仓库接货,在目的地堆场和货运站交货。从场站到收货人工厂、仓库为一般货物运输,运费收取人民币。③ 场站到门:其特征是发货人工厂、仓库到场站为一般货物运输,最适宜拼箱交、整箱接。④ 场站到场站:包括场对场、场到站、站到场、站到站,其特征是中间段为集装箱运输,运费收取外汇,两头的内陆运输均为一般货物运输,最适宜拼箱交、拼箱接。

(五)集装箱运输费用

集装箱海洋运输的运费可分为两类:一类为集装箱服务管理费,如堆场费、滞期费等;另一类为基本运费。计算方法有两种:一种沿用传统班轮运费计算方法,但在最低运费和最高运费方面有特殊规定;另一种是以一个集装箱为计费单位,包箱费率比一般费率低,不管装得多还是装得少,统一按一种费率计算,这样既方便运费计算,又反映集装箱现代运输要求,具体根据不同船公司、不同航线有所差异。

在当今国际集装箱运输中,采用包箱费率的办法越来越多,下面简单介绍几种包箱费率。

(1) FAK 包箱费率(freight for all kinds),即不分货物种类,也不计货量,只规定统一的每个集装箱收取的费率,如表 5-1 所示。

表 5-1 中国—新加坡航线集装箱费率表

单位:美元

港口	货类	CFS/CFS	CY/CY	
		Per F/T	20'FCL	40'FCL
大连	杂货	78.50	1250.00	2310.00
新港	杂货	70.00	1150.00	2035.00
上海	杂货	70.00	1150.00	2035.00
黄埔	杂货	63.00	950.00	1750.00

（2）FCS 包箱费率（freight of class），即按照不同货物等级制定的包箱费率，如表 5-2 所示。

表 5-2　中国—澳大利亚航线集装箱费率表

单位：美元

基本港：Brisbane, Melbourne, Sydney, Fremantle				
等　级	计算标准	20'（CY/CY）	40'（CY/CY）	LCL（per F/T）
1～7	W/M	1700	3230	95
8～13	W/M	1800	3420	100
14～20	W/M	1900	3510	105

（3）FCB 包箱费率（freight for class and basis），即按不同货物等级或货物类别以及计算标准制定的费率，如表 5-3 所示。

表 5-3　中国—地中海航线集装箱费率表

单位：美元

基本港：Algiers, Genoa, Marseilles				
等　级	LCL per W	LCL per M	FCL 20'（CY/CY）	FCL 40'（CY/CY）
1～7	131.00	100.00	2250.00	4200.00
8～13	133.00	102.00	2330.00	4412.00
14～20	136.00	110.00	2450.00	4640.00

六、国际多式联运

从 20 世纪 70 年代起，国际多式联运开始得到较快的发展，进入海陆空国际联运全面发展时期。目前，国际集装箱总运量中采用国际多式联运方式完成的占 10%～15%。

国际多式联运是在集装箱运输基础上发展起来的，是指按一份多式联运合同，以至少两种不同运输方式组成，由一个多式联营经营人负责将货物从一国境内接管货物地运至另一国境内指定交付货物的地点。

（一）国际多式联运的特点

（1）有一个多式联运经营人（multimodal transport operator，MTO）。经营人可以承担或不承担具体运输，但必须对运输全程负责和承担全部赔偿责任，而一般联合运输的承运人只具体负责某段运输，并只承担该段赔偿责任。

（2）有一份包括全程的多式联运单据（multimodal transport document，MTD）。

（3）至少有两种以上不同运输方式的组合。

（4）必须是全程单一的运费费率（single freight rate）。

（二）国际多式联运货物的种类

目前，绝大多数国际公约或国家立法对国际多式联运货物的种类并无限制，既可以是集装箱货物、成组托盘货物，也可以是一般的散杂货等。然而，由于采用集装箱运输的效果最好，故国际多式联运货物通常指集装箱货物，而且有些国际多式联运法规或惯例专门对国际多式联运货物的种类予以限定，如西伯利亚大陆桥运输中的货物仅限于国际集装箱货物，我国《国际集装箱多式联运管理规则》中的国际多式联运货物仅限于国际集装箱货物。

（三）国际多式联运的主要业务及程序

国际多式联运经营人从事多式联运业务时，大致需要经过接受托运申请，订立多式联运合同—空箱发放、提取及运送—出口报关—货物装箱及接收货物—向实际承运人订舱及安排货物运送—办理货物保险—签发多式联运提单，组织完成货物的全程运输—办理运输过程中的海关业务—货物交付—货物事故处理等环节。

1. 托运申请，订立多式联运合同

多式联运经营人根据货主提出的托运申请和自己的运输线路等情况，判断是否接受托运申请。如果能够接受，则双方协定有关事项后，在交给发货人或其代理人的场站收据（空白）副本上签章（必须是海关能接受的），证明接受委托申请，多式联运合同已经订立并开始执行。

发货人或其代理人根据双方就货物交接方式、时间、地点、付费方式等达成的协议填写场站收据（货物情况可暂空），并把其送至联运经营人处编号，多式联运经营人编号后留下货物托运联，将其他联交还给发货人或其代理人。

2. 空箱发放、提取及运送

多式联运中使用的集装箱一般应由经营人提供。集装箱的来源可能有三个：一是经营人自己购置、使用的集装箱；二是向租箱公司租用的集装箱，这类箱一般在货物的起运地附近提箱而在交付货物地点附近还箱；三是由全程运输中的某一分运人提供，多式联运经营人为完成合同运输而与该分运人（一般是海上区段承运人）订立分运合同时获得集装箱使用权。

如果双方协议由发货人自行装箱，则多式联运经营人应签发提箱单或者将租箱公司或分运人签发的提箱单交给发货人或其代理人，由他们在规定的日期到指定的堆场提箱并自行将空箱托运到货物装箱地点，准备装货。如发货人委托，亦可由经营人办理从堆场到装箱地点的空箱托运（这种情况需加收空箱托运费）。

如是拼箱货或是整箱货但发货人无装箱条件不能自装，则由多式联运经营人将所有空箱调运至接收货物的集装箱货运站，做好装箱准备。

3. 出口报关

若联运从港口开始，则在港口报关；若从内陆地区开始，应在附近的内陆地海关办理报关。出口报关事宜一般由发货人或其代理人办理，也可委托多式联运经营人代为办理（这种情况需加收报关手续费，并由发货人负责加派报关人员所产生的全部费用）。报关时，应提供场站收据、装箱单、出口许可证等有关单据和文件。

4. 货物装箱及接收货物

若是发货人自行装箱，发货人或其代理人提取空箱后在自己的工厂和仓库组织装箱。

装箱工作一般要在报关后进行，并请海关派员到装箱地点监装和办理加封事宜。如是拼箱货物，发货人应负责将货物运至指定的集装箱货运站，由货运站按多式联运经营人的指示装箱。无论装箱工作由谁负责，装箱人均需制作装箱单，并办理海关监装与加封事宜。

对于由货主自装箱的装箱货物运至双方协议规定的地点，多式联运经营人或其代表（包括委托的场站业务员）在指定地点接收货物。验收货物后，代表联运经营人接收货物的人应在堆场收据正本上签章并将其交给发货人或代理人。

5. 向实际承运人订舱及安排货物运送

经营人在合同订立之后，即应制定该合同涉及的集装箱货物的运输计划。该计划应包括货物的运输线路、区段的划分、各区段实际承运人的选择确定及各区段间衔接地点的到达、起运时间等内容。这里所说的订舱泛指多式联运经营人要按照运输计划安排各区段的运输工具，与选定的各实际承运人订立各区段的分运合同。这些合同的订立由经营人本人（派出机构或代表）或委托的代理人（在各转接地）办理，也可请前一区段的实际承运人作为代表向后一区段的实际承运人订舱。

货物运输计划的安排必须科学并留有余地，有关人员在工作中应相互联系，以便根据实际情况调整计划。

6. 办理货物保险

在发货人方面，应投保货物运输险。该保险可由发货人自行办理或由发货人承担费用，由经营人代为办理。货物运输保险可以全程投保，也可分段投保。

在多式联运经营人方面，应投保货物责任险和集装箱保险，由经营人或其代理人负责办理保险。

7. 签发多式联运提单，组织完成货物的全程运输

多式联运经营人的代表收取货物后，经营人应向发货人签发多式联运提单。在把提单交给发货人前，应注意按双方协定的付费方式及内容、数量向发货人收取全部应收费用。

多式联运经营人有完成和组织完成全程运输的责任和义务，其在接收货物后要组织各区段实际承运人、各派出机构及代表人共同协调工作，完成全程中各区段的运输、衔接工作，运输过程中所涉及的各种服务性工作和运输单据、文件及有关信息等的组织和协调工作。

8. 办理运输过程中的海关业务

国际多式联运的全程运输（包括进口国内陆段运输）均应视为国际货物运输，因此该环节工作主要包括办理货物及集装箱进口国的通关手续、进口国内陆段保税（海关监管）运输手续，海关加封后方可运往内陆目的地，然后在内陆海关办理结关手续。

这些涉及海关的手续一般由多式联运经营人的派出机构或代理人办理，由此产生的全部费用应由发货人或收货人承担。

如果货物在目的港交付，则结关应在港口所在地海关进行。如在内陆地交货，则应在口岸办理保税（海关监管）运输手续，海关加封后方可运往内陆目的地，然后在内陆海关办理结关手续。

9. 货物交付

当货物运至目的地后，由目的地代理通知收货人提货。收货人需凭多式联运提单提货，

经营人或其代理人需按合同规定，收取收货人应付的全部费用，收回提单，签发提货单（交货记录），提货人凭提货单到指定堆场和地点提取货物。

如是整箱提货，则收货人要负责至拆箱地点的运输，并在货物取出后将集装箱运回指定的堆场，运输合同至此终止。

10. 货运事故处理

如果全程运输中发生了货物灭失、损害和运输延误，无论是否能确定损害发生的区段，发（收）货人均可向多式联运经营人提出索赔，多式联运经营人根据提单条款及双方协议确定责任并做出赔偿。如不能确定事故发生的区段，一般按在海运段发生处理。如果已对货物及责任投保，则存在要求保险公司赔偿和向保险公司进一步追索的问题。如果受损人和责任人之间不能取得一致意见，则需在诉讼时效内通过提起诉讼和仲裁来解决。

综上所述，国际货物的运输方式很多，在实际业务中，应根据货物特性、运量大小、距离远近、运费高低、风险大小、任务缓急、自然条件和气候变化等因素，审慎选用合理的运输方式。

第二节　国际货物运输单据

在国际贸易中，货物装运后，卖方必须向买方提交约定的装运单据，作为履行合同的依据。这些装运单据不仅反映了买卖双方的责任与权益，而且也体现了货主与承运人之间的关系，凡交接货物和收付货款时，都离不开这些单据。因此，在签订买卖合同时，必须对卖方提供的装运单据的种类和份数做出明确规定。装运单据是合同条款中不可缺少的内容。

运输单据（bill of lading，B/L）是指证明货物已经装船或发运或已经由承运人接收监管的单据。在采用象征性交货方式下，运输单据则是卖方凭以证明已履行交付货物的责任和买方凭以支付货款的主要依据。

由于运输方式不同和合同当事人对单据的要求不一，所以实践中使用的装运单据多种多样，其中主要包括海运提单、铁路运单、航空运单、邮包收据和多式联运单据（集装箱货运单据）等。

一、海运提单

（一）海运提单的性质和作用

海运提单，简称提单。它是承运人或其代理人应托运人的要求，在接管货物后签发给托运人的证明收到指定货物并应允将其运到指定目的地交付收货人的书面凭证。其性质和作用可以概括为三个方面：① 货物收据。它是承运人或其代理人应托运人的要求所签发的货物收据（receipt of the goods），证明承运人已如数收到提单上所列货物。② 货物所有权凭证。提单的合法持有人可凭单提取货物，也可在载货船舶到达目港交货之前进行转让，或凭单向银行办理抵押贷款。③ 运输合同的证明。它是承运人与托运人之间运输契约的证明。

（二）海运提单的种类

海运提单可从不同角度进行分类，具体如下。

1．根据货物是否已装上船，提单可分为已装船提单和备运提单

已装船提单（shipped B/L 或 on board B/L）是指货物已装上船后签发的提单。

备运提单（received for shipment B/L）是指承运人在货物已交其接管、待运时所签发的提单。

2．根据货物外表状况有无不良批注，提单可分为清洁提单和不清洁提单

清洁提单（clean B/L）是指货物装船时外表状况良好，一般未经添加明显表示货物及/或包装有缺陷的词句或批注的提单。在国际贸易中，银行为了安全起见，在办理议付货款时都要求提交清洁提单。

不清洁提单（unclean or foul B/L）是指承运人在提单上加注货物及/或包装状况不良或存在缺陷等批注的提单。如"三件破损"（three packages in damaged condition）、"被雨淋湿"（Rain wet）等。

3．根据运输方式，提单可分为直达提单、转船提单、联运提单和多式联运提单

直达提单（direct B/L）是承运人签发的由启运港以船舶直接运抵目的港的货物运输提单。

转船提单（transhipment B/L）是指从启运港载货的船舶不直接驶往目的港，需要在其他港口换船转往目的港的情况下，承运人签发的提单。

联运提单（through B/L）是指需经两段或两段以上（如海陆、海空、海海等）联合运输时，承运人所签发的包括全程运输的提单。转船提单也可以说是联运提单的一种。

多式联运提单（combined transportation B/L）。由于集装箱运输的发展，一批货物在运输中的收货地点和交货地点不一定是启运港和目的港，有时需要采用两种以上的运输方式。由船舶公司或其代理针对此种情况所签发的提单，称为多式联运提单（见式样）。

4．根据抬头不同，提单可分为记名提单和指示提单

记名提单（straight B/L），又称"收货人抬头提单"，即提单上写明收货人的名称，因此，货物只能交予指明的收货人。这种提单不能以背书方式转让。用记名提单装运的货物，经收货人本人保证后，可以不把提单交给承运人即提取货物。这种提单一般用于贵重货物和展览品等。

指示提单（order B/L）是指在提单"收货人"一栏内只填写"凭指示"（to order）或"凭××指示"（to order of）字样的一种提单。这种提单可以通过背书的方法进行转让，如为托运人指示提单（to order of shipper），就必须由托运人空白背书或记名背书；如系收货人指示提单（to order of consignee），那就必须由收货人背书后方可提货。空白背书是指仅由背书人在提单背面签字盖章，而不注明被背书人即提单受让人的名称。记名背书是指背书人除在提单背面签字盖章外，还要列明被背书人的名称。

5．根据船舶经营的性质，提单可分为班轮提单和租船提单

班轮提单（liner B/L），即由经营班轮运输的船舶公司或其代理人出具的提单。

租船提单（charter party B/L），即由船方根据租船合同签发的提单。提单上批注"根据租船合同出立"的字样，不另列详细条款。这种提单要受到有关租船合同条款的约束，

不能作为一个完整的独立文件。

6. 根据内容的繁简，提单可分为全式提单和略式提单

全式提单（long form B/L），也称为繁式提单，即在提单上列有承运人和托运人的权利、义务等详细条款的提单。

略式提单（short form B/L），又称简式提单，即仅保留全式提单正面的必要项目，略去提单背面全部条款的提单。

7. 其他各种提单

过期提单（stale B/L）是指出口公司在货物装船后延滞过久才交到银行议付的提单。根据《跟单信用证统一惯例》的规定，如信用证无特殊规定，银行将拒绝接受超过提单签发日期后 21 天才交到银行议付的提单。

舱面提单（on deck B/L），又称甲板提单，是货物被装在甲板上时，承运人所签发的提单。

预借提单（advanced B/L），又称无货提单，是指因信用证规定的装运期和有效期已到，而货尚未装船，托运人要求承运人预先签发的借给托运人的提单。

倒签提单（anti—dated B/L）是承运人应托运人的要求，在货物的实际装船日期迟于信用证或合同规定的装运期限时，倒签日期而签发的符合装运期限的提单。

（三）提单的主要内容

各船舶公司签发的提单的格式不尽相同，但基本内容大致相同，包括提单正面内容和背面的运输条款。

提单正面内容分别由托运人、承运人或其代理人填写，具体项目有托运人、收货人、被通知人、装运港或收货地、目的港或卸货地、船名、国籍、航次、货物名称及规格说明、运费、提单签发日期、份数及签发人签名。

提单背面印就的运输条款是确定承运人与托运人之间以及承运人与收货人或提单持有人之间的权利义务的主要依据。国际上为了统一提单条款，缓解船货双方矛盾，曾先后签署了三个有关提单的国际公约：《海牙规则》（*Hague Rules*）、《维斯比规则》（*Visby Rules*）和《汉堡规则》（*Hamburg Rules*），但上述公约签署的历史背景不同、内容也不同，因此采用不同规则的国家的提单背面的内容就有差异。

二、铁路运单

（一）国际铁路货物联运运单

国际铁路货物联运所使用的运单是铁路与货主间缔结的运输契约的证明，不是物权凭证。此运单同海运运单不同，该运单正本从始发站随同货物附送至终点站并交给收货人。它不仅是铁路承运货物出具的凭证，也是铁路同货主之间交接货物、核收运杂费用和处理索赔与理赔的依据。国际铁路联运运单副本在铁路加盖承运日期戳记后发给发货人，它是卖方凭以向银行结算货款的主要证件之一。

（二）承运货物收据

承运货物收据（cargo receipt）是我国内地货物通过铁路运往港、澳地区出口时使用的一种特殊运输单据，它既是承运人出具的货物收据，也是承运人与托运人签订的运输契约的证明，是据以对外结汇的证件之一。我国内地通过铁路运往港、澳地区的出口货物一般多委托中国对外贸易运输公司承办。承运货物收据的格式及内容和海运提单基本相同，主要区别是前者只有第一联为正本。在该正本的反面印有"承运简章"，载明承运人的责任范围。

三、航空运单

航空运单（air waybill）是承运人接收货物的收据，也是承运人与托运人之间签订的运输合同的证明。它不同于海运提单，不是代表货物所有权的物权凭证，也不是可议付或转让的单据，因此，在收货人栏内，必须详细填写收货人的全称和地址，而不能做成指示性抬头。收货人提货不是凭航空运单，而是凭航空公司的提货通知单，但航空运单可作为承运人核收运费的依据和海关查验放行的基本单据，其正本也是出口商办理结汇的主要单据之一。

四、邮包收据

邮包收据（parcel post receipt）是邮包运输的主要单据，它是邮局收到寄件人的邮包后所签发的凭证，也是收件人凭以收取邮件的凭证。当邮包发生损坏或丢失时，它还可以作为索赔和理赔的依据。但邮包收据不是物权凭证，既不能转让，也不能据以提货。

五、集装箱货运单据

集装箱货运单据主要有装箱单、场站收据、集装箱提单等。由于集装箱多用于国际多式联运，所以集装箱提单主要指多式联运单据，它与海运的联运提单有相似之处，但从本质上看，两者仍有较大区别，具体定义在海运提单的分类中已有介绍，不再赘述。

目前，运输单据在国际贸易中仍起着不容忽视的作用，但随着电子商务发展的加快，电子信息将代替传统的书面文件，电子数据交换系统（electronic data interchange，EDI）将取代包括提单在内的书面单据的交送，这必然会改变传统的交货方式，极大地提高交易和结算的效率。

第三节　买卖合同中的装运条款

在贸易合同中明确规定合理的装运条款是确定双方权利、义务和保证合同顺利履行的重要条件。通常，贸易合同中的装运条款包括装运期、装运港（地）和目的港（地），装卸时间、装卸率和滞期费、速遣费，分批装运和转运，装运通知等内容。

一、装运期

装运期（time of shipment）是指卖方在起运地点装运货物的期限，它与交货期（time of delivery）是含义不同的两个概念，不应混用。例如，在目的港船上交货（DES）条件下，装运期是指在出口国的某一装运港装船的期限，交货期则是指在进口国目的港船上交货的时间，此时的装运时间和交货时间是两个完全不同的概念。装运期是买卖合同中的主要条件，如装运合同当事人中的一方违反此项条件，另一方则有权要求其赔偿损失，甚至可以撤销合同。因此，在进出口业务中，订好买卖合同中的装运期条款，使装运期规定合理和切实可行，以保证按时完成约定的装运任务，具有十分重要的意义。

（一）装运期的规定方法

1. 明确规定具体装运期限

（1）规定某月装运。在进出口合同中，一般都订明装运的年份及月份，装运时间一般不是确定某一个具体日期，如某月某日，而是确定一段时期，使用得最广泛的是规定在某月装，如 SHIPMENT DURING MARCH, 2013。

（2）规定跨月装运。有时合同所规定的一段可供装运的时期可从某月跨到其次月，甚至是再以后的月份，如 SHIPMENT DURING FEB./MAR., 2013。

（3）规定最后装运期，即在合同中规定一个最迟装运期限，这个最迟装运期限既可以是某一月份的月底，也可以是当中某一天，如 SHIPMENT AT OR BEFORE END OF MAY, 2013。

（4）规定收到信用证后若干天装运。对某些外汇管制较严的国家和地区的出口交易，或对买方资信情况不够了解时，或对专为买方特制的出口商品，为了防止买方不按时履行合同而造成损失，在出口合同中可采用在收到信用证后一定时间内装运的方法规定装运时间，以保障我国出口公司的利益，如 SHIPMENT WITHIN 45 DAYS AFTER RECEIPT OF L/C。

此类规定方法，期限具体、含义明确，既便于落实货源和安排运输，又可避免在装运期上引起争议，因此，它在国际贸易中被广泛使用。

2. 笼统规定近期装运

在进出口业务中，有时也采用近期装运术语，即不规定装运的具体期限。例如，"立即装运"（immediate shipment）、"即刻装运"（prompt shipment）、"尽速装运"（shipment as soon as possible）等。由于这种规定太笼统，故国际商会修订的《跟单信用证统一惯例》规定，不应使用"迅速""立即""尽速"和类似词语。如使用这类词语，银行将不予受理。

（二）规定装运时间的注意事项

（1）应当考虑货源情况和装运能力。

（2）对装运期的规定要明确具体，并尽量避免使用"立即装运""尽速装运"之类的笼统规定用语。

（3）装运期限的规定应当适当，不宜规定得过长、过短或太死板。

(4) 规定装运期时应一并合理规定开证日期,并使二者互相衔接起来。

(5) 规定装运期时还应考虑装运港条件和特殊情况。

二、装运港和目的港

装运港(port of shipment)是指开始装货的港口,目的港(port of destination)是指最终卸货的港口。在海运进出口合同中,一般都订明装运港和目的港。

(一) 装运港的规定方法

在国际贸易中,装运港一般由卖方提出,经买方同意后确定。在实际业务中,双方应根据合同使用的贸易术语和运输方式正确选择和确定装运地点。装运港的规定方法有下列几种。

(1) 在通常情况下,只规定一个装运港,并列明港口名称。

(2) 在大宗商品交易条件下,可酌情规定两个或两个以上的装运港,并分别列明港口名称。

(3) 为便于履行交货义务、节省开支,原则上应选择靠近产地、交通便捷、费用低廉、储存仓库等基础设施比较完善的港口。

(4) 对 FOB 成交的合同,还要考虑选定的装运港是否允许外轮进港、其港口条件是否符合买方来船要求。

(二) 目的港的规定方法

在商订合同时,目的港一般由买方提出,经卖方同意后确定,这是考虑到货物最终是由买方接收的,要便于其使用或销售。

(1) 目的港是班轮常停靠、港口费用低、安全的港口。

(2) 目的港如有重名,应明确国别,如全世界有十余个维多利亚港,波士顿港、悉尼港也不只有一个。

(3) 目的港应明确,一般不接受类似"欧洲主要港口"的笼统条款,这是因为各港口间相距甚远,费用相差悬殊。

(4) 对内陆国家出口交易,应选择离该国最近的港口,除非采用国际多式联运。

(5) 难以明确规定一个或几个目的港时,可以采用按"选择港口"(optional ports)的规定办法。规定选择港有两种方式:一是从两个或两个以上列明的港口中任选一个,如 CIF 伦敦或汉堡或鹿特丹;二是从某一航区的港口中任选一个,如地中海主要港口。究竟采用哪一种规定方式,应视具体情况而定,但应注意:① 选择港最多不超过三个。② 这些港口必须是处于同一条航线上且班轮一般都能停靠的基本港口。③ 在船只抵达第一备选港的规定时间前,买方应将最后选定的目的港通知船公司或其代理人。④ 核定运费以确定出口单价时,应按选择港中最高费率和附加费率计算,且额外费用由买方承担。

三、装卸时间、装卸率和滞期费、速遣费

买卖双方成交的大宗商品一般采用程租船运输,负责租船的一方在签订买卖合同之后,

还要负责签订租船合同,而租船合同中通常需要订立装卸时间、装卸率和滞期费、速遣费等条款。为了明确买卖双方的装卸责任,并使买卖合同与租船合同的内容互相衔接和吻合,在签订大宗商品的买卖合同时,应结合商品特点和港口装卸条件,对装卸时间、装卸率和滞期费、速遣费的计算与支付办法做出具体规定。

(一)装卸时间

为节省船期,在程租合同中,船东一般要求规定租船人在一定时间内完成装卸作业的条款,这里规定的时间即装卸时间。装卸时间的规定方法很多,其中最普遍的有如下几种。

(1)连续日,按自然日计算,即时钟连续走过 24 小时算一天。

(2)工作日,即按港口习惯正常工作的日子,星期日及节假日除外。

(3)晴天工作日,是工作日又是晴天才算晴天工作日,如刮风下雨不能正常进行装卸作业则不予计算。

(4)连续 24 小时好天气工作日(weather working days of 24 consecutive hours),适用于昼夜作业的港口,它是指在好天气条件下,昼夜连续作业 24 小时算作一个工作日的表示装卸时间的办法,如中间有几小时坏天气不能作业,则应予以扣除。此外,星期日和节假日也应除外。关于利用星期日和节假日作业是否计入装卸时间的问题,国际上有不同的规定。因此,在工作日之后应补充订明"星期日和节假日除外"(sundays and holidays excepted),不用不算,用了要算(not to count unless used)或不用不算,即使用了也不算。

此外,也有按港口习惯速度装卸(customary quick despatch,CQD)来表示装卸时间的做法。这种方法是指在好天气条件下,按港口正常装卸速度进行装卸以计算装卸时间,只适用于装卸条件好、装卸效率高和装卸速度正常、稳定的港口。

(二)装卸率

装卸率是指每个工作日装卸多少吨货物。对于工作日的计算,有的按连续日(running day),有的按工作日(working day),还有的按晴天工作日(weather working day)。装卸率直接影响装卸时间的计算。

(三)滞期费、速遣费

买卖双方在大宗交易中除约定装卸时间和装卸率外,还应相应地规定滞期、速遣条款,以明确货物装卸方的责任。如负责装卸货物的一方在装卸时间内未能装卸完毕,则对于自装卸时间终止时起至全部货物装卸完毕止的滞期时间,租船人应按合同约定向船东支付滞期费。如负责装卸货物的一方在约定装卸时间内提前完成装卸任务,应有利于加快船舶周转,则船东要付给租船人速遣费。滞期费和速遣费均按每天若干金额计算,不足一天按比率计算。按一般惯例,速遣费通常为滞期费的一半。在规定买卖合同的滞期、速遣条款时,双方应注意其内容应与将要订立的租船合同的相应条款一致,以免造成不应有的损失。

四、分批装运和转运

分批装运(partial shipment)和转运(transhipment)都直接关系到买卖双方的利益,

对于是否需要分批装运和转运，买卖双方应根据需要在合同中做出明确具体的规定。

（一）分批装运

分批装运又称分期装运，是指一个合同项下的货物分若干批次装运。在大宗货物交易时，买卖双方根据交货数量、运输条件和市场销售需要等因素，可在合同中订立分批装运条款。国际商会修订的《跟单信用证统一惯例》规定，除非信用证另有规定，允许分批装运。为了避免在履行合同时引起争议，交易双方应在买卖合同中订明是否允许分批装运。若双方同意分批装运，应将批次和每批装运的具体时间与数量订明。具体做法包括以下几种。

（1）只原则规定允许分批装运，但不规定具体时间、批次和每批装运数量。这种做法对卖方来说比较主动，其完全可以根据货源和运输条件，在合同规定的装运期内灵活掌握。

（2）规定分批装运且规定具体批数、装运时间和装运数量。这种做法往往是根据买方对货物的使用或转售的需要而确定的，对卖方的限制较严格。

《跟单信用证统一惯例》规定，若信用证规定在指定的时期内分期支款及/或装运，而任何一期未按期支款及/或装运，除非信用证另有规定，则信用证对该期及以后各期均失效。因此，在买卖合同和信用证中规定分批、定期、定量装运时，卖方必须重合同、守信用，严格按照合同和信用证的有关规定办理。

另外，按照惯例，运输单据表面上注明同一运输工具、同一航次、同一目的地的多次装运，即使其表面上注明不同的装运日期及/或不同的装货港、接收监管地或发运地，将不视作分批装运。

（二）转运

在海运情况下，转运是指货物在运输途中从一艘船卸下再装上另一艘船的行为。货物中途转运不仅延误时间和增加费用开支，而且还有可能出现货损、货差，所以买方一般不愿转运。当国际贸易货物没有直达船或一时无合适的船舶运输而需通过某中途港转运时，买卖双方可以在合同中商订"允许转船"条款。根据《跟单信用证统一惯例》规定，除非信用证有相反的规定，可准许转运。为了明确责任和便于安排装运，交易双方是否同意转运以及有关转运的办法和转运费的负担等问题都应在买卖合同中具体订明。

五、装运通知

装运通知（advice of shipment）是装运条款中不可缺少的一项重要内容。不论按哪种贸易术语成交，交易双方都要履行相互通知的义务。规定装运通知的目的在于明确买卖双方的责任，促使买卖双方互相配合，共同做好车、船、货的衔接，并便于办理货运保险，因此，订好装运通知条款有利于合同的履行。应当特别强调的是，买卖双方按 CFR 条件成交时，装运通知具有特殊的重要意义。所以，卖方应于货物装船后立即向买方发出装运通知。按其他贸易术语成交时，买卖双方应约定相互给予有关交接货物的通知，以便互相配合，共同做好货物的交接工作。

本章小结

在当前的国际贸易中,海、陆、空运输业务的全面发展改变了以往单一运输的局面,逐步形成了外贸的综合运输体系;新的运输方式如集装箱运输、滚装船运输得到迅速发展;新的运输组织形式如国际多式联运被广泛采用;计算机在外贸运输业务中的运用已逐步普及。以上这些都预示着从事国际贸易的业务人员必须要掌握各种运输方式的特点,学会选择使用各种不同的运输方式,熟悉装运过程中装运时间、地点、运费、单据性质、作用的规定,并能根据企业出口意图,灵活应用。

本章重要概念

海洋运输　　　班轮运输　　　租船运输　　　海运提单
已装船提单　　指示提单　　　集装箱运输　　装运港
清洁提单　　　记名提单　　　国际多式联运　目的港
分批装运　　　转运

思考题

1. 简述班轮运输的特点。
2. 简述班轮提单的性质和作用。
3. 构成国际多式联运需要具备哪些条件?
4. 何谓"已装船提单""指示提单""清洁提单""过期提单"?
5. 我国某进出口公司出口某金属商品 200 件,每件毛重为 95kg,体积为 100cm×40cm×25cm,查轮船公司运费表可知该商品计费标准为 W/M,等级为 8 级,每运费吨为 80 美元,另收港口附加费 10%、直航附加费 15%。问:该批货物共应收取多少运费?如果我国公司原来报价 FOB 上海每件 500 美元,现客户要求改报 CFR 价,我国公司应报价多少?

学生课后阅读参考文献

[1] 中国国际货运代理协会. 国际海上货运代理理论与实务[M]. 北京:中国对外经济

贸易出版社，2005.

[2] 上海市兰生外经贸进修学院. 国际货运代理综合业务（配套练习、预测试卷及全真试题）[M]. 上海：同济大学电子音像出版社，2005.

[3] 余世明. 国际货运代理资格考试辅导（重点提示、练习题及解答）[M]. 广州：暨南大学出版社，2005.

[4] 刘伟，王学锋. 国际航运实务[M]. 北京：人民交通出版社，2001.

[5] 李玉如. 国际货运代理与业务[M]. 北京：人民交通出版社，2000.

第六章 国际货物运输保险

> **学习目的与要求**
>
> 通过本章的学习，理解海上运输风险与损失；掌握中国人民保险公司的基本险别，海上运输保险、陆上运输保险、航空运输保险等内容；了解协会货物保险条款以及我国进出口货物保险的基本做法。

开篇案例：部分损失还是全部损失

【案情】

某货轮在海上航行时，A舱发生火灾，船长命令灌水施救，扑灭大火后，发现纸张已烧毁一部分，未烧毁的部分因灌水无法使用，只能作为纸浆处理，损失原价值的80%。另有印花棉布没有烧毁但水渍严重，只能降价出售，损失原价值的20%。请问纸张损失的80%和棉布损失的20%都是部分损失吗？为什么？

【分析】

从数字上看，一个是80%，另一个是20%，好像都是部分损失，其实不然。根据保险公司的规定，第一种情况，即纸张的损失，应属于全部损失；第二种情况下，印花棉布的损失，则属于部分损失。这是因为，保险业务中的全部损失分为实际全损和推定全损，在实际全损中有三种情况：一是全部灭失；二是失去使用价值（如水泥变成硬块）；三是虽有使用价值，但已丧失原来的使用价值。从第一种情况看，纸张原来应该用于印刷书报或加工成其他成品，现在不行，只能作为纸浆造纸，因此属于实际全损的第三种情况。而印花棉布虽遭水渍，处理之后仍作棉布出售，原来的用途未改变，因此，只能作为部分损失。

本案例涉及海上货物运输遭受意外事故后货物的损失种类。本章将对海上货物运输的风险与损失以及投保的险别进行介绍。

第一节 国际货物运输保险概述

国际贸易中成交的货物往往要经过长途运输，涉及多个环节、多种运输方式，货物在从卖方所在地到买方所在地的整个运输、装卸及存储过程中，由于自然灾害、意外事故和其他外来风险的客观存在，可能会遭受损失。为了在货物受损后取得一定的经济补偿，卖方或买方就需要按成交条件办理货运保险。国际货物运输保险是指被保险人（买方或卖方）或投保人在货物装运以前估计一定的投保金额，向保险人或承保人投保运输险，投保人按投保金额、投保险别及保险费率向保险人支付保险费并取得保险单证，保险人承保后，对于被保险货物在运输途中发生的承保范围内的损失给予经济补偿。由此可见，货运保险实际上是一种经济补偿制度，属于财产保险的范畴。

一、国际货物运输保险的发展历史

国际货物运输保险的各个险种中，海上保险的历史最为悠久，近代保险也是从海上保险发展而来的。

（一）海上货物运输保险的起源和发展

海上保险是最古老的一种保险制度，关于它起源于何处，人们通常有两种观点：一种是共同海损起源说，它最早体现了海上保险的分摊损失和互助共济的要求，被视为海上保险的萌芽；还有一种是船货抵押借款制度，它是海上保险的初级形式。

现代海上保险源于意大利。现已发现的最古老的保险单是一名叫乔治·勒克维伦的热那亚商人于1347年10月23日出具的一份航程保险单，但这份保单上没有说明承担的风险，因此还不具备现代保险单的基本内容。具有现代意义的保险单出现在1393年左右。当时，在佛罗伦萨出现了载有"海上灾害、天灾、火灾、抛弃、王子的禁制、捕捉"字样的保险单。1424年，在热那亚出现了第一家海上保险公司。世界各国公认的最早的海上保险法典是1435年颁布的《巴塞罗那法典》。

（二）我国海上货物运输保险的发展概述

19世纪上半叶，伴随着英帝国主义经济侵略，外国保险公司进入我国市场，由此，我国出现了现代形式的保险。1805年，英商在广东开设的广东保险公司是我国境内出现的第一家保险公司。19世纪70年代后，我国的民族资产阶级逐步兴起，我国民族保险业得以产生。1865年5月，我国第一家民族保险公司——义和保险行在上海成立，标志着我国民族保险业的诞生。1949年10月20日，中国人民保险公司在北京成立，这标志着新中国保险业的开端，它是当时唯一的全国性国营保险公司。1995年10月1日，《中华人民共和国保险法》正式实施，为我国保险市场规范发展创造了良好的法律环境。1998年11月18日，中国保险监督管理委员会成立，专门履行保险监督管理职能，我国保险监管制度日益完善，我国保险业良性发展。2018年3月，国务院将中国银行监督管理委员会和保险监督管理委员会的职责整合，组建中国银行保险监督管理委员会，作为国务院直属事业单位。

二、保险的基本原则

在保险业务中，被保险人和保险人需要订立保险合同并共同遵循保险中的可保利益原则、最大诚信原则、近因原则、补偿原则、代位追偿原则和重复保险的分摊原则。

（一）可保利益原则（principle of insurable interest）

可保利益是指投保人对于保险标的具有法律上承认的利益。国际货物运输时，保险标的利益既包括货物本身的价值，也包括随之而来的运费、保险费和预期利润。投保人对保险标的不具有可保利益的，保险合同无效。但国际货物运输保险不要求被保险人在投保时就具有可保利益，它仅要求在标的发生损失时具备可保利益。

（二）最大诚信原则（principle of utmost good faith）

最大诚信是指投保人和保险人在签订保险合同以及在合同有效期内，必须保持最大程度的诚意，双方都恪守信用，互不欺骗隐瞒。如果一方当事人不遵守最大诚信原则，另一方当事人可宣布保险合同无效。

（三）近因原则（principle of proximate cause）

近因原则是指保险人对于承保范围内的保险事故最为直接的、最接近的原因所引起的损失承担保险责任，而对于承保范围以外的原因造成的损失，不负赔偿责任。这一原则是在保险标的发生损失时，用来确定保险标的所受损失是否能获得保险赔偿的一项重要依据。

（四）补偿原则（principle of indemnity）

补偿原则是指当保险标的遭受保险责任范围内的损失时，保险人应当依照保险合同的约定履行赔偿义务，但保险人的赔偿金额不超过保单上的保险金额或被保险人的实际损失。

（五）代位追偿原则（principle of subrogation）

如果保险事故是由第三责任方造成的，被保险人当然有权利向肇事者就其侵权行为所致损失进行索赔。由于海事诉讼往往牵涉许多方面，诉讼过程旷日持久，保险人为便利被保险人，就按照保险合同的约定先行赔付，同时取得被保险人在标的物上的相关权利，代被保险人向第三责任方进行索赔，这就是在国际海上保险业中普遍施行的代位求偿原则。

（六）重复保险的分摊原则（principle of double insurance）

如果被保险人将同一标的向两家或两家以上保险人投保相同的风险，即重复投保，其保险金额的总和超过了该保险标的的价值，当保险事故发生后，被保险人获得的赔偿金额总和不得超过其保险标的的价值。为了防止被保险人所受损失获得双重赔偿，应把保险标的的损失赔偿责任在各保险人之间进行分摊。

在国际贸易中，被保险人为了在货物受损后能够获得经济补偿，一般都要投保货物运输险。对于一笔成交的商品由谁保险、保什么险、保险费是否包含在货价中，买卖双方在洽商交易和订立合同时必须予以明确。因此，保险便成为国际货物买卖的一项交易条件。国际货运保险的保险费可以摊入货物成本中，被承保的货物在运输中一旦受损，交易者即可从保险公司取得经济补偿，这有利于企业加强成本核算、改善经营管理并保障业务的正常进行。当承保的货物受损时，由保险机构集中资料和数据，研究致损原因，核定损失程度，企业从中可以发现与掌握货物致损的原因，总结经验教训，并针对货运中可能发生的问题未雨绸缪，预先采取有效的防护措施。

第二节 海洋运输货物保险保障的范围

海洋运输货物保险的承保范围包括海上风险、损失和费用。

一、海上货运保险承保的风险

海上货运保险承保的风险分为海上风险和外来风险两种。

（一）海上风险（perils of the sea）

海上风险又称海难，包括自然灾害和意外事故两种。

1. 自然灾害（natural calamities）

自然灾害一般是指不以人的意志为转移的自然现象的力量造成的灾害，即人力不可抗拒的灾害。根据我国现行的《海洋运输货物保险条款》规定，自然灾害仅指恶劣气候、雷电、地震、海啸、洪水等。

2. 意外事故（fortuitous accidents）

意外事故是指由于偶然的、非意料之中的原因造成的事故。按照我国《海洋运输货物保险条款》的规定，它仅指运输工具的搁浅、触礁、沉没、失火、爆炸、与流冰或其他物体的碰撞等。

（二）外来风险（extraneous risks）

外来风险是指海上风险以外的其他外来原因引起的风险。外来风险可分为一般外来风险和特殊外来风险两种。

1. 一般外来风险

这是指由于一般外来原因引起风险而造成的损失。例如，被保险货物在运输途中由于盗窃、雨淋、短量、玷污、破碎、受潮、受热、渗漏、串味儿、锈损、钩损、包装破裂等一般外来原因导致的风险与损失。

2. 特殊外来风险

这是指由于国家的政策、法令、行政命令、军事等原因所造成的风险与损失。通常是指战争、罢工、交货不到、拒收、舱面等风险所致的损失。

二、海上货运保险保障的损失

海上货运保险保障的损失一般是指海运保险货物在海洋运输中由于海上风险所造成的损失和灭失。海上损失按程度可分为全部损失与部分损失。

（一）全部损失（total loss）

全部损失简称全损，是指运输中的整批货物或不可分割的一批被保险货物的全部损失。全损又可分为实际全损和推定全损两种。

1. 实际全损（actual total loss）

这是指被保险货物在运输途中全部灭失或全部变质，或者货物全部不能归原货主所有等情形。构成货物实际全损的情况主要有以下几种。

（1）保险标的物完全灭失。例如，船只遭遇海难后沉没，货与之同时沉入海底。

（2）保险标的所有权丧失。例如，船舶被海盗劫走，货物被全部掠去，或全部被敌方扣押。货物遭受损失，使被保险人完全丧失了这些财产，无法复得。

（3）保险标的物发生质变，失去原有使用价值。例如，水泥遭水泡后，虽没有灭失，但已不能使用，失去其使用价值。

（4）船舶失踪达到一定时期。例如，按照国际惯例，船舶失踪后半年仍无消息，按照有关规定，则视为该船舶及其所载货物全部灭失。

被保险货物在遭受实际全损时，被保险人可按其投保金额获得保险公司针对全部损失的赔偿。

2．推定全损（constructive total loss）

推定全损也称商业全损，一般是指保险标的物在运输途中受损后，实际全损已经不可避免，或者货物虽未全部灭失，但若进行施救、整理、修复、续运至目的地、收回所有权等行为，其中一项所需的费用或几项之和将超过保险价值，或超过货物在目的地的完好状态的价值。构成推定全损的具体情况主要有以下几种。

（1）保险标的实际全损已经无法避免，或者为了避免实际全损所需要花费的施救等费用将超过获救后标的的价值。

（2）保险标的发生保险事故后，使被保险人失去标的所有权，而收回这一所有权所需花费的费用将超过收回后的标的的价值。

（3）保险标的受损后，整理和续运到目的地的费用超过货物到达目的地后的价值。

（4）保险标的受损后，修理费用超过货物修复后的价值。

发生推定全损后，有两种处理方法：一种是按部分损失赔偿；另一种是通过"委付"手续向保险公司要求赔偿全部损失。委付即被保险人与保险人办理索赔的一种手续，被保险人在被保险货物处于推定全损时，向保险人发出委付通知，声明愿意将被保险货物的一切权益（包括财产权）及一切由此而产生的权利与义务转让给保险人，而要求保险人按全损给予赔偿。

委付在各国保险法内都有严格的规定，委付的构成必须符合下列条件：① 委付通知必须及时发出。② 委付时必须将被保险货物全部进行委付。③ 委付必须是无条件的。④ 委付必须经过保险人的承诺才能生效。保险人应当在合理的时间内将接受委付或不接受委付的决定通知被保险人。委付一经保险人接受，不得撤回。

3．实际全损和推定全损的区别

实际全损和推定全损的主要区别有以下两点。

（1）实际全损强调的是保险标的遭受保险事故后，确实已经完全毁损、灭失，或失去原有的性质和用途，并且不能再恢复原样或收回。推定全损则是指保险标的已经受损，但并未完全灭失，可以修复或收回，不过因此而需支出的费用将超过该保险标的的复原或获救或收回后的价值。因此，实际全损是一种物质上的灭失，而推定全损是一种经济上的灭失。

（2）实际全损发生后，被保险人无须办理任何手续，即可向保险人要求赔偿全部损失。但在推定全损条件下，被保险人可以按部分损失索赔，也可以按全部损失索赔。因此，推定全损只是保险人和被保险人双方达成协议后解决保险赔偿问题的方法。

（二）部分损失（partial loss）

保险标的物的损失凡未达到上述情况之一者，都属于部分损失，即未达到全损程度。按照造成损失的原因不同，部分损失可分为共同海损与单独海损两种。

1. 共同海损（general average，G.A.）

共同海损是指在同一海上航程中，载货的船舶在海上遇到灾害、事故，威胁到船货等各方面的共同安全，为了解除这种威胁，维护船货安全，使航程得以继续完成，船方有意识地、合理地采取措施，造成某些特殊损失或者支出特殊额外费用。

构成共同海损必须具备以下条件。

（1）导致共同海损的危险必须是实际存在的或不可避免的，不能是主观臆测的。

（2）为了解除船货的共同危险，船方采取了有意识的、合理的措施。

（3）所做的牺牲具有特殊性，支出的费用是额外的。

（4）牺牲和费用的支出最终是有效的。

共同海损牺牲和费用都是为了使船舶、货物和运费三者免于遭受损失而支出的，因而不论其损失大小与费用多少，都应该由船主、货主和付运费方按最后获救价值的多寡比率分摊。这种分摊称为共同海损的分摊。

2. 单独海损（particular average，P.A.）

单独海损是指除共同海损以外的部分损失。这种损失仅属于特定利益方，并不涉及其他货主和船方。该损失是仅由各受损者单独负担的一种损失。例如，某外贸公司出口茶叶100公吨，在海运途中，船舶遭遇暴风雨，海水涌入舱内，茶叶受水泡后发霉变质。这种损失只是使该公司的利益受损，与同船所装其他货物的货主和船方的利益无关，因而属于单独海损。

3. 共同海损和单独海损的区别

共同海损与单独海损都属于部分损失，两者的主要区别如下。

（1）致损原因不同。单独海损是由海上风险直接造成的货物损失，没有人为因素在内，而共同海损则是因采取人为的、故意的措施而导致的损失。

（2）损失承担方不同。单独海损的损失由受损方自行承担，而共同海损的损失是由各受益方按获救财产价值的多少，按比率共同分摊。

案例 6.1

一艘货轮从悉尼驶往帕皮提，船上满载货物，其中有 A 商矿石 500 包，B 商电器 100 箱，C 商棉布 50 箱。货轮途经汤加群岛附近海域时遭遇强烈风浪，颠落 1 包矿石入海；接着轮船不慎搁浅，不迅速脱浅就有倾覆的危险，船长下令抛下 50 箱电器以脱浅；结果船体并未上浮，船长又下令抛弃矿石，直至脱浅；继续航行时，轮船偏离了航向，为了回到主航道上，轮船加大马力，导致主机损坏；浓烟使船长误认为装棉布的船舱着火，就下令灌水灭火，事后发现无着火痕迹，但棉布水渍严重，品质降低；此时，船长只能雇请拖轮将轮船拖到附近港口修理后再继续驶往目的地。试分析以上所有损失各属什么损失，由谁来承担？

三、海上货运保险保障的费用

海上货运保险保障的费用主要有以下四种。

(一) 施救费用 (sue and labor charges)

施救费用是指当保险标的遭受保险责任范围内的灾害事故时,由被保险人或其代理人、雇佣人员和受让人等采取措施抢救保险标的,以防止扩大损失所支出的合理费用。此项费用由保险人给予补偿。

(二) 救助费用 (salvage charges)

救助费用是指被保险标的遭遇保险责任范围以内的灾害事故时,由保险人和被保险人以外的第三者采取救助行为,对于此种救助行为,按照国际法规规定,获救方应向救助方支付相应的报酬,所支付的该项费用被称为救助费用,它属于保险赔付范围。海上救助行为往往与共同海损联系在一起,构成共同海损的费用支出。

(三) 续运费用 (forwarding charges)

续运费用是指当运输工具在海上遭遇海难后,在中途港或避难港修整后继续运送货物产生的费用。

(四) 额外费用 (extra charges)

额外费用是指为了证明损失、索赔成立而支付的费用,如检验费用、查勘费用、海损理算师费用等。

第三节 我国海洋运输货物保险的条款

为了适应我国对外贸易发展的需要,中国人民保险公司根据我国保险业务的实际情况,并参照国际保险市场的习惯做法,分别制定了《海洋运输货物保险条款》《陆上运输货物保险条款》《航空运输货物保险条款》《邮包保险条款》《海洋运输冷藏货物保险条款》《海洋运输散装桐油保险条款》,总称为《中国保险条款》(*China Insurance Clauses*,CIC)。我国的海洋运输货物保险有基本险和附加险之分。附加险还可分为一般附加险和特殊附加险两种,只有在投保某一种基本险的基础上才能加保附加险。

一、基本险

基本险又称主险,是可以独立投保的险别,主要承保自然灾害和意外事故所造成的货物损失。按照中国人民保险公司 1981 年 1 月 1 日修订的《海洋运输货物保险条款》规定,海洋运输货物保险的基本险别分为平安险、水渍险和一切险三种。平安险、水渍险和一切险的称谓源自新中国成立之前我国海上保险市场的叫法，其内容则是参照伦敦保险人协会1963年货物条款制定的，险别的英文名称也来自该协会条款。

（一）保险责任范围

1．平安险（free from particular average，FPA）

根据中国人民保险公司《海洋运输货物保险条款》的规定，平安险的责任范围主要包括以下几项。

（1）被保险货物在运输途中由于恶劣气候、雷电、海啸、地震、洪水等自然灾害造成整批货物的全部损失或推定全损。当被保险人要求赔偿推定全损时，必须将受损货物及其权利委付给保险公司。被保险货物用驳船运往或运离海轮的，每驳船所装的货物可视作一个整批。

（2）由于运输工具遭遇搁浅、沉没、触礁、互撞、与流冰或其他物体碰撞，以及失火、爆炸等意外事故造成货物的全部或部分损失。

（3）在运输工具已经发生搁浅、触礁、沉没、焚毁等意外事故的情况下，货物在此前后又在海上遭遇恶劣气候、雷电、海啸等自然灾害所造成的部分损失。

（4）在装卸或转运时，由于一件或数件整件货物落海造成的全部或部分损失。

（5）被保险人对遭遇承保责任内危险的货物采取抢救、防止或减少货损的措施而支付的合理费用，但以不超过该批被救货物的保险金额为限。

（6）运输工具遭遇海难后，在避难港由于卸货所引起的损失，以及在中途港、避难港由于卸货、存仓以及运送货物所产生的特别费用。

（7）共同海损的牺牲、分摊和救助费用。

（8）运输契约订有"船舶互撞责任"条款，根据该条款规定，应由货方偿还船方的损失。

2．水渍险（with particular average，WPA 或 WA）

水渍险承保的责任范围除包括平安险的各项责任外，还负责被保险货物由于恶劣气候、雷电、海啸、地震、洪水等自然灾害所造成的部分损失。

3．一切险（all risks，AR）

一切险的责任范围除包括平安险和水渍险的各项责任外，还负责货物在运输过程中由于一般外来原因所造成的全部或部分损失。在这里应当指出，一切险并不是承保一切风险所造成的被保险货物的一切损失，如战争、罢工等引起的损失就不在其承保的范围之内。

上述三个险别均属基本险，故被保险人办理保险时，可从中选择一种进行投保。平安险的承保责任范围有限，一般多适用于大宗、低值、粗糙的无包装货物，如废钢铁、木材、矿砂等。

案例 6.2

我国上海某商人向日本出口大米 1000 包，共 10 吨，向中国人民保险公司投保了平安险（FPA）。货物由上海某船运公司承运，装在货轮的底层货舱。货轮在行驶途中触礁，底舱严重进水，船方全力抢救，方将 500 包大米移至舱面；可是后来又遇风暴，500 包大米全部被吹落海中，而没于舱底的 500 包大米则遭受严重水浸，无法食用。货船抵达日本后，收货人凭保险单向保险公司请求赔偿。保险公司认为货物所受的是单独海损，而保险单上载明的是平安险，平安险对单独海损不负责赔偿，所以保险公司不负责任。试分析该案例中的收货人能否得到赔偿。

（二）除外责任

对海洋运输货物保险的三种基本险别，保险公司规定有下列除外责任。

（1）被保险人的故意行为或过失所造成的损失。

（2）属于发货人的责任所引起的损失。

（3）在开始承担保险责任前，被保险货物已存在品质不良或数量短少所造成的损失。

（4）被保险货物的自然损耗、本质缺陷、特性及市价跌落、运输延迟所引起的损失或费用。

（5）保险公司海洋运输货物战争险条款和罢工险条款所规定的责任及其除外责任。

（三）保险责任起讫

保险责任起讫也称保险期限。

（1）保险责任的起讫时间采用国际保险业惯用的"仓至仓条款"（warehouse to warehouse clause，W/W clause），即保险责任自被保险货物运离保险单所载明的起运地仓库或储存处所开始运输时生效，包括正常运输过程中的海上、陆上、内河和驳船运输在内，直到该项货物到达保险单所载明目的地收货人的最后仓库或储存处所，或被保险人用作分配、分派或非正常运输的其他储存处为止。如未抵达上述仓库或储存处，则以被保险货物在最后卸载港全部卸离海轮后满 60 天为止。如在上述 60 天内被保险货物需转运到非保险单所载明目的地，则以该项货物开始转运时为止。

（2）由于保险人无法控制的运输延迟、绕道、被迫卸货、重新装载、转载或承运人运用运输契约赋予的权限所做的任何航海上的变更或终止运输契约，致使被保险货物运到非保险单所载明目的地时，在被保险人及时将获知的情况通知保险人，并在必要时加缴保险费的情况下，保险仍继续有效。保险责任按下列规定终止：① 被保险货物如在非保险单所载明的目的地出售，保险责任至交货时终止，但不论任何情况，均以被保险货物在卸载港全部卸离海轮后满 60 天为止。② 被保险货物如在上述 60 天内继续运往保险单所载原目的地或其他目的地时，保险责任仍按满 60 天或运到保险单所载明目的地终止。

（四）索赔期限

上述海运货物保险条款规定，保险索赔时效从被保险货物在最后卸载港（地）全部卸离海轮或其他运输工具之日起算,最多不超过两年。此外,根据有关规定的解释,向船方索赔的时效规定为自货物卸船之日起一年内;向港口方及铁路方索赔的时效规定为其编制货运记录之次日起 180 天内。因收货人疏忽或其他原因而丧失向有关方追索的货物损失,保险人可不承担责任。

二、附加险

投保平安险或水渍险的货物在运输过程中可能遭遇非自然灾害和海上意外事故,从而受到损失,如偷窃、雨淋等。上述基本险的承保责任范围显然不能满足国际贸易中有关关系人的保险要求,因而,保险人在基本险之外又制定了各种附加险。附加险是对基本险的补充和扩大。但是,附加险不能单独投保,只能在投保了某项基本险的基础上加保。加保的附加险可以是一种或几种,由被保险人根据需要选择确定。由于附加险所承保的是外来原因所致的损失,而外来原因又有一般外来原因与特殊外来原因之分,所以附加险也有一般附加险与特殊附加险两类。

(一) 一般附加险

一般附加险承保的是由于一般外来风险所造成的全部或部分损失,具体有以下几种险别。

(1) 偷窃、提货不着险 (theft, pilferage and non-delivery clause)。对于被保险货物被偷走或窃取行为所致的损失和整件提货不着等损失,负责按保险价值赔偿。

(2) 淡水雨淋险 (fresh water and/or rain damage)。对直接遭受雨淋、淡水或冰雪融化所致的损失负责赔偿。

(3) 短量险 (shortage)。对因外包装破裂或散装货物发生数量散失和实际重量短缺的损失负责赔偿。

(4) 混杂玷污险 (intermixture and contamination)。对被保险货物在运输途中混进杂质或被其他货物玷污所致的损失负责赔偿。

(5) 渗漏险 (leakage)。对因容器损坏而引起的渗漏损失,或用液体储藏的货物因液体的渗漏而引起的货物腐败等损失负责赔偿。

(6) 碰损破碎险 (clash and breakage)。对因震动、碰撞、受压造成的破碎和碰撞损失负责赔偿。

(7) 串味儿险 (taint of odor)。对被保险的食用物品、中药药材、化妆品原料等因受其他物品的影响而引起的串味儿损失负责赔偿。

(8) 受潮受热险 (sweat and heating)。对因气温突然变化或由于船上通风设备失灵致使船舱内水汽凝结、发潮或发热所造成的损失负责赔偿。

(9) 钩损险 (hook damage)。对在装卸过程中因遭受钩损而引起的损失,以及对包装进行修补或调换所支付的费用,均负责赔偿。

(10) 包装破裂险 (breakage of packing)。对因装运或装卸不慎,致使包装破裂所造成的损失,以及为继续运输安全需要对包装进行修补或调换所支付的费用,均负责赔偿。

(11) 锈损险 (rust)。对运输过程中发生的锈损负责赔偿。

（二）特殊附加险

这是针对特殊外来原因引起风险而造成损失的险别。它所承保的风险和损失主要是由于政治、军事、国家政策法令、行政措施等特定的外来原因造成的，该险别与一般附加险一样，不能单独投保，必须依附于基本险而加保。我国保险业务中的特殊附加险主要有以下几种。

（1）战争险（war risks）。本险别承保被保险货物由于战争、类似战争行为、武装冲突和海盗行为造成的直接损失，而对于承保风险所引起的间接损失不予负责。

（2）罢工险（strike risks）。本险别对被保险货物由于罢工者，被迫停工工人或参加工潮、暴动、民众斗争的人员的行动，或任何人的恶意行为所造成的直接损失和上述行动或行为所引起的共同海损的牺牲、分摊和求助费用负赔偿责任，但对在罢工期间由于劳动力短缺或不能履行正常职责所致的保险货物的损失，包括因此而引起的动力或燃料缺乏使冷藏机停止工作所致的冷藏货物的损失不负赔偿责任。

（3）交货不到险（failure to deliver）。被保险货物从装上船开始，如果在预定抵达日期起满六个月仍不能运到原定的目的地交货，则保险公司按全部损失赔付。

（4）进口关税险（import duty）。本险别承保货物遭受保险事故损失，但被保险人仍需按照完好货物价值缴纳进口关税所造成的损失。

（5）舱面险（on deck）。本险别对被保险货物存放舱面时因遭受保险责任范围内的事故而致的损失予以负责，包括被抛弃或被风浪冲击落水。

（6）拒收险（rejection）。本险别对被保险货物由于在进口港被进口国的政府或有关当局拒绝进口或没收予以负责，并按照被拒绝进口或没收货物的保险价值赔偿。

（7）黄曲霉素险（aflatoxin）。本险别承保在进口港或进口地经当地卫生当局的检验证明，因含有黄曲霉毒素，并且超过了进口国对该毒素的限制标准，被拒绝进口或被没收部分货物的保险价值或改变用途所造成的损失。

（8）货物出口到香港（包括九龙）或澳门存仓火险责任扩展条款（fire risks extension clause, FREC—for storage of cargo at destination Hong Kong, including Kowloon, or Macao）。本条款适用于经运抵目的地香港（包括九龙）或澳门，且在港澳银行办理押汇的出口运输货物，货物卸离运输工具后，如直接存放于保险单载明的过户银行所指定的仓库时发生火险造成的损失。

案例 6.3

某年3月，我国上海某进出口公司向荷兰出口无烟煤80吨，合同采用CIF价格条件，规定由出口方投保水渍险，出口方遂按发票金额另加10%向中国人民保险公司投保了水渍险。5月，该批无烟煤装运出口，但在印度转船时遭遇当地暴雨，货物抵达目的港鹿特丹后，进口商发现货物有明显的湿损，损失经计算超27 000美元。荷兰进口商向我方进出口公司提出索赔。出口方指出该批货物已经投保了水渍险，要求对方向保险公司索赔。荷兰进口商凭保险单向中国人民保险公司驻荷兰的代理人提起索赔，遭到拒赔。为什么？试问应投保哪一种险别才会得到赔偿？

（三）附加险的责任起讫

附加险的责任起讫也适用"仓至仓条款"，即保险人的保险责任是从起运地仓库开始到目的地仓库终止，但以下几个险别除外。

货物出口到中国香港（包括九龙）或澳门存仓火险责任扩展条款的保险期限是从货物运入过户银行指定的仓库开始，直到过户银行解除货物权益或运输责任终止时起计算满30天为止，两者以先发生者为准。

拒收险的保险责任终止规定：自被保险货物卸离海轮存入卸货港的仓库为止；被保险货物在目的港卸离海轮满30天终止；被保险货物已被进口国的政府或有关当局允许进口时为止。以上述三种情况首先发生者为准，保险责任终止。

战争险的保险责任是以水上风险为限，即以货物装上保险单所载明的起运港的海轮或驳船开始，到卸离保险单所载明的目的港的海轮或驳船为止。如果货物到港不卸离海轮，保险责任以海轮到达目的港的当日午夜起算15天为止。

案例 6.4

上海某进出口公司于某年向中东地区某公司出口一批蓖麻油，按CIF价格条件签订合同。该公司按约定以发票价值的110%投保了水渍险和战争险。货到目的港后，刚卸到岸上，适逢该地区发生战争，货物被飞机扫射而引起火灾，全部烧毁。进口公司认为货物因战争行为而受损，于是持保险单向保险公司理赔代理人索赔，双方几经交涉未果，进口公司又要求出口公司协助其向保险公司索赔。试问索赔能否成功？

三、被保险人的义务

被保险人应按照规定及时办理以下有关事项，如因未履行规定的义务而影响保险人利益，保险公司有权对有关损失拒绝赔偿。

（一）及时提货

当被保险货物运抵保险单所载明目的地港以后，被保险人应及时提货，当发现被保险货物遭受任何损失，应立即向保险单上所载明的检查、理赔代理申请检验，如发现被保险货物件数短少或有明显残损痕迹，应立即向承运人、受托人或有关当局索取货损货差证明；如果货损货差是由承运人、受托人或其他有关方面的责任所造成，应以书面形式向他们提出索赔，必要时还需取得延长时效的认证。

（二）采取合理的施救措施

对遭受承保责任内风险的货物，被保险人和保险公司都可以迅速采取合理的措施，防止或减少货物的损失。被保险人采取此项措施，不应被视为放弃委付的表示；保险公司采取此项措施，也不得被视为接受委付的表示。

（三）维护保险单的效力

如遇航程变更或发现保险单所载明的货物、船名或航程有遗漏或错误时，被保险人应在获悉后立即通知保险人，并在必要时加缴保险费，该保险才继续有效。

（四）提供索赔单证

在向保险人索赔时，必须提供下列单证：保险单正本、提单、发票、装箱单、磅码单、货损货差证明、检验报告及索赔清单。如涉及第三者责任，还须提供责任方追偿有关函电等其他必要的单证或文件。

（五）及时通知保险人

在获悉有关运输契约中"船舶互撞责任"条款的实际责任后，应及时通知保险人。因为发生船舶互撞事故之后，两船之间的责任大小、应对被撞的对方船舶负责承担多少船货损失等问题都和保险人的利益直接有关，因此，被保险人获知船舶互撞后，应迅速通知保险人。

四、其他专门运输条款

（一）海洋运输冷藏货物保险条款

这是根据冷藏货物的特性专门设计的标准保险条款。有时由于灾害事故和外来风险可能使冷藏机器失灵，造成一些需要冷藏运输的鲜货，如鱼、虾、肉、蔬菜、水果等腐败或损失，为了弥补这种损失，习惯上投保冷藏险。本保险分为冷藏险和冷藏一切险两种。

（1）冷藏险。冷藏险的责任范围除负责赔偿冷藏机器连续停止工作达二十四小时以上所造成的腐败或损失，其他赔偿责任与水渍险相同，可单独投保。

（2）冷藏一切险。除包括上述冷藏险的各项责任外，本保险还负责被保险货物在运输途中由于外来原因所致的腐败或损失，可单独投保。

冷藏险和冷藏一切险的保险责任自被保险货物运离保险单所载起运地点的冷藏仓库装入运送工具开始运输时生效，包括正常运输过程中的海上、陆上、内河和驳船运输在内，直至该项货物到达保险单所载明的最后卸载港三十天内卸离海轮，并将货物存入岸上冷藏库后继续有效，但以货物全部卸离海轮时起满十天为限。在上述期限内，货物一经移出冷藏库，则责任终止，如卸离海轮后不存入冷藏库，则至卸离海轮时终止。

（二）海洋运输散装桐油保险条款

桐油作为油漆的重要原料，是我国大宗出口商品之一。桐油因自身特性，在运输途中容易受到污染而变质，海洋运输散装桐油保险条款就是专门根据桐油的特点设立的，可以单独投保。该保险的责任范围如下。

（1）不论任何原因所致被保险桐油短少、渗漏损失而超过本保险单规定的免赔率时（以每个油仓作为计算单位）。

（2）不论任何原因所致被保险桐油的玷污或变质损坏。

(3) 被保险人对遭受承保责任内危险的桐油采取抢救、防止或减少货损的措施而支付的合理费用，但以不超过该批被救桐油的保险金额为限。

(4) 共同海损的牺牲、分摊和救助费用。

(5) 运输契约订有"船舶互撞责任"条款，根据该条款规定应由货方偿还船方的损失。

海洋运输散装桐油保险的责任起讫与海运基本险的保险期限基本一致，也是按"仓至仓条款"。

（三）卖方利益险

本险别是为避免卖方在没有投保货运基本险而货物在运输途中遇到事故时买方不付款赎单而遭受损失而设立的。我国出口企业在投保这一险别后，如货物在运输途中发生损失，国外买方既不付款赎单，又拒绝支付该项受损货物部分的损失，保险人负赔偿责任。这是一种独立险别，可以单独投保。

第四节　我国其他货运保险

在国际保险业务中，除了海洋运输货物需要保险外，陆上运输货物、航空运输货物和邮政包裹运输货物也需要办理保险。这些运输方式项下的货物保险业务都源于海上运输保险，从保险的基本原则到条款的制定，都与海上运输保险基本相似。中国人民保险公司于1981年1月1日分别制订了陆上运输货物、航空运输货物和邮政包裹运输货物保险条款。陆上运输货物保险、航空运输货物保险和邮政包裹运输货物保险也各自包括了基本险和附加险。

一、陆上运输货物保险

陆上运输货物保险是货物运输保险的一种，分为如下几种。

（一）陆运险与陆运一切险

1．陆运险

陆运险的责任范围：被保险货物在运输途中遭遇暴风、雷电、地震、洪水等自然灾害，或由于陆上运输工具（主要指火车、汽车）遭遇碰撞、倾覆或出轨，或由于遭受隧道坍塌、崖崩或火灾、爆炸等意外事故所造成的全部损失或部分损失。

2．陆运一切险

除包括上述陆运险的责任外，保险人对被保险货物在运输途中由于外来原因造成的短少、短量、偷窃、渗漏、碰损、破碎、钩损、雨淋、生锈、受潮、受热、发霉、串味儿、玷污等全部或部分损失，也负赔偿责任。

陆上运输货物保险的除外责任与海洋运输货物保险的除外责任相同。

陆运货物保险责任的起讫期限与海洋运输货物保险的"仓至仓条款"基本相同，是从被保险货物运离保险单所载明的起运地发货人仓库或储存处所开始时生效，包括正常陆运和有关水上驳运在内，直至该项货物送交保险单所载明的目的地收货人仓库或储存处所，或被保险人用作分配、分派或非正常运输的其他储存处所为止。如未运抵上述仓库或储存处所，则以被保险货物到达最后卸载的车站后，保险责任以 60 天为限，索赔时效为 2 年。

（二）陆上运输冷藏货物险

陆上运输冷藏货物险是陆上运输货物险中的一种专门保险，其主要责任范围除负责陆运险所列举的自然灾害和意外事故所造成的全部损失和部分损失外，还负责赔偿由于冷藏机器或隔温设备的损坏或者车厢内贮存冰块的溶化所造成的解冻溶化而腐败的损失。该保险责任自被保险货物运离保险单所载明的起运地点的冷藏仓库装入运送工具开始运输时生效，包括正常陆运和与其有关的水上驳运在内，直至该项货物到达保险单所载明的目的地收货人仓库时继续有效，但最长保险责任以被保险货物到达目的地车站后十天为限。

（三）陆上运输货物战争险

在陆上运输货物保险中，保险货物除可投保陆运险和陆运一切险外，经过协商还可以加保陆上运输货物保险的附加险别，如陆运战争险等，但目前我国陆上运输货物战争险仅限于火车运输。该险别保险人负责赔偿由于战争、类似战争行为和敌对行为、武装冲突或海盗行为所致的损失，以及各种常规武器所致的损失。陆上运输货物战争险的责任起讫与海运战争险类似，自被保险货物装上保险单所载明的起运地开始，到卸离保险单所载明的目的地为止。如果被保险货物不卸离运输工具，该保险责任最长期限从火车到达目的站的当日午夜起满 10 天为限。

二、航空运输货物保险

我国现行航空运输货物保险的基本险别有以下几种。

（一）航空运输险与航空运输一切险

1. 航空运输险

航空运输险的承保责任范围是被保险货物在运输途中遭遇雷电或由于飞机遭遇碰撞、倾覆、坠落或失踪等意外事故所造成的全部或部分损失。此外，该险别对因保险责任范围内的事故所采取的抢救、防止或减少货损的措施而支付的合理费用也负责赔偿，但以不超过被救货物的保险金额为限。

2. 航空运输一切险

航空运输一切险的承保责任范围除包括上述航空运输险的全部责任外，对被保险货物在运输途中由于外来原因造成的，包括被偷窃、短少等全部或部分损失，也负赔偿责任。

航空运输险和航空运输一切险的保险责任也采用"仓至仓条款"，但与海运险条款中的"仓至仓条款"有所不同。航空运输货物保险的责任是从被保险货物运离保险单所载明的起运地仓库或储存处所开始时生效，在正常运输过程中继续有效，直至货物运抵保险单所载明的目的地，交到收货人仓库或储存处所，或被保险人用作分配、分派或非正常运输的其他储存处所为止。如保险货物未到达上述仓库或储存处所,则以被保险货物在最后卸货地卸离飞机后满 30 天为止。

(二)航空运输货物战争险

航空运输货物战争险是一种附加险,在投保航空运输险和航空运输一切险的基础上,经与保险人协商后,可以加保该附加险别。航空运输货物战争险的承保责任范围包括航空运输途中由于战争、类似战争行为、敌对行为或武装冲突以及各种常规武器和炸弹所造成的货物损失,原子武器或热核武器造成的损失除外。

航空运输货物战争险的保险责任是自被保险货物装上保险单所载明的起运地的飞机时开始,直到卸离保险单所载明的目的地的飞机时为止。如果被保险货物不卸离飞机,则以载货飞机到达目的地的当日午夜起计算,满 15 天为止。如被保险货物在中途转运,保险责任以飞机到达转运地的当日午夜起算,满 15 天为止,等装上续运的飞机,保险责任恢复有效。

三、邮包运输货物保险

邮政包裹(邮包)的运输可能通过海、陆、空三种运输方式,分为以下几种。

(一)邮包险与邮包一切险

1. 邮包险

邮包险的保险责任范围包括被保险货物在邮运途中遭遇恶劣气候、雷电、海啸、地震、洪水等自然灾害,由于运输工具遭遇搁浅、触礁、沉没、碰撞、倾覆、出轨、坠落、失踪,或由于失火、爆炸等意外事故所造成的全损或部分损失。对由于保险责任范围内的事故所采取的抢救、防止或减少货损的措施而支付的合理费用也负责赔偿,但以不超过被救货物的保险金额为限。

2. 邮包一切险

该险别的承保责任范围除包括上述邮包险的全部责任外,还包括赔偿被保险邮包在运输途中由于外来原因(包括被偷窃、短少在内)造成的全部或部分损失。

邮包险和邮包一切险的保险责任是自被保险邮包离开保险单所载明的起运地点的寄件人处所运往邮局时开始生效,直至该项邮包运达保险单所载明的目的地邮局,自邮局发出到货通知给收件人当日午夜起算,满 15 天为止。在此期限内,邮包一经递交至收件人处所,保险责任即告终止。

(二)邮包战争险

邮包战争险是邮包运输货物保险的一种附加险。被保险货物在投保邮包险或邮包一切险的基础上,根据需要经与保险人协商同意后方可加保。邮包战争险的责任范围与上述陆上运输货物、航空运输货物保险条款中的战争险基本相同,唯有保险责任起讫期限有所区别。邮包战争险的保险责任是自被保险邮包经邮政机构收讫,自储存处所开始运送时生效,直到该项邮包送达保险单所载明的目的地邮政机构送交收件人为止。

第五节　伦敦保险协会《海运货物保险条款》

世界上许多国家都有自己的保险条款，其中以英国伦敦保险协会制定的《海运货物保险条款》（Institute Cargo Clauses，ICC）在国际保险市场上的影响最为显著。该条款最早制定于1912年，于1963年形成了一套完整的海上运输货物保险标准条款。因其出于种种原因而不能适应国际贸易的日益发展对保险的需要，伦敦保险协会对其进行了修订，修订工作于1982年1月1日完成，并于1983年4月1日起强制要求使用新保单和新条款。

一、伦敦保险协会《海运货物保险条款》的特点

（1）采用英文字母命名主险，每种主险都具有独立的保险单，避免了主险名称和内容不一致的情况。

（2）合理划分险别，允许战争险和罢工险作为独立险别投保。

（3）对保险人承保的风险损失，不再区分全部损失和部分损失，也取消了计算免赔率的规定。

（4）统一了各个险别的结构，体系完整，语言简练。

（5）险别的承保责任采用"列明风险"和"一切风险减除外责任"两种方式。

（6）采用空白格式的保险单，其内容简洁、明确，不包括保险条件，也取消了附注。

（7）增加了可保利益条款、续运费条款、增值条款、放弃条款和法律与惯例条款5个条款。

二、伦敦保险协会《海运货物保险条款》的基本条款

伦敦保险协会《海运货物保险条款》主要有下列六种。

（1）协会货物条款（A）（institute cargo clauses（A），ICC（A））。

（2）协会货物条款（B）（institute cargo clauses（B），ICC（B））。

（3）协会货物条款（C）（institute cargo clauses（C），ICC（C））。

（4）协会战争险条款（货物）（institute war clauses-cargo）。

（5）协会罢工险条款（货物）（institute strikes clauses-cargo）。

（6）恶意损害险条款（malicious damage clauses）。

在上述六种险别中，ICC（A）、ICC（B）、ICC（C）可以独立投保。战争险、罢工险由于具有独立完整的结构，对承保风险及除外责任均有明确的规定，因而在需要时，也可以单独投保。下面分别介绍ICC各险别的承保风险和除外责任。

（一）ICC（A）险的承保风险与除外责任

根据伦敦保险协会的规定，ICC（A）险的承保风险采用一切风险减除外责任的方式予以明确，即除了"除外责任"项下的风险保险人不予负责外，其他风险均予负责。ICC（A）险的除外责任有以下四类。

(1) 一般除外责任。归因于被保险人故意的不法行为造成的损失或费用；自然渗漏、自然损耗、自然磨损；包装不足或不当所造成的损失或费用；保险标的内在缺陷或特性所造成的损失或费用；直接由于延迟所引起的损失或费用；由于船舶所有人、租船人经营破产或不履行债务所造成的损失或费用；由于使用任何原子或核武器所造成的损失或费用。

(2) 不适航、不适货除外责任。所谓不适航、不适货除外责任，是指保险标的在装船时，如被保险人或其他受雇人已经知道船舶不适航，以及船舶、装运工具、集装箱等不适货。

(3) 战争除外责任。如由于战争、内战、敌对行为等造成的损失或费用；由于捕获、拘留、扣留（海盗除外）等所造成的损失或费用；由于漂流水雷、鱼雷等造成的损失或费用。

(4) 罢工除外责任。罢工者、被迫停工工人造成的损失或费用，以及由于罢工、被迫停工所造成的损失或费用；任何恐怖主义或出于政治动机而行动的人所致的损失或费用。

（二）ICC（B）险的承保风险和除外责任

ICC（B）险和 ICC（C）险的承保风险采用"列明风险"的方法，即在条款中把保险人所承保的风险一一列出。ICC（B）规定，灭失或损害合理归因于下列任何原因之一者，保险人予以赔偿。

(1) 火灾、爆炸。

(2) 船舶或驳船触礁、搁浅、沉没或倾覆。

(3) 陆上运输工具倾覆或出轨。

(4) 船舶、驳船或运输工具同水以外的外界物体碰撞。

(5) 在避难港卸货。

(6) 地震、火山爆发、雷电。

(7) 共同海损牺牲。

(8) 抛货。

(9) 浪击落海。

(10) 海水、湖水或河水进入船舶、驳船、运输工具、集装箱、大型海运箱或储存处所。

(11) 货物在装卸时落海或摔落造成整体的全损。

ICC（B）险的除外责任：除对海盗行为和恶意损害险的责任不负责外，其余均与 ICC（A）险的除外责任相同。

（三）ICC（C）险的承保风险和除外责任

ICC（C）险只承保"重大意外事故"而不承保"自然灾害及非重大意外事故"。ICC（C）险的承保风险比 ICC（A）险、ICC（B）险要小得多，其具体承保风险如下。

(1) 火灾、爆炸。

(2) 船舶或驳船触礁、搁浅、沉没或倾覆。

(3) 陆上运输工具倾覆或出轨。

(4) 在避难港卸货。

(5) 共同海损牺牲。

(6) 抛货。

ICC（C）险的除外责任与 ICC（B）险完全相同。

综上所述，ICC（A）险的承保风险类似我国的一切险；ICC（B）险类似我国的水渍险；ICC（C）险类似我国的平安险，但比平安险的责任要小一些。

（四）战争险的承保风险与除外责任

ICC 战争险的承保风险与其修订前的旧条款以及我国现行的海运战争险条款相似，唯在除外责任方面提出保险人对由于非敌对行为（如使用核武器等）所造成的灭失或损害必须负责。

（五）罢工险的承保风险与除外责任

ICC 罢工险的承保风险范围如上述战争险一样，与修订前的旧罢工险条款以及我国现行海运货物保险条款中的罢工险条款基本一致，但在"一般除外责任"中增加了"航程挫折"条款，目的在于限制被保险人对由于罢工而造成的额外费用（如存仓费、重新装船费等）提出赔偿的要求。

（六）恶意损害险的承保风险

该险别承保被保险人以外的其他人（如船长、船员）的故意破坏行动所致被保险货物的灭失或损坏。但是，恶意损害如果是出于政治动机的人的行动，不属于恶意损害险承保范围，则保险人免责。

保险期限也称保险人承担保险责任的期限。英国伦敦保险协会《海运货物条款》与我国《海运货物保险条款》中对基本险的规定大体相同，也是采用"仓至仓（W/W）条款"，但比我国条款规定得更为详细。战争险的保险期限与前述我国现行海运战争险条款一样，也根据承保"水上危险"的原则，不使用"仓至仓条款"。

第六节　国际货物运输保险实务

在进出口货物运输保险业务中，被保险人通常涉及的工作有：确定投保的险别、确定保险金额、办理投保并交付保险费、领取保险单证以及在货损时办理保险索赔等。

一、国际货物运输投保实务

（一）选择投保险别

买卖双方根据贸易术语确定了办理投保的责任之后，就要选择合适的险别。险别不同，保险人承保的责任范围就不同，费率也不同。如在我国海运货物保险的三种基本险中，平安险的责任范围最小，水渍险较大，一切险最大，与此相对应地，平安险的费率最低，一切险的费率最高，两者之间的费率有时相差几十倍。投保人在选择保险险别时，首先要考虑货物在运输途中可能面临的损失以及所需的保障，同时还要考虑货物的特性、包装以及运输的季节、路线、港口等因素。

（二）保险金额计算

保险金额是计算保险费的依据，也是发生损失后计算赔款的依据。保险金额指保险人承担赔偿或者给付保险金的最高限额。投保人在投保货物运输保险时，应向保险人申报保险金额。保险金额是根据保险价值确定的。按照国际保险市场的习惯，一般是按照货物 CIF（或 CIP）价另加 10%的预期利润作为保险金额。为满足被保险人的实际需要，可适当提高加成率，但由此而增加的保险费在原则上应由买方承担。若合同对加成率未做规定，按《2020 年通则》和《跟单信用证统一惯例》规定，卖方有义务按 CIF 或 CIP 价格的总值另加 10%作为保险金额。保险金额的计算公式是

$$保险金额 = CIF(CIP)价 \times (1 + 投保加成率)$$

在实际工作中，如已有成本价，要计算出 CIF 价格，可先计算出运费金额，与成本价相加，得出成本加运费价 CFR，然后再按下列公式计算出 CIF 价。

$$CIF 价 = \frac{CFR 价}{1 - [保险费率 \times (1 + 投保加成率)]}$$

为了简化计算，也可根据中国人民保险公司的保险费率常用表用 CFR 价直接乘表内所列常数，便可得 CIF 价。

（三）填制投保单和交付保费

出口合同采用 CIF 或 CIP 条件时，保险由我方办理。出口企业在向当地的保险公司办理投保手续时，应根据买卖合同或信用证规定，在备妥货物并确定装运日期和运输工具后，按规定格式逐笔填制投保单，单上填明货物名称、保险金额、运输路线、运输工具、起运日期和投保险别等项。由于外贸出口业务量较大，为了节省手续，在征得保险公司同意后，有时可利用现成单据的副本（如出口货物明细单、货物出运分析单或发票副本等）来代替保单，仅在这些单据上加列一些必要的项目即可。

投保人交付保险费是保险合同生效的前提条件，是保险人经营业务的基本收入，也是保险人所掌握的保险基金的主要来源。保险费率是计算保险费的依据。我国进出口货物保险费率是我国保险公司在货物损失率和赔付率的基础上，参照国际保险费率水平，并根据我国对外贸易发展的需要制定的。保险费的计算公式为

$$保险费 = 保险金额 \times 保险费率$$

（四）领取保险单据

保险单据是保险人与被保险人之间订立保险合同的证明文件，它反映了保险人与被保险人之间的权利和义务关系，也是保险人的承保证明。当被保险货物遭受承保范围内的损失时，它是被保险人向保险人索赔的主要依据，也是后者进行理赔的主要依据。

当前，在进出口业务实践中所应用的保险单据的种类很多，主要有以下几类。

1. 保险单（insurance policy）

保险单，俗称大保单，是一种正规的保险单据，除载明被保险人名称，被保险货物名称、数量或重量，唛头，运输工具，保险起止地点，承保险别，保险金额和期限等项目外，还列有保险人的责任范围，以及保险人与被保险人各自的权利、义务等方面的详细条款。

保险单经由被保险人背书后随同物权的转移而转让，按照 CIF 条件订立出口合同时，买方通常要求卖方提供保险单。

2．保险凭证（insurance certificate）

保险凭证也称小保单，它是一种简化的保险单据。保险凭证除在凭证上不印详细条款外，其他内容与保险单相同，且与保险单有同样效力。但若信用证要求提供保险单，一般不能用保险凭证代替。近年来，保险机构为实现单据规范化，此类保险凭证逐渐被废弃而统一采用大保单。

3．联合凭证（combined certificate）

联合凭证是一种更为简化的保险凭证。在我国，保险机构在外贸企业的商业发票上加注保险编号、险别、金额，并加盖保险机构印戳，即作为承保凭证，其余项目以发票所列为准。此种凭证不能转让，目前仅适用于我国香港地区一些中资银行由华商开来的信用证。

4．预约保险单（open certificate）

预约保险单是保险人承保被保险人在一定时期内分批发运的货物所出立的保险单。预约保险单内载明保险货物的范围、险别、保险费率、每批运输货物的最高保险金额以及保险费的结算办理等。凡属预约保险范围内的进出口货物，一经起运，即自动按预约保险单所列条件保险，保险人可不再签发每批货物的保险单。但被保险人应在获悉每批货物起运时立即以起运通知书或其他书面形式将该批货物的名称、数量、保险金额、运输工具的种类和名称、航程起讫地点、开航日期等情况通知保险人。预约保险单在我国仅适用于以 FOB 或 CFR 条件成交进口货物的保险业务。

5．保险通知书（insurance declaration）

保险通知书亦称保险声明书。在 FOB、FCA、CFR 等条件的出口交易中，由买方自费办理保险。但有些进口商与国外保险公司订有预保合同，因此他们常在信用证中要求卖方在发运货物时，向进口商指定的外国保险公司发出保险通知书，列明所运货物的名称、数量或重量、金额、运输工具、运输日期、进口商名称、预保合同号码等。此项通知活动是卖方为买方提供的装运后服务，其副本被列为议付单据之一，必须在装运前备妥。近些年来，为简化手续，出口人征得银行同意，可以商业发票代替上述通知书，但须在发票上加注"Insurance Declaration"字样和信用证规定的内容。

6．批单（endorsement）

批单是在保险单出具后，因保险内容有所变更，保险人应被保险人的要求而签发的批改保险内容的凭证，它具有补充、变更原保险单内容的作用。保险单一经批改，保险人须按批改后的内容承担责任。批改的内容如涉及增加保险金额、扩大承保范围，须经保险人同意，被保险人方可办理申请批改手续。被批准的批单一般被粘贴在保险单上并加盖骑缝章，作为保险单不可分割的组成部分。

二、货物运输保险的索赔

（一）索赔程序

中国人民保险公司承保的出口货物在到达国外目的地以后，如果发现货物损失，收货人或其代理人一般都按保险单规定委托指定的检验人检验货损、出具检验报告，由国外收货人凭检验报告连同有关权益证明书、保险单正本，直接向保险公司或其代理人索赔。

中国人民保险公司承保的进口货物运抵国内后，如果发现货物残损或短缺，在港口的收货单位应立即通知当地的保险公司，在内陆的收货单位则应立即通知当地的保险公司或中国人民银行，会同有关部门进行联合检验，出具联合检验报告。申请联合检验的期限一般最迟不能超过保险责任终止日前 10 天。收货单位应根据残损货物联合检验报告的损失金额或程度向卸货港（地）的保险公司索赔。

（二）被保险人在索赔时应履行的义务

（1）被保险人获悉保险标的遭受损失后，应立即通知保险人，并及时申请检验。

（2）被保险人或其代理人及时向承运人等有关责任方进行追偿，维护保险人行使代位追偿权。

（3）货物受损后，被保险人要对货物采取必要的施救、整理措施，防止损失扩大。

（4）被保险人索赔时要向保险人提交保险单、货损货差证明、检验报告等必要的索赔单证。

三、货物运输保险的理赔

保险理赔是指保险人在接到被保险人的损失通知后，通过损失检验和调查研究，确定损失的原因、损失的程度，并对责任归属进行审定，最后根据保险赔款金额给付赔款的过程。它包括的主要环节有：确定损失原因；根据保险条款中的险别和期限等规定进行责任审定，确定损失是否属于保险责任；根据货物的损失及支出的费用计算赔偿金额并及时赔付；处理损余并行使代位追偿权向第三方责任人索赔等。

本章小结

海洋运输货物保险承保的风险分为海上风险和外来风险，由此造成的损失分为全部损失和部分损失。

我国海运货物保险基本险是平安险、水渍险、一切险，承保范围依次扩大。附加险包括 11 种一般附加险和 8 种特殊附加险。除此之外，还有海洋运输货物专门险。

协会货物保险 A、B、C 条款的承保范围依次递小。

保险责任起讫适用仓至仓条款，战争险除外。

其他运输方式（如陆上、航空、邮包）也有对应的保险险别。

在进出口货物运输保险业务中，投保常包括以下几个环节：确定投保的险别、确定保险金额、办理投保并交付保险费、领取保险单证以及在货损时办理保险索赔等。

本章重要概念

风险	保险人	一切险	共同海损	仓至仓条款
附加险	平安险	被保险人	单独海损	水渍险
保险	保险单	中国保险条款		

思考题

1. 我国海洋运输货物保险的基本险有哪三种？这三种基本险别的责任范围有何区别？
2. 什么是共同海损？构成共同海损的条件有哪些？
3. 北京某外贸公司按 CFR 横滨出口一批仪器，投保险别为一切险，仓至仓条款，我方用卡车将货物由北京运往天津装船，途中一辆卡车撞车，造成部分仪器损坏，请问该项损失应由谁承担？保险公司是否应予以赔偿？
4. 我国某外贸公司按 CIF 合同规定按发票金额 110% 投保一切险和战争险，如出口发票金额为 150 000 美元，一切险保险费率为 0.6%，战争险保险费率为 0.03%，试问，投保金额是多少？应付保险费多少？
5. 我国某外贸公司按 CIF 贸易术语对外发盘，若按下列险别作为保险条款提出是否妥当？若有不妥，试予以更正并说明原因。
   （1）一切险、偷窃、提货不着险，碰撞破碎险。
   （2）平安险、水渍险、淡水雨淋险、短量险、战争险和罢工险。
   （3）渗漏险、受潮受热险。
   （4）包装破裂险、串味儿险、战争险和罢工险。
   （5）水渍险、锈损险。

学生课后阅读参考文献

[1] 中国国际货运代理协会．国际海上货运代理理论与实务[M]．北京：中国对外经济贸易出版社，2005．

[2] 上海市兰生外经贸进修学院．国际货运代理综合业务（配套练习、预测试卷及全真试题）[M]．上海：同济大学电子音像出版社，2005．

[3] 余世明．国际货运代理资格考试辅导（重点提示、练习题及解答）[M]．广州：暨南大学出版社，2005．

[4] 中国人民保险集团股份有限公司官网．http://www.picc.com.cn．

[5] 民航资源网．www.carnoc.com．

第七章　进出口货物报关与检验检疫

> **学习目的与要求**
>
> 　　报关与检验检疫是我国各海关口岸对进出口商品实施监督管理职责的重要内容，也是促进我国进出口商品报关与检验检疫工作持续健康发展的重要一环。报关与检验检疫工作是一项专业要求高、涉及面广、政策性强的工作。学习本章后要了解有关报关与检验检疫的基本知识，熟悉进出口货物报关与检验检疫程序，以及海关通关制度等内容。

开篇案例：办理报关时应提供单据和税费处理

【案情】

　　上海 A 公司与香港 B 公司以 CIF 上海 USD18 每台的价格条款签订了进口 10 000 台简易型电动可调气泵（属自动许可证管理、法定商检商品）的合同。该批货物于 11 月 9 日由蓝湖号货轮载运进境。A 公司于当日向海关申报货物进口。海关验放后，收货人发现其中有 500 台气泵损坏。双方公司交涉后，香港 B 公司同意另免费补偿同数量、同品牌、同规格的货物。补偿货物于 11 月 18 日到达。请分析以下问题。

　　（1）该批货物向海关申报进口时应提供哪些单证？

　　（2）该批损坏货物及其免费补偿货物的进口税费应如何处理？

【分析】

　　本案中货物向海关申报时应该提供自动进口许可证、入境通关单和发票，因为这些单据属于监管单证和必备单证。

　　如果收货人将该批损坏货物退运出境，并已向海关申请退还原征税款，则补偿货物进口时应照章纳税；如果收货人将该批损坏货物在国内进行削价处理，经海关对其残留价值补税，则补税货物可以免税进口。

　　本案涉及进口货物报关时应提供的单证、海关查验货物时的具体规定以及免费补偿货物的报关处理问题。

第一节　进出口货物报关概述

一、报关的含义与种类

（一）报关与通关的含义

　　为了维护国家主权和利益，促进对外经济和科技文化的交往，保障社会主义现代化建设，世界各国海关均依法对进出境运输工具、货物和物品实行报关管理制度。由设关地进出境并办理规定的海关手续是运输工具、货物、物品进出境的基本规则，也是进出境运输工具负责人、进出口货物收发货人、进出境物品的所有人应履行的一项基本义务。一般而言，报关是指进出口货物收发货人、进出境运输工具负责人、进出境物品的所有人或者他们的代理人向海关办理货物、物品或运输工具进出境手续及相关海关事务的过程。

需要说明的是，在进出境活动中，我们还经常使用"通关"这一概念。通关与报关既有联系又有区别。两者都是针对运输工具、货物、物品的进出境而言的，但报关是从海关管理相对人的角度，仅指向海关办理进出境手续及相关手续，而通关不仅包括海关管理相对人向海关办理有关手续，还包括海关对进出境运输工具、货物、物品依法进行监督管理，核准其进出境的管理过程。

（二）报关的分类

1．按照报关的对象划分

按照报关的对象，报关可分为运输工具报关、货物报关和物品报关。

海关对进出境运输工具、货物、物品的监管要求各不相同，其中，进出境运输工具作为货物、人员及其携带物品的进出境载体，其报关主要是向海关直接交验随附的、符合国际运输惯例的、能反映运输工具进出境合法性及其所承运货物、物品情况的合法证件、清单和其他运输单证，报关手续较为简单。进出境物品由于其具有非贸易性质，且一般限于自用、数量合理，其报关手续也很简单。进出境货物的报关较为复杂，为此，海关根据对进出境货物的监管要求，制定了一系列报关管理规范，并要求必须由具备一定的专业知识和技能且经海关核准的专业人员代表报关单位专门办理报关事宜。

2．按照报关的目的划分

按照报关的目的，报关主要可分为进境报关和出境报关。

由于海关对运输工具、货物、物品的进境和出境有不同的管理要求，运输工具、货物、物品根据进境或出境的目的分别形成了一套进境报关手续和出境报关手续。另外，由于运输或其他方面的需要，有些海关监管货物需要办理从一个设关地点运至另一个设关地点的海关手续，在实践中产生了"转关"的需要，转关货物也需办理相关的报关手续。

3．按照报关活动的实施者划分

按照报关活动的实施者不同，报关可分为自理报关和代理报关。

进出境运输工具、货物、物品的报关是一项专业性较强的工作，尤其是进出境货物的报关，相对比较复杂。一些运输工具负责人、进出口货物收发货人或者物品的所有人由于经济、时间、地点等方面的原因不能或者不愿意自行办理报关手续而委托代理人代为报关，从而形成了自理报关和代理报关两种报关类型。

自理报关是指进出口货物收发货人自行办理报关业务。根据我国海关目前的规定，进出口货物收发货人必须依法向海关注册登记后方能办理报关业务。代理报关是指接受进出口货物收发货人的委托代理其办理报关业务的行为。我国海关法律把有权接受他人委托办理报关业务的企业称为报关企业。报关企业必须依法取得报关企业注册登记许可并向海关注册登记后方能从事代理报关业务。按照代理报关法律行为的责任不同，代理报关又分为直接代理报关和间接代理报关。直接代理报关是指报关企业接受委托人（即进出口货物收发货人）的委托，以委托人的名义办理报关业务的行为。间接代理报关是指报关企业接受委托人的委托以报关企业自身的名义向海关办理报关业务的行为。在直接代理中，代理人代理行为的法律后果直接作用于被代理人；而在间接代理中，报关企业应当承担与进出口货物收发货人自己报关时所应当承担的相同的法律责任。

二、报关单位与报关活动相关人

（一）报关单位的含义

报关单位是指依法在海关注册登记的报关企业和进出口货物收发货人。报关企业是指按照规定经海关准许注册登记，接受进出口货物收发货人的委托，以进出口货物收发货人名义或者以自己的名义，向海关办理代理报关业务，从事报关服务的境内企业法人。进出口货物收发货人是指依法直接进口或者出口货物的中华人民共和国关境内的法人、其他组织或者个人。进出口货物收发货人经向海关注册登记后，可以并只能为本单位进出口货物报关。

以上两类报关单位因受国家批准经营的范围限制，其行使报关权的行为规则亦各不相同，同时，报关单位需聘用报关员办理具体的报关手续。报关员是指依法取得报关员从业资格，并在海关注册登记，向海关办理进出口货物报关业务的人员。报关员必须经海关培训、考核合格并获得由海关颁发的"报关员证"才可以从事报关工作。

报关活动相关人是指经营海关监管货物仓储业务的企业、保税货物的加工企业、转关运输货物的境内承运人等，他们一般不能办理报关业务，但与报关活动密切相关，承担着相应的海关义务和法律责任。

（二）报关单位的法律责任

报关单位、报关活动相关人和报关员在办理报关纳税等业务时，应遵守国家有关法律、行政法规和海关的各项规定，并对所申报货物、物品的品名、规格、价格、数量等的真实性、合法性负责，承担相应的法律责任。

三、报关管理机构

（一）海关与关境的含义

海关是国家的进出关境监督管理机关。海关从属于国家行政管理体制，对内对外代表国家依法独立行使行政管理权。海关履行国家行政制度的监督管理职能，是国家宏观管理的一个重要组成部分。海关实施监督管理的范围是进出关境及与之有关的活动。海关实施监督管理的对象包括所有进出关境的运输工具、货物、物品。

适用于同一海关法或实行同一关税制度的领域称为关境。关境同国境一样，包括其领域内的领水、领陆和领空，是一个立体的概念。一般情况下，一国关境与国境一致，但也有关境大于国境或关境小于国境这两种特殊情况。我国海关的关境是除早有单独关境地位的地区以外的中华人民共和国的全部领域，包括领水、领陆和领空。

（二）海关的性质

1．海关是国家行政机关

我国的国家机关包括享有立法权的立法机关、享有司法权的司法机关和享有行政管理权的行政机关，海关是国家的行政机关之一。

2．海关是国家进出境监督管理机关

海关履行国家行政制度的监督管理职能，是国家宏观管理的一个重要组成部分。海关依照有关法律、行政法规并通过法律赋予的权力制定具体的行政规章和行政措施，对特定领域的活动开展监督管理，以保证其符合国家的法律规范。

3．海关的监督管理是国家行政执法活动

海关通过法律赋予的权力，对特定范围内的社会经济活动进行监督管理，并对违法行为依法实施行政处罚，以保证这些社会经济活动符合国家的法律规范。因此，海关的监督管理是保证国家有关法律、法规实施的行政执法活动。

（三）海关的任务

我国《海关法》明确规定了海关的如下基本任务。

1．海关监管

海关监管是指海关运用国家赋予的权力，通过一系列管理制度与管理程序，依法对进出境运输工具、货物、物品及相关人员的进出境活动所实施的一种行政管理。海关监管是一项国家职能，其目的在于保证一切进出境活动符合国家政策和法律的规范，维护国家主权和利益。海关监管是海关最基本的任务。

2．海关征税

海关征税是指由海关代表国家，按照我国《海关法》和《中华人民共和国进出口关税条例》及其《中华人民共和国进出口税则》对准许进出口的货物、进出境物品征收关税和其他税费。

关税是国家财政收入的重要来源，也是国家宏观经济调控的重要工具。关税的征收主体是国家，我国《海关法》明确将征收关税的权力授予海关，由海关代表国家行使征收关税的职能。

3．查缉走私

走私是指进出境活动的当事人或相关人违反《海关法》及有关法律、行政法规，逃避海关监管、偷逃应纳税款、逃避国家有关进出境的禁止性或者限制性管理，非法运输、携带、邮寄国家禁止、限制进出口或者依法应当缴纳税款的货物、物品进出境；或者未经海关许可并且未缴应纳税款、交验有关许可证件，擅自将保税货物、特定减免税货物以及其他海关监管货物、物品、进境的境外运输工具在境内销售的行为。

查缉走私是指海关依照法律赋予的权力，在海关监管场所和海关附近的沿海沿边规定地区，为发现、制止、打击、综合治理走私活动而进行的一种调查和惩处活动。

4．编制海关统计和办理其他海关业务

海关统计是以实际进出口货物作为统计和分析的对象，通过搜集、整理、加工处理进出口货物报关单或经海关核准的其他申报单证，对进出口货物的品种、数（重）量、价格、国别（地区）、经营单位、境内目的地、境内货源地、贸易方式、运输方式、关别等项目分别进行统计和综合分析的业务活动，以全面、准确地反映对外贸易的运行态势，及时提供统计信息和咨询服务，实施有效的统计监督，开展国际贸易统计的交流与合作，促进对外贸易的发展。

（四）海关的管理体制与机构

1．海关的管理体制

我国《海关法》第三条规定："国务院设立海关总署，统一管理全国海关。国家在对外开放的口岸和海关监管业务集中的地点设立海关。海关的隶属关系，不受行政区划的限制。海关依法独立行使职权，向海关总署负责。"

2．海关的组织机构

海关组织机构的设置为海关总署、直属海关和隶属海关三级。隶属海关由直属海关领导，向直属海关负责。直属海关由海关总署领导，向海关总署负责。

海关缉私警察是专司打击走私犯罪活动的警察队伍。各级海关走私犯罪侦查部门为海关缉私局或缉私支局。

（五）报关与海关管理

报关活动是否规范、合法直接影响海关监管的工作量和工作效率。报关活动规范、守法程度高，海关监管制度将会向着简便发展。报关是否真实、准确关系到国家税收能否应收尽收。报关活动规范将会减少走私违法活动的发生，从而减轻海关查缉走私工作的压力。准确和高质量的报关是我国海关对外贸易统计准确及时的重要保证。

海关对报关的管理是海关业务改革的重要内容之一。海关 H883 系统的建立使海关实现了从手工操作时代到计算机时代的变革，报关数据的电子化是实现这一变革的基础。海关通关作业改革则是以海关对报关的处理方式为核心进行的海关管理体系和管理职能的重新设定和调整。海关 H2000 工程的建设也与报关方式转变有着密切的关系。

海关对企业的管理是海关管理的重要组成部分。海关通过对企业守法状况的评估，设置高级认证企业、认证企业、一般信用企业和失信企业四种不同类别。我国《海关企业信用管理办法》（海关总署令第 237 号）的管理措施，对守法企业提供通关便利，对违法企业进行重点监控。

四、报关管理制度

为了加强对报关单位及其报关员的资格管理，规范报关行为，明确报关单位、报关员的法律地位和法律责任，《海关法》和相关行政法规、规章明确了一系列报关管理制度。报关管理制度是海关对报关单位、报关员及其报关行为实施管理的基本业务制度。

（一）报关管理制度的含义与作用

报关管理制度是指海关依法对报关企业和报关员的注册登记许可、报关单位和报关员的注册登记、报关单位和报关员的报关行为进行规范和管理的业务制度。

报关管理制度是实现海关职能的基础业务制度。它的根本任务在于确保海关对进出境运输工具、货物、物品的监管、征收税费、查缉走私、编制统计和办理其他海关业务的顺利完成。它是海关实现进出境监督管理职能、维护国家进出口经济贸易活动正常秩序的重要保证。

报关管理制度的作用体现在三个方面：一是完成海关各项工作任务的基本保证；二是维护国家进出口经济贸易活动正常秩序的重要保障；三是报关单位和报关员的报关行为准则。

（二）报关单位注册登记制度

我国《海关法》规定："进出口货物，除另有规定的外，可以由进出口货物收发货人自行办理报关纳税手续，也可以由进出口货物收发货人委托海关准予注册登记的报关企业办理报关纳税手续。""进出口货物收发货人、报关企业办理报关手续，必须依法经海关注册登记。"因此，向海关注册登记是进出口货物收发货人、报关企业向海关报关的前提条件。

报关单位注册登记制度是指进出口货物收发货人、报关企业依法向海关提交规定的注册登记材料，经注册地海关依法对申请注册登记材料进行审核，准予其办理报关业务的管理制度。

根据《海关法》的规定，可以向海关办理报关注册登记的单位有两类：一类是进出口货物收发货人，主要包括依法向国务院对外贸易主管部门或者其委托的机构办理备案登记的对外贸易经营者等；另一类是报关企业，主要包括报关行、国际货物运输公司等。对于其他企业和单位，海关一般不接受申请注册登记。

（三）报关员资格管理制度

报关员是联系报关单位和海关的桥梁，在进出口货物的通关工作中起着重要作用。报关员的业务水平和报关质量直接影响着通关速度和海关现场的工作效率，也直接影响着报关单位的经济效益。

2014年，海关总署发布公告，取消报关员资格全国统一考试，报关从业人员由企业自主聘用。

第二节 进出口货物的报关程序

报关程序是指进出境运输工具负责人、进出口货物收发货人和进出境物品所有人或者其代理人按照《海关法》的规定，办理运输工具、货物、物品进出境及相关海关事务的手续和步骤。本节仅介绍进出境货物的报关程序。

一、报关程序概述

（一）报关程序

我国货物的进出境一般要经过海关审单、查验、征税、放行四个作业环节。与之相适应，进出口货物收发货人或其代理人在按程序办理相对应的进出口申报、配合查验、缴纳税费、提取或装运货物等手续后，货物才能进出境。因此，从海关对进出境货物进行监管的全过程来看，报关程序按时间先后可以分为三个阶段：前期阶段、进出境阶段、后续阶段。

1．前期阶段

前期阶段是指根据海关对保税货物、特定减免税货物、暂准进出境货物、其他进出境货物的监管要求，进出口货物收发货人或其代理人在货物进出境以前向海关办理备案的全过程。

2．进出境阶段

进出境阶段是指根据海关对进出境货物的监管制度，进出口货物收发货人或其代理人在一般进出口货物、保税货物、特定减免税货物、暂准进出境货物、其他进出境货物进出境时向海关办理进出口申报、配合查验、缴纳税费、提取或装运货物手续的过程。

3．后续阶段

后续阶段是指根据海关对保税货物、特定减免税货物、暂准进出境货物、部分其他进出境货物的监管要求，进出口货物收发货人或其代理人在货物进出境储存、加工、装配、使用、维修后，在规定的期限内，按照规定的要求，向海关办理上述进出口货物核销、销案、申请解除监管等手续的过程。

（二）无纸化报关

1．无纸化报关的含义

我国从2014年4月1日开始针对进出境货物收发货人或其代理人办理进出口货物的海关申报手续在全国范围内推行无纸化报关。

所谓无纸化报关，就是企业首先需要无纸化签约，然后在网上授权给报关行，报关行在报关专用系统直接申报发送给海关的一种申报方式。

2．无纸化报关的流程

（1）企业需要登录中国电子口岸网网站（http://www.chinaport.gov.cn）进行网上签约。需要注意的是，报关的发票、箱单、合同必须为PDF格式（要带章的），大小总和不能超过20MB，单页文件大小不能超过200KB（发票、箱单、合同必须保证文件信息的正确，需要全部上传至海关无纸化系统）。

（2）无纸化代理报关委托可由经营单位向申报单位发起申请，也可由申报单位向经营单位发起申请。使用无纸化委托，需先在企业所在地报关协会充值，充值时只需提供企业十位数编码，充值完毕后可立即使用，经营单位及申报单位均可充值。

（3）登录系统：经营单位使用本单位操作员卡，申报单位使用本单位报关员卡，登录中国电子口岸网首页。

（4）选择红方框内第三项"通关无纸化代理报关委托"，登录系统——输入经营单位操作员卡或申报单位报关员卡密码，然后单击"确定"。

（5）经营单位发起委托申请：① 选择报关企业；② 输入申报单位企业海关编码或申报单位企业名称，然后单击"查询"；③ 确认企业无误后，单击"发起委托书申请"。

（6）经营单位发起委托申请。

二、一般进出口货物

（一）一般进出口货物的含义与特征

一般进出口货物是指在进出境环节缴纳了应缴的进出口税费并办结了所有必要的海关手续，海关放行后不再进行监管的进出口货物。进出口货物一般有以下几个特征。

1. 进出境时缴纳进出口税费

一般进出口货物的收发货人应当按照《海关法》和其他有关法律、行政法规的规定，在货物进出境时向海关缴纳应当缴纳的税费。

2. 进出口时提交相关的许可证件

货物进出口应受国家法律、行政法规管制的，进出口货物收发货人或其代理人应当向海关提交相关的进出口许可证件。

3. 海关放行即办结海关手续

海关征收了全额的税费，审核了相关的进出口许可证件，并对货物进行实际查验（或做出不予查验的决定）以后，按规定签印放行。这时，进出口货物收发货人或其代理人才能办理提取进口货物或者装运出口货物的手续。

对一般进出口货物来说，海关放行即意味着海关手续已经全部办结，海关不再监管。

（二）一般进出口货物的报关程序

一般进出口货物的报关程序由四个环节构成，即进出口申报、海关查验、缴纳税费、海关放行。

1. 进出口申报

进出口申报是指进出口货物收发货人、受委托的报关企业依照《海关法》以及有关法律、行政法规和规章的要求，在规定的期限、地点采用电子数据报关单向海关报告实际进出口货物的情况并接受海关审核的行为。

"提前申报"是海关为了加速企业通关，在货到以前提前进行单证审核，使货物到港后就能提货的一项便捷通关措施。与其他便捷通关措施一样，"提前申报"必须与企业的资信状况相联系，所以企业进行"提前申报"的前提是"经海关批准"。

"提前申报"一般要求进出口货物的舱单数据已传输到海关，并且进出口货物的品名、规格、数量等要素已确定无误。经过海关总署批准的便捷通关企业也可实行"无舱单的提前申报"，但这些企业的报关货物在海关放行时也必须核销舱单。

（1）相关适用。根据《中华人民共和国海关进出口货物申报管理规定》第十八条的规定,"验核提前申报的进出口货物许可证件有效期以海关接受申报之日为准";《中华人民共和国海关进出口货物征税管理办法》第十三条规定:"进口货物到达前,经海关核准先行申报的,应当适用装载该货物的运输工具申报进境之日实施的税率。"

另外,根据《海关总署关于采取临时保障措施的进口商品提前报关有关问题的通知》(署监函〔2002〕414号)的规定:"凡实施临时保障措施的商品,除享受便捷通关措施的企业外,一律不允许提前申报。"

(2)申报地点。口岸报关的情况下,进口货物应当由收货人或其代理人在货物的进境地海关申报;出口货物应当由发货人或其代理人在货物的出境地海关申报;属地报关情况下,出口报关地为出口企业所在地,进口报关地为货物最终目的地。

(3)申报期限。进口货物可以在货物起运后、抵港前,且进境舱单已传输到海关并经海关确认后(无舱单提前申报的情况除外),由进口货物的收货人或代理人向海关申报(包括电子申报和纸面申报);出口货物需在运入海关监管场所前3日内,由出口货物的发货人或其代理人向海关申报。也就是说,"提前申报"的"提前"并非无限期提前。实践中,有的企业为了使手中持有的许可证在有效期内通关,会提前很长时间,甚至是半年或一年向海关申报,这是严重违反海关管理规定的行为,海关可以根据《海关法》和《中华人民共和国海关行政处罚实施条例》中的相关规定对其进行处罚。

(4)申报单证。准备申报单证是报关员开始进行货物申报的第一步,也是整个报关工作能否顺利进行的关键。申报单证包括:① 基本单证,是指进出口货物的货运单据和商业单证,主要有进口提货单据、出口装货单据、商业发票、装箱单等;② 特殊单证,是指进出口许可证、国家外经贸主管部门的批准文件、加工贸易登记手册、减免税证明、外汇核销单证、担保文件等;③ 预备单证,是指贸易合同、原产地证明书、进出口企业的有关证明等;④ 报关单,是由报关员按照海关规定格式填制的申报单。

(5)申报的修改和撤销。申报是进出口货物收发货人履行海关义务的一种法律行为。申报一旦被海关接受,海关可据此判断货物进出境是否合法、税率适用是否准确、实际货物是否与申报相符等。因此,《海关法》规定,海关接受申报后,报关单及其内容不得修改或撤销;确有以下正当理由的,经海关同意,方可修改或者撤销申报后重新申报:① 由于计算机技术等方面的原因导致电子数据的错误。② 海关放行出口货物后,由于配载、装运等原因造成原申报货物部分或全部退关时。③ 报关员或者专业预录入人员在计算机操作或书写上的失误造成非涉及国家贸易管理制度、税费征收、海关统计指标等内容的差错。④ 海关在商品归类、商品估价后认为需修改申报内容的。

2. 海关查验

海关查验是指海关根据《海关法》确定进出境货物的性质、价格、数量、原产地、状况等是否与报关单上已申报的内容相符,对货物进行实际检查的行政执法行为。

海关通过查验,核实有无伪报、瞒报、申报不实等走私、违规行为,同时也为海关的征税、统计、后续管理提供可靠的资料。

海关查验货物时,进出口货物收发货人或其代理人应当到场配合海关查验。

(1)查验地点。一般在海关监管区进行。对进口大宗散货、危险品、鲜活商品等货物,经货物收发货人或其代理人申请，海关也可同意在装卸作业现场进行查验。在特殊情况下，经货物收发货人或其代理人申请，海关可派员到海关监管区以外的地方查验货物。

（2）查验时间。当海关决定查验时，即将查验的决定以书面通知的形式通知进出口货物收发货人或其代理人，约定查验的时间。查验时间一般约定在海关正常工作时间内，但是在一些进出口业务繁忙的口岸，海关也可应进出口货物收发货人或其代理人的请求，在海关正常工作时间以外安排查验作业。

（3）查验方式。海关查验的方式一般有三种。

① 彻底查验，即对货物逐件开箱、开包查验，对货物的品名、规格、数量、重量、原产地、状况等逐一与申报的数据进行详细核对。

② 抽查，即按一定比率对货物有选择地开箱、开包查验。

③ 外形查验，即对货物的包装、运输标志等进行核查、核验。

海关在使用以上这些方式进行查验时，还结合使用地磅、X光机等设施和设备进行查验。

（4）查验结果。查验完毕后，实施查验的海关关员应当填写《海关进出境货物查验记录单》（一式两份），配合海关查验的报关员应当注意阅读查验记录是否如实地反映查验情况，审阅无误后应立即签字确认，至此，配合海关查验结束。

（5）径行开验与复验。"径行开验"是指海关在进出口货物收发货人或其代理人不在场的情况下，也可自行拆开货物进行查验。海关行使"径行开验"的权力时，应当通知货物存放场所的管理人员或其他见证人到场，并由后者在海关的查验记录上签字。

"复验"是指海关对查验过程中已经查验过的货物再次进行查验。"复验"时，收发货人仍应到场。

3．缴纳税费

进出口货物收发货人或其代理人将报关单及随附单证提交给货物进出境地指定海关，海关对报关单进行审核后，先对需要查验的货物进行查验，然后核对计算机系统计算的税费。进出口货物收发货人或其代理人可以通过电子口岸接收海关发出的税款缴款书和收费票据，在规定时间内向签有协议的银行以电子方式支付税费，一旦收到银行缴款成功的信息，即可报请海关办理货物放行手续。

4．海关放行

海关放行是指海关接受进出口货物的申报，审核电子数据报关单和纸质报关单及随附单证、查验货物、征收税费或接受担保后，对进出口货物做出结束海关进出境现场监管的决定，允许进出口货物离开海关监管场所。

海关放行的具体信息可以到海关放行系统查询。对于一般进出口货物，海关放行即等于结关。

三、保税货物

（一）保税货物的含义与分类

1．保税货物的含义与特征

保税货物是指经海关批准，尚未办理纳税手续入境，在境内储存、加工、装配后再复运出境的货物。保税货物具有以下四个特征。

（1）特定目的。我国《海关法》将保税货物限定于两种特定目的而进口的货物，即进行贸易活动（储存）和加工制造活动（加工、装配）。

（2）暂缓纳税。我国《海关法》第五十九条规定："经海关批准暂时进口或暂时出口的货物，以及特准进口的保税货物，在货物收发货人向海关缴纳相当于税款的保证金或者提供担保后，准予暂时免纳关税。"保税货物未办理纳税手续进境属于暂时免税，而不是免税，待货物最终流向确定后，海关再决定征税或免税。

（3）复运出境。这是构成保税货物的重要前提。从法律上讲，保税货物未按一般货物办理进口和纳税手续，因此，保税货物必须以原状或加工后产品复运出境，这既是海关对保税货物的监管原则，也是经营者必须履行的法律义务。

（4）保障措施。为了监管进境的储存、加工、装配货物，实现其复出口的经营目标，确保进出口关税政策和措施的有效实施，海关以严密的担保和监管机制作为保障措施，使"暂缓纳税"得到确实保全。

2．保税货物的种类

保税货物可以分为以下两大类。

（1）储存类保税货物。储存类保税货物又分为两类：① 储存后复运出境的保税货物，包括转口贸易货物、供应国际运输工具的货物。② 储存后进入国内市场的保税货物，包括进口寄售用于维修外国商品的零配件和经海关批准准予存入保税仓库的未结海关手续的一般贸易货物和其他未办结海关手续的货物。

（2）加工、装配类保税货物。加工、装配类保税货物也称加工贸易保税货物，是指专为加工、装配出口产品而从国外进口且海关准予保税的原材料、零部件、元器件、包装物料、辅助材料（简称料件）以及用这些料件生产的成品、半成品。

加工贸易俗称"两头在外"的贸易，即料件从境外进口，在境内加工、装配后，将成品运到境外的贸易。按海关监管的方式，加工贸易有来料加工、进料加工、外商投资企业履行产品出口合同、保税工厂和保税集团五种形式。

（二）保税货物的报关程序

保税货物的报关程序除和一般进出口货物报关程序一样有进出境报关阶段外，还有备案申请保税阶段和报核申请结案阶段。

1．备案申请保税

经国家批准的保税区域包括保税区、出口加工区。从境外运入区内储存、加工、装配后复运出境的货物，采用填制进出境备案清单的方式报关。该方式将备案阶段与报关阶段合并，省略了按照每一个合同或每一批货物进行备案申请保税的环节。

保税仓储货物入库时，收发货人或其代理人持有关单证向海关办理货物报关入库手续。海关根据核定的保税仓库存放货物范围和商品种类对报关入库货物的品种、数量、金额进行审核，并对入库货物进行核注登记。

加工贸易进口料件包括来料加工、进料加工。外商投资企业履行产品出口合同，保税工厂、保税集团进口料件之前都必须进入备案申请保税阶段。加工贸易进口料件备案批准保税阶段的具体环节是企业申请备案、海关审核后准予保税、设立或不设立银行台账、海关建立电子登记手册或核发纸质登记手册。

2．进出境报关

所有经海关批准保税的货物（包括区域保税货物、仓储保税货物和加工贸易经海关批准准予保税的货物）在进出境时都必须和其他货物一样进入进出境报关阶段。与一般进出口货物报关阶段不同的是保税货物暂缓纳税，不进入纳税环节。

3．报核申请结案

报核申请结案阶段的具体环节是企业报核、海关受理、实施核销、结关销案。

所有经海关批准的保税货物（包括区域保税货物、仓储保税货物和加工贸易经海关批准准予保税的货物）都必须按规定由保税货物的经营人向主管海关报核，海关受理报核后进行核销，核销后视不同情况分别予以结关销案。

四、特定减免税货物与暂准进出境货物

（一）特定减免税货物

1．特定减免税货物的含义与特征

特定减免税货物是指海关根据国家的政策规定准予减免税进境，适用于特定地区、特定企业、特定用途的货物。特定地区是指我国关境内由行政法规规定的某一特别限定区域，享受减免税优惠的进口货物只能在这一特别限定的区域内使用。特定企业是指由国务院制定的行政法规专门规定的企业，享受减免税优惠的进口货物只能由这些专门规定的企业使用。特定用途是指国家规定可以享受减免税优惠的进口货物只能用于行政法规专门规定的用途。

特定减免税货物有如下特征。

（1）特定条件下减免进口关税、进口环节增值税，但不减免进口环节消费税。

（2）除另有规定外，应提交进口许可证件。

（3）进口后在特定的海关监管期限内接受海关监管。

2．特定减免税货物的报关程序

特定减免税货物的报关程序包括报关前期阶段、进出境阶段和后续阶段。前期阶段主要是办理减免税申请手续，进出境阶段主要是办理货物进口申报手续，后续阶段主要是办理申请海关解除监管手续。

（二）暂准进出境货物

1．暂准进出境货物的含义与特征

暂准进出境货物是指为了特定目的，经海关批准暂时进境或暂时出境，并在规定的期限内复运出境或复运进境的货物。

按照《中华人民共和国进出口关税条例》第四十二条规定，暂时进境或者暂时出境的下列货物，在进境或者出境时纳税义务人向海关缴纳相当于应纳税款的保证金或者提供其

他担保的,可以暂不缴纳关税,并应当自进境或者出境之日起 6 个月内复运出境或者复运进境;需要延长复运出境或者复运进境期限的,纳税义务人应当根据海关总署的规定向海关办理延期手续。

(1)在展览会、交易会、会议及类似活动中展示或者使用的货物。

(2)文化、体育交流活动中使用的表演、比赛用品。

(3)进行新闻报道或者摄制电影、电视节目使用的仪器、设备及用品。

(4)开展科研、教学、医疗活动使用的仪器、设备及用品。

(5)在本款第(1)项至第(4)项所列活动中使用的交通工具及特种车辆。

(6)货样。

(7)供安装、调试、检测设备时使用的仪器、工具。

(8)盛装货物的容器。

(9)其他用于非商业目的的货物。

第一款所列暂时进境货物在规定的期限内未复运出境的,或者暂时出境货物在规定的期限内未复运进境的,海关应当依法征收关税。

第一款所列可以暂时免征关税范围以外的其他暂时进境货物,应当按照该货物的完税价格和其在境内滞留时间与折旧时间的比例计算征收进口关税。具体办法由海关总署规定。

2.报关程序

暂准进出境货物报关程序主要包括进出境阶段和后续阶段。进出境阶段的主要工作是办理货物暂时进口或暂时出口的申报手续。后续阶段的主要工作是货物复运进出境后办理核销结关手续,或者特定的进出境目的改变以后,按货物实际用途补办进出口申报、纳税或者减免税手续。

五、货物的转关运输

2017 年,海关总署发布第 48 号公告,即《关于规范转关运输业务的公告》,此公告于 2018 年 1 月 1 日开始执行。根据此公告,除以下四种情况外,海关不接受转关申报。

(1)多式联运货物,以及具有全程提(运)单、需要在境内换装运输工具的进出口货物,其收发货人可以向海关申请办理多式联运手续,有关手续按照联程转关模式办理。

(2)进口固体废物满足以下条件的,经海关批准后,其收发货人方可申请办理转关手续,开展转关运输。

① 按照水水联运模式进境的废纸、废金属。

② 货物进境地为指定进口固体废物口岸。

③ 转关运输指运地已安装大型集装箱检查设备。

④ 进口废金属的联运指运地为经国家环保部门批准设立、通过国家环保等部门验收合格、已实现海关驻点监管的进口固体废物"圈区管理"园区。

⑤ 联运至进口固体废物"圈区管理"园区的进口废金属仅限园区内企业加工利用。

(3)易受温度、静电、粉尘等自然因素影响或者因其他特殊原因不宜在口岸海关监管区实施查验的进出口货物,满足以下条件的,经主管地海关(进口为指运地海关,出口为起运地海关)批准后,其收发货人方可按照提前报关方式办理转关手续。

① 收发货人为高级认证企业。

② 转关运输企业在最近一年内没有因走私违法行为被海关处罚。

③ 转关起运地或指运地与货物实际进出境地不在同一直属关区内。

④ 货物实际进境地已安装非侵入式查验设备。

进口转关货物应当直接运输至收货人所在地,出口转关货物应当直接在发货人所在地起运。

(4) 邮件、快件、暂时进出口货物(含 ATA 单证册项下货物)、过境货物、中欧班列载运货物、市场采购方式出口货物、跨境电子商务零售进出口商品、免税品以及外交、常驻机构和人员公、自用物品,其收发货人可按照现行相关规定向海关申请办理转关手续,开展转关运输。

(一) 转关运输的含义

转关运输是指进出口货物在海关监管下从一个海关运至另一个海关办理某项海关手续的行为,包括货物由进境地入境,向海关申请转关,运往另一设关地点进口报关;货物在起运地出口报关运往出境地,由出境地海关监管出境;海关监管货物从境内一个设关地点运往另一个设关地点报关。

(二) 申请转关运输的条件

申请转关运输要具备以下三个条件。

(1) 转关的指运地和起运地必须设有海关。

(2) 转关的指运地和起运地应当设有经海关批准的监管场所。

(3) 转关承运人应当在海关注册登记,承运车辆符合海关监管要求,并承诺按海关对转关路线范围和途中运输时间所做的限定将货物运往指定的场所。

(三) 转关运输的方式

转关运输有提前报关转关、直转转关和中转转关三种方式。

1. 提前报关转关

提前报关转关是指进口货物先在指运地申报,再到进境地办理进口转关手续;出口货物在货物未运抵起运地监管场所前先申报,货物运抵监管场所后再办理出口转关手续。

2. 直转转关

进口直转转关是指进境货物在进境地海关办理转关手续,货物运抵指运地,再在指运地海关办理报关手续的进口转关。出口直转转关是指出境货物在货物运抵起运地海关监管场所报关后,在起运地海关办理出口转关手续的出口转关。

3. 中转转关

中转转关是指在货物的收发货人或其代理人向指运地或起运地海关办理进出口报关手续后,由境内承运人或其代理人统一向进境地或起运地海关办理进口或出口转关手续。具有全程提运单、须换装境内运输工具的进出口中转货物适用中转转关方式运输。

六、其他进出境货物

（一）过境货物

1. 过境货物的含义

过境货物是指从境外起运，通过我国境内陆路运输继续运往国外的货物。在国际贸易中，由于地理条件的不同，为了缩短运输距离、节省运输费用而产生了货物的过境运输。

我国海关依照国际通行做法对过境货物简化进出境手续，免征进口税款，同时，为维护国家主权和利益，依照国家有关法律、法规对过境货物进行监管。

2. 过境货物的报关程序

海关对过境货物监管的目的是防止过境货物在我国境内运输过程中滞留在国内或将我国货物混入过境货物随运出境，防止禁止过境货物从我国过境。因此，海关要求过境货物经营人必须办理相应的过境货物报关手续。

（1）过境货物进境手续。过境货物进境时，经营人应当向进境地海关如实申报，并递交《中华人民共和国海关过境货物报关单》以及海关规定的其他单证，办理进境手续。过境货物经进境地海关审核无误后，海关在运单上加盖"海关监管货物"戳记，并将《中华人民共和国海关过境货物报关单》和过境货物清单制作关封后加盖"海关监管货物"专用章，连同上述运单一并交给经营人。经营人或承运人应当负责将进境地海关签发的关封完整、及时地交给出境地海关。

（2）过境货物出境手续。过境货物出境时，经营人应当向出境地海关申报，并递交进境地海关签发的关封和海关需要的其他单证，经出境地海关审核有关单证、关封和货物无误后，由海关在运单上加盖放行章，货物在海关监管下出境。

（二）转运货物

1. 转运货物的含义

转运货物是指由境外起运，通过我国境内设立海关的地点换装运输工具后，不通过境内陆路运输，继续运往境外的货物。由于各国之间贸易或货物的原因所产生的过境货物转运称为"转船"。按照国际惯例，海关对转船货物免征进口关税。

2. 转运货物的报关程序

海关对转运货物实施监管主要是为了防止货物在口岸换装过程中混卸进口或混装出口，因此，转运货物承运人的责任就是确保货物继续运往境外。载有转运货物的运输工具进境后，承运人应当在《进口载货清单》上列明转运货物的名称、数量、起运地和到达地，并向海关申报。经海关核准后，转运货物在海关监管下换装运输工具，并在规定时间内出境。

（三）通运货物

1. 通运货物的含义

通运货物是指从境外起运，由船舶、航空器载运进境，并由原运输工具载运出境的货物。由于国际货物运输的原因，运输工具需中途靠港或降落，其装载的未到达目的地的货物并不卸下，在运输工具完成靠、降作业后出境继续运输。海关对此类货物实施监管主要是为了防止通运货物与其他货物的混卸、误卸，监管其继续运往境外。

2. 通运货物的报关程序

运输工具进境时，运输工具负责人应在《船舶进口报告书》或《进口载货舱单》上注明通运货物的名称和数量。海关对申报内容核实后，监管有关通运货物出境。

七、进口货物"两步申报"改革

为了进一步优化营商环境、促进贸易便利化，海关总署决定全面推广进口货物"两步申报"改革。进口收货人或代理人可通过国际贸易"单一窗口"（https://www.singlewindow.cn）或"互联网+海关"一体化网上办事平台（http://online.customs.gov.cn）开展进口货物"两步申报"。我国境内收发货人信用等级为一般信用及以上，实际进境的货物均可采用"两步申报"。"两步申报"改革已于2020年1月1日起实施。

第一步：概要申报，快速提离。

企业通过"单一窗口""互联网+海关"进行概要申报，向海关申报进口货物：是否涉证、是否涉检、是否涉税。不属于禁限管制且依法无须检验或检疫的，填制9个项目，并确认涉及物流的2个项目。属于禁限管制的，即"涉证"，增加申报2个项目。依法须检验或检疫的（属于法检目录内商品及法律法规规定需要检验或检疫的商品），即"涉检"，增加申报5个项目。需要缴纳税款的，即"涉税"，须选择符合要求的担保备案编号。代理报关的需上传电子版代理报关委托书。海关完成风险排查处置后，允许企业将货物提离海关监管作业场所（场地）。

第二步：完整申报、便捷通关。

企业在运输工具申报进境之日起14日内向接受概要申报的海关进行完整申报（申报界面与原整合申报一致），办理缴纳税款等其他通关手续。完成放行后，企业按照海关相关规定办理其他相关业务。

由此可见，企业通过"两步申报"，由原来的"时点申报"变为"过程申报"，监管不再集中在口岸环节，进一步降低了企业通关成本，提高了通关效率。

对于加工贸易和海关特殊监管区域内企业，以及保税监管场所的货物申报在金关二期系统开展"两步申报"：第一步变了，概要申报环节不使用保税核注清单；第二步不变，完整申报时，报关单按原来模式由保税核注清单生成。

第三节 进出口报关单填制的规范

一、进出口报关单概述

（一）进出口报关单的含义与类别

进出口报关单是指进出口货物的收发货人或其代理人按照海关规定的格式就进出口货物的实际情况做出书面申明，要求海关对其货物按适用的海关制度办理通关手续。

进出口报关单按照不同的标准可以分为以下几种类型。

（1）按进出口状态可划分为出口货物报关单和进口货物报关单。

（2）按使用形式可分为进料加工进（出）口货物报关单（粉红色）、来料加工进（出）口货物报关单（浅绿色）、外商投资企业进（出）口货物报关单（浅蓝色）、一般贸易及其他贸易进（出）口货物报关单（白色）和需国内退税的出口货物报关单（黄色）。

（3）按用途可划分为如下3种。

① 报关单录入凭单。申报单位按海关规定的格式填写的凭单，用作报关单预录入的依据。

② 预录入报关单。预录入单位录入、打印，由申报单位向海关申报的报关单。

③ 电子数据报关单。申报单位通过电子计算机系统，按照《填制规范》的要求向海关申报的电子报文形式的报关单。

（二）进出口货物报关单的法律效力

我国《海关法》第二十四条规定："进口货物的收货人、出口货物的发货人应当向海关如实申报，交验进出口许可证件和有关单证。"进出口货物报关单及其他进出境报关单（证）在对外经济贸易活动中具有十分重要的法律效力，它是货物的收发货人向海关报告其进出口货物实际情况及适用海关业务制度，申请海关审查并放行货物的必备法律书证。它既是海关对进出口货物进行监管、征税、统计以及开展稽查、调查的重要依据，又是加工贸易核销、出口退税和外汇管理的重要凭证，也是海关处理进出口货物走私、违规案件及税务、外汇管理部门查处骗税、套汇犯罪活动的重要书证。因此，申报人对所填报的进出口货物报关单的真实性和准确性应承担法律责任。

电子数据报关单与纸质报关单具有同等法律效力。

二、海关对进出口货物报关单填制的一般要求

进出境货物的收发货人或其代理人向海关申报时，必须填写并向海关递交进出口货物报关单。申报人在填制报关单时，应当依法如实向海关申报，对申报内容的真实性、准确性、完整性和规范性承担相应的法律责任。

（1）报关员必须按照我国《海关法》《海关进出口货物申报管理规定》和《海关进出口货物报关单填制规范》的有关规定和要求向海关如实申报。

（2）报关单的填报必须真实，做到"两个相符"：一是单、证相符，即所填报关单各栏目的内容必须与合同、发票、装箱单、提单以及批文等随附单据相符。二是单、货相符，即所填报关单各栏目的内容必须与实际进出口货物情况相符。尤其是货物的品名、规格、数量、价格等栏目的内容必须真实，不得出现差错，更不能出现伪报、瞒报、虚报。

（3）报关单的填报要准确、齐全、完整、清楚，报关单各栏目内容要逐项详细准确填报（打印），字迹清楚、整洁、端正，不得用铅笔或红色复写纸填写；若有更正，必须在更正项目上加盖校对章。

（4）不同批文或合同的货物、同一批货物中不同贸易方式的货物、不同备案号的货物、

不同提运单的货物、不同征免性质的货物、不同运输方式或相同运输方式但不同航次的货物，均应分别填写报关单。

（5）已向海关申报的进出口货物报关单，如原填报内容与实际进出口货物不一致而又有正当理由的，申报人应向海关递交书面更正申请，经海关核准后，对原填报的内容进行更改或撤销。

三、进出口货物报关单的主要内容及填报要求

我国海关进出口货物报关单各栏目的填制内容和填报规定参见本书第十二章。

案例7.1

2017年9月15日，买卖双方签订标号为A-98091410的销售合同。商品：SKYPET牌聚酯薄片，SEMI-DULL等级，数量为500公吨，价格条件为CIF上海，单价为530美元每公吨，总金额为265 000美元，支付方式为不可撤销见票即付信用证，装运期为9月31日，装运港为韩国某港口，目的港为中国上海，允许数量和金额有3%波动。买方所持有的进口许可证注明：号码为98-××106335，收货人为江苏省G公司，贸易方式为一般贸易。合同签订后，货物由××DH轮9880航班于同年10月10日运抵上海，进口商于10月20日付清了全部货款，并委托C公司代为进口报关。

C公司于10月23日向海关申报货物报关，该公司向海关提交申报单上填写的经营单位为上海市某食品进出口公司，收货单位为上海某食品进出口公司保税库，许可证号为98-××106335，运输工具名称与进口许可证上的经营、收货单位名称不一致，报关未获通过。同年11月10日，C公司向海关递交进口货物报关更改申请表，申请表注明的申请理由是不予转关保税库。更改内容：贸易方式为一般贸易，征税性质为一般征税，货物526件等。同日，C公司缴纳关税共计人民币350 785.12元。

11月11日，海关通知C公司，要求对报关货物中的5件集装箱货物进行抽查，C公司同意抽查。11月12日，海关在抽查货物时发现多出1包货物。11月13日，经C公司申请，海关同意放货，C公司取得提货单。11月14日，C公司将委托人的533件进口货物转存某食品进口公司U仓库。11月18日，致函出口方，由于出口方的错误，使得货物被海关扣押，处于调查中，其委托人保留索赔权。

接到C公司提货通知后，买方于11月20日起陆续提取货物。2017年11月11日，W货代公司向C公司出具发票，托收港杂费人民币81 713元。12月1日，C公司向进口方出局发票，发票记载：海关申报费及换单费140元，运杂费11 046元，港杂费81 713元，定额费1000元，进库费3042元，港口费加费3402元，总计金额人民币100 343元。

其间，进口方于2017年9月25日与E公司签订购销合同，规定由进口方"在2017年10月底，最晚必须在交货期之后的10个工作日内"提供E公司韩国鲜东牌聚酯切片500公吨。此后，进口方以出口方多发1包货物的错误造成的损失为由，向法院提起诉讼。

试分析法院应该如何判决。

第四节　商品检验检疫概述

商品的检验检疫（commodity inspection and quarantine）又称货物的检验检疫（goods inspection and quarantine），是指在国际商品买卖中对买卖双方成交的商品由商品检验检疫机构对商品的品质、数量、重量、包装、安全、卫生、残损以及装运条件等进行检验和鉴定，并出具检验证书，以确定商品是否符合合同条款规定，是否符合交易双方国家有关法律和法规的规定。

一、进出口商品检验与检疫的作用

在国际贸易中，买卖双方交接货物一般要经过交付、察看或检验、接收或拒收三个环节。一般而言，当卖方履行交货义务后，买方有权对货物进行检验，如果发现货物与合同不符，而又确实属于卖方责任时，买方有权向卖方提出索赔。如果买方未经检验就接收了货物，即使以后发现货物有问题，也不能再行使拒收的权利。另外，买方收到货物后发现的商品品质不合格或数量短缺等情况不一定就是发货人的责任，有可能是属于承运人、保险公司、装卸部门、仓储部门等多方面的责任。为了避免纠纷，或在纠纷发生后便于确定责任的归属，就需要一个与有关各方没有利害关系的、公正的、权威的机构来检验和鉴定，提供证明，并以其检验结果作为交接货物、结算货款和提出索赔、进行理赔的依据，以维护对外贸易关系中有关各方的合法权益。

在国际贸易活动中，进出口国家还要对涉及人、动物、植物的传染病、病虫害、疫情等进行强制性检疫工作，以保障国家和社会的安全与健康。

因此，商品检验检疫工作是使国际贸易活动能够顺利进行的重要环节，是进出口货物交接过程中不可或缺的有关重要环节；同时，商品检验检疫工作也是一个国家为保障国家安全，维护国民健康，保护动物、植物和环境而采取的技术法规和行政措施。

正因为商品检验检疫工作有如此重要的作用，为了加强进出口商品的检验检疫工作，我国颁布了《进出口商品检验法》。根据《进出口商品检验法》规定，我国商检机构和国家商检部门对进出口商品实施检验；凡未经检验的进口商品，不准销售、使用；凡未经检验合格的商品，不准出口。

二、检验的时间和地点

检验的时间和地点是指在何时、何地行使对货物的检验权。所谓检验权，是指买方或卖方有权对所交易的货物进行检验，其检验结果即作为交付与接收货物的依据。确定检验的时间和地点，实际上就是确定买卖双方中以哪一方提供的检验证书为准。谁享有对货物的检验权，谁就享有了对货物的品质、数量、包装等内容进行最后评定的权利。由此可见，如何规定检验时间和地点是直接关系到买卖双方切身利益的重要问题，因而也是交易双方商订检验条款的核心所在。

在国际货物买卖合同中,根据国际贸易习惯和我国的业务实践,有关检验时间与地点的规定办法主要有以下四种。

（一）在出口国检验

1. 产地（工厂）检验

产地（工厂）检验即货物离开产地（工厂、农场、矿山等）之前,由卖方或其委托的检验人员或买方的验收人员对货物进行检验或验收,卖方承担货物离开产地之前进行检验或买方验收人员进行验收为止的责任。

2. 装运港检验

装运港检验又称"离岸品质、离岸重量（或数量）"（shipping quality and weight）,是指货物在装运港或装运地交货前,由买卖合同中规定的检验机构对货物的品质、重量（数量）等项内容进行检验鉴定,并以该检验机构出具的检验证书作为最后依据。卖方对交货后所发生的变化不承担责任。

采用上述两种规定方法时,即使买方在货物到达目的港（地）后自行或委托检验机构对货物进行复验,也已无权向卖方就货物的品质或重量提出异议和索赔,除非买方能证明自己所收到的与合同规定不符的货物是由于卖方的违约或货物的固有瑕疵所造成的。因此,这两种规定方法从根本上否定了买方的复验权,对买方非常不利。

（二）在进口国检验

1. 目的港（地）检验

目的港（地）检验也称"到岸品质、到岸重量"（landing quality and weight）,是指货物到达目的港（地）卸货后,由合同规定的检验机构在规定的时间内,就地对商品进行检验,并以该检验机构出具的检验证书作为卖方所交货物品质、重量（数量）的最后依据。采用这种方法时,如检验证书证明货物与合同规定不符确属卖方责任,卖方应予负责。

2. 买方营业处所或最终用户所在地检验

对于那些不便在目的港（地）卸货后立即检验的货物,如密封包装货物、精密仪器等,通常可以在买方营业所在地或最终用户所在地由合同规定的检验机构在规定的时间内进行检验。货物的品质和重量（数量）等项内容以该检验机构出具的检验证书为准。

采用上述两种做法时,卖方实际上须承担到岸品质、重量（数量）的责任。可见,这两种方法对卖方很不利。

（三）出口国检验、进口国复验

出口国检验、进口国复验是指卖方以装运港（地）的检验证书作为议付货款的依据,货到目的港（地）后,买方有复验权。如经双方同意的检验机构复验时发现货物与合同规定不符,并证明这种不符情况不属于承运人或保险公司的责任范围,买方可凭复验证书向卖方提出异议和索赔。由于这种做法兼顾了买卖双方的利益,较为公平合理,因而成为国际货物买卖中最常见的一种规定检验时间和地点的方法,也是我国进出口业务中最常用的一种方法。

(四)装运港(地)检验重量、目的港(地)检验品质

大宗商品交易中,为了调和交易双方在检验问题上的矛盾,通常采取一种较为折中的办法,即以装运港的检验机构检验货物的重量后出具的重量证明和目的港的检验机构检验货物品质后出具的品质证明作为最后依据。货物到达目的港(地)后,如果货物在品质方面与合同不符,而且这种不符是卖方责任所致,则买方可凭品质检验证书就货物的品质方面向卖方提出索赔,但买方无权对货物的重量提出异议。这种规定方法在习惯上被称为"离岸重量、到岸品质"(shipping weight and landing quality)。

三、检验机构

检验机构是指接受委托进行商品检验与公证鉴定工作的专门机构。

国际上的商检机构既有国家设立的官方检验机构,也有同业公会或协会设立的检验组织;此外,生产厂商、使用单位也可能有自己的检验部门。

在贸易实践中,买卖双方一般都选择专业的第三方检验机构,这些机构主要有三类。

(1)官方机构,即由国家或地方政府投资设立的检验机构,其根据国家的有关法令对进出口商品执行法定检验、委托检验和监督管理。如美国食品和药物管理局、我国海关总署。

(2)非官方机构,即由私人或同业公会、协会等开设的检验机构,如公证人、公证行。

(3)半官方机构,即一些由国家政府授权,可以代表政府进行某类商品的检验工作或某方面的检验管理工作的民间机构。

在我国贸易实务中比较常见的是商检公司。商检公司以非官方身份出现,接受进出口业务中的当事人和外国检验机构的委托,办理进出口商品的检验鉴定业务,并提供咨询服务。

我国商检机构的任务有以下三项。

(一)法定检验

法定检验是指对重要进出口商品执行强制检验,未经检验的商品不准输入或输出。法定检验的范围包括列入《商检机构实施检验的进出口商品种类表》的商品和其他法律、法规规定必须经商检机构检验的进出口商品。属于法定检验的出口商品,未经检验合格的,不准出口;属于法定检验的进口商品,未经检验的,不准销售、使用。

(二)监督管理

监督管理是指通过行政手段,推动和组织进口商品收货、用货和出口商品的生产、经营、储运等有关部门对进出口商品按规定要求进行检验;对有关部门、检验机构的进出口商品检验工作实施监督管理,进行抽查检验。对重要的进出口商品及其生产企业可实行质量许可证制度。

（三）公证鉴定

公证鉴定是指商检机构根据对外贸易关系人的申请、外国检验机构的委托，或受仲裁及司法机关的指定，对进出口商品所做的鉴别和鉴定。商检机构对进出口商品实施法定检验后签发的检验证书同样具有公证鉴定的作用。

四、商品检验的标准

商品检验的标准有很多，包括生产国标准、进口国标准、国际通用标准以及买卖双方协议标准等。一般以合同和信用证规定的标准作为检验的依据，如合同和信用证未规定或规定得不明确，则进口商品首先采用生产国现行标准；没有生产国标准的，则采用国际通用标准；这两项标准都没有时，可按进口国家的标准检验。出口商品以买卖双方约定的标准作为检验的依据；无约定或约定得不明确的，按国家标准；无国家标准，按部标准；无部标准，按企业标准。目前，我国有许多产品按国际标准生产和提供出口，并以此标准作为检验商品的依据。

在我国，检验方法的标准由海关总署制定。有些商品因检验方法不同，则结果完全不同，故容易引起争议。为避免争议，必要时，交易双方应在合同中订明检验方法。凡按样品达成的交易，合同中应对抽样检验的方法和比率做出规定。有些商品，如粮食，在国际上有一些惯用的标准化取样和定级技术，运用时应明确规定采用哪一种方法。

五、复验期限、复验机构

在买方有复验权时，合同中应对复验的期限与地点以及复验机构做出明确的规定。复验期限就是复验时间，实际上就是买方就品质、数量等问题的有效索赔时间。复验期限应视商品的性质、复验地点和检验条件等情况而定。复验机构是指实施复验的检验机构。出口商品的复验机构一般要以经我方事先认可的买方提出的机构为宜。至于复验费用由何方负担的问题，也应在合同中订明。

案例7.2

云南省元茂公司与香港汇友贸易公司签订了一份新鲜洋葱出口合同，其中的商检条款规定由装运港检验机构签发检验证书，买方有复验权，但须提供卖方同意的商检机构的检验报告，索赔期限为货到香港一个月以内。某年5月24日，该批货物在装运港广州黄浦检验后顺利出运。货到香港后，汇友公司即发现该批货物由于几天前广东省普降暴雨，一小部分已经发霉。但汇友公司已经与新加坡某公司签订了这批洋葱的出口合同，且合同履行期将近，于是汇友公司仍将这批货物出运。几天后，汇友公司收到新加坡公司的索赔文件，内附新加坡某商检机构的检验报告，证明该批洋葱已经严重腐烂，不适合销售和食用。6月19日，汇友公司持该检验报告向元茂公司索赔。试问元茂公司应如何处理？

六、报检资格和要求

报检单位首次报检时，必须先办理登记备案手续，取得报检单位代码。其报检人员经检验检疫机构培训合格后领取"报检员证"，凭证报检。需办理登记的企业应持下列证明文件及材料办理报检单位登记：① 工商营业执照副本及复印件；② 政府批文及复印件；③ 海关报关注册登记证明书或报关备案证明书正本及复印件；④ 本企业境外人员国际旅行健康证明书及复印件。

根据海关总署《关于企业报关报检资质合并有关事项的公告》，检验检疫报检人员备案与海关报关人员备案同步合并为报关人员备案。相关企业、人员可通过"单一窗口"填写申请信息，通过系统查询办理结果，到所在地海关任一业务现场提交申请材料，即可取得报关报检双重资质。

七、报检单位与报检员

（一）报检单位

报检单位包括自理报检单位和代理报检单位两种。

1. 自理报检单位

自理报检单位是指办理本单位检验检疫事项的单位。自理报检单位主要包括有进出口经营权的国内企业、进口货物的收货人或其代理人、出口货物的生产企业、出口货物运输包装及出口危险货物运输包装生产企业和其他报检单位。

自理报检单位按照属地管理原则，应在其工商注册所在地辖区的检验检疫机构办理备案登记，凡单位的组织机构、性质、业务范围、名称、法定代表人、法定地址及隶属关系等发生改变时，应在 15 日内以书面形式向原报检备案登记的检验检疫机构提出变更申请。自理报检单位的终止应于成立清算组织之日起 15 日内以书面形式向原报检备案登记的出入境检验检疫机构办理注销手续。需在异地办理报检手续的，应向报检地的检验检疫机构办理异地备案手续。全国检验检疫系统对于报检单位代码制定了严格的统一编码原则，即不同地区的报检单位以不同的代码标识。已经在报检单位工商注册所在地辖区出入境检验检疫机构办理过备案登记手续的报检单位，去往其他口岸出入境检验机构报检时，无须重新备案登记，但需持"自理报检单位备案登记证明书"副本或复印件，填写异地备案登记表。

自理报检单位对检验检疫机构的检验检疫结果有异议的，有权要求在规定的期限内向原检验检疫机构或其上级检验检疫机构乃至国家质检部门申请复验；在保密情况下提供有关商业及运输单据时，有权要求检验检疫机构及其工作人员予以保密。

自理报检单位对报检员的报检行为承担法律责任。

2. 代理报检单位

代理报检单位系指经国家市场监督管理总局注册登记，受出口货物生产企业的委托或受进出口货物发货人、收货人的委托，或受对外贸易关系人等的委托，依法代为办理出入境检验检疫报检或申报事宜的，在工商行政管理部门注册登记的境内企业法人。

国家质检部门对代理报检单位实行注册登记制度。代理报检单位注册时需填写"代理出入境检验检疫报检单位注册登记申请书",并提供上级主管部门批准成立的文件等,货运代理公司须提供交通主管部门的批准文件。

申请从事代理报检业务的代理报检单位应向所在地辖区的直属检验检疫局提出申请并提交相关材料;国家市场监督管理总局审核合格后,颁发《代理报检单位注册登记证书》;取得《代理报检单位注册登记证书》的代理报检单位,应当在国家市场监督管理总局批准的区域内从事代理报检业务。

代理报检单位从事代理报检业务时,必须提交委托人的《报检委托书》。代理报检单位应按规定代委托人缴纳检验检疫费,在向委托人收取相关费用时应如实列明检验检疫机构收取的费用,并向委托人出示检验检疫机构出具的收费票据,不得借检验检疫机构的名义向委托人收取额外费用。检验检疫机构对代理报检单位实行年度审核制度。代理报检单位对其报检员的报检行为承担法律责任。

(二)报检员

报检员是报检单位与检验检疫机构联系的桥梁,报检员的素质直接影响检验检疫工作的效率和质量,因此,一个合格的报检员必须经过检验检疫机构的培训,掌握相关的法律法规、相应的基础知识和有关的工作程序与要求,做到依法办事,避免因其工作失误影响货物的正常进出口,导致企业遭受不必要的经济损失,避免因其对检验检疫法律法规的不了解而产生违法违规行为。为加强对报检员的管理,出入境检验检疫机构对出入境检验检疫报检实行报检员凭证报检制度。

报检单位或代理报检单位在向出入境检验检疫机构进行备案或注册登记时,指派的报检人员须在《报检员资格证》有效期内向单位所在地辖区的检验检疫机构注册登记。取得出入境检验检疫《报检员资格证》后持证上岗,方可从事报检业务。同时,报检单位对其指派的报检人员的报检行为负法律责任。因此,企业必须选择具有良好政治修养、较强的法律意识和工作责任心的报检员向检验检疫机构报检。

报检员在取得《报检员资格证》后即可从事出入境检验检疫报检工作,同时也须接受出入境检验检疫机构的监督和管理。报检员不得同时兼任两个或两个以上报检单位的报检工作。

八、报检范围

由于我国报关与报检工作合并,所以凡是需要检验检疫的商品都必须填写涉检报关单,包括列入《出入境检验检疫机构实施检验检疫的进出境商品目录》的商品,以及虽未列入法检目录但根据法律法规规定须实施检验检疫的商品。例如,列入《危险化学品目录》(2015)中的货物以及旧机电设备等。

九、报检时限和地点

(一)入境货物报检的时限和地点

入境货物应在入境前或入境时向入境口岸、指定的或到达站的检验检疫机构办理报检手续；入境货物需对外索赔出证的，应在索赔有效期前不少于 20 天内向到货口岸或货物到达地的检验检疫机构报检。

（二）出境货物报检的时限和地点

出境货物最迟应于报关或装运前 7 天报检。对于个别检验检疫周期较长的货物，应留有相应的检验检疫时间。

十、报检时应提供的单证、资料

（一）出境货物报检时应提供的单证、资料

（1）出境货物报检时应填写出境货物报检单，并提供外贸合同（售货确认书或函电）、信用证、发票、装运箱单等必要的单证。

（2）下列情况还应按要求提供有关文件：① 凡实施安全质量许可、卫生注册，或需审批审核的货物，应提供有关证明。② 出境货物，须经生产者或经营者检验合格并加附检验合格证或检测报告。③ 申请重量鉴定的货物，应加附重量明细单或磅码单。④ 凭样成交的货物，应提供经买卖双方确认的样品。⑤ 生产出境危险货物包装容器的企业，必须向检验检疫机构申请包装容器的性能鉴定。生产出境危险货物的企业，必须向检验检疫机构申请危险货物包装容器的使用鉴定。⑥ 出境特殊物品的，根据法律法规规定应提供有关的审批文件。

（二）入境货物报检时应提供的单证、资料

（1）入境货物报检时应填写入境货物报检单，并提供合同、发票、提单等有关单证。

（2）下列情况还应按要求提供有关文件：① 凡实施安全质量许可、卫生注册，或其他需审批审核的货物，应提供有关证明。② 品质检验的，还应提供国外品质证书或质量保证书、产品使用说明书及有关标准和技术资料；凭样成交的，须加附成交样品；以品级或公量计价结算的，应同时申请重量鉴定。③ 报检入境废物时，还应提供国家环保部门签发的《进口废物批准证书》和经认可的检验机构签发的装运前检验合格证书等。④ 申请残损鉴定的，还应提供理货残损单、铁路商务记录、空运事故记录或海事报告等证明货损情况的有关单证。⑤ 申请重（数）量鉴定的，还应提供重（数）量明细单、理货清单等。⑥ 货物经收、用货部门验收或其他单位检测的，应随附验收报告或检测结果以及重量明细单等。⑦ 入境的动植物及其产品，还需提供产地证书及输出国家或地区官方的检疫证书；需办理入境检疫审批手续的，还应提供入境动植物检疫许可证。⑧ 因科研等特殊需要输入禁止入境物的，必须提供国家检验检疫部门签发的特许审批证明。⑨ 入境特殊物品的，应提供有关的批件或规定的文件。

第五节 "单一窗口"电子报关报检

在出入境检验检疫职责和队伍划入海关后，海关总署印发了《全国通关一体化关检业

务全面融合框架方案》，明确提出"取消'入境/出境货物通关单'"。与此同时，海关总署对因机构改革影响机构合法性和执法合法性的规章和流程进行了梳理和修改，公布了《海关总署关于修改部分规章的决定》（海关总署令 2018 年第 238 号），对《中华人民共和国海关关于超期未报关进口货物、误卸或者溢卸的进境货物和放弃进口货物的处理办法》等 71 部规章进行修改，修改内容包括删除所有涉及"入/出境货物通关单"的表述。从 2018 年 6 月 1 日起，海关总署已全面取消通关单。

通关单的本质是原出入境检验检疫机构用于与海关工作联系的业务单证，主要用于防范和打击逃、漏检行为，是出入境检验检疫和海关业务分属两个不同部门的标志性事物。在关检融合前，通关单的存在将口岸通关流程分割为检验检疫作业和海关作业两个不同部分，两部分作业依靠通关单实现关联，组成进出口货物口岸通关完整流程；关检融合后，出入境检验检疫职责纳入海关现有通关流程，由海关统一办理进出口货物通关手续，通关单已失去了原有的职能和意义。取消通关单既可以在关检业务全面融合方面发挥立竿见影的示范作用，也为企业办理进出口通关手续带来实际便利。

对于法检商品，申报环节按照企业通过"互联网+海关"及"单一窗口"报关报检合一界面录入报关报检数据向海关一次申报。企业先填写报检数据取得检验检疫编号，再填写报关数据，并在报关单随附单据栏中填写检验检疫编号；对于出口法检商品，取消填报原通关单代码和编号，企业申报时填写报检电子底账数据相关编号，据此实现检验检疫电子底账数据与报关单进行自动关联对碰。

在放行环节，H2010 系统在放行环节验核 e-CIQ 系统发送检验检疫口岸作业完成信息，统一发送海关放行指令，海关监管作业场所经营单位凭海关放行信息实现一次放行。

电子报检是指报检员通过"互联网+海关"及"单一窗口"报关报检合一界面将报检数据向海关提出申报，经检验检疫业务管理系统和检务人员处理后，将受理报检信息反馈报检人，实现远程办理出入境检验检疫报检的行为。

电子申报通过企业与海关之间的电子数据的交换使出入境货物的报检和产地证签证申请业务实现了"无纸化"，是对检验检疫报检和申请工作模式的革命，对企业降低成本、提高工作效率、加快口岸通关速度等具有重要作用。

下面为实施电子报检后的检验检疫工作流程。

一、报检

（1）对报检数据的审核采取"先机审，后人审"的程序。企业发送电子报检数据，电子审单中心按计算机系统数据规范和有关要求对数据进行自动审核，对不符合要求的，反馈错误信息；对符合要求的，将报检信息传输给受理报检人员，受理报检人员人工进行再次审核，符合规定的将成功受理报检信息同时反馈报检单位和施检部门，并提示报检企业与相应的施检部门联系检验检疫事宜。

（2）出境货物受理电子报检后，报检人应按受理报检信息的要求，在检验检疫机构施检时提交报关单和随附单据。

（3）入境货物受理电子报检后，报检人应按受理报检信息的要求提交报关单和随附单据。

（4）电子报检人需对已发送的报关单报检申请更改或撤销报检时，应及时发送更改或撤销申请。

二、施检

报检企业接到报检成功信息后，应按信息中的提示与施检部门联系检验检疫。在现场检验检疫时，报检企业持报检软件打印的报检单和全套随附单据交施检人员审核，不符合要求的，施检人员通知报检企业立即更改，并将不符合情况反馈受理报检部门。

三、计收费

计费由电子审单系统自动完成。报检单位逐票或按月缴纳检验检疫等有关费用。

四、签证放行

签证部门按有关规定办理。

五、电子报检应注意的问题

（1）报检人发送的电子报检信息应与提供的报关单及随附单据有关内容保持一致。
（2）电子报检人须在规定的报检时限内将相关出入境货物的报检数据发送至口岸海关。
（3）对于合同或信用证中涉及检验检疫特殊条款和特殊要求的，电子报检人须在电子报检申请中同时提出。

本章小结

我国货物的进出境一般要经过海关审单、查验、征税、放行四个作业环节。与之相适应，进出口货物收发货人或其代理人在按程序办理相对应的进出口申报、配合查验、缴纳税费、提取或装运货物等手续后，货物才能进出境。

进出口报关单是货物的收发货人向海关报告其进出口货物实际情况及适用海关业务制度，申请海关审查并放行货物的必备法律书证。它既是海关对进出口货物进行监管、征税、统计以及开展稽查、调查的重要依据，又是加工贸易核销、出口退税和外汇管理的重要凭证，也是海关查缉走私、违规案件的重要书证。

本章重要概念

报关	海关	报关单位	协调制度	进口货物报关单
通关	关境	海关监管	报关员	出口货物报关单
商品检验检疫		法定检验		

思考题

1. 如何理解报关与报关单位的含义？
2. 海关的性质与任务是什么？
3. 什么是电子报关？它包括哪些方式？
4. 如何成为报关员？
5. 报关管理制度的基本任务和作用有哪些？
6. 一般进出口货物的报关程序包括哪几个过程？
7. 何谓保税货物？其主要特征有哪些？
8. 我国某外贸公司以 CFR 条件对德国出口一批小五金工具。合同规定货到目的港后 30 天内检验，买方有权凭检验结果提出索赔。我国某外贸公司按期发货，德国客户也按期凭单支付了货款。可半年后，我国某外贸公司收到德国客户的索赔文件，称上述小五金工具有 70%已锈损，并附有德国某检验机构出具的检验证书。对德国客户的索赔要求，我国某外贸公司应如何处理？
9. 我国 A 公司与美国 B 公司以 CIF 纽约的条件出口一批农产品，订约时，A 公司已知该批货物要转销加拿大。该货物到纽约后立即转运加拿大，其后，纽约的买方 B 公司凭加拿大商检机构签发的在加拿大检验的证书向 A 公司提出索赔。问：A 公司应如何对待加拿大的检验证书？

学生课后阅读参考文献

[1] 海关总署报关员资格考试教材编写委员会. 报关员资格全国统一考试教材[M]. 北京：中国海关出版社，2005.

[2] 海关总署报关员资格考试教材编写委员会. 报关员资格全国统一考试辅导教材[M]. 北京：中国海关出版社，2005.

[3] 王志明，顾建清. 报关综合实务[M]. 大连：东北财经大学出版社，2005.

[4] 王斌义. 报检员业务操作指引[M]. 北京：对外经济贸易大学出版社，2005.

[5] 吴国新，李元旭. 国际贸易单证实务[M]. 北京：清华大学出版社，2019.

[6] 航贸网. http://www.snet.com.cn.

[7] 中华人民共和国海关总署. http://www.customs.gov.cn/.

第八章　国际货款的结算

> **学习目的与要求**
>
> 通过本章的学习,理解和掌握国际货款结算的基本概念、国际结算的工具(如汇票、本票和支票)以及国际贸易结算的基本方法,即汇付、托收和信用证等。

开篇案例:国际货款结算方式选择后单据的处理

【案情】

某国 A 公司与我方 B 公司洽谈一笔交易,双方就其他条款均已取得一致意见,唯支付条款,我方坚持以不可撤销的即期信用证,对方坚持 D/P 即期。为达成交易,双方各做让步,最后以 L/C 即期与 D/P 即期各 50% 订约。试问货物出运后货运单据和汇票如何处理?

【分析】

在本案中,具体操作应为开两套汇票,其中,信用证部分的货款凭光票付款,而全套单据附在托收部分汇票项下,按即期付款交单方式托收,在信用证中应明确规定"买方在全数付清发票金额后方可交单"的条款。合同中付款条款可做如下规定。

"货款 50% 应开立不可撤销信用证,余款 50% 见票后即期付款交单。全套货运单据随于托收项下,于申请人付清发票全部金额后交单。如进口人不付清全部金额,则货运单据由开证银行掌握,听凭卖方处理。"

国际货款的结算,即货款的收付在国际贸易中处于极其重要的地位,它直接关系到买卖双方的切身利益,是买卖双方在交易磋商过程中重点关注的问题,也是买卖合同中的一个重要组成部分。因此,买卖双方在交易磋商时,应根据有关国际贸易惯例和法律,就付款的时间、地点,以及以何种方式结算等问题做出权衡,并在合同中做出明确的规定。

第一节　结 算 工 具

在国际货款结算中,一般采用票据作为结算工具,现金结算和记账结算使用得较少。票据是出票人签名于票据上,无条件约定由自己或另一个人支付一定金额的、可以流通转让的证券。票据主要有汇票、本票、支票三种,在国际货款结算中,主要使用汇票(bill of exchange,draft)。

一、汇票

英国票据法是这样定义汇票的:汇票是"由一人签发给另一人的无条件书面命令,要求受票人于见票时或于未来某一规定的或可以确定的时间,将一定金额的款项支付给某一特定的人或其所指定的人,或持票人。"

《中华人民共和国票据法》(以下简称《票据法》)对汇票所下的定义是:"汇票是出票人签发的,委托付款人在见票时或者在指定日期无条件支付确定的金额给收款人或者持票人的票据。"在国际贸易中,出口方索取货款时,往往开出汇票作为要求付款的凭证,因此,其内容必须与相关的贸易合同和信用证条款相符。

(一)汇票的必要项目

一张合格的汇票一般应具备以下内容。

1. 表明"汇票"的字样

汇票字样在实务中可用汉字"汇票"表示,也可用同义的外文(exchange 或 draft)表示。载明"汇票"字样是为了与本票、支票等其他支付工具区别开来。

2. 无条件支付的委托

汇票是无条件的支付委托,即"order";支付委托不得以其他行为或事件为条件,即无条件性;而且是书面的,如"pay to SHBC"。

3. 确定的金额

汇票上的金额是确定的,其大小写、金额完全一致。信用证方式下,所填制的货币名称应与信用证规定的货币名称完全一致,且汇票金额不得超过信用证金额。

4. 付款期限

付款期限包括即期付款和远期付款两种。在实际业务中,即期汇票在汇票付款期限栏中填写"at sight"。远期汇票的付款日期记载方法主要有:① 某一个定日(at a foxed date);② 付款人见票后若干天付款(at...days after sight),如见票后 60 天、90 天……③ 出票日后若干天付款(at...days after date of draft);④ 提单签发日后若干天付款(at...days after date of B/L)。

5. 付款地点

付款地点是持票人提示票据请求付款的地点。付款地点虽然很重要,然而不注明付款地点的票据却仍然成立,但这时付款人后面的地址就作为付款地,在付款地发生的"承兑""付款"等行为,包括到期日算法都适用付款地法律。

6. 受票人的名称

根据我国习惯,受票人(drawee)也称作付款人(payer),实务中一般都注明详细地址。托收项下汇票的受票人为进口人或其指定银行;信用证项下汇票的受票人按信用证办理。

7. 收款人的名称

汇票上"收款人"(payee)的记载通常称为"抬头",即受领汇票所规定金额的人,是汇票上证明的债权人。它应像付款人一样有一定的确定性,但实务上往往不强求地址,而只写一个完整的名字。在进出口业务中,收款人通常是出口人或其指定的银行,一般有以下三种做法。

(1)限制性抬头。在收款人栏中填写"限付给×××"(pay to...only)或"限付给×

××，不许转让"（pay to...only, not transferable）。限制性抬头票据不可流通转让。

（2）指示性抬头。在收款人栏中填写"付给××公司或其指定人"（pay to...Co. or order），"付给××人的指定人"（pay to the order of...）。指示性抬头的汇票经过持票人背书后可以转让给第三者。

（3）来人抬头。在收款人栏中填写"付给来人"（pay to bearer）或"付给持票人"（pay holder）。"来人抬头"汇票无须由持票人背书，只要交付就可以转让。

8．出票日期与地点

一般以议付日期为出票日期，不能迟于信用证的议付期限，也不能早于提单和发票日期。托收方式的出票日期以托收行寄单日填写。

出票地点对国际汇票具有重要意义，因此汇票是否成立是以出票地法律来衡量的，但是票据不注明出票地也成立，此时就以出票人后的地址作为出票地点。

9．出票人及其签字或盖章

汇票只有经过出票人签字才能生效。汇票的出票人应该是信用证的受益人，在进出口业务中是出口人。

10．出票根据

信用证方式下，这一条款一般包括三个项目：开证行名称、开证日期和信用证号码。

当然，汇票还可以有一些其他内容的记载，如利息和利率、付一不付二、汇票编号等条款。

（二）汇票的种类

汇票可以从以下不同的角度进行分类。

1．按照出票人的不同，汇票可分为银行汇票和商业汇票

（1）银行汇票（banker's draft），是指出票人是银行、受票人也是银行的汇票。

（2）商业汇票（commercial draft），是指出票人是工商企业或个人，付款人可以是工商企业或个人也可以是银行的汇票。

2．按照付款的时间不同，汇票可分为即期汇票和远期汇票

（1）即期汇票（sight draft），是指在提示或见票时立即付款的汇票，即"见票即付"。

（2）远期汇票（time bill；usance bill），指在一定时限或指定日期付款的汇票。具体付款时间的确定已在汇票的必要项目中介绍过，这里不再重复。

3．按照承兑人的不同，汇票可分为商业承兑汇票和银行承兑汇票

（1）商业承兑汇票（commercial acceptance bill）是由工商企业或个人承兑的远期汇票。商业承兑汇票是建立在商业信用的基础上的。

（2）银行承兑汇票（banker's acceptance draft）是由银行承兑的远期汇票，即远期汇票经银行承兑后，银行成为该汇票的主债务人，而出票人则成为从债务人，或称次债务人。银行承兑汇票是建立在银行信用的基础之上的，便于在金融市场上流通。

4．按照是否附有货运单据，汇票可分为光票和跟单汇票

（1）光票（clean bill）是指不附带货运单据的汇票。在国际结算中，光票一般仅限于

贸易从属费用、货款尾数、佣金等的托收或支付时使用。银行汇票多数是光票。

（2）跟单汇票（documentary draft）是指附有运输单据的汇票，即开立的汇票必须随附货运单据及其他有关单据才能生效。在国际贸易货款结算中，大多采用跟单汇票作为结算工具。商业汇票一般为跟单汇票。

一张汇票往往可以同时具备几种性质。例如，一张商业汇票同时又可以是即期的跟单汇票；一张远期的商业跟单汇票，同时又是银行承兑的汇票。

（三）汇票的使用程序

汇票在使用时一般要经过出票、提示、承兑、付款等环节。如果是即期汇票，无须承兑；而远期汇票如需转让，通常要经过背书。当汇票遭到拒付时，还要涉及作成拒绝证书和行使追索权等法律问题。

1. 出票（issue）

出票就是出票人开出汇票，即出票人在汇票上填写好付款人、付款金额、付款日期和地点以及收款人等项目，签字后交给收款人的行为。出票由两个动作组成：一是由出票人写成汇票，并在汇票上签字；二是由出票人将汇票交付收款人。

出票时，对收款人的写法可以采用指示性抬头、限制性抬头、持票人抬头。出票人签发汇票后，即承担保证该汇票必然会被承兑和（或）付款的责任。

2. 提示和见票（presentation & sight）

提示是指收款人或持票人将汇票提交付款人要求付款或承兑的行为。付款人看到汇票即为见票（sight）。提示可分为以下几种。

（1）付款提示：汇票的持票人向付款人（或远期汇票的承兑人）出示汇票，要求付款人（或承兑人）付款的行为。

（2）承兑提示：持票人将远期汇票提交付款人要求承兑的行为。

3. 承兑（acceptance）

承兑是指付款人对远期汇票表示承担到期付款责任的行为。其手续是由付款人在汇票正面写上"承兑"（accepted）字样，注明承兑的日期，并由付款人签名。我国《票据法》第四十四条明确规定："付款人承兑汇票后，应当承担到期付款的责任。"因此，汇票一经承兑，付款人就成为汇票的承兑人，并成为汇票的主债务人，而出票人便成为汇票的次债务人。

4. 付款（payment）

对即期汇票，在持票人提示汇票时，付款人见票即付；对远期汇票，付款人经过承兑后，在汇票到期日付款。付款后，汇票上的一切债务关系即告结束。

5. 背书（endorsement）

在国际金融市场上，一张远期汇票的持票人如想在汇票到期日前取得票款，可以经过背书在票据市场上转让。所谓背书，是指汇票持有人在汇票背面签上自己的名字，或再加上受让人（被背书人）的名字，并把汇票交给受让人的行为。这实际上是对汇票进行贴现（discount），是受让人对汇票持有人的一种资金融通，即受让人在受让汇票时要按照汇票的票面金额扣除从转让日起到汇票付款日止的利息后将票款付给出让人,这种行为叫作"贴现"。在汇票到期前,受让人(被背书人,endorsee)可以再经过背书继续进行转让。对于受让人来说,所有在他以前的背书人(endorser)和出票人都是他的"前手";而对于出让人来说,所有在他以后的受让人都是他的"后手"。"前手"对"后手"负有保证汇票必然会被承兑或付款的责任。

6. 拒付与追索(dishonour and recourse)

拒付也称退票,是指持票人提示汇票要求承兑时遭到拒绝承兑,或持票人提示汇票要求付款时,遭到拒绝付款。此外,付款人拒不见票、死亡或宣告破产,以致付款事实上已不可能时,也称拒付。汇票被拒付,持票人立即产生追索权(right of recourse)。持票人有权向其前手追索,包括所有的前手,直至出票人。所谓追索权,是指汇票遭到拒付时,持票人对其前手(背书人、出票人)有请求偿还汇票金额及费用的权利。在国外,通常还要求持票人提供拒绝证书(protest)。拒绝证书,又叫拒付证书,是由付款地的法定公证人(notary public)或其他依法有权做出证书的机构,如法院、银行、工会、邮局等,做出证明拒付事实的文件。持票人请求公证人做拒付证书时,应将票据交出,由公证人向付款人再做提示,如遭拒付,公证人即按规定格式写一张证明书,连同票据交还持票人,持票人凭此向前手追索。

二、本票

本票(promissory note)是一个人向另一个人签发的,保证于见票时,或定期或在可以确定的将来时间,对某人或其指定人或持票人支付一定金额的无条件的书面承诺。简言之,本票是出票人对收款人承诺无条件支付一定金额的票据。本票是一种允诺式票据,其基本当事人只有两个:出票人和收款人,出票人就是付款人。

根据我国《票据法》第七十五条规定,本票必须记载下列事项:① 表明"本票"的字样。② 无条件支付的承诺。③ 确定的金额。④ 收款人名称。⑤ 出票日期。⑥ 出票人签章。本票上未记载规定事项之一的,本票无效。

按我国《票据法》,本票仅指银行本票。但《日内瓦统一法》与《英国票据法》规定,本票可分商业本票和银行本票两种。商业本票又称一般本票,是由工商企业或个人签发的,有即期和远期之分;银行本票是由银行签发的,都是即期的。在国际贸易结算中使用的本票,大都是银行本票。有的银行发行见票即付、不载收款人的本票或是来人抬头的本票,它的流通性与纸币相似。

另外,本票与汇票除了在定义上的不同外,还主要表现在以下几个方面。

(1)汇票有三个当事人,即出票人、付款人和收款人;本票的基本当事人只有出票人和收款人两个,本票的付款人就是出票人自己。

(2)汇票可开成一式多份(银行汇票除外),而本票只能一式一份,不能多开。

(3)远期汇票基本上都要经过付款承兑;而本票的出票人就是付款人,远期本票由他签发,就等于承诺在本票到期日付款,因此无须承兑。

（4）汇票在承兑前由出票人负责，承兑后则由承兑人负主要责任，出票人负次要责任；本票则全由出票人负责。

三、支票

按照我国《票据法》对支票（check or chegue）所下的定义，支票是出票人签发的，委托办理支票存款业务的银行或者其他金融机构在见票时无条件支付确定的金额给收款人或者持票人的票据，即支票是以银行为付款人的即期汇票。根据我国《票据法》第八十四条规定，支票必须记载下列事项：① 表示"支票"的字样。② 无条件支付的委托。③ 确定的金额。④ 付款人名称。⑤ 出票日期。⑥ 出票人签章。未记载规定事项之一的，支票无效。

支票有一般支票和划线支票之分。一般支票可以提取现金，也可以通过银行转账收款。划线支票只能通过银行转账，使用起来比较安全。出票人在签发支票时应在付款银行存有不低于票面金额的存款，开立空头支票要负法律责任。支票收款人或持票人为了避免出票人开立空头支票，要求银行对支票"保付"，银行在支票上签上"保付"（Certified to Pay）字样，表明在提示时一定付款，这种支票叫保付支票。支票一经保付，付款责任即由银行承担，银行将支票的款项从出票人的账户转入另一专户，以备支付，所以不会出现退票的情况。对于保付支票，出票人和背书人可免受追索。

案例 8.1

某年秋季广交会期间，广东省 A 进出口公司与香港 H 公司签约出口一批工艺品。次年 1 月，H 公司到 A 公司送交广东省某银行香港分行开具的面额为 26.5 万元港币的支票一张，随即要求提货。由于支票上签字不全，A 公司要求重开。但由于对方强烈要求，A 公司告知了提货地点。几天后，H 公司重新开来同样金额的支票，A 公司交中国银行办理托收，却发现是一张无法兑现的空头支票。A 公司这才发现对方已从己方工厂仓库如数提走货物。开立空头支票属于严重的商业欺诈行为，出票人应承担法律责任。A 公司多次通知 H 公司面洽，H 公司既不派员，也不付款。该案一直悬而未决。试分析 A 公司应该从中吸取什么教训。

第二节　汇付和托收

在国际贸易中，常用的结算方式有汇付、托收和信用证，汇付和托收都是由买卖双方根据买卖合同互相提供信用，属于商业信用，而信用证方式是银行信用。根据资金的流向与票据的传递方向是否相同，货款的支付方式可分为顺汇和逆汇两种。顺汇是指资金流动方向与支付工具的传递方向相同，逆汇是指二者的方向相反。汇付是一种顺汇，而托收和信用证属于逆汇。本节介绍汇付和托收两种方式及其在国际贸易中的运用。

一、汇付

汇付（remittance），又称汇款，是债务人或付款人通过银行将款项汇交债权人或收款人的结算方式，是简单的国际货款结算方式。货运单据由卖方自行寄送买方。

（一）汇付方式的当事人

汇付方式的当事人及简要流程如图 8-1 所示。

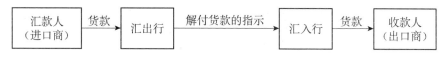

图 8-1　汇付流程

汇付方式涉及四个基本当事人，即汇款人、汇出行、汇入行和收款人。

（1）汇款人（remitter）。汇款人即付款人，在国际贸易中，通常是进口人。

（2）汇出行（remitting bank）。汇出行是接受汇款人的委托或申请，汇出款项的银行，通常是进口人所在地的银行。

（3）汇入行（receiving bank）。汇入行即接受汇出行的委托，解付汇款的银行，故又称解付行。通常是汇出行的代理行，出口人所在地的银行。

（4）收款人（payee）。收款人即收取款项的人，在国际贸易中，通常是出口人、买卖合同的卖方。

汇款人在委托汇出行办理汇款时要出具汇款申请书，此项申请书是汇款人和汇出行之间的一种契约。汇出行一经接受申请，就有义务按照汇款申请书的指示通知汇入行。汇出行与汇入行之间事先订有代理合同，在代理合同规定的范围内，汇入行对汇出行承担解付汇款的义务。

（二）汇付的种类

汇款根据汇出行向汇入行转移资金发出指示的方式，可分为以下三种形式。

1. 电汇（telegraphic transfer，T/T）

电汇是汇出行应汇款人的申请，拍发加押电报或电传给在另一国家的分行或代理行（即汇入行）指示解付一定金额给收款人的一种汇款方式。

电汇方式的优点在于速度快，收款人可以迅速收到货款。随着现代通信技术的发展，银行与银行之间使用电传直接通信，快速准确。电汇是目前使用得较多的一种方式，但其费用较高。

2. 信汇（mail transfer，M/T）

信汇是汇出行应汇款人的申请，用航空信函的形式指示出口国汇入行解付一定金额的款项给收款人的汇款方式。信汇的优点是费用较低廉，但收款人收到汇款的时间较迟。

信汇与电汇类似，但不是使用电信手段。电汇/信汇的业务程序如图 8-2 所示。

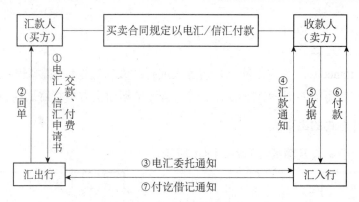

图 8-2 电汇/信汇业务程序

3．票汇（remittance by bank's demand draft，D/D）

票汇是以银行票据作为结算工具的一种汇款方式，一般是汇出行应汇款人的申请，开立以出口国汇入行为付款人的"银行即期汇票"，列明收款人名称、汇款金额等，交由汇款人自行寄给或亲自交给收款人，凭票向付款行取款的一种汇付方式。

票汇与电汇、信汇的不同在于票汇的汇入行无须通知收款人收款，而由收款人持票登门取款；这种票汇除有限制转让和流通的规定外，经收款人背书，可以转让流通，而电汇、信汇的收款人则不能将收款权转让。

（三）汇付方式在国际贸易中的使用

在国际贸易中，使用汇付方式结算货款，银行只提供服务而不提供信用，因此，使用汇付方式完全取决于买卖双方中的一方对另一方的信任，并在此基础上提供信用和进行资金融通。汇付属商业信用性质，提供信用的一方所承担的风险较大，所以汇付方式主要用于支付订金、分期付款、待付款尾数以及佣金等费用。

二、托收

托收（collection）是指债权人（出口人）出具汇票委托银行向债务人（进口人）收取货款的一种结算方式。其基本做法是出口人根据买卖合同先行发运货物，然后开出汇票，连同货运单据交出口地银行（托收行），委托托收行通过其在进口地的分行或代理行向进口人收取货款。

（一）托收方式的当事人

托收方式的重要当事人有四个，即委托人、托收行、代收行和付款人。

（1）委托人（principal）。委托人也称出票人、债权人，是委托银行向国外付款人收款的出票人，通常就是卖方。

（2）托收行（remitting bank）。托收行是委托人的代理人，是接受委托人的委托转托国外银行向国外付款人代为收款的银行，通常是出口地银行。

（3）代收行（collecting bank）。代收行是托收行的代理人，是接受托收行的委托代向付款人收款的银行。一般为进口地银行，是托收银行在国外的分行或代理行。

（4）付款人（payer）。付款人即债务人，是汇票的受票人（drawee），通常是买卖合同的买方。

在托收业务中，有时还可能有另外两个当事人，即"提示银行"和"需要时的代理"。"提示银行"是向付款人提示单据的银行，在一般情况下，向付款人提示单据和汇票的银行就是代收银行本身，但如果代收银行与付款人没有往来关系，而另一家银行是与付款人有往来关系的银行，这样代收行可主动或者应付款人的请求，委托该银行充当提示银行。"需要时的代理"是委托人指定的在付款地代为照料货物存仓、转售、运回或改变交单条件等事宜的代理人。委托人如需指定需要时的代理人，应对授予该代理人的具体权限在托收申请书和托收委托书中做出明确和充分的指示，否则，银行对需要时代理的任何命令可以不受理。

托收银行在接受出口人（委托人）的托收申请书后，双方之间就构成了委托代理关系。同样地，代收行接受了托收行的托收委托书后，双方也就构成了委托代理关系。托收申请书和委托书也均构成一项委托代理合同，被委托人有义务各自按委托的指示办理。若有越权行为致使委托方受损失，由代理人负全部责任。委托人和付款人之间是买卖义务，双方受货物买卖合同的约束。代收银行与付款人之间没有契约关系，付款人对于代收银行付款，并不是根据其对代收银行所负的责任，而是根据其与委托人之间的买卖合同所承担的付款责任。

（二）托收的种类和业务程序

托收可根据所使用汇票的不同分为光票托收和跟单托收两种。在跟单托收下，使用的汇票是跟单汇票，汇票随附运输等商业单据，而光票托收使用光票。国际贸易中的货款托收业务大多采用跟单托收。这里主要介绍跟单托收。在跟单托收的情况下，根据交单条件的不同，可分为付款交单和承兑交单两种。

1. 付款交单（docecments against payment，D/P）

付款交单是卖方的交单需以买方的付款为条件，即出口人将汇票连同货运单据交给银行托收时，指示银行只有在进口人付清货款时才能交出货运单据。如果进口人拒付，就不能拿到货运单据，也无法提取单据项下的货物。付款交单按付款时间的不同，可分为即期付款交单和远期付款交单两种。

（1）即期付款交单（D/P at sight）。这是指出口人通过银行向进口人提示汇票和货运单据，进口人于见票时立即付款，付清货款后向银行领取货运单据，其业务程序如图 8-3 所示。

（2）远期付款交单（D/P at...days after sight）是指由出口人通过银行向进口人提示汇票和货运单据，进口人即在汇票上承兑，并于汇票到期日付款后向银行取得单据，在汇票到期付款前，汇票和货运单据由代收行掌握，其业务流程如图 8-4 所示。

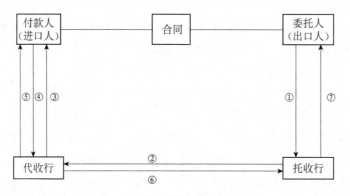

图 8-3 即期付款交单业务程序

说明：

① 出口人按照合同规定装货并取得货运单据后，填写托收申请书，开出即期汇票，连同货运单据交托收行，委托代收货款。

② 托收行根据托收申请书缮制托收委托书，连同汇票、货运单据寄交进口地代收行或提示行。

③ 代收行收到汇票及货运单据，即向进口人做付款提示。

④ 买方付清货款。

⑤ 代收行交单。

⑥ 代收行通知托收行款已收妥办理转账业务。

⑦ 托收行向卖方交款。

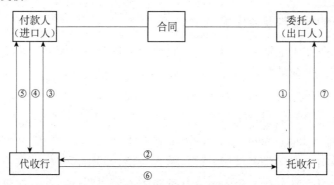

图 8-4 远期付款交单业务程序

说明：

① 出口人按合同规定装货后填写托收申请书，开立远期汇票，连同货运单据交托收行，委托代收货款。

② 托收行根据委托申请书缮制托收委托书，连同汇票、货运单据寄交代收行委托代收。

③ 代收行按照托收委托书的指示向进口人提示汇票与单据，进口人经审核无误在汇票上承兑后，代收行收回汇票与单据。

④ 进口人到期付款。

⑤ 代收行交单。

⑥ 代收行办理转账并通知托收行款已收到。

⑦ 托收行向出口人交款。

2．承兑交单（documents against acceptance，D/A）

承兑交单是指出口人的交单以进口人的承兑为条件。进口人承兑汇票后，即可向银行取得全部货运单据，而对出口人来说，交出物权凭证之后，其收款的保障就完全依赖于进口人的信用，一旦进口人到期拒付，出口人便会遭受货款两空的损失，因此，出口人对于接受这种方式必须慎重，其业务程序如图8-5所示。

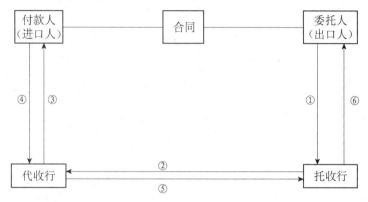

图8-5　承兑交单业务程序

说明：

① 出口人按合同规定装货并取得货运单据后，填写托收申请书，声明"承兑交单"，开出远期汇票，连同货运单据交托收行，委托代收货款。

② 托收行根据托收申请书缮制托收委托书，连同汇票、货运单据寄交进口地代收银行委托代收。

③ 代收行按照托收委托书的指示向进口人提示汇票与单据，进口人在汇票上承兑，代收行在收回汇票的同时，将货运单据交给进口人。

④ 进口人到期付款。

⑤ 代收行办理转账并通知托收行款已收到。

⑥ 托收行向出口人交款。

（三）跟单托收业务中的进出口押汇

押汇是银行在进出口商品流通期间为进出口商提供的一种资金融通方式。在跟单托收业务中有两种押汇业务，即托收出口押汇和托收进口押汇。

1．托收出口押汇

托收出口押汇是指托收银行采用买入出口商向进口商开出的跟单汇票的办法向出口商融资的一种银行业务。其具体做法是：出口商按照合同规定发运货物后，开出以进口商为付款人的汇票，将汇票及全套货运单据交托收银行委托收取货款时，由托收银行买入跟单汇票，按照汇票金额扣除从付款日（买入汇票日）到预计收到票款日的利息及手续费，将余款先行付给出口商，其计算公式为

$$押汇额 = 票面金额 - 押汇息 - 手续费$$

$$押汇息 = 票面金额 \times 利率 \times \frac{计息天数}{365}$$

这种先付款项实际上是托收银行对出口商的一种垫款，也是以汇票和单据作为抵押的一种放款。此时，托收银行即作为汇票的善意持票人，将汇票和单据寄至代收银行，向进口商提示，票款收到后，即归还托收银行的垫款。

托收银行做托收出口押汇可以使出口商在货物装运取得货运单据后，立即得到银行的资金融通，有利于出口商加速资金周转和扩大业务量，但汇票付款与否完全取决于进口商的信用，因此，托收银行做出口押汇的风险较大，许多银行不愿意做或很少做。如果银行承办这种业务，一般是进口商所在国的外汇情况较好，进口商资信状况和所销商品在国际市场上的销售状况良好。即使在这样的条件下，也大都是局限于付款交单的情况下，而且只发放汇票金额的一部分货款，很少像信用证项下的出口押汇那样发放全额货款。

2．托收进口押汇

托收进口押汇是指代收银行凭进口商信托收据（trust receipt，T/R）给予进口商提货便利，从而向进口商融通资金的银行业务。在远期付款交单情况下，进口商为了抓住有利市场行情，不失时机地转售商品，希望能在汇票到期付款前先行提货，就可以要求代收银行做托收进口押汇。具体做法是：由进口商出具信托收据（T/R）向代收银行借取货运单据，先行提货。信托收据是进口方借单时提供的一种书面担保文件，用以表示出据人愿意以代收银行的受托人身份代为提货、报关、存仓、保险、出售；同时，承认货物所有权仍属于银行，货物售出后所得货款在汇票到期日偿还代收银行。这种做法纯粹是代收银行自己向进口商提供的信用便利，与出口人和托收银行无关，所以对代收银行来说有一定风险。但是，如果凭信托收据向进口商借单是出口商的授权，即通常称之为付款交单凭信托收据借贷单（D/P、T/R）。这种做法是指出口人在办理托收申请时，指示银行允许进口商承兑汇票后可以凭信托收据借单提货，日后进口商到期拒付时，则与银行无关，一切风险由出口人自己承担。

（四）托收方式的特点

银行办理托收业务时，只是按委托人的指示办事，并不承担付款人必然付款的责任，因此，托收属于商业信用。出口商的风险较大，其货款能否收到完全依靠进口商的信用。在付款交单的条件下，虽然进口人在付款前提不到货物，但若进口人到期拒不付款赎单，由于货物已运出，在进口地办理提货、交纳进口关税、存仓、保险、转售以致低价拍卖或运回国内，需付较高代价。至于在承兑交单条件下，进口人只要办理承兑手续，即可取得货运单据而提走货物，所以对出口人来说，承兑交单比付款交单的风险更大。但跟单托收对进口人很有利，减少了其费用支出，从而有利于资金周转。

托收和汇付都属商业信用，但在国际贸易结算中，使用跟单托收的情况要比汇付方式多。汇付方式下，资金负担不平衡，会对某一方产生较大风险。因此，双方都会争取对自己有利的条件，利益差距难以统一，故较少使用。而托收方式使双方的风险差异得到一些弥补，要比预付货款方式优越，特别是对进口商更有利。

（五）托收统一规则

国际贸易中，各国银行在办理托收业务时，由于当事人各方对权利、义务和责任的解释不同，加上各银行的具体业务做法也有差异，往往会导致误会、争议和纠纷。为此，国际商会拟订、修改而形成《托收统一规则》(*uniform rules for collection*，*URC*，*ICC Publication No.*522)，即国际商会第 522 号出版物，该规则于 1996 年 1 月 1 日起实施，共 23 条。以下为其主要内容的摘述。

（1）凡在托收指示书中注明按 URC522 行事的托收业务，除非另有明文规定或与一国、一州或地方不得违反的法律、法规相抵触，本规则对有关当事人均具有约束力。

（2）银行应以善意和合理的谨慎从事。其义务就是要严格按托收指示书内容与 URC522 办理。如银行决定不受理所受到的托收或其相关指示，必须用电信方式（不可能用电信方式时则须用其他最快捷方式）通知发出托收指示书的一方。

（3）除非事先已征得银行同意，货物不应直接运交银行，也不得以银行或其指定人为收货人，否则此项货物的风险和责任由发货方承担。

（4）银行必须确定所收到的单据与托收指示书所列的完全一致，缺少单据或发现与托收指示书中所列的单据不一致时，必须毫不延迟地用电信或其他快捷方式通知发出托收指示书的一方。除此之外，银行没有进一步审核单据的义务。

（5）托收如被拒绝付款或拒绝承兑，提示行必须毫不延迟地向发出托收指示书的银行送交拒绝付款或拒绝承兑的通知。托收银行在收到此通知后，必须在合理时间内对代收银行做出进一步处理有关单据的指示。提示行如在送出拒付通知 60 天内仍未接到该项指示，可将单据退回托收银行而不负任何责任。

（6）托收不应含有凭付款交付商业单据指示的远期汇票。如果托收含有远期付款的汇票，该托收指示书中应注明商业单据是凭承兑交付（D/A）还是凭付款交付（D/P）。如无此注明，商业单据仅能凭付款交付，代收行对因此迟交单据而产生的任何后果不负责任。

（7）如托收人指定一名代表，在遭到拒绝付款和（或）拒绝承兑时，作为需要时的代理则应在托收指示书中明确且完整地注明该代理人的权限。如无此注明，银行将不接受该代理人的任何指示。

此外，URC522 还对托收费用、部分付款、拒绝证明、托收情况的通知等问题做了具体的规定。

由于《托收统一规则》是一项国际惯例，没有强制性，当事人只有事先在托收指示书中约定以该规则为准时，才受其约束。倘若指示书的内容与该规则不一致，就应按托收指示书的规定办理。我国银行在进出口业务中使用托收方式时，也参照这个规则的解释办理。

第三节 信 用 证

第二节介绍的汇付和托收方式都是银行提供的结算服务，但银行不提供任何信用，货物与货款的对流取决于买卖双方的信用，这是一种商业信用。在国际贸易中，买卖双方难以依靠商业信用，彼此往往缺乏信任，因此，非常需要一个有身份的第三者介入其中，提供信用，解决进出口人双方之间互不信任的矛盾，保证货物与货款的顺利对流。这个有身份的第三者就由银行与金融机构来充当，银行通过开立信用证（letter of credit，L/C）向卖方提供银行信用。这样，信用证支付方式把由进口人履行付款责任转为由银行来履行付款，从而保证出口人安全迅速地收到货款，买方按时收到货运单据，同时，也为进出口双方提供资金融通的便利，打消了买卖双方的顾虑。所以，信用证支付方式发展得很快，并被国际贸易界广泛应用，现已成为国际贸易中普遍采用的一种主要的结算方式。

一、信用证的含义、性质和作用

根据《跟单信用证统一惯例》（国际商会第 600 号出版物）第一条"统一惯例的适用范围"："跟单信用证统一惯例，2007 年修订本，国际商会第 600 号出版物，适用于所有在正文中标明按本惯例办理的跟单信用证（包括本惯例适用范围内的备用信用证）。除非信用证中另有规定，本惯例对一切有关当事人均具有约束力"。

该惯例的第二条对信用证所做的定义是："就本惯例而言：通知行意指应开证行要求通知信用证的银行。申请人意指发出开立信用证申请的一方。银行日意指银行在其营业地正常营业，按照本惯例行事的行为得以在银行履行的日子。受益人意指信用证中受益的一方。相符提示意指与信用证中的条款及条件、本惯例中所适用的规定及国际标准银行实务相一致的提示。保兑意指保兑行在开证行之外对于相符提示做出兑付或议付的确定承诺。保兑行意指应开证行的授权或请求对信用证加具保兑的银行。信用证意指一项约定，无论其如何命名或描述，该约定不可撤销并因此构成开证行对于相符提示予以兑付的确定承诺。兑付意指：① 对于即期付款信用证即期付款。② 对于延期付款信用证发出延期付款承诺并到期付款。③ 对于承兑信用证承兑由受益人出具的汇票并到期付款。开证行意指应申请人要求或代表其自身开立信用证的银行。议付意指被指定银行在其应获得偿付的银行日或在此之前，通过向受益人预付或者同意向受益人预付款项的方式购买相符提示项下的汇票（汇票付款人为被指定银行以外的银行）及/或单据。被指定银行意指有权使用信用证的银行，对于可供任何银行使用的信用证而言，任何银行均为被指定银行。提示意指信用证项下单据被提交至开证行或被指定银行，抑或按此方式提交的单据。提示人意指做出提示的受益人、银行或其他一方"。

简而言之，信用证是一种银行开立的有条件的承诺付款的书面文件。

正如本节引言中所说，在国际贸易结算中，使用建立在商业信用基础上的汇付和托收方式不能适应国际贸易发展的需要，因此，19 世纪后期开始出现了由银行保证付款的信用证。采用信用证方式结算时，只要出口人按信用证要求提交货运单据，银行即保证付款。由于银行承担保证付款的责任，所以，信用证性质属于银行信用，是建立在银行信用基础上的。一般来说，银行信用优于商业信用，较易为债权人接受。但是，进口人申请开立了信用证并不等于已经付了款，因而，其实际情况是：采用信用证方式是在商业信用保证之上增加了银行信用保证，从而使出口人取得了银行和进口人的双重付款保证。

采用信用证方式结算会给有关当事人带来以下好处。

（1）对出口人来说，只要按信用证规定提交货运单据，收取货款就有了保障，出口人收到买方开来的信用证往往容易取得银行的资金融通。

（2）对进口人来说，申请开证时只需缴纳少量押金，信誉良好的开证人还可免收押金，减少了资金的占用；进口人在付款后可以肯定地取得代表货物所有权的单据，而且，可以通过信用证上所列条款控制出口人的交货时间、所交货物的质量和数量以及单证。

（3）对银行来说，开证行只承担保证付款责任，它贷出的只是信用而不是资金，进口人开证时先要交付一定比率的押金。在进口人付款赎单前，还控制着出口人交来的代表货物所有权的货运单据；至于出口地的议付行，因有开证行保证，只要出口人交来的单据符合信用证规定，就可以做出口押汇，从中获得利息和手续费等收入。

综上所述，信用证方式在国际贸易结算中的作用可以概括为两个主要方面：一是基本解决了进出口人双方互不信任的矛盾，从而起到了安全保证作用；二是方便进出口人向银行融通资金，有利于他们的资金周转，扩大了贸易额。

总之，信用证一方面是国际贸易发展的必然产物，另一方面，它也对国际贸易的发展和扩大起到了促进和保证作用。

应当指出，信用证方式在国际贸易结算中并不是完美无缺、万无一失的。例如，买方不按合同规定条件或故意设下陷阱使卖方无法履行合同而使出口人遭受损失；再如，受益人可能编造单据，使之与信用证条款相符，更有甚者制作假单据，并从银行取得款项，从而使进口人成为受害者。所以，在信用证业务中，仍然要关注国外银行和客户的资信状况，以保证交易的安全。

二、信用证的当事人

根据信用证的定义，信用证业务有三个基本当事人，即开证人、开证行、受益人。此外，通常还会有其他当事人，即通知行、议付行、付款行、偿付行、保兑行等。

（1）开证申请人（applicant）。开证申请人，又称开证人（opener），是指向银行申请开立信用证的人，一般为进口人，是买卖合同的买方。

（2）开证行（issuing bank, opening bank）。开证行是指接受开证人的申请，开立信用证的银行，一般是进口地的银行，开证人与开证行的权利和义务以开证申请书为依据，开证行承担保证付款的责任。

（3）受益人（beneficiary）。受益人是指信用证上所指定的有权使用该证的人，一般是出口商，即买卖合同的卖方。

（4）通知行（advising bank, notifying bank）。通知行是接受开证银行的委托，将信用证通知受益人的银行。它一般为出口地的银行，是开证行的代理人。通知行负责将信用证通知受益人，以及鉴别信用证的真实性，并不承担其他义务。

（5）议付行（negotiating bank）。议付行是指愿意买入或贴现受益人交来的跟单汇票的银行，因此又称购票银行、贴现银行或押汇银行，一般是出口人所在地的银行。议付行可以是信用证条款中指定的银行，也可以是非指定银行，由信用证条款决定。

（6）付款行（paying bank, drawee bank）。付款行是指开证行指定代付信用证项下款项或充当汇票付款人的银行。它一般是开证行，有时是开证银行指定代其付款的另一家银行。付款行通常是汇票的受票人，所以也称之为受票银行。付款人和汇票的受票人一样，一经付款，对收款人再无追索权。

（7）偿付行（reimbursing bank）。偿付行是指受开证行的授权或指示，对有关代付行或议付行的索偿予以照付的银行。偿付行偿付时不审查单据，不负单证不符的责任，因此，偿付行的偿付不视作开证行终局的付款。

（8）保兑行（confirming bank）。保兑行是指应开证行请求在信用证上加具保兑的银行。保兑行在信用证上加具保兑后，就对信用证独立承担付款责任。在国际上，保兑行一般由开证行请求通知行兼任，或由其他资信良好的银行充当。

三、信用证支付方式的一般结算程序

采用信用证方式结算货款，从进口人向银行申请开立信用证，一直到开证行付款后收回垫款，需经过多道环节，办理各种手续。同时，不同类型的信用证，其具体做法亦有所不同。这里从信用证支付方式的一般结算程序来分析，其基本环节大体经过申请、开证、通知、议付、索偿、付款、赎单等。现以国际贸易结算中最为常用的不可撤销跟单议付信用证为例，其一般操作程序如图8-6所示。

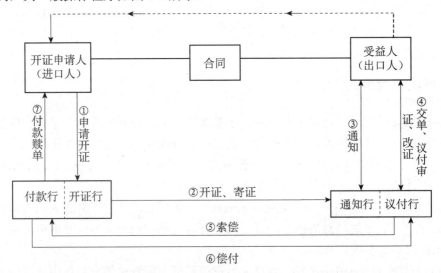

图8-6　不可撤销跟单议付信用证业务流程

（一）开证申请人向银行申请开立信用证

买卖双方进行交易磋商达成交易，订立买卖合同，明确规定货款的结算方式采用信用证。因此，进口人在合同中规定的期限内向所在地银行提交开证申请书，申请开立信用证。开证申请书的主要内容包括两部分：一是要求开证行开立信用证的列明条款，其基本内容与买卖合同的条款相符；二是开证人对开证行所做的声明，其基本内容是承认在开证人付清货款前，银行对单据及其所代表的货物拥有所有权；承认银行可以接受"表面上合格"的单据，对于伪造单据、货物与单据不符等，银行概不负责；开证人保证单据到达后，要如期付款赎单，否则，开证行有权没收开证人所交的押金和抵押品等。另外，在申请开证时，开证申请人要缴纳一定比例的押金和手续费。

（二）开证行开立、寄送信用证

开证行接受开证申请人的开证申请书后，向受益人开立信用证，所开信用证的条款必须与开证申请书所列一致。信用证一般开立正本一份、副本若干份。开证方式有"信开"（open by airmail）和"电开"（open by telecommunication）两种。信开是指开证时开立正本一份和副本若干份，邮寄给通知行。电开是指开证行将信用证内容加注密押，用电报或电传等电信工具通知受益人所在地的代理行，请其转知受益人。电开可分为简电本（brief）和全电本（full cable）。所谓简电本，是进口人为了使出口人及早备货、安排运输而将仅有信用证金额、号码、装运期、有效期等少量信用证内容的文字用电信通知出口人业已开证。这种简电本在法律上无效，不能凭此交单付款、承兑或议付。这种简电通知往往注明"详情请见航邮件（detail airmail）"或类似字样。全电本开证是指使用电报或电传等电信工具将信用证的全部条款传达给通知行。《跟单信用证统一惯例》第十一条 a 款规定：① 当开证行以加押的电讯，指示通知行通知或修改信用证时，该电讯即被视为有效信用证文件或有效修改，而不应邮寄证实书。如果寄了证实书，该证实书无效，而且通知行没有义务将邮寄证实书与通过电讯传递收到的有效信用证文件或有效修改进行核对。② 如果电讯中声明"详情后告"（或类似词语），或声明以邮寄证实书为有效信用证文件或有效修改，则该电讯传递将不被视为有效信用证文件或有效修改，开证行必须毫不迟延地向通知行递送有效信用证文件或有效修改。目前，西北欧、美洲和亚洲等国家和地区的银行广泛使用 SWIFT 开证，我国银行在电开信用证或收到的信用证电开本中，SWIFT 信用证已占很大比重。采用 SWIFT，使信用证标准化、固定化和统一格式化，且传递速度快捷，成本也低，因此能使银行在开立信用证时乐于使用。

按理说，开证银行可以将信用证直接寄给受益人，或可交开证申请人转给受益人，但在实际业务中几乎没有这样做的先例。因为出口人对国外银行并不熟悉，无法确认信用证的真假。所以，开证时一般要由开证行将信用证通过通知行通知或转交给受益人。

（三）通知行通知受益人

通知行收到信用证后，应立即核对信用证的签字印鉴（信开）或密押（电开），在核对无误后，除留存副本或复印件外，须迅速将信用证交给受益人。如果收到的信用证是以通知行为收件人的，通知行应以自己的通知书格式照录信用证全文通知受益人。

（四）受益人审查、修改信用证，并交单议付

受益人收到信用证后，应立即进行认真审查，主要审核信用证中所列的条款与买卖合同中所列的条款是否相符。如发现有不能接受的内容，应及时通知开证人，请求其修改信用证。修改信用证的传递方式与开证相同。在修改不可撤销信用证时，应注意以下事项：信用证的修改必须征得各有关当事人的同意，方为有效，否则此项修改不能成立，信用证仍以原来的内容为准；如果修改通知涉及两个以上的条款，受益人只能全部接受或全部拒绝，不能接受其中一部分，拒绝其他部分；对同一份信用证中的多处条款的修改，应做到一次向对方提出；信用证的修改通知书应通过原证的通知行转交或通知。

受益人收到信用证经审查无误，或收到修改通知书确认后，即可根据信用证规定发运货物，在货物发运完毕后取得信用证规定的全部单据。开立汇票和发票，连同信用证正本（如经修改的，还需连同修改通知书）在信用证规定的交单期或信用证有效期内，递交给信用证规定的银行或与自己有往来的其他银行办理议付。

议付银行在收到单据后应立即按照信用证规定进行审核，并在收到单据次日起不超过五个银行工作日将审核结果通知受益人。在我国出口业务中，使用议付信用证较多。所谓"议付"（negotiation），是指议付行在审核单据后确认受益人所交单据符合信用证条款规定的情况下，按信用证条款买入受益人的汇票和（及）单据，按照票面金额扣除从议付日到估计收到票款之日的利息，将净数按议付日人民币市场汇价折算成人民币付给信用证的受　　益人。

议付行办理议付后持有汇票成为正当持票人，这样银行就取得了单据的所有权。由于是议付行垫付资金，购买汇票和单据，所以又称议付行为"买单"。买单结汇是议付银行向信用证受益人提供的资金融通，可加速资金周转，有利于扩大出口业务，由此可见，它又是"出口押汇"的一种做法。

（五）索偿

索偿是指议付行根据信用证规定，凭单据向开证行或其指定行请求偿付的行为。议付行按信用证要求将单据分次寄给开证行或代付行，并将汇票和索偿证明书分别寄给开证行、付款行或偿付行，以航邮或电报、电传索偿。

（六）偿付

偿付是指开证行或被指定的代付行或偿付行向议付行进行付款的行为。开证行收到议付行寄来的汇票和单据后，经检查认为与信用证规定相符后，应将票款偿还给议付行。如果信用证指定付款行或偿付行，则由该指定的银行向议付行进行偿付。

（七）开证申请人付款赎单和提货

开证行在向议付行偿付后，立即通知开证申请人付款赎单，开证申请人接到通告后，应立即到开证行检验单据，如认为无误，就应将全部货款和有关费用向银行一次付清而赎回单据，银行则返还开证人在申请开证时所交的押金和抵押品。此时，开证申请人与开证行之间因开立信用证而构成的债权债务关系即告结束。如果开证人验单时发现单证不符，也可拒绝付款赎单。但如果开证申请人凭运输单据向承运人提货，发现货物与买卖合同不符与银行无关，只能向受益人、承运人或保险公司等有关责任方索赔。

四、信用证的内容

在实际业务中，各银行的信用证没有统一格式，但其内容大致相同。总的说来，就是国际货物买卖合同的有关条款与要求和受益人提交的单据与银行保证。通常主要包括以下几个方面的内容。

（一）关于信用证本身的说明

这部分包括：① 开证行名称（opening bank）；② 信用证的形式（form of credit）；③ 信用证号码（L/C number）；④ 开证日期、地点（date and place of issue）；⑤ 开证申请人（applicant）；⑥ 受益人（beneficiary）；⑦ 有效期及地点（date and place of expiry）；⑧ 信用证金额（L/C amount）；⑨ 通知行（advising bank）；⑩ 议付行（negotiating bank）。

（二）汇票条款

这部分包括：① 出票人（drawer）；② 付款人（drawee）；③ 汇票金额（draft amount）；④ 汇票号码（number of draft）；⑤ 汇票期限（tenor）；⑥ 出票条款（drawn clause）。

（三）单据条款

这部分包括：① 商业发票（commercial invoice）；② 品质检验证书（inspection certificate of quality）；③ 重量检验证书（inspection certificate of weight）；④ 运输单据（transport documents）；⑤ 保险单据（insurance policy）；⑥ 原产地证明书（certificate of origin）。

（四）货物条款

这部分包括：① 货物名称和规格（description and specification）；② 数量（quantity）；③ 单价（unit price）；④ 包装（packing）。

（五）装运和保险条款

这部分包括：① 装运港（port of loading/shipment）；② 卸货港或目的港（port of discharge/destination）；③ 装运日期（latest date of shipment）；④ 分批装运和转船规定（the stipulations for partial shipment and transhipment）；⑤ 保险条款（insurance clause）。

另外，信用证中可能列有特殊条款，视具体情况而定。

以下是一份信用证式样。

DOCUMENTARY CREDIT

FROM:		BANK OF SINGAPORE.SINGAPORE
TO:		BANK OF CHINA.QINGDAO
SQUENCE OF TOTAL:	27:	1/1
FORM OF DOC.CREDIT:	40A:	IRREVOCABLE
DOCU CREDIT NO.:	20:	186107
DATE OF ISSUE:	31C:	20200318
DATE N PLACE OF EXP:	31D:	20200511 IN BENEFICIARY'S COUNTRY
APPLICANT:	50:	ABC COMPANY. SINGAPORE
BENEFICIARY:	59:	CHINA EXPORT BASES DEVELOPMENT CORPORATION QINGDAO SHANDONG. CHINA

CURRENCY CODE,AMOUNT:	32:	USD242250.00
AVAILABLE WITH…BY…		THE ADVISING BANK BY NEGOTIATION
DRAFTS AT…	42C:	SIGHT
DRAWEE:	42D:	BANK OF SINGAPORE. NEW YORK
PARTIAL SHIPMENT:	43P:	NOT ALLOWED
TRANSSHIPMENT:	43T:	NOT ALLOWED
LOAD/DISPATCH/TAKING:	44A:	QINGDAO.CHINA
TRANSPORTATION TO…	44B:	SINGAPORE
LATEST SHIPMENT DATE:	44C:	20200426
DESCRIP GOODS/SERVICE:	45A:	

30MT FROZEN PORK LOIN PACKED IN 25KG/CTN. PRICE AT USD50 PER MT;
30MT FRPZEN PORK RIB. PACKED IN 25KG/CTN. PRICE AT USD30 PER MT;
30MT FROZEN PORK LEG, PACKED IN 25KG/CTN. PRICE AT USD60 PER MT
CIF SINGAPORE

DOCUMENTS REQUIRED: 46A:
IN 3 FOLD UNLESS OTHERWISE STIPULATED:

1. SIGNED COMMERCIAL INVOICE

2. SIGNED PACKNG LIST

3. CERTIFICATE OF CHINESE ORIGIN

4. INSURANCE POLICY OR CERTIFICATE ENDORSED IN BLANK FOR 110 PCT OF CIF VALUE.COVERING WAR RISK AND ALL RISKS.

5. HEALTH CERTIFICATE IN ONE COPY.

6. FULL SET PLUS ONE COPY OF CLEAN ON BOARD OCEAN BILLS OF LADING. MADE OUT TO ORDER MARKED "FREIGHT PREPAID"AND NOTIFY APPLICANT.

ADDITIONAL CONDITION: 47A:
PLEASE CONTACT BENEFICIARY OF THE ISSUANCE OF THE L/C UPON RECEIPT OF THIS SWIFT.

1. THE NUMBER AND DATE OF THIS CREDIT AND THE NAME OF ISSUING BANK MUST BE QUOTED ON ALL DRAFTS. PLEASE SEND THE DRAFTS TO BANK OF SINGAPORE. NEW YORK FOR REIMBURSEMENT AND SEND ALL THE OTHER DOCUMENTS TO US.

2. A FEE OF USD40(OR ITS EQUIVALENT)SHALL BE DEDUCTED FROM THE REIMBURSEMENT CLAIM/PROCEEDS UPON EACH PRESENTATION OF DISCRPANT DOCUMENTS EVEN IF THE CREDIT INDICATE THAT ALL BANKING CHARGES ARE FOR ACCOUNT OF APPLICANT AND ACCEPTANCE OF SUCH DOCUMENTS DOES NOT IN ANY WAY ALTER THE TERMS AND CONDITIONS OF THIS CREDIT.

3. DOCUMENTS TO BE PRESENTED WITHIN 15 DAYS AFTER THE DATE OF

ISSUANCE OF THE SHIPPING DOCUMENTS BUT WITHIN THE VALIDITY OF THE CREDIT.

4. 5PERCENT MORE OR LESS IN AMOUNT AND QUANTITY ACCEPTABLE.

CHARGES:　　　　　　　　71B:　　ALL BANKING CHARGES INCLUDING REIMBURSEMENT CHARGES OUTSIDE SINGAPORE

ARE FOR ACCOUNT OF BENEFICIARY

CONFIRMATION INSTR:　　　49:　　WITHOUT

IT IS SUBJECT TO THE UNIFORM CUSTOMS AND PRACTICE FOR DOCUMENTARY CREDITS(2007 REVISION), INTERNATIONAL CHAMBER OF COMMERCE PUBLICATION NO.600."

五、信用证的审核

为了确保收汇安全，我国进出口公司收到国外客户通过银行开立的信用证后，应立即对其进行认真核对和审查。审核信用证是银行和出口企业的共同职责，但二者在审核内容上又各有侧重。银行着重负责审核有关开证行资信、付款责任以及索汇路线等方面的条款和规定；出口企业着重审核信用证的条款是否与买卖合同的规定相一致。以下介绍审核的主要项目。

（1）对开证行资信情况的审核。对于资信不佳或资力较差的开证银行，除非对方接受我方要求并已请求另一家资信较为可靠的银行进行保兑或确认偿付，并且保兑行或确认偿付行所承担的责任已明确，偿付路线又属正常与合理，否则，不能接受此类信用证。对国外开证行的资信审查主要由银行负责，因此，我国出口企业应加强与银行之间的联系，做到银企协作、互相配合。

（2）对信用证种类的审核。信用证的种类往往决定了信用证的用途、性质和流通方式，有时还直接关系到信用证能否执行。如果是保兑信用证，检查证内有无"保兑"字样；如果是可转让信用证，应检查有无相应的条款规定、信用证是否是不可撤销的，因为我国企业能够接受的国外来证必须是不可撤销的。《跟单信用证统一惯例》（国际商会第600号出版物）明确规定：信用证均为不可撤销信用证。

（3）对信用证是否已有效、有无保留或限制的审核。我们在介绍信用证业务流程时已讲过，"简电本"不是有效文本，因此，出口企业在收到这样的信用证时要注意，只能按此进行发货准备工作，而不能急于发货，只有在收到开证行通过通知行递送的有效信用证文件并对之审核无误后方可发货，否则，不能凭此收取货款。另外，如果信用证中附加"保留"和"限制"条款，或可能是开证申请人故意设置陷阱的条款，凡此类信用证均不能接受，必须要求对方取消或修改这些条款。

（4）对信用证的到期日、交单期和最迟装运期的审核。《跟单信用证统一惯例》（国际商会第600号出版物）规定：所有信用证必须规定一个到期日和一个付款交单、承兑交单的地点，除了自由议付信用证外，一个议付交单的地点，规定的付款、承兑或议付的到期日将被解释为交单到期日。因此，没有规定有效期的信用证是无效的，而关于信用证的到期地点，我国出口企业应争取在我国到期，以便在交付货物后及时办理议付等手续。至于交单日期，如果信用证未规定，按惯例，银行有权拒收迟于运输单据日期 21 天后提交的单据，但无论怎样，单据也不得迟于信用证到期日提交。所谓最迟装运日期，是指卖方将货物装上运输工具或交付给承运人接管的最迟日期。在我国实际业务中，运输单据的出单日期通常就是装运日期。受益人所提交的运输单据的装运日期不得迟于信用证的有效期，一般应有一段时间间隔，在我国的出口业务中，如交单地点在我国，通常要求信用证的交单日期在装运期限后 15 天，以便受益人有足够的时间办理制单、交单议付等工作。

（5）对信用证金额和支付货币的审核。信用证规定的支付货币应与合同规定相同，金额一般应与合同金额相符。信用证金额是开证行承担付款责任的最高金额，因此，发票和/或汇票金额不能超过信用证金额，否则将被拒付。

（6）对运输和保险条款的审核。信用证的运输条款必须与合同规定相符，特别对转运和分批装运要重点审核。《跟单信用证统一惯例》（国际商会第 600 号出版物）规定：信用证如未规定"不准分批装运"和"不准转运"，可以视为"允许分批装运"和"允许转运"。如果信用证规定在指定时期内分批定量装运，如果其中任一期未按规定装运，则该期及以后各期均告失败。对于信用证内保险条款应注意：信用证内规定的投保险别是否与合同相符；信用证内规定的保险金额的幅度是否与合同的规定一致；保险单据的出单日期是否迟于运输单据上注明的货物装船或发运或接受监督的日期。

（7）对信用证中单据要求的审核。对证内要求交付的各种单据，要根据合同的原订条款及我们的习惯做法进行审核。如果单据上加注的条款与我国有关政策相抵触或不能办到，应及时通知修改。

（8）对付款期限的审核。信用证的付款期限必须与买卖合同的规定一致。

（9）其他条款。对于来证中的其他条款或"特殊条款"应格外认真并仔细地进行审核，应特别注意有无歧视和不能办到的特殊要求。

总之，以上所介绍的只是审证的要点。在实际工作中，我们还应根据买卖合同条款，参照《跟单信用证统一惯例》的规定和解释以及我们在贸易中的一些政策和习惯做法，逐条详细审核。

六、信用证的特点

（一）开证行负第一性付款责任

信用证支付方式是一种银行信用，由开证行以自己的信用做出付款保证，在采用信用证付款时，开证银行负首要付款责任。根据《跟单信用证统一惯例》（国际商会第 600 号出版物）规定：信用证是一项约定，即由一家银行（开证行）依照客户（申请人）的要求和指示或以自身的名义在符合信用证条款的条件下，凭规定单据向受益人或其指定人付款，或支付或承兑受益人开立的汇票。由此可见，信用证开证行的付款责任不仅是第一性的，而且是独立的。只要信用证的受益人（出口商）提供的单据符合信用证的要求，开证行就要付款，开证行不得以其他任何理由开脱其必须付款的责任；同样地，信用证的受益人可以直接向开证行要求付款，而无须有向进口人要求付款的特殊担保，即信用证业务是一种银行信用，开证行承担第一性的、独立的付款责任。

> **案例 8.2**
>
> 我国上海某公司采用 CIF 价出口价值 25 000 美元的货物去新加坡，10 月 31 日，美国花旗银行新加坡分行开来信用证。12 月月初，上海公司从有关方面获悉开证申请人倒闭，此时货物已在装运港，你认为我方该如何处理？

（二）信用证是一项自足的文件

《跟单信用证统一惯例》（国际商会第 600 号出版物）明确规定：就其性质而言，信用证与可能作为其依据的销售合同或其他合同是相互独立的交易，即使信用证中含有对此类合同的任何援引，银行也与该合同毫不相关，并不受其约束。因此，一家银行做出的付款、承兑和支付汇票或议付和/或履行信用证项下的其他义务的承诺，不受申请人与开证行或与受益人之间的关系而提出的索赔或抗辩的约束。

由此可见，信用证虽然是根据买卖合同开立的，似乎与买卖合同是相关联的，但它是一项约定，是开证行与受益人之间的约定，它是独立于有关契约之外的契约。信用证一经开立，就成为独立于买卖合同的另一契约。信用证各当事人的权利和责任完全以信用证中所列条款为依据，不受买卖合同的约束，出口人提交的单据即使符合买卖合同的要求，但若与信用证条款不一致，仍会遭银行拒付。买卖双方万一存在关于货物方面的纠纷，应根据合同条款办事。

> **案例 8.3**
>
> 上海某公司按 CIF 价出口某商品，合同规定按信用证方式付款。买方在约定时间内未开来信用证，但合同规定的装货期已到，本着"重合同、守信用"的原则，我方是否应按时发货？

（三）信用证业务是一种纯粹的单据业务

银行在采用信用证支付方式时，实行的是凭单付款的原则，即只要受益人提交的单据符合信用证条款，就履行其付款的责任，而不问货物的实际情况。《跟单信用证统一惯例》（国际商会第 600 号出版物）明确规定：在信用证业务中，各有关当事人处理的是单据，而不是与单据有关的货物、服务及/或其他行为。所以，信用证业务是一种纯粹的单据买卖。如果进口人付款后发现货物有缺陷，可凭单据向有关责任方提出损害赔偿要求，而与银行无关。但是，值得注意的是，银行虽有义务"合理小心地审核一切单据"，但这种审核只是用以确定单据表面上是否符合信用证条款，开证行只是根据表面上符合信用证条款的单据付款。银行对任何单据的形式、完整性、准确性、真实性以及伪造或法律效力上所发生的问题，或单据上规定的或附加的一般和/或特殊条件等方面概不负责。在这里，我们必须强调，这种表面上符合的要求是十分严格的，在表面上决不能有任何差异，即所谓的"严格符合的原则"。"严格符合的原则"不仅要做到"单证一致"，即受益人提交的单据在表面上与信用证规定的条款一致，还要做到"单单一致"，即受益人提交的各种单据之间表面上一致；"单内一致"，即受益人提交的单据中的内容不得矛盾。简而言之，银行要求的是"单单一致，单证一致，单内一致"，这是信用证业务在实际操作过程中的核心。

> **案例 8.4**
>
> 　　上海某公司出口一批啤酒，采用信用证方式付款，卖方发运货物后备齐单据准备议付。买方认为啤酒这种货物的运输存储要求很高，必须货到检验之后才能付款。你认为卖方该如何处理？

七、信用证的种类

信用证按其不同特征，可以分为以下几类。

（一）跟单信用证和光票信用证

这是根据付款依据凭证的不同所做的区分。跟单信用证（documentary credit）是指凭跟单汇票或仅凭单据付款、承兑或议付的信用证。这里所言单据，主要指代表货物所有权的单据，如提单、仓单等，或是证明货物业已发运的单据，如运输单据、装箱单、产地证等。而光票信用证（clean credit）是指开证行仅凭受益人开具的汇票或简单收据而不附带运货单据付款的信用证。在国际贸易结算中，主要使用跟单信用证。

（二）不可撤销信用证

不可撤销信用证（irrevocable L/C）是指信用证一经开出，在有效期内，未经受益人及有关当事人的同意，开证行不得片面修改和撤销的信用证。只要受益人提供的单据符合信用证规定，开证行必须履行付款义务，而且在付款以后不得向受益人或其他善意收款人追索。这种信用证对受益人比较有保障，在国际贸易中被广泛使用。根据《跟单信用证统一惯例》（国际商会第 600 号出版物）规定，信用证必须明确注明"不可撤销"。

（三）保兑信用证和不保兑信用证

这是按信用证有无另一家银行加以保证兑付所做的分类。保兑信用证（confirmed L/C）是指开证行开出的信用证由另一银行保证对符合信用证条款规定的单据履行付款义务的信用证。对信用证加以保兑的银行叫保兑行（confirming bank）。信用证一经保兑，即构成保兑行在开证行承诺以外的一项确定的承诺，此时，开证行和保兑行对受益人都负第一性的付款责任。由于有两家银行的双重保证，所以保兑信用证对出口人的安全收汇比较有利，又由于保兑行对信用证的责任相当于其本身开证，因此，保兑行不能片面撤销其保兑。即使开证行倒闭或无理拒付，保兑行必须议付或代之付款，而且在议付或代付之后，不能向受益人追索。所以，在实务操作中，只有对不可撤销信用证，银行才加以保兑。保兑行通常由通知行担任，当然，也可以是出口地的其他银行或第三国银行。而不保兑信用证（unconfirmed L/C）是指未经除开证行以外的其他银行保兑的信用证，即一般的不可撤销信用证。当开证行资信良好和成交金额不大时，一般使用这种不保兑的信用证。

（四）即期信用证和远期信用证

这是根据信用证上付款时间的不同来划分的。即期信用证（sight L/C）是指开证行或付款行在收到符合信用证要求的汇票/或单据时立即付款的信用证。其特点是出口人收汇迅速、安全，有利于资金周转。如果在即期信用证中加列电汇索偿条款（T/T reimbursement clause），则表明开证行允许议付行用电报或电传通知开证行或指定付款行，说明各种单据与信用证规定相符，开证行或指定付款行应立即以电汇方式将款项拨交议付行。而远期信用证（usance L/C）是指开证行或付款行收到符合信用证条款的汇票或单据后，在规定的期限内履行付款义务的信用证。

（五）即期付款信用证、延期付款信用证、承兑信用证和议付信用证

这是根据信用证付款方式的不同来划分的。《跟单信用证统一惯例》（国际商会第600号出版物）明确规定：所有信用证必须清楚地表明该证适用于即期付款、延期付款、承兑或议付。

（1）即期付款信用证（sight payment L/C）是指付款行收到与信用证条款相符的单据后立即履行付款义务的信用证。这种信用证一般不要求受益人开具汇票，而仅凭受益人提交的单据付款。证中一般有类似"我行凭提交符合信用证条款的单据即行付款"的保证文句，其付款行有时由通知行兼任。

（2）延期付款信用证（deferred payment L/C）是指开证行在信用证中规定货物装船后若干天付款，或开证行收单后若干天付款的信用证。这种信用证不使用汇票、不做承兑，因此出口商不能利用贴现市场资金，只能自行垫款或向银行借款。在实际业务中，使用这种信用证支付方式的货价要比使用银行承兑信用证略高一些。延期付款信用证有时也称为迟期付款信用证或无承兑远期信用证。

（3）承兑信用证（acceptance L/C）是指当受益人向指定银行开具远期汇票并提示时，指定银行即行承兑，并于汇票到期日履行付款的信用证。承兑信用证一般使用于远期付款的交易，有时，进口人在与出口人订立即期付款的合同后，在申请开立的信用证规定"远期汇票可即期付款，所有贴现和承兑费用由买方承担"，所以，我们称这种银行承兑信用证为"买方远期信用证"。这样，受益人能够即期十足收款，但要承担一般承兑信用证汇票到期遭到拒付时被追索的风险；而开证人要到汇票到期再付款，其往往选择贴现率比较低的银行作为开证行。

（4）议付信用证（negotiation L/C）是指开证行允许受益人向某一指定银行或任何银行交单议付的信用证。议付信用证按是否限定议付行可分为限制议付信用证和公开议付信用证两种。前者是指开证行指定某一银行办理议付业务的信用证；后者是指任何银行均可办理议付业务的信用证，因此，又称为"自由议付信用证"。一般情况下，议付信用证到期地点应争取定在出口国，以便于议付，经议付后，如因故不能向开证行索回款项，议付

行有权对受益人行使追索权。

（六）可转让信用证和不可转让信用证

这是根据受益人对信用证的权利可否转让来划分的。可转让信用证（tansferable L/C）是指受益人有权将信用证的全部或部分金额转让给第三者即第二受益人使用的信用证。可转让信用证必须在信用证中注明"可转让"字样。可转让信用证只能转让一次，即只能由第一受益人转让给第二受益人，第二受益人不能再要求转让给第三受益人，但可再转让给第一受益人。如果信用证允许分批装运，在累计不超过信用金额的前提下，可分成几个部分分别转让，即可同时转让给多个第二受益人，各项转让金额的总和将视为信用证的一次转让。在实际业务中，要求开立可转让信用证的第一受益人通常是中间商。不可转让信用证（untransferable L/C）是指受益人不能将信用证的权利转让给他人使用的信用证。凡信用证中未注明"可转让"字样，均视为不可转让信用证。

（七）循环信用证

循环信用证（revolving L/C）是指信用证被全部或部分使用后，其金额又恢复到原金额，可再次使用，直至达到规定的次数或规定的金额为止的信用证。这种信用证一般用于合同需要在较长时间内分批履行的情况下，优点是进口人可以节省逐笔开证的手续和费用，减少押金；有利于资金周转；出口人可以减少逐批催证、审单、改证等手续。循环信用证可分为按时间循环信用证和按金额循环信用证。

（1）按时间循环信用证，是指信用证的受益人在一定时间内可多次支取信用证规定金额的信用证。

（2）按金额循环信用证，是指信用证金额议付后仍恢复到原金额再使用，直至用完规定的总金额为止的信用证。恢复到原金额的具体做法有3种：① 自动循环，即信用证在规定时期内使用后，无须等待开证行通知即自动恢复到原金额；② 半自动循环，即受益人每次装货议付后若干天内，开证行未提出不能恢复原金额的通知，信用证便自动恢复到原金额，并可继续使用；③ 非自动循环，即每期用完一定金额后，必须等待开证行通知，信用证才恢复到原金额以继续使用。

（八）对开信用证

对开信用证（reciprocal L/C）是指两张信用证的开证申请人互以对方为受益人而开立的信用证。其特点是：第一张信用证的受益人和开证人是第二张信用证的开证人和受益人，而第一张信用证的开证行与议付行是第二张信用证的议付行和开证行；两张信用证的金额可以相等，也可以不等，两张信用证可以同时生效，也可以先后生效。对开信用证一般用于易货贸易、来料加工和补偿贸易。

（九）对背信用证

对背信用证（back to back L/C）是指原证受益人要求原证的通知行或其他银行以原证为基础，另开一张内容相似的新信用证。对背信用证的内容除开证人、受益人、金额、单价、装运期限、有效期限等有变动外，其他条款一般与原证相同。由于受原证的约束，新证的受益人如要求修改内容，需得到原证开证人的同意，所以修改比较困难。对背信用证通常是由中间商转售他人货物，从中图利，或者是两国不能直接办理进出口贸易时需通过第三国商人沟通而开立的。

（十）预支信用证

预支信用证（anticipatory L/C）是指开证行授权议付行或通知行预付信用证金额的全部或一部分，由开证行保证偿还并负担利息。预支信用证开证人付款在先，受益人交单在后，实际上是开证申请人对出口人的资金融通。预支信用证分为全部预支和部分预支两种。出口人凭光票预支，等到出口人交单后，代付行付给剩余货款，扣除预支货款的利息。如果出口人取得货款以后不交单，则代付行可向开证行提出还款要求，开证行保证偿还代付行的本息，然后向开证申请人追索此款。为引人注目，这种预支信用证的预支货款条款在以前常用红字表示，因而俗称"红条款信用证（red clause L/C），现今信用证的预支条款并非都用红色表示，但其效力完全相同。

（十一）备用信用证

备用信用证（standby L/C）又称担保信用证或保证信用证（guarantee L/C），是指开证行根据申请人的请求对受益人开立的承诺承担某项义务的凭证，即开证行承诺偿还开证人的借款或开证人未履约时，保证为其支付。但是，如果开证申请人按期履行合同的义务，受益人就无须要求开证行在备用信用证项下支付任何货款或赔偿，因此，该凭证就成为"备而不用"的文件。从1983年《跟单信用证统一惯例》修订本起，国际商会明确规定该惯例的条文适用于备用信用证，备用信用证属银行信用。但是，备用信用证和跟单信用证也有以下不同之处。

（1）在跟单信用证条件下，受益人只要履行信用证规定的条件，即可向开证行要求付款；而在备用信用证条件下，受益人只有在开证人未履行义务时，方能行使信用证规定的权利。倘若开证人履行了约定的义务，则备用信用证无须使用。

（2）跟单信用证一般只适用于货物的买卖，而备用信用证的使用范围更加广泛，可应用于一般的国际货物买卖的履约保证，也可用于国际投标保证、融资还款保证、分期付款保证等。

（3）跟单信用证以符合信用证规定的货运单据为付款依据，而备用信用证以受益人出具的证明开证人未能履约的证明文件为付款依据。

八、《跟单信用证统一惯例》

信用证自19世纪末开始使用，发展到今天，已经成为国际贸易中使用得最为普遍的一种结算方式。但最初，在处理单据时，各国银行往往从各自的利益出发，按照各自的习惯和规定办事，就信用证当事人的权利、责任，对单据的看法、业务术语等都没有一个统一的解释和公认的准则，当事人之间经常发生争议和纠纷。国际商会为了减少因解释不同而引起的争端，调和各有关当事人之间的矛盾，一直致力于国际贸易惯例的制订和统一工作，其早在 1933 年就颁布了第一个跟单信用证的惯例，定名为《商业跟单信用证统一惯例》（Uniform Customs and Practice for Commercial Documentary Credits）。其后，随着国际贸易的发展，国际商会先后于 1951 年、1962 年、1974 年、1983 年、1993 年和 2006 年对惯例进行了多次修订。由于通信工具的电子化、网络化和计算机的广泛使用，国际贸易、金融、保险、单据处理和结算工作也发生了许多变化。为此，国际商会不断地修改和丰富出版物，最新的出版物是于 2006 年 10 月在 ICC 秋季会议上，与会各国国际商会国家委员会代表通过的《跟单信用证统一惯例》（2007 年修订本，国际商会第 600 号出版物），其英文全称是 Uniform Customs and Practice for Documentary Credits，2007 revision，I.C.C.Publication No.600（简称 UCP600），已于 2007 年 7 月 1 日起正式生效。

与 UCP500 相比，UCP600 发生了较大的变化，主要表现在以下几个方面。

（1）结构上发生了改变。由原来的四十九个条款压缩为三十九个条款，UCP600 按照业务环节对原条款进行了归纳，使得现有条款更加明确和系统。

（2）概念含义的变化。UCP600 对"兑付"（honour）做出了解释：① 对于即期付款信用证即期付款；② 对于延期付款信用证发出延期付款承诺并到期付款；③ 对于承兑信用证承兑由受益人出具的汇票并到期付款。同时，UCP600 对议付也做出了解释，明确了议付是对票据及单据的一种买入行为，并且明确是对收益人的融资。

（3）对单据处理的新规定。UCP600 将关于开证行、保兑行、指定行在收到单据后的处理时间修改为"不得迟于提示单据日期翌日起第五个银行工作日终了"；细化了拒付后对单据的处理，"拒付后，如果开证行收到申请人放弃不符点的通知，则可以释放单据。"

（4）关于可转让信用证的新规定。UCP600 第三十八条规定：由第二受益人或代表第二受益人提交的单据必须向转让银行提示。该条款是为了避免第二受益人绕过第一受益人直接交单给开证行，损害第一受益人的利益。同时，为了保护正当发货制单的第二受益人的利益，该条款还规定：如果第一受益人应当提交其自己的发票和汇票（如有的话），但却未能在收到第一次要求时照办；或第一受益人提交的发票导致了第二受益人提示的单据中本不存在的不符点，而其未能在收到第一次要求时予以修正，则转让银行有权将其从第二受益人处收到的单据向开证行提示，并不再对第一受益人负责。

UCP600 增强了信用证作为银行信用的完整性和可靠性，并使之与银行的实际做法更趋一致，促进了结算业务的标准化与统一化，使国际贸易和金融活动更加便利。应当指出，《跟单信用证统一惯例》只是一项国际贸易惯例，不具有强制的法律效力，但是目前各国法院几乎都把《跟单信用证统一惯例》作为裁决跨国信用证纠纷的依据，而且，在实际业务中，许多信用证上都注明是根据国际商会《跟单信用证统一惯例》开立的。因此，它无疑是一项具有国际性、权威性的惯例。

九、SWIFT 信用证格式代码简介

在当今国际贸易信用证业务中，大多数信用证采用电开本形式，现以 SWIFT 信用证为

例介绍其代号。目前，开立 SWIFT 信用证的格式代号为 MT700 和 MT701，表 8-1 和表 8-2 对这两种格式做了简单介绍。

表 8-1 MT700 Issue of a Documentary Credit

M/O	Tag（代号）	Field Name（栏位名称）	Content/Options（内容）
M	27	sequence of total 合计次序	1n/1n 1 个数字/1 个数字
M	40A	form of documentary credit 跟单信用证类别	24x 24 个字
M	20	documentary credit number 信用证号码	16x 16 个字
O	23	reference to pre-advice 预通知的编号	16x 16 个字
O	31C	date of issue 开证日期	6n 6 个数字
M	31D	date and place of expiry 到期日及地点	6n/29x 6 个数字/29 个字
O	51A	applicant bank 申请人的银行	A or D A 或 D
M	50	applicant 申请人	4×35x 4 行×35 个字
M	59	beneficiary 受益人	[134x] 4×35x [134 个字] 4 行×35 个字
M	32B	currency code，amount 币别代号、金额	3×15n 3 行，15 个数字
O	39A	percentage credit amount tolerance 信用证金额加减百分比	2n/2n 2 个数字/2 个数字
O	39B	maximum credit amount 最高信用证金额	13x 13 个字
O	39C	additional amounts covered 可附加金额	4×35x 4 行×35 个字
M	41A	available with…by… 向……银行押汇，押汇方式为……	A or D A 或 D
O	42C	drafts at… 汇票期限	3×35x 3 行×35 个字
O	42A	drawee 付款人	A or D A 或 D

续表

M/O (代号)	Tag (代号)	Field Name (栏位名称)	Content/Options (内容)
O	42M	mixed payment details 混合付款指示	4×35x 4 行×35 个字
O	42P	deferred payment details 延迟付款指示	4×35x 4 行×35 个字
O	43P	partial shipments 分批装运	1×35x 1 行×35 个字
O	43T	transshipment 转运	1×35x 1 行×35 个字
O	44A	loading on board/dispatch/taking in change at/from… 由……装船/发运/接管地点	1×65x 1 行×65 个字
O	44B	for transportation to… 装运至……	1×65x 1 行×65 个字
O	44C	latest date of shipment 最后装运日	6n 6 个数字
O	44D	shipment period 装运期间	6×65x 6 行×65 个字
O	45A	description of goods and/or services 货物描述及/或交易条件	50×65x 50 行×65 个字
O	46A	documents required 应具备单据	50×65x 50 行×65 个字
O	47A	additional conditions 附加条件	50×65x 50 行×65 个字
O	71B	charges 费用	6×35x 6 行×35 个字
O	48	period for presentation 提示期间	4×35x 4 行×35 个字
M	49	confirmation instructions 保兑指示	7x 7 个字
O	53A	reimbursement bank 清算银行	A or D A 或 D
O	78	instructions to the paying/accepting/negotiation bank 对付款/承兑/议付银行的指示	12×65x 12 行×65 个字
O	57A	"advise through" bank 收讯银行以外的通知银行	A, B or D A, B 或 D
O	72	sender to receiver information 银行间的通知	6×35x 6 行×35 个字

190

表 8-2　MT701 Issue of a Documentary Credit

M/O	Tag（代号）	Field Name（栏位名称）	Content/Options（内容）
M	27	sequence of total 合计次序	1n/1n 1 个数字/1 个数字
M	20	documentary credit number 信用证编号	16x 16 个字
O	45B	description goods and/or services 货物及/或劳务描述	50×65x 50 行×65 个字
O	46B	documents required 应具备单据	50×65x 50 行×65 个字
O	47B	additional conditions 附加条件	50×65x 50 行×65 个字

注：
① M、O 为 mandatory 与 optional 的缩写，前者是指必要项目，后者为任意项目。
② 合计次序是指本证的页次，共两个数字，前后各一，如"1/2"，其中"2"指本证共 2 页，"1"指本页为第 1 页。

第四节　银行保证书和国际保理

一、银行保证书

（一）银行保证书的含义和种类

银行保证书（banker's letter of guarantee，L/G），又称银行保函，是银行向受益人开立的保证文件，即由银行作为担保人，以第三者的身份保证被保证人如未向受益人履行某项义务，由担保银行承担保证书所规定的付款责任。按索偿条件，银行保证书可分为见索即付保函和有条件保函。前者是指保证人在受益人第一次索偿时就必须按保函所规定的条件支付款项。可见，此种保函保证人承担第一性的、直接的付款责任。后者是指在符合保函规定的条件下，保证人才向受益人付款，可见，此种保函的保证人承担的是第二性的、附属的付款责任。

银行保函的使用范围很广，不仅适用于货物的买卖，而且广泛适用于其他国际经济合作领域，如国际工程承包、招标与投标等。银行保证书按其用途不同可分为投标保证书、履约保证书和还款保证书三种。

（二）银行保证书的当事人

（1）委托人（principal），又称申请人，即要求银行开立保证书的一方，如投标保证业务项下的投标人、出口保证业务中的货物出口人、进口保证业务中的货物进口人，还款保证书项下，一般为预付款或借款的受款人。

（2）受益人（beneficiary），即收到保证书并凭此向银行索偿的一方。

(3) 保证人（guarantee），也称担保人，即保证书的开立人。

银行保证书除上述三个基本当事人外，有时还可能有转递行（transmitting bank）、保兑行（confirming bank）和转开行（reissuing bank）等当事人。

（三）银行保证书与信用证的区别

银行保证书和信用证都属银行信用，但两者具有以下本质区别。

（1）在信用证方式下，只要受益人提交单据符合信用证的规定，开证行负首要付款责任，受益人是向开证行或其指定行交单，而不是向开证人交单；而在使用保证书方式下，只有在委托人不付款时，保证人才负责办理付款，如果委托人已付款，则保证人的责任得以解除。

（2）信用证一般使用于国际货物买卖中，当受益人提交单据符合信用证条款，银行便付款；而保函的用途广泛，其付款仅凭受益人提交规定的声明书或凭证，即信用证用于履约，而保证书则用于违约。

（3）信用证只凭符合信用证条款规定的单据付款，而与凭此开立的合同无关；而采用保函时，如果受益人与委托人的意见有分歧，保证银行往往会被卷入交易双方的合同纠纷中。

二、国际保理

国际保理业务（international factoring）是一项流行于欧美等国的金融服务，是继汇付、托收、信用证之后出现的新型国际结算方式。与传统的结算方式不同，它集结算、融资、风险保障于一体，是为出口商提供的一项包括对买方资信调查、百分之百的风险担保、催收应收账款、财务管理以及融通资金的综合性金融服务。

参与国际保理业务的当事人主要有四个，即销售商、债务人、出口保理商和进口保理商。销售商是对所提供的货物或劳务出具发票，其应收账款由出口保理商作为保理的当事人。债务人即进口商，是对由提供货物或劳务所产生的应收账款负有付款责任的当事人。出口保理商根据与出口商签订的业务协议，为出口商提供进口商资信调查、购入应收账款、催收款项、贸易融资、风险担保及账务管理的服务。进口保理商主要代收应收账款、负责核准信用证信用额度、提供信用风险担保、向进口商催收账款。进口保理商应对其核准的信用额度内的坏账损失承担付款责任。

由于保理业务有许多优点，其发展非常迅猛。1968 年，国际保理商联合会（Factor Chain International）成立。1993 年 2 月，中国银行作为首家中资银行正式加入该联合会。目前，我国出口企业可通过三种方式从中国银行获得资金融通：① 出口合同抵押贷款，银行在不超过信用证额度条件下，可按合同额的 70%～80%核贷；② 出口企业凭运输单据可向银行申请按发票金额的 80%预垫货款；③ 出口企业凭汇票和运输单据向银行申请发票金额贴现。

目前，我国国际保理业务还处在起步尝试阶段，正确地采用这种结算方式将有利于我国外贸出口业务的发展。

第五节　不同结算方式的选用

在国际贸易中，一笔交易通常只使用一种支付方式，但在交易双方很难就某一支付方式达成一致的情况下，或由于具体业务的需要，实际业务中有时可选择将两种或两种以上的结算方式结合起来使用。

一、信用证与汇付相结合

信用证与汇付相结合是指部分货款用信用证结算，余数用汇付方式结算。例如，对于矿砂、煤炭、粮食等初级产品的交易，买卖双方约定按信用证规定凭装运单据先付发票金额的若干成，余数待货到目的地后，根据检验的实际结果，按实际品质或数量确定余额，用汇付方式支付。又如，对于特定的交易，需要进口人预付定金的，可用汇付方式支付定金，而余款用信用证方式结算。合同中付款条款可做如下规定：

"买方同意在本合同签字之日起 1 个月内将本合同总金额××%的预付款以电汇方式汇交卖方，其余××%金额用信用证方式结算。"（…% of the total contract value as advance payment shall be remitted by the buyer to the seller through telegraphic transfer within one month after signing this contract, while the remaining ××% of the invoice value against the draft on L/C basis.）

二、信用证与托收相结合

信用证与托收相结合是指部分货款用信用证结算，余数用托收方式结算。其具体操作应为开两套汇票，其中，信用证部分的货款凭光票付款，而全套单据附在托收部分汇票项下，按即期付款交单方式托收。例如，在信用证中明确规定"买方在全数付清发票金额后方可交单"的条款。在实务中，合同的付款条款可做如下规定：

"货款 50%应开立不可撤销信用证，余款 50%见票后即期付款交单。全套货运单据随于托收项下，于申请人付清发票全部金额后交单。如进口人不付清全部金额，则货运单据由开证银行掌握，听凭卖方处理。"（50% of the invoice value is available against payment by irrevocable L/C, while the remaining 50% of documents be held against payment at sight on collection basis. The full set of the shipping documents of 100% invoice value shall accompany the collection item and shall only be released after full payment of the invoice value. If the importer fails to pay full invoice value, the shipping documents shall be held by the issuing bank at the exporter's disposal.）

三、跟单托收与备用信用证或银行保证书相结合

有时，跟单托收项下的货款会遭进口人拒付，此时可采用备用信用证或银行保证书追回货款，即在采用备用信用证或银行保证书和跟单托收方式时，如果遭买方拒付，可由卖

方开立汇票与签发买方拒付的声明书，要求开证银行进行偿付，但其有效期必须晚于托收付款期限后一段适当的时间，以便被拒付后能有足够的时间办理追偿手续。合同中的付款可做如下规定：

"即期或远期付款交单托收，并以卖方为受益人的总金额为××的备用信用证或银行保证书。备用信用证或保证书应规定如下条款：如××号合同跟单托收项下的付款人到期拒付，受益人有权凭该备用信用证或保函开立汇票，连同一份××号合同被拒付的声明文件索取货款。"（Payment available by D/P at sight or ×× days after sight with a standby L/C or L/G in favour of seller for the amount of ×× as undertaking. The stand by L/C or L/G should bear the clause: In case the drawee of the Documentary collection under S/C No. ×× fails to honor the payment upon due date, the Beneficiary has the right to draw under this stand by L/C or L/G by their draft with a statement stating the payment on S/C NO.××dishonored.）

在国际贸易实务具体业务过程中，由于受不同国家或地区不同客户、不同交易等多方面因素的影响，还有其他一些不同结算方式的使用，例如，跟单托收与预付押金相结合、托收与汇付相结合，汇付、银行保函和信用证相结合等。另外，在成套设备和大宗交易的情况下，一般采用分期付款（pay by installments）和延期付款（deferred payment）的方式。总之，要根据具体业务的需要选择不同的结算方式。

本章小结

《联合国国际货物销售合同公约》明确规定：支付货物价款是买方的基本义务，收取货款则是卖方的主要权利。而当前国际贸易货款结算首先要涉及结算工具，即票据——汇票、本票、支票。本章重点介绍了汇票，要求掌握汇票的基本内容和使用程序，了解我国《票据法》的有关内容。

目前，国际贸易货款的结算方式主要有汇付、托收、信用证、保函、国际保理等，其中，信用证是国际贸易中使用得最为广泛的一种银行信用结算方式。由此，外贸工作人员对于信用证的内容、有关当事人、一般操作程序、特点、性质和审核等都应该掌握。同时，我们应该根据具体业务的要求，灵活运用不同结算方式，真正做到在出口业务中安全收汇；在进口业务中及时进口、安全收货。

值得注意的是，由于国际货款的结算直接关系到买卖双方的切身利益，因此，在实际业务过程中，外贸工作人员一方面要熟悉与国际贸易有关的法律规则、惯例和常识，另一方面要结合实际业务的具体情况，在整个外贸业务过程中做好各方面工作，为顺利结算奠定基础。

本章重要概念

汇票　　　提示　　　拒付　　　　　　受益人　　　　　国际保理

贴现	追索	通知行	备用信用证	本票
汇付	托收	开证行	银行保证书	出票
见票	票汇	付款行	开证申请人	背书
电汇	SWIFT	承兑交单	付款交单	支票
信汇	议付行	不可撤销信用证		承兑

思考题

1．解释下列名词：汇票、本票、支票、出票、承兑、背书、贴现、顺汇、逆汇、议付、跟单信用证。

2．请说出下列名词的英文全称、中文译名及其基本含义：M/T、T/T、D/D、D/P、T/R、D/A、L/C、L/G。

3．试比较汇票、本票和支票的异同。

4．什么是跟单托收？它可分为几种？

5．信用证有何特点？

6．试简述银行保证书与信用证的异同。

7．何谓国际保理？它有何特点？

8．某出口公司接到日本银行开来的不可撤销信用证，该证有下列条款："Credit amount USD50 000 according to invoice 75% to be paid at sight, the remaining 25% to the paid at 60 days after shipment arrival."出口公司在信用证有效期内，通过议付行向开证行提交了单据，经检验单证相符，开证行即付75%货款，计37 500美元。但货到60天之后，开证行以开证人声称到货品质欠佳为理由，拒付其余25%的货款。请问：开证行拒付是否有道理？为什么？

9．我国某外贸公司以CIF鹿特丹与某外商成交出口一批货物，按发票金额110%投保一切险及战争险。售货合同中的支付条款只简单填写了"Payment by L/C"（信用证方式支付）。国外来证条款中有如下文句："Payment under this Credit will be made by us only after arrival of goods at Rotterdam"（该证项下的款项在货到鹿特丹后由我行支付）。受益人在审证时未发现此文句，因此未请对方修改删除。该外贸公司在交单结汇时，银行也未提出异议。不幸的是，60%货物在运输途中被大火烧毁，船到目的港后，开证行拒付全部货款。请问：对此应如何处理？为什么？

10．根据所给合同审核国外来证。

SALES CONFIRMATION

S/C NO: 204361

DATE: June 15, 2020

THE BUYER: The Eastern Trading Company, Osaka, Japan

THE SELLER: Shanghai Donghai Garments Imp. & Exp. Corp., Shanghai, China
NAME OF COMMODITY AND SPECIFICTION:
  Pure Cotton Men's Shirts
  Art. No. 9-71323
  Size Assortment S/3 M/6 and L/3 per dozens
QUANTITY: 5000 dozens 3% more or less at seller's option
PACKING: Each piece in a polybag, half a dozen to a paper box, 10 dozens to a carton
UNITE PRICE: US$120.00 per doz. CIFC 5% Kobe/Osaka
SHIPMENT: During Aug./Sept 2020. In two equal shipments. Transshipment is prohibited, partial shipments are allowed.
INSURANCE: To be covered by the seller for 110% of invoice value against All Risks as per China Insurance Clause dated Jan. 1, 1981.
PAYMENT: By irrevocable letter of credit payable at sight, to reach the seller not later than July 20, 2020 and remain valid for negotiation in China until the 15th days after the date of Shipment.

IRREVOCABLE DOCUMENTARY LETTER OF CREDIT
FUJI BANK,LTD.
1-CHOME,CHIYODA-KU
C.P.O.BOX 148 ,TOKYO,JAPAN

L/C No.219307
July 15, 2020

Advising Bank:
Bank of China, Shanghai

Beneficiary: Amount: not exceeding
Shanghai Donghai Carments Imp. & Exp. Corp.   US$600 000.00
Shanghai China

Dear Sir:

  At the request of THE EASTERN TRADING COMPANY, Osaka, Japan. We here issue in your favour this irrevocable documentary Credit No.219307 which is available by acceptance of your draft at 30 days after sight for full invoice value drawn on FuJi Bank Ltd. New York Branch, New York, N.Y.U.S.A. bearing this clause:"Drawn under documentary Credit No. 219307 of FuJi Bank Ltd." accompanied by the following documents:

  (1) Signed Commercial Invoice in four copies.

  (2) Full set clean on board Bills of Lading made out to order and blank endorsed marked "freight collect" and notify applicant.

  (3) Insurance Policy for full Invoice value of 150% covering all Risks as per ICC dated Jan.1,1981.

(4) Certificate of Origin issued by the China Exit and Entry Inspection and Quarantine Bureau.

(5) Inspection Certificate issued by applicant.

Covering: 5000 dozens Pure Cotton Men's Shirts

    Art. No. 9-71323

    Size Assortment: S/3、M/6、L/3 per dozen

    At USD 120 CIFC5% Kobe/Osaka, packed In cartons of 10 dozens each.

Shipment from Chinese Port to Yokohama at buyer's option not later than Sept. 30, 2020.

Transshipment is prohibited, partial Shipments are allowed.

The credit is valid in Shanghai,China.

Special conditions: Documents must be presented within 15 days after date of Issuance of the Bills of Lading, but in any event within this credit validity.

We hereby undertake to honor all drafts drawn in accordance with the terms of this credit.

It is subject to the Uniform Customs and Practice for Documentary Credit(2007 Revision), International Chamber of Commerce Publication No.600.

For FuJi Bank Ltd.
-sighed-

学生课后阅读参考文献

[1] 陈岩，刘玲. UCP600 与信用证精要[M]. 北京：对外经济与贸易大学出版社，2007.

[2] 梁琦. 国际结算[M]. 北京：高等教育出版社，2009.

[3] 吴国新，李元旭. 国际贸易单证实务[M]. 北京：清华大学出版社，2009.

[4] 顾民. 信用证特别条款与 UCP500 实务[M]. 北京：对外经济贸易大学出版社，2007.

[5] 中华人民共和国票据法[M]. 北京：中国民主法制出版社，1999.

[6] 王保树. 中国商事法[M]. 北京：人民法院出版社，2002.

[7] 吴国新. 国际贸易理论·政策·实务[M]. 上海：上海交通大学出版社，2009.

[8] 应诚敏，刁德霖. 国际结算[M]. 北京：高等教育出版社，2009.

[9] 陈岩. 国际贸易单证教程[M]. 北京：高等教育出版社，2008.

[10] 中国银行. http://www.bank-of-china.com.

第九章　索赔、不可抗力和仲裁

> **学习目的与要求**
> 要求通过本章的学习，理解和掌握国际货物买卖中涉及索赔、不可抗力和仲裁的知识，明确如何在贸易合同中拟订索赔、不可抗力和仲裁条款。

开篇案例：对不可抗力的理解

【案情】

上海某贸易商从阿根廷进口普通豆饼 20 000 吨，交货期为 8 月月底，拟转售欧洲。然而，4 月份，阿商原定的收购地点发生百年未见洪水，收购计划落空。阿商以不可抗力为理由，要求免除交货责任，上海进口公司回电拒绝。阿商拒不履约，上海进口商只能在阿商交货时间从国际市场上补进，然后向阿商提出索赔，但对方亦拒绝。于是，上海进口公司根据仲裁条款规定，向仲裁机构提出仲裁。请问，阿商以不可抗力为理由要求免除交货责任是否合理？上海公司的索赔要求是否合理？仲裁庭将做出怎样的裁决？

【分析】

首先，本案涉及进出口双方均为公约的成员国，由于双方当事人未排除对公约的适用，因此本案适用《联合国国际货物销售合同公约》；其次，根据《联合国国际货物销售合同公约》的规定，本案中阿商原定的收购地点在 4 月份发生百年未见洪水，不构成不可抗力，因为事件的后果不是不可克服的，在本案中，合同规定进口的是普通豆饼，普通豆饼属种类货，可以替代，合同不要求特定的产地，阿商应从其他地区或国家购买货物交货；再次，洪水发生距离阿根廷商人交货还有 4 个月，时间非常充裕。因此，仲裁机构裁决本案不构成不可抗力，即阿商以不可抗力为理由要求免除交货责任是没有道理的。阿商应对上海进口公司从国际市场上补进而造成的损失进行赔偿。

由此可见，在国际贸易中，买卖双方发生争议时，首先要明确什么是不可抗力、何时才能进行索赔，以及发生争议如何解决等问题。本章将介绍这些内容。

第一节　索　　赔

一、违约责任

（一）违约与争议

买卖双方通过订立合同，各自都需要承担合约中规定的义务，同时享有一定的权利。

在实际履约中，一方未能履行或未能全部履行自己的义务，即构成违约（breach of contract）。

争议（disputes），又称争端或争执，是一方当事人认为对方未能全部或部分履行合同规定的责任和义务而引起的纠纷。

引起争议的原因大致有卖方违约、买方违约、合同条款规定不明确、交易的一方或者双方在理解上有误或不统一等。如果双方对违约的认识有分歧，或对违约的责任及其后果的认识不一致，就会产生争议。

（二）对违约行为的不同解释

买卖合同是对当事人双方具有约束力的法律文件，违反了合同义务，就应承担违约的法律后果。违约的行为不同，所引起的法律后果及应承担的责任也有所不同。在这方面，各个国家在法律上的规定不完全统一。

1. 英国《货物买卖法》（1979年修订本）

《货物买卖法》把违约分为违反要件（breach of condition）和违反担保（breach of warranty）两种。所谓违反要件，是指违反合同的主要条款，而违反担保则是指违反合同的次要条款。至于合同中哪些条款属于要件，哪些条款属于担保，该法律中并无明确规定，需要根据"合同所做的解释来判断"。不过，人们一般都认为与交易的标的物直接相关的品质、数量、包装、交货期等条件属于要件，与标的物不直接联系的为担保。根据英国法律的规定，如果一方违反要件，受到损害的另一方有权因之解除合同并要求损害赔偿；而如果违约方违反的是合同的担保，受害方只能要求损害赔偿，而不能解除合同。值得注意的是，英国法律同时规定，受害方有权把违反要件作为违反担保处理，只要求赔偿损失，不主张解除合同。此外，还有一种违约类型，称为违反"中间性条款或无名条款"（breach of intermediate/innominate terms）。所谓中间性或无名条款，是指既不是要件，也不是担保的合同条款。违反这类条款应承担的责任要视违约的性质及其后果是否严重而定。如性质和后果严重，受损害的一方有权解除合同，并要求损害赔偿，否则，只能要求损害赔偿，而不能解除合同。

2. 《联合国国际货物销售合同公约》

《联合国国际货物销售合同公约》把违约分为根本性违约（fundamental breach）和非根本性违约（non-fundamental breach）。所谓根本性违约，是指由于一方当事人违反合同的行为给另一方当事人造成实质性的损害，如卖方完全不交付货物，买方无理拒收货物、拒付贷款即为根本性违约。这种根本性违约是当事人的主观行为所致。如果是当事人不能预知而且处于相同情况的另外一个通情达理的人也不能预知会发生这种结果，那就不属于根本性违约。如果一方当事人根本违反合同，另一方当事人可以宣告合同无效，并要求损害赔偿，否则，只能要求损害赔偿。

3. 美国的法律规定

美国法律规定，若双方当事人中任何一方违约，以致另一方无法取得该交易的主要利益，则是"重大违约"（material breach）。在此情况下，受损害的一方有权解除合同，并要求损害赔偿。如果一方违约，损害较为轻微，并未影响对方在该交易中取得的主要利益，则为"轻微违约"(minor breach),受损害的一方只能要求损害赔偿而无权解除合同。

4. 我国的法律规定

我国法律规定,"另一方违反合同,以致严重影响订立合同所期望的经济利益","当事人一方有权通知另一方解除合同","合同的变更、解除或者终止,不影响当事人要求赔偿损失的权利"。

由此可见,对于不同违约行为应承担的责任,不同法律和国际条约有不同的规定,因此,交易双方应在合同中订好索赔条款,在实际业务中灵活运用并严格执行。

二、索(理)赔及索赔对象

(一)索(理)赔的含义

索赔(claim)是指买卖合同的一方当事人(受损方)因另一方当事人违约致使其遭受损失而向另一方当事人(违约方)提出损害赔偿的行为。违约方对受损方所提出的赔偿要求予以受理并进行处理,称为理赔(settlement of claim)。索赔与理赔是一个问题的两个方面,对受损方而言,称作索赔;对违约方而言,称作理赔。

(二)索赔对象

1. 卖方

由于卖方原因造成的损失主要有:① 货物品质规格与合同不符,如掺杂使假、以次充好、以旧顶新,还包括凭样品成交时所交货物与成交样品不符等;② 交货数量不足、重量短少;③ 包装不良或不符合合同要求造成货物残损;④ 未按合同规定的交货期限交货或不交货;⑤ 卖方其他违反合同或法定义务的行为。买方可凭商检部门出具的检验证书,在索赔有效期内向卖方提出索赔。

2. 买方

由于买方原因造成的损失主要有:① 不开或迟开信用证;② 不按合同付款赎单;③ 无理拒收货物;④ 未按期派船接货等;⑤ 买方其他违反合同或法定义务的行为。由于以上行为而使卖方造成货物积压、收不到贷款等损失,卖方可向买方提出索赔。

3. 承运人

承运人未履行基本义务所造成的货物损失主要有:① 承运人短卸、误卸造成货物短少;② 托运货物在运输途中遗失;③ 承运人未履行"管制货物"的基本义务,如积载不良、配载不当、装卸作业疏忽等造成货物损坏。遇上述情况,当事人可凭商检证书向承运人提出索赔,但必须注意轮船公司对其承运货物的责任范围以提单所注明的海关规则和其他有关规则、公约规定为限,超出这些规定的,轮船公司则概不负责。此外,还需分清承运人责任是船方、铁路运输部门还是航空、邮政部门的责任,必须对真正责任人提出索赔。

4. 保险公司

对于运输途中发生的保险项下的事故导致被保险货物受到的损失,保险人可向保险公司提出索赔。

第九章　索赔、不可抗力和仲裁

> **案例 9.1**
> 某公司以 CIF 鹿特丹出口食品 1000 箱，以即期信用证付款，货物装运后，凭已装船清洁提单和已投保一切险及战争险的保险单向银行收妥货款，货到目的港后，进口人复验发现下列情况：（1）该批货物共 10 个批号，抽查 20 箱，发现其中 2 个批号涉及 200 箱内含沙门氏细菌超过进口国的标准。（2）收货人只实收 998 箱，短少 2 箱。（3）有 15 箱货物外表情况良好，但箱内货物共短少 60 千克。
> 试分析以上情况，进口人应分别向谁索赔，并说明理由。

三、索赔条款

（一）索赔条款的内容

买卖双方为了在索赔和理赔工作中有所依据，便于处理纠纷，一般在合同中订立索赔条款。买卖双方商订合同时，可根据不同情况做不同的规定。在一般的商品买卖合同中，大多只规定异议和索赔条款，有的还同检验条款合并起来规定；在买卖大宗商品和成套设备的合同中，除订有异议和索赔条款外，一般还另订罚金条款。

1. 异议和索赔条款（discrepancy and claim clause）

异议和索赔条款主要是针对卖方交货的品质、数量或包装不符合合同的规定而在买卖合同中订立的。在异议和索赔条款中，应规定索赔依据、索赔期限、索赔的办法或金额等内容。

（1）索赔依据。主要是指双方认可的商检机构出具的检验证书，包括法律依据和事实依据两个方面。前者是指贸易合同和适用的法律、惯例，后者是指违约事实的书面文件，即有资格的机构出具的书面证明、当事人的陈述和其他旁证。如果证据不全、不清，出证机构不符合要求，则可能遭到对方拒赔。

（2）索赔期限。索赔期限是指索赔方向违约方提出索赔的有效时限。逾期提赔，受损害的一方即丧失索赔权，违约方可以不受理。索赔期限的长短因商品的不同类型而不同，由双方约定。此外，还要对索赔期限的起算时间做出具体规定。起算时间的规定方法主要有以下几种：① 货物抵达目的港后××天起算。② 货物到达目的港卸离海轮后××天起算。③ 货物到达买方营业处所或用户所在地后××天起算。④ 货物经检验后××天起算。《联合国国际货物销售合同公约》规定，如买卖合同未规定索赔期限且到货检验又不易发现货物缺陷的，则买方行使索赔权的最长期限为实际收到货物起不超过 2 年。

（3）索赔的办法或金额。由于违约的情况比较复杂，究竟在哪些业务环节上违约和违约的程度如何等在订约时难以预计，因此，对于索赔的办法或索赔的金额也难以做出明确具体的规定。在一般的买卖合同中，对于这一问题都只做笼统规定。

2. 罚金条款（penalty）

罚金条款又称违约金条款，针对当事人不按期履约而订立。主要是规定一方未按合同规定履行其义务时，如卖方未按期交货或买方未按期派船、开证，应向对方支付一定数额的约定罚金，以补偿对方的损失。罚金实际上就是违约金，其主要内容是规定罚金或违约金的数额以补偿对方的损失。

罚金条款一般适用于卖方延期交货，或者买方延迟开立信用证或延期接货等情况。

罚金的数额大小取决于违约时间的长短，但罚金条款中要规定罚金的最高限额。另外，在条款中规定罚金的起算日期时有两种不同的做法：一种是合同规定的交货期或开证日期终止后立即起算；另一种是规定优惠期，即在合同规定的有关期限终止后再宽限一段时间，在优惠期内免予罚款，待优惠期届满后起算罚金。需要注意的是，违约方在支付罚金后并不能解除其履行合同的义务，违约方支付罚金外，仍应履行合同义务，如因故不能履约，则另一方在收受罚金之外仍有权索赔。

（二）索赔条款示例

1. 异议与索赔条款

"买方对于装运货物的任何异议，必须于货物抵达提单所列明的目的港××天内提出，并须提供经卖方认可的公证机构出具的检验报告。属于保险公司、轮船公司或其他有关运输机构责任范围内的索赔，卖方不予受理。"

"Any claim by the Buyers regarding the goods shipped shall be filed within ×× days after the arrival of the goods at the port of destination specified in relative Bill of Lading and supported by a survey report issued by a surveyor approved by the Sellers. Claims in respect of matters within responsibility of insurance company, shipping company/other transportation organization will not be considered or entertained by the Seller."

2. 罚金条款

"如卖方不能如期交货，在卖方同意由付款行从议付的贷款中或从买方直接支付的贷款中扣除罚金的条件下，买方可同意延期交货。延期交货的罚金不得超过延期交货部分金额的 5%。罚金按每七天收取延期交货部分金额的 0.5%，不足七天者按七天计算。如卖方未按合同规定的装运期交货超过 10 周，买方有权撤销合同，并要求卖方支付上述延期交货罚金。"

"In Case of delayed delivery, the Sellers shall pay the Buyers for every week of delay a penalty amounting to 0.5% of the total value of the goods whose delivery has been delayed. Any fractional part of a week is to be considered a full week. The total amount of penalty shall not, however, exceed 5% of the total value of the goods involved in the late delivery and is to be deducted from the amount due to the Sellers by the paying bank at the time of negotiation, or by the Buyers direct at the time of payment. In case the period of delay exceeds 10 weeks after the stipulated delivery time, the Buyers have the right to terminate this contract but the Sellers shall not thereby be exempted from payment of penalty."

第二节 不可抗力

一、不可抗力的范围及事件的认定

（一）不可抗力的含义

不可抗力（force majeure）是指买卖合同签订后，不是由于合同当事人的过失或疏忽，而是由于发生了合同当事人无法预见、无法预防、无法避免和无法控制的事件，以致不能履行或不能如期履行合同，发生意外事故的一方可以免除如期履行合同的责任，对方无权要求赔偿。

在英美法中有"合同落空"原则的规定，在大陆法系国家的法律中有所谓"情势变迁"或"契约失效"的原则的规定，尽管各国对不可抗力有不同的叫法与说明，但其精神原则大体相同。

不可抗力条款属于一种免责条款。交易双方在买卖合同中对各自承担的义务做出明确规定后，一般情况下，当事人应严格遵照执行，任何一方未能履行义务都应承担损害赔偿责任。但是，如果一方当事人未按合同规定办事是由于不可抗力事故造成的，那么他就可以免除不履约或不完全履约的责任。

（二）不可抗力的形成原因

不可抗力的形成原因通常有两种：一种是自然原因引起的，如水灾、旱灾、暴风雪、地震等；另一种是社会原因引起的，如战争、罢工、政府禁令、封锁禁运等。

（三）不可抗力应具备的条件

并非所有能够阻碍合同履行的意外事故都可以构成不可抗力事故，根据对于不可抗力的一般解释，可以认为，构成不可抗力事故需要具备以下三个条件。

1. 事故必须是订立合同之后发生的

这是指在订立合同时，并没有某种事故发生。如果订立合同时，某种事故已经存在，对当事人来讲，则不具备偶然性、突发性，当事人在订立合同条款时已考虑到了该事故对合同的影响，那么这种事故就不属于不可抗力事故。

2. 事故不是当事人的过失或故意行为造成的

遭受事故的一方对该事故的发生并无责任，如果是由于当事人的错误行为导致合同无法履行，则不能视为不可抗力事故。

3. 事故是当事人无法预见、无法预防、不能控制的

这是指当事人在订约时并不能预料到某事故必然会发生，即使估计到事故发生的可能性，也没有能力避免或防止它发生。

> **案例9.2**
>
> 我国上海某公司从法国某贸易公司进口国际通用标准的化肥一批，7月起分批装运。合同签署后，该种商品在国际市场的价格猛涨，高出合同价20%。6月25日，对方来电，称其所属一家化肥厂在生产过程中发生爆炸，工厂全部被毁，要求援引合同中的不可抗力条款解除合同。试问我方应如何处理？

二、不可抗力条款

（一）不可抗力条款的内容

买卖合同签订之后，由于一些意外事故的出现使得合同的履行受阻的情况在国际贸易中时有发生。为了妥善处理这一问题，避免不必要的争执，防止一方当事人任意扩大或缩小对于不可抗力事故范围的解释，或在不可抗力事故发生后针对履约问题提出不合理的要求，双方当事人应在合同中合理规定，尽可能明确具体的不可抗力条款。

1. 不可抗力事故的范围规定

在买卖合同中规定不可抗力条款时，首先应对哪些事故属于不可抗力事故划定一个范围。因为这一问题与双方当事人的利益有密切的关系。在我国的进出口合同中，对于规定不可抗力事故的范围，基本上有以下三种不同做法。

（1）列举式规定。在合同中详细列出不可抗力事故，合同中没有明确的均不作为不可抗力事故对待。

（2）概括式规定。在合同的不可抗力条款中不具体订明哪些属于不可抗力事故，而只是以笼统的语言做出概括的规定。

（3）综合式规定。将上述列举式和概括式规定方法结合起来，列明经常可能发生的不可抗力事故（如战争、洪水、地震、火灾等）的同时，再加上类似"以及双方同意的其他不可抗力事故"的文句。如果发生合同未列明的意外事故，双方当事人可以协商解决。

列举式规定明确肯定，在理解和解释上不容易产生分歧，但一旦出现未列举的其他事故，它就丧失了引用不可抗力条款达到免责的权利，因此不是最好的办法。概括式规定虽然包含面广，但过于笼统、含义模糊、解释伸缩性大，容易引起争议，一般不宜采用。综合式规定方法弥补了前两种规定方法的不足，做到了既明确具体，又有一定的灵活性，因此是一种可取的办法，在我国进出口合同中，一般都采取这种规定办法。

2. 不可抗力事故的后果规定

不可抗力事故引起的后果主要有两种：一种是解除合同，另一种是变更合同。对于什么情况下可以解除合同，什么情况下不能解除合同，只能变更合同（延迟履行、减量履行、替代履行合同），则要根据该项事故的性质及其对履行合同的影响程度来决定，也可以由双方当事人通过协商在买卖合同中加以具体规定。如果合同中未做出明确规定，一般遵循的原则是：如果不可抗力事故的发生使合同的履行成为不可能，则可解除合同，而如果不可抗力事故只是暂时地阻碍了合同的履行，那就只能延迟履行合同。国外有些合同中规定，

第九章 索赔、不可抗力和仲裁

发生不可抗力事故后，遭受事故的一方可以暂不履行合同至一段时间（如2～3个月），届时，如果仍无法履行合同，则可以解除合同；如果影响履约的事故已不存在，则可以继续执行合同。

3．发生事故后通知对方的期限和方式的规定

按国际惯例，当发生不可抗力事故以致影响到合同的履行时，遭受事故的一方必须按约定的通知期限和通知方式，将事故情况如实、及时地以电报通知对方，并应在15天内以航空挂号信提供事故的详情及其对合同履行的影响程度的证明文件，对方也应在接到通知后予以答复，如有异议应及时提出。为了明确责任，一般在合同的不可抗力条款中规定一方发生不可抗力事故后通知对方的期限和方式。

4．出具有关证明文件的机构的规定

当一方援引合同中的不可抗力条款要求免责时，必须按约定向对方提供一定机构出具的证明文件，作为发生不可抗力事故的证据。在国外，相关证明文件一般是由当地的商会或公证机构出具；在我国，是由中国国际贸易促进委员会及其设在各地的分支机构出具。为明确起见，双方在不可抗力条款中应对出证机构的名称做出具体规定。

（二）不可抗力条款示例

"如由于战争、地震、水灾、火灾、暴风雨、雪灾或其他不可抗力的原因致使卖方不能全部或部分装运合同货物，或延迟装运合同货物，卖方对于这种不能装运或延迟装运本合同货物不负有责任。但卖方须用电报或电传通知买方，并须在××天内以航空挂号信件向买方提交由中国国际贸易促进委员会出具的证明此类事件的证明书。"

"If the shipment of the contracted goods is prevented or delayed in whole or in part by reason of war, earthquake, flood, fire, storm, heavy snow or other causes of Force Majeure, the seller shall not be liable for non—shipment or late shipment of the goods of this contract. However, the Seller shall notify the Buyer by Cable or telex and furnish the latter within×× days by registered airmail with a certificate issued by the China Council for the Promotion of International Trade attesting such event or events."

第三节 仲 裁

一、仲裁的含义

仲裁（arbitration）是指国际商事关系的双方当事人在争议发生后，依据仲裁条款或仲裁协议，自愿将争议提交某一临时仲裁机构或某一国际常设仲裁机构审理，由其根据有关法律或公平合理原则做出裁决，从而解决争议。

二、仲裁是解决争议的途径之一

在国际贸易中，情况复杂多变，买卖双方签订合同后，往往会由于种种原因没有如约

履行，从而引起交易双方间的争议。对于国际贸易中发生的争议可以采取不同的解决方式，归纳起来主要有协商、调解、诉讼和仲裁四种做法。

（一）协商（consultation, negotiation）

协商又称友好协商，指在发生争议后，由当事人双方直接进行磋商，自行解决纠纷。在协商过程中，当事人通过摆事实、讲道理，弄清是非曲直和责任所在，必要时，由双方各自做出一定的让步，最后达成和解。这种做法可节省费用，而且气氛和缓、灵活性大，有利于双方贸易关系的发展，是解决争议的好办法，但这种办法有一定的局限性。

（二）调解（conciliation）

调解是指发生争议后，双方协商不成，则在争议双方自愿的基础上，邀请第三者出面从中调解。调解人的作用是帮助当事人弄清事实、分清是非，并找到一种令双方均可接受的解决办法。调解在性质上与协商并没有区别，最后的解决办法还须经当事人一致同意才能成立。实践表明，调解也是解决争议的一种好办法，我国仲裁机构采取调解与仲裁相结合的办法取得了良好的效果。

（三）诉讼（litigation）

诉讼即打官司，由司法部门按法律程序来解决双方的贸易争端。这通常是由于争议所涉及的金额较大，双方都不肯让步，不愿或不能采取友好协商或仲裁方式，或者一方缺乏解决问题的诚意，这种情况下，买卖双方可以通过向法院提出诉讼来解决争端。

（四）仲裁（arbitration）

仲裁亦称公断。仲裁方式既不同于协商和调解，又不同于诉讼。协商和调解强调自愿性，双方都同意才能进行。而诉讼不存在自愿问题，诉讼的提起可以单方面进行，只要双方当事人的一方向具有管辖权的法院起诉，另一方就必须应诉，争议双方都无权选择法官，审理后做出的判决也具有强制性。仲裁方式既有自愿性的一面，又有强制性的一面。自愿性主要体现在仲裁的提起要有双方达成的协议，强制性则表现在仲裁裁决是终局性的，双方必须遵照执行。对于双方当事人来说，仲裁比诉讼具有较大的灵活性，因为仲裁员不是由国家任命而是由双方当事人指定的，而且仲裁员一般都是贸易界的知名人士或有关方面的专家，比较熟悉国际贸易业务，处理问题一般比法院迅速及时，费用也比较低。由于这些原因，当争议双方通过友好协商不能解决问题时，一般都愿意通过仲裁方式裁决。

三、仲裁协议

（一）仲裁协议的形式

仲裁协议（arbitration agreement）是双方当事人表示愿意将他们之间的争议交付仲裁机构进行裁决的书面协议，也是仲裁机构和仲裁员受理争议案件的依据。仲裁协议必须采用书面形式，具体有两种：一种是在争议发生之前，双方当事人在合同中订立的，表示同意把将来可能发生的争议提交仲裁裁决的协议。通常为合同中的一个条款，称为仲裁条款（arbitration clause）。另一种形式是当事人在争议发生之后达成的，表示同意将已经发生的争议提交仲裁解决的协议，这种协议称为"提交仲裁的协议"（submission）。两种形式的仲裁协议的法律效力是相同的。

（二）仲裁协议的作用

（1）约束双方当事人按协议规定以仲裁方式解决争议，而不得向法院起诉。

（2）排除法院对有关争议案的管辖权。各国法律一般都规定法院不受理双方订有仲裁协议的争议案件，包括不受理当事人对仲裁裁决的上诉。如果一方违背仲裁协议，自行向法院起诉，另一方可根据仲裁协议要求法院不予受理，并将争议案件交仲裁庭裁断。

（3）使仲裁机构和仲裁员取得对有关争议案的管辖权。仲裁协议是仲裁机构受理案件的依据，任何仲裁机构都无权受理无书面仲裁协议的案件。

仲裁协议的以上三方面作用是互相联系的。双方当事人在签订合同时如果愿意把日后可能发生的争议交付仲裁，而不愿诉诸法律程序，就应在合同中订立仲裁条款，以免一旦发生争议，双方因不能达成提交仲裁的协议而不得不诉诸法律。在业务中，如果买卖双方没有事先在合同中订立仲裁条款，待争议发生之后，由于双方处于对立地位，往往无法就提交仲裁问题取得一致意见，原告就有可能直接向法院起诉，在这种情况下，任何一方都无法迫使对方接受仲裁。

> **案例 9.3**
>
> 上海某进出口公司出口一批货物，合同中明确规定一旦在履约过程中发生争议，如友好协商不能解决，即将争议提交中国国际经济贸易仲裁委员会，在北京进行仲裁。后来，双方就商品的品质发生争议，对方在其所在地法院起诉我方，法院也发来了传票，传出口公司出庭应诉。试问上海出口公司应如何处理？

四、仲裁条款

（一）仲裁条款的内容

仲裁条款内容一般应包括仲裁地点、仲裁机构、仲裁程序规则、仲裁裁决的效力、仲裁费用的负担等。仲裁条款的规定应当明确合理，不能过于简单，其订得妥当与否关系到日后发生争议时能否得到及时合理的解决，关系到买卖双方的切身利益。

1. 仲裁地点

仲裁地点即在什么地点进行仲裁，是仲裁条款的一项重要内容。因为仲裁地点与仲裁适用的程序和合同争议所适用的实体法密切相关，通常均适用于仲裁所在地国家的仲裁法和实体法。当事人没有选择的，适用于与合同有最密切联系的国家的法律，通常是指仲裁所在地法律，也可以根据具体情况适用合同签订地或履行地所在地的法律。由于仲裁地点不同，适用的法规法律不同，对交易双方权利和义务的解释也会有所差别。而且，当事人对本国的仲裁法规比较了解,对外国的仲裁制度则往往不太熟悉,难免有所疑虑。因此,双方当事人都很重视仲裁地点的确定,都力争在本国仲裁,或者在自己比较了解和比较信任的国家进行仲裁。

在我国的对外贸易合同中,规定仲裁地点时,根据具体情况,一般采用以下规定方法:① 力争规定在我国仲裁。② 规定在被诉方所在国仲裁。③ 规定在双方同意的第三国仲裁。

如果双方决定采用上述第三种规定方法,一般选择仲裁法规允许受理双方当事人都不是本国公民的争议案,并且该仲裁机构又具有较好的声誉。

2. 仲裁机构

在买卖合同中规定了仲裁地点后,还要同时具体规定由该国(地区)的哪个仲裁机构审理争议案。

国际上的仲裁机构有两种:一种是常设机构,另一种是临时机构。

常设仲裁机构是指依据国际条约或国内法成立的具有固定组织和地点、固定的仲裁程序规则的永久性仲裁机构。世界上许多国家和一些国际组织都设有专门从事国际商事仲裁的常设机构,如国际商会仲裁院、英国伦敦仲裁院、英国仲裁协会、美国仲裁协会、瑞典斯德哥尔摩商会仲裁院、瑞士苏黎世商会仲裁院、日本国际商事仲裁协会以及中国香港国际仲裁中心等。我国的常设仲裁机构为设在北京的中国国际经济贸易仲裁委员会,其在上海和深圳设有分会。

临时仲裁机构是指根据当事人的仲裁条款或仲裁协议,在争议发生后由双方当事人推荐的仲裁员临时组成的,负责裁断当事人的争议,并在裁决后即行解散的临时性仲裁机构。

3. 仲裁程序规则

仲裁程序规则主要是规定进行仲裁的手续、步骤和做法。对当事人和仲裁员来讲,仲裁程序规则是他们提出仲裁和进行仲裁审理必须遵循的行为准则。

各国仲裁机构的仲裁规则对仲裁程序都有明确规定。按我国仲裁规则规定,仲裁程序如下。

(1) 申请仲裁。申请人应提交仲裁协议和仲裁申请书,并附交有关证明文件和预交仲裁费。仲裁机构立案后应向被诉人发出仲裁通知和申请书及附件。被诉人可以提交答辩书或反请求书。

(2) 仲裁庭的组成。当事人双方均可在仲裁机构所提供的仲裁员名册中指定或委托仲裁机构指定一名仲裁员,并由仲裁机构指定第三名仲裁员作为首席仲裁员,共同组成仲裁庭。如果用独任仲裁员方式,可由双方当事人共同指定或委托仲裁机构指定。

(3) 仲裁审理。仲裁审理案件有两种形式:一种是书面审理,也称不开庭审理,即根据有关书面材料对案件进行审理并做出裁决,海事仲裁常采用书面仲裁形式。另一种是开庭审理,这是普遍采用的一种方式。仲裁庭审是不公开的,以保护当事人的商业机密。

(4) 仲裁裁决。仲裁庭做出裁决后,仲裁程序即告终结。仲裁裁决必须是书面的,裁决书做出的日期即为仲裁裁决生效日期。

4. 仲裁裁决的效力

仲裁裁决是终局性的,对双方当事人均有约束力,双方都必须遵照执行,任何一方当事人不得向法院起诉,也不得向其他任何机构提出变更裁决的请求。

5．仲裁费用的负担

仲裁费用的负担应在仲裁条款中订明,通常由败诉方负担,也可规定由仲裁庭裁决。

（二）仲裁条款示例

1．规定在我国仲裁的条款

"凡因执行本合同所发生的或与本合同有关的任何争议,双方应通过友好协商解决。如经协商不能解决,应提交中国北京中国国际经济贸易仲裁委员会,根据其仲裁规则进行仲裁。仲裁裁决是终局性的,对双方都有约束力。"

"Any dispute arising out of the performance of or relating to this contract shall be settled amicably through negotiation. In case no settlement can be reached through negotiation, the case shall then be submitted to the China International Economic and Trade Arbitration Commission, Beijing, China, for arbitration in accordance with its Rules of Arbitration. The arbitral award is final and binding upon both parties."

2．规定在被诉方所在国仲裁的条款

"凡因执行本合同所发生的或与本合同有关的任何争议,双方应通过友好协商解决,如经协商不能解决,应提交仲裁,仲裁在被诉方所在国进行。如在中国,由北京中国国际经济贸易仲裁委员会根据其仲裁规则进行仲裁。如在××（被诉方所在国家的名称）,由××（被诉方所在国的仲裁机构的地址和名称）根据该仲裁机构的仲裁规则进行仲裁。仲裁裁决是终局性的,对双方都有约束力。"

"Any dispute arising out of the performance of or relating to this contract shall be settled amicably through negotiation. In case no settlement can be reached through negotiation, the case shall then be submitted for arbitration. The location of arbitration shall be in the country of the domicile of the defendant. If in China, the arbitration shall be conducted by the China International Economic and Trade Arbitration Commission, Beijing, in accordance with its Rules of Arbitration. If in ××, the arbitration shall be conducted by ×× in accordance with its arbitral rules of procedure. The arbitral award is final and binding upon both parties."

3．规定在第三国仲裁的条款

"凡因执行本合同所发生的或与本合同有关的任何争议,双方应通过友好协商解决。如经协商不能解决,应提交××（某第三国某地仲裁机构名称）根据该仲裁机构的仲裁程序规则进行仲裁。仲裁裁决是终局性的,对双方都有约束力。"

"Any dispute arising out of the performance of or relating to this contract shall be settled amicably through negotiation. In case no settlement can be reached through negotiation, the case shall then be submitted to ×× for arbitration in accordance with its rules of arbitration. The arbitral award is final and binding upon both parties."

五、仲裁裁决的承认与执行

仲裁裁决对双方当事人都具有法律上的约束力,当事人必须自行执行。仲裁机构自身不具有强制执法的能力。如双方当事人都在本国，若一方不执行裁决，另一方可请求法院强制执行。如一方当事人在国外，涉及一个国家的仲裁机构所做出的裁决要由另一个国家的当事人执行的问题，在此情况下，如国外当事人拒不执行裁决，则要到国外的法院去申请执行，或通过外交途径要求对方国家有关主管部门或社会团体（如商会、同业公会）协助执行。

对于外国仲裁裁决的执行，因为这不仅涉及双方当事人的利益，而且涉及两国间的利害关系，国际上通过双边协定就相互承认与执行仲裁裁决问题做出规定外，还订立了多边国际的公约。关于承认与执行外国仲裁裁决的国际公约先后有三个：① 1923 年缔结的《1923 年日内瓦仲裁条款议定书》。② 1927 年缔结的《关于执行外国仲裁裁决的公约》。③ 1958 年 6 月，联合国在纽约缔结的《承认和执行外国仲裁裁决公约》，简称《1958 年纽约公约》，这是一个重要的国际公约。该公约强调了两点：一是承认双方当事人所签订的仲裁协议有效；二是根据仲裁协议所做出的仲裁裁决，缔约国应承认其效力并有义务执行，只有在特定的条件下才根据被诉人的请求拒绝承认与执行仲裁裁决。例如，裁决涉及仲裁协议未提到的或不包括在仲裁协议之内的原因引起争议，仲裁庭的组成或仲裁程序与当事人所签仲裁协议不符等。这一公约于 1987 年 4 月正式对我国生效，但有两项保留，一是仅适用两缔约国间做出的裁决，二是只适用于商事法律关系所引起的争议。

我国政府对上述公约的加入和所做的声明为我国承认和执行外国仲裁裁决提供了法律依据。同时，我国涉外仲裁机构的仲裁裁决也可以在世界上已加入该公约的国家和地区得到承认和执行。至于所在国既未参加《纽约公约》，又未与我国签订双边条约的，只要对方所在国执行外国仲裁裁决无特殊限制，一般情况下，当事人可以直接向有管辖权的外国法院申请承认和执行仲裁裁决。

本章小结

在国际贸易中，如果交易中的一方违约，给对方造成损失，受损害方有权向其提出索赔。不可抗力条款是一种免责条款，如果是人力不可抗拒事件致使合同不能或不能如期履行，可按不可抗力条款的规定免除合同当事人的责任。交易双方在履行合同中若产生争议，首先可进行友好协商，其次可调解，若还不能解决争议，可通过仲裁方式解决，尽力争取在我国仲裁。仲裁的裁决是终局性的。

本章重要概念

理赔   争议   不可抗力   索赔   仲裁   仲裁协议

第九章 索赔、不可抗力和仲裁

思考题

1．在买卖合同中规定索赔条款有哪两种方式？二者的主要区别是什么？
2．什么叫不可抗力？构成不可抗力事故需要具备哪些条件？
3．不可抗力事故发生后引起的法律后果是什么？
4．解决国际贸易争议的方式有哪些？各有何特点？
5．仲裁协议有哪两种不同形式？其作用又有哪些？
6．买卖合同中的仲裁条款主要包括哪些内容？
7．如果败诉一方对仲裁裁决拒不执行，试问应如何处理？
8．中国 C 公司（卖方）与法国 E 公司（买方）签订了一份圣诞节蜡烛的销售合同，双方约定 9 月月底前发货，免责条款为：① 本合同任何一方因不可抗力事件不能履行合同的全部或部分义务时，不承担任何责任；② 本合同所称不可抗力事件是指合同双方在订立合同时不能预见，对其发生和后果不能避免、不能克服的事件，如战争、罢工、火灾、地震、政策变化等。9 月 5 日，C 公司委托加工蜡烛的 D 工厂的工人由于工资问题同厂方发生冲突，造成全厂工人大罢工。罢工一直持续到 9 月 20 日，致使原本应于 9 月 20 日生产完毕的蜡烛直到 10 月 20 日才生产完毕并发运，货物于 11 月中旬到达法国。由于卖方延迟交货，圣诞节又临近，如果不尽快将货物批发给零售商，将会造成货品积压，因此买方只好以非常低的价格及时将货物批发出去。买方遂向卖方提出索赔，要求卖方赔偿因此所造成的损失。

问：（1）D 工厂工人罢工是否属于不可抗力事件？
　　（2）卖方 C 公司是否应当赔偿买方 E 公司的经济损失？

学生课后阅读参考文献

[1] 鲁照旺．采购法务与合同管理[M]．北京：机械工业出版社，2009．
[2] 吴百福．进出口贸易实务教程[M]．上海：上海人民出版社，2003．
[3] 吴国新．国际贸易理论与实务[M]．北京：机械工业出版社，2007．
[4] 王保树．中国商事法[M]．北京：人民法院出版社，2002．
[5] 中华人民共和国合同法[M]．北京：法律出版社，2008．
[6] 中国仲裁网．http://www.china-arbitration.com．

第十章 贸易磋商与合同的签订

> **学习目的与要求**
>
> 通过本章的学习，了解国际贸易磋商前应做的准备与磋商的基本原则，掌握国际贸易磋商的步骤和具体做法，能够对磋商中的询盘、发盘、还盘和接受四个环节的有效性准确把握，在此基础上，能够进行交易合同的签订，准确设计和选择合同的内容与形式。

开篇案例：发盘何时能够撤销

【案情】

上海某对外工程承包公司于某年 5 月 3 日以电传邀请意大利某供应商发盘出售一批钢材。上海公司在电传中声明：要求这一发盘是为了计算承造一幢大楼的标的价和确定是否参加投标之用；该公司必须于 5 月 15 日向招标人送交投标书，而开标日期为 5 月 31 日。意大利供应商于 5 月 5 日用电传就上述钢材向上海公司发盘。上海对外工程承包公司据以计算标的价，并于 5 月 15 日向招标人递交投标书。5 月 20 日，意大利供应商因钢材涨价发来电传，通知撤销 5 月 5 日的发盘，上海公司当即回电表示不同意撤盘。于是，双方为能否撤销发盘而发生争执。到 5 月 31 日招标人开标，上海公司中标，随即电传通知意大利的供应商接受该供应商于 5 月 5 日的发盘。但意大利的供应商坚持该发盘已于 5 月 20 日撤销，合同不能成立，而上海公司则认为合同已经成立。对此，双方争执不下，通过协议提交仲裁。

【分析】

对此案例的分析，主要把握以下几点。

（1）意大利和中国都是《联合国国际货物销售合同公约》的缔约国，因此，本案双方当事人交换的电传均受该公约的约束。

（2）意大利商人的发盘是不可撤销的，因为上海公司已经明确告知对方，发盘是用来"确定是否参加投标"的，意方是在了解对方意图的情况下向对方发盘，对方有理由相信该发盘是不可撤销的，并且已本着信赖的原则参与了投标。

（3）《联合国国际货物销售合同公约》规定：一项发盘，受盘人有理由相信该项发盘不能撤销，并已本着该信任采取了行动，则该项发盘就不能撤销。

从此案例中可以看出，贸易通常始于磋商。交易磋商（business negotiation）是买卖双方为买卖商品，对交易的各项条件进行协商以达成交易的过程，通常称为谈判。在国际贸易中，这是一个十分重要的环节。交易磋商是签订合同的基础，没有交易磋商就没有买卖合同。本章将介绍国际贸易磋商的基本内容和步骤，重点介绍询盘、发盘、还盘和接受等环节,以及磋商成功后签订合同的相关知识。

第一节　交易磋商的重要性及磋商前的准备

国际货物交易的过程开始于当事人双方的商务沟通、交流与洽谈,即交易的磋商,通常又称作贸易谈判或商务谈判。交易磋商是指当事人双方以达成交易为目的,在平等互利的基础上,就交易货物的相关条件、权利与义务进行反复协商和谈判的过程。

一、磋商交易的重要性

磋商交易的过程与结果直接关系双方的经济利益,决定着国际货物销售合同条款的具体内容,影响当事人双方的权利、责任和义务,所以,它是国际交易中的重要环节。

国际交易的磋商不仅涉及货物本身的质量、技术、数量等基本问题,还涉及国际贸易政策、法规、金融等方面的问题,同时要考虑当事人双方所在国之间的双边协定及国际组织的多边协定、公约、惯例等一系列的问题,它是一项专业性、策略性、知识性、技巧性都非常强的工作,可以说是当事人双方就交易经验、技巧、知识、素养的较量。磋商的实质就是彼此竞争与较量,在反复轮回的谈判中,彼此都谋求各自利益的最大化。

在国际贸易中,由于双方来自于具有不同的社会制度、政治制度、经济制度的国家,而且在民族文化、价值观、世界观、商业惯例和风俗习惯方面也存在着差异,再加上语言文字的障碍,使得国际贸易的磋商比国内贸易的磋商具有更高的复杂性和难度。交易的磋商绝非两家公司或买卖双方之间就一单生意的谈判,其实质是两国"经济使者"的交流。磋商的失败或失误,轻则失掉贸易机会,造成经济利益的损失,重则影响到双方的友好关系,对外造成一定程度的政治影响。

交易磋商切忌急于求成、疏忽大意和分寸不当,应该始终保持慎重仔细的态度,在合法的条件下接受对方的合理要求,在确保自身利益的前提下做出适当让步,以求缓解彼此的矛盾与冲突,达成共识,最终依法签订合同,为自己争取到贸易的机会。

二、磋商交易前的准备

鉴于国际贸易磋商的复杂性和重要性,在进行磋商之前,有必要做好充分的准备工作,有备而来,才能取得成功。磋商前的准备包括对磋商人员的选择、目标市场的选择、交易对象的选择和磋商方案的制订。

(一)选配优秀的洽谈人员

在交易磋商过程中,买卖双方会对成交货物的规格、质量、价格、贸易方式等条件以及拟订的合同中的各项条款进行详细具体的商定,由于这些都会涉及双方利益,所以有时会发生激烈的争论和巨大的分歧,任何一个细节的把握不当都会导致贸易关系的逆转和磋商的终止。因此,为了保证磋商的顺利进行和完成,应选派经验丰富的、精明能干的、优秀的专业人员，特别是对成交量大且内容复杂的交易，有必要事先成立一个高素质的谈判小组。小组成员在知识结构和谈判专长方面应做到优势互补、配合默契，既具有较强的原则性，又具有较高的灵活性，随机应变，巧妙让步，最终赢得商机。

优秀的洽谈人员一般具有以下几个特点。

（1）熟悉我国的国际贸易发展政策。

（2）了解国际市场行情。

（3）熟悉我国关于国际贸易方面的法律、法规和条例等。

（4）熟悉国际贸易的惯例、协定、条约、规则等，如《WTO 规则》《跟单信用证统一惯例》等。

（5）熟悉国际货物运输及保险的方式、惯例及法律。

（6）具有较强的外语能力，可以处理外文函电，并直接用外语洽谈。

（7）具有较好的心理素质和较高的谈判技巧，面对矛盾和冲突，可以做到冷静理性、巧妙周旋，善于在矛盾中谋求合作。

（二）选择正确的目标市场

在正式进行磋商之前，应进行广泛深入的市场调研，对国际市场进行细分，选择正确的目标市场。

对目标市场的选择，应考虑以下几个方面。

（1）考虑市场所在国与我国的外交状况，尽量优先选择与我国建立友好关系的国家。

（2）考虑市场所在国的经济发展水平、需求特点和竞争状况。

（3）考虑市场所在国的生活方式、习俗、文化特点和信仰差异。

（4）考虑市场所在国的技术发达程度。

（5）考虑市场所在国的自然资源条件。

（三）选择适宜的交易对象

在交易前，对客户的背景进行了解十分有必要，应该在所有候选的客户中选择成交可能性最大的客户。客户的背景包括以下内容。

（1）资信状况。主要了解客户的信用状况，包括资金状况、负债程度、还款能力等，对于资信水平低的客户，应首先剔除出去，以降低交易风险。

（2）经营能力。主要了解客户的经营年限、经营范围、市场渠道、专业经验以及知名度，因为这些将直接影响交易磋商的重点选择。

（3）经营作风。客户的商业理念与道德、客户的诚信无法在合同中体现，也绝非一纸合同可以保证的，却对经济利益有直接的影响。

对于交易对象的选择，既要考虑目前交易的顺利完成，又要考虑长期关系的建立。对于资信状况良好、诚信度高、知名度大、经营能力强的客户，应积极地沟通联系，建立"客户关系管理档案"，谋求长期合作。

对客户情况的了解可以通过许多途径进行，如各种期刊、报纸、产品目录与样本，各种交易会、博览会、学术研讨会，各个国家的商会、行业协会、咨询公司、研究机构，必要时甚至可以进行实地考察，总之，要进行广泛深入的调查研究，选择适宜的交易对象，保证交易的顺利完成。

（四）制定可行的磋商交易方案

为了保证在磋商中取得理想的结果，应该在磋商前做好充分的准备，制定好交易磋商的方案。

磋商方案的内容一般包括以下几方面。

（1）磋商的目标。在磋商方案中，既要拟定好所要达到的最理想的目标，也要考虑好可以接受的"底线"。

（2）磋商的策略。在确定了每一个层次的目标后，要对目标实现的方法和策略进行设计。

（3）交易条件的确定。对需要磋商的交易条件逐个进行推敲，确定出哪些条件是必须坚持、不能让步的，哪些是尽量争取的，哪些是可以妥协的，哪些是磋商中的"重点"，等等。

（4）价格幅度的把握。价格是所有交易中的"敏感要素"，也是磋商中的"焦点"。在方案中，既要设计好价格的上、下限，又要为每一种价格提供充足的理由和依据，这就需要做好市场价格行情的调查，并在方案中设计好可以接受的价格幅度。

磋商方案是交易磋商的行动指南，所以其最关键的是可行性，只有针对谈判对手的特点和当时的市场供需状况，并对要进行的交易做全面的市场调查，对市场变动的趋势做科学的预测，才能使制订的方案切实可行。

第二节　磋商交易的步骤

在国际贸易中，交易磋商是指交易双方为买卖某种商品，通过面谈或信函、传真、电子数据交换等方式，就交易的各项条件进行的国际商务谈判，具体步骤包括询盘、发盘、还盘和接受。其中，发盘和接受是构成每笔交易必不可少的两个环节。

一、询盘

询盘（inquiry），又称询价，是指买方主动发出的，其内容可以是询问价格、商品品数量、交货日期等，也可以是向对方提出的发盘要求。

询盘对于询盘人和被询盘人均无法律上的约束力，也不是交易磋商的必要步骤，但它是一笔交易的起点，被询盘的一方对接到的每份询盘都应高度重视、妥善处理，切忌不理睬、不回复。

在实际业务中，询盘可以采用传真、电传、电报、书信、E-mail 方式，也可以采用询价单（inquiry sheet）。

询盘的作用主要是引起对方的注意，诱发对方发盘。对于询盘的对象，事先应有所选择，交易对象的多少要根据商品和交易特点选择确定。如果对方是制造商，选择对象少，无法"货比三家"，应该在不同的区域范围内选择一定数量的询盘对象。如果询盘对象是经销商或代理商，数量不宜太多，否则当同一询盘都被转到同一制造商的手里，不仅会造成"需求假象"，给交易秩序造成混乱，而且会使制造商看到商机，从而抬高价格，反而"弄巧成拙"。

在国际贸易实务中，一般不直接使用询盘这个字眼，常常使用的是：

对××有兴趣，请发盘：Interested in...Please offer...

请告：Please advise

请电告：Please advise...by FAX

在询盘中要注意策略和技巧，不要在第一次询盘时就明确地告知对方自己所需的数量、可接受的价格等，以免使自己在以后的磋商中处于被动地位。

二、发盘

（一）发盘的含义及其应具备的条件

发盘（offer）又称报盘，是买方或卖方向对方提出各种交易条件，并愿意按照所提条件达成交易、订立合同的一种肯定的表达。发盘通常是一方在收到对方的询盘后做出的，但也可不经过对方询盘而直接做出发盘。

发盘一般采用书面和口头两种方式。书面发盘包括书信、电报、电传、传真和电子邮件等。口头发盘一般是指电话报价。发盘既是商业行为，又是法律行为，在法律上称为"要约"。由卖方发出的叫作售货发盘（selling offer），由买方发出的叫作购货发盘（buying offer）或递盘（bid）。

下面是发盘的示例：

兹发盘 10 000 打 T 恤衫，规格按 5 月 15 日样品每打 CIF 纽约价 95.5 美元，标准出口包装，8/9 月装运，以不可撤销信用证支付，限 20 日复到。

OFFER 10 000 DOZENS T-SHIRTS SAMPLES MAY 15 USD 95.50 PER DOZEN CIF NEW YORK EXPORT STANDARD PACKING AUGUEST/SEPTEMBER SHIPMENT REPLY HERE 20.

我们可以看出，发盘的构成条件有以下几项。

（1）发盘应向一个或一个以上特定的人提出。发盘是向特定的人发出的，"特定的人"可以是法人，也可以是自然人；可以是一个人，也可以是一个以上的人，但不能是面向大众的"泛定"，必须是有明确选择的"特定"。面对公众的产品宣传，即使内容再完整，包含了产品的所有方面，但由于没有特定的"接受者"，也不能看成是发盘。

《联合国国际货物销售合同公约》第十四条第二款指出：非向一个或一个以上的特定的人提出的建议，仅应视为邀请发盘（做出发价）。所以，没有特定受盘人的只能视为邀请发盘。

（2）发盘内容必须十分确定。发盘内容应该是完整的、明确的和终局的。"完整"是指货物的各种主要交易条件完备；"明确"是指主要交易条件不能用含糊不清、模棱两可的词句表述；"终局"是指发盘人只能按发盘条件与受盘人签订合同，而无其他保留或限制性条款。如注明"参考价""交货期大约×月份""以我方确认为准"，则只能被认为是邀请发盘。

《联合国国际货物销售合同公约》规定，在发盘中至少包括下列三个基本要素：① 应标明货物的名称；② 应明示或默示地规定货物的数量或规定数量的方法；③ 应明示或默示地规定货物的价格或规定确定价格的方法。凡包含这三项基本要素的订约建议即可构成一项发盘。

应该注意的是，关于构成一项发盘究竟应包括哪些内容的问题，各国法律的规定不尽相同。有的国家（如美国）的合同法恰好与《联合国国际货物销售合同公约》要求一致，按美国法律的规定，对于发盘中没有规定的其他事项，可以在合同成立之后按照公约中关于买卖双方权利义务的有关规定来处理。但是我国的惯例和做法是：发盘要完整（complete）、明确（clear），一般都要求在发盘中列明合同的主要条款，包括商品名称、品质、规格、数量、包装、价格、支付方式等。这样做的好处是可以缩短磋商的进程和环节，有利于合同的订立。

（3）必须表明发盘人对其发盘一旦被受盘人接受即受约束的意思。这是指发盘人在发盘时向对方表示，在得到有效接受时，双方即按发盘内容订立合同。这种约束可以在发盘中明确地表示出来，如通过使用"发盘"（offer）、"递盘"（bid）、"实盘"（firm offer）等词语来表示发盘人肯定的订约意图，也可以通过规定发盘的有效期来表示其约束性。

（二）发盘的有效期

国际贸易的货物买卖，凡是发盘都是有"有效期"（time of validity/duration of offer）的。发盘的有效期是指受盘人对发盘做出接受的时间和期限，它有以下两层含义。

（1）表示在发盘有效期内，发盘人受其发盘内容的约束，即如果受盘人在发盘的有效期内将"接受"的通知送达发盘人，发盘人承担按发盘条件与之订立合同的责任。

（2）表示超过发盘的有效期，发盘人将不再受约束。由此，发盘的有效期既是对发盘人的一种约束，也是对发盘人的一种保障。

明确规定发盘的有效期并不是构成发盘的有效条件，如果在发盘中明确规定了有效期，则发盘从被送达受盘人开始生效，到规定的有效期届满为止。不规定明确的有效期的，按照《联合国国际货物销售合同公约》第十八条第二款，则发盘按法律规定在合理时间内（within a reasonable time）有效。

按照我国的惯例，常见的明确规定有效期的方法有以下两种。

（1）规定最迟接受的期限。发盘人在发盘中明确规定受盘人表示接受的最迟期限。例如，"发盘限5月20日复"（offer subject to reply on May 20th）

（2）规定有效期的时间段。发盘人规定发盘在一段时间（a period of time）内有效，例如，"发盘有效5天（offer valid for five days）""发盘十日内复"（offer reply in ten days）。

对发盘有效期的长短，国际上没有统一的惯例和规则，可以根据商品的特性、市场情况和交易额等因素来确定。如果是新产品且数额不大，市场状况稳定，有效期可规定得长些；如果是大宗商品、原料性产生或初级产品，市场波动周期性短且交易额大，就可以规定得短些，甚至可以短到几个小时。

对所谓的合理时间（within a reasonable time），国际上也并无统一明确的解释，也无明确的标准，伸缩性很大，所以，在实际业务中，还是以明确规定发盘的有效期为妥。

（三）发盘的生效、撤回与撤销

1. 发盘生效的时间

按照《联合国国际货物销售合同公约》第十五条的解释，发盘于送达受盘人时生效。这就是说发盘虽已发出，但在到达受盘人之前并不产生对发盘人的约束力，确定发盘生效时间的意义非常大，主要体现在以下两个方面。

（1）关系到受盘人能否表示接受。一项发盘只有送达受盘人时才能发生法律效力，也就是说，只有当受盘人收到发盘之后，才能表示接受，在收到发盘之前（即发盘生效之前），即使受盘人通过其他途径已经知道发盘的发出及发盘的内容，也不能做出接受或者即使做出接受也无效。

（2）关系到发盘人何时可以撤回或修改发盘。一项发盘，只要在生效之前，发盘人可随时撤回或修改其内容，但撤回的通知或更改其内容的通知必须在受盘人收到发盘之前或同时送达受盘人。

2. 发盘的撤回

发盘的撤回（withdrawal）是指发盘人在发盘送达受盘人之前将其撤回，以阻止其生效。根据《联合国国际货物销售合同公约》的规定，一项发盘（包括注明不可撤销的发盘）只要在其尚未生效以前，都是可以修改或撤回的，所以如果发盘人因发盘内容有误或改变了想法和条件，可以用更快捷的方法将撤回或更改发盘的通知在发盘到达之前或与发盘同时送达受盘人，则发盘就可以撤回或修改。发盘撤回的实质就是阻止发盘生效，在实际业务中，发盘的撤回只有在使用信件或电报向国外发盘时方可使用。因为信件或电报在送达收件人之前有一段时间间隔，可采用电话、电传等更快捷的方法在信件或电报送达之前通知受盘人将发盘撤回，但是如果发盘时使用的是随发随到的信息传递方式，如 E-mail、电话、电传等，就没有撤回的可能性了。

3. 发盘的撤销

发盘的撤销（revocation）是指发盘人将已经被受盘人收到的发盘予以取消的行为。

对于发盘的撤销，各国的法律存在着分歧。大陆法认为，一项发盘一经送达受盘人后就不得撤销，除非发盘人在发盘中注明不受大陆法约束。英美法认为，发盘在被接受之前可以撤销，即使发盘人在发盘中明确规定了接受的期限，该发盘对发盘人也不具有约束力，除非受盘人为使该发盘保持可供接受（remain open for acceptance）而付出某种对价（consideration），如支付一定的金额或物品。

这里要特别提醒的是，美国虽然属于英美法系，其对发盘是否可以撤销的问题却有着与英美法系国家不同的解释，美国《统一商法典》第 2 款第 205 条规定：书面发盘在规定的时间里不得撤销,即使没有规定的时间,在"合理时间"内也不可撤销。

《联合国国际货物销售合同公约》第十六条对大陆法和英美法进行了协调和折中,规定:已为受盘人收到的发盘,如果撤销的通知在受盘人发出接受通知前送达受盘人,可予以撤销。但是,下面两种情况除外:① 发盘是以规定有效期或以其他方式表明为不可撤销的。② 受盘人有理由相信该发盘是不可撤销的,并已本着信任采取了行动。

(四)发盘效力的终止

发盘的终止(termination)是指发盘法律效力的消失,它含有两方面的意义:一是发盘人不再受发盘的约束;二是受盘人失去了接受发盘的权利。

发盘效力的终止包括以下几种情况。

(1) 发盘在规定的有效期内未被接受,或者虽然未规定有效期,但在合理时间未被接受,则发盘的效力即告终止。

(2) 发盘被发盘人依法撤销。

(3) 受盘人拒绝或还盘后,即拒绝或还盘通知送达发盘人时,发盘的效力即告终止。

(4) 发盘人发盘之后发生了不可抗力事件,按照出现不可抗力免除责任的一般原则,发盘的效力即告终止。

(5) 发盘人或受盘人在发盘被接受前丧失行为能力,则该发盘的效力即告终止。

三、还盘

还盘(counter-offer)又称还价,在法律上称为反要约。还盘是指受盘人不同意或不完全同意发盘提出的各项条件,并提出了修改意见,所以,还盘的实质是受盘人对发盘内容和条件做了修改后对发盘人的一种答复。如果受盘人对发盘条件做了实质性变更,就构成了对发盘的拒绝,所以,还盘一旦做出,发盘的效力即告终止,发盘人也就不再受其约束。根据《联合国国际货物销售合同公约》的规定,受盘人对货物的价格、支付、品质、数量、交货时间与地点,一方当事人对另一方当事人的赔偿责任范围或解决争端的办法等条件提出添加或更改,均视为实质性变更发盘条件。

此外,还盘除了表示拒绝,还可以表示一种有条件的接受。还盘的内容凡不具备发盘条件,即为"邀请发盘";如果具备发盘条件,就构成了一个新的发盘,这时,还盘人就成了新的发盘人,原发盘人成为新受盘人,而新的受盘人同样具有做出接受、拒绝或再发盘的权利。

四、接受

(一)接受的含义及其应具备的条件

1. 接受的含义

接受在法律上称为承诺,是指受盘人在发盘规定的期限内,以声明(statement)或其他行为(performing an act)表示同意发盘提出的条件。显而易见,接受就是对发盘表示同意。根据《联合国国际货物销售合同公约》的规定,受盘人对发盘表示接受,可以通过口头或书面进行表达，或者采取其他实际行动表示。但是，如果受盘人在思想上非常认同并愿意接受发盘的内容，但缄默不语，或不做出任何行动的表示，那么"接受"就不存在，也就是说"无声不等于默许""默许不等于接受"。按照《联合国国际货物销售合同公约》的规定：缄默或不行动（silence or inactivity）本身并不等于接受。因为在法律上，受盘人一般并不承担对发盘进行答复的法律义务和责任。

2．接受应具备的条件

构成一项有效的接受必须具备下列条件。

（1）接受必须由受盘人做出。发盘是向特定的人提出的，因此，只有特定的人才能对发盘做出接受，由其他人做出的接受不能视为"接受"，只能作为一项新的发盘。

（2）接受必须是同意发盘所提出的交易条件。根据《联合国国际货物销售合同公约》的规定，一项有效的接受必须是同意发盘所提出的交易条件，只接受发盘中的部分内容，或对发盘提出实质性修改，或提出有条件接受，均不能构成接受，而只能看作还盘。但是，若受盘人在表示接受时对发盘内容提出某些非实质性的添加、限制和更改（如要求增加原产地证明、重量单、装箱单等），仍可构成有效的接受。

（3）接受必须在发盘规定的时限内做出。如果发盘规定了接受的时限，受盘人在规定的时限内做出的接受才是有效的，超过时限做出的接受则无效。

（4）接受的传递方式应符合发盘的要求。发盘人发盘时，有的会具体规定接受的传递方式，那么受盘人就应该按照发盘人的规定来表示接受，如在发盘中明确表示"用传真（by fax）"，那么就应该使用传真表示接受。如果没有规定传递方式，那么受盘人可采用与发盘相同的方式或比发盘更快捷的方式将接受通知送达发盘人。

案例 10.1

上海某公司向外商询购某商品，不久后，外商发盘，发盘有效期至 5 月 22 日。上海公司于 5 月 20 日复电："价格若能降低至 50 美元，可以接受。"对方未予答复。5 月 21 日，上海公司发现国际市场行情上涨，于当日向对方去电表示完全接受对方的发盘。请问：买卖双方的合同是否成立？为什么？

（二）接受生效的时间

由于接受是一种法律行为，根据法律的要求，接受通知必须在发盘的有效期内被传送到发盘人才能生效。在当面谈判或电话、电传进行磋商时，接受可立即传达给对方，所以，在发盘规定的有效期内表示接受并传达给发盘人是没有问题的。而对于使用信件或电报传达的接受应于何时生效，是接受发送时还是接受到达时，各个国家有不同的法律解释。

英美法系的国家采用"投邮生效"的原则（dispatch theory），即作为一般原则，接受必须传达到发盘人才生效。但是，如果是以信件或电报传达，则遵循"信箱原则"（mailbox rule），即信件投邮或电报交发，接受即告生效，即使接受的函电在邮递途中延误或遗失，发盘人未能在有效期内收到，甚至根本就没有收到，也不影响合同的成立。也就是说，传递延误或遗失的风险由发盘人承担。

大陆法系的国家则采取"到达生效"的原则（receipt theory），即表示接受的函电必须在发盘有效期内送达发盘人，接受才生效。如果表示接受的函电在邮递过程中延误或遗失，则合同不能成立。也就是说，传递延误或遗失的风险由受盘人承担。

《联合国国际货物销售合同公约》采用"到达生效"的原则，该公约第十八条第二款中规定，接受于到达发盘人时生效，如果接受在发盘的有效期内，或者在合理时间内未送达发盘人，接受即无效。

（三）逾期接受

逾期接受又叫迟到的接受，是指接受的通知超过发盘规定的有效期限，或发盘未规定有效期而接受通知超过合理时间才传达到发盘人。各国法律均认为逾期接受应视为无效，或把它看作一个新的发盘，但是《联合国国际货物销售合同公约》规定，逾期接受在下列两种情况下仍然有效。

（1）发盘人毫不迟延地用口头或书面形式将逾期接受仍然有效的意见通知受盘人。

（2）一项逾期接受，从它使用的信件或其他书面文件表明，在传递正常的情况下，本能及时地送达发盘人，由于出现传递不正常的情况而造成了延误，那么逾期接受可以被认为有效，除非发盘人毫不迟延地用口头或书面形式通知受盘人发盘已经失效。

由此可见，逾期接受是否有效取决于发盘人对其是否认可，所以，在接受逾期接受时，发盘人及时通知受盘人，明确自身对该逾期接受所持的态度是十分必要的。

（四）接受的撤回或修改

对于接受的撤回或修改，《联合国国际货物销售合同公约》采取了大陆法"到达生效"的原则。该公约第二十二条规定，如果撤回接受通知于原发盘生效之前或同时送达发盘人，则接受可以撤回和修改；如果接受已送达发盘人，即接受一旦生效，合同即告成立，不得撤回接受或修改其内容，因为这样做就等于撤销修改合同。

第三节 合同的成立

在国际贸易中，当买卖双方就交易条件经过磋商达成协议后，合同即告成立。

一、合同成立的时间

由于合同是法律文件，所以合同成立的时间非常重要，因为它是双方责任认定的起点。

根据《联合国国际货物销售合同公约》的规定，接受生效的时间实际上就是合同成立的时间，合同一经订立，买卖双方即存在合同关系，彼此都应受到合同的约束。

在实际业务中，双方当事人往往在磋商交易时约定合同成立的时间以订约时合同上所写明的日期为准，或以收到对方确认合同的日期为准，在这两种情况下，双方的合同关系即在签订正式或书面合同时成立。

另外,根据我国法律和行政法规规定,应当由国家批准的合同,在获得批准时方成立。

二、合同成立的有效条件

一份有法律约束力的国际货物销售合同是交易双方通过发盘和接受而达成的协议,需要具备一定的有效条件,才是一份规范的法律文件。合同的有效条件包括以下五个。

(一)当事人必须具有签订合同的行为能力

如果签订合同的当事人是自然人,那么其必须是精神正常的成年人,未成年人、精神病患者等不具有行为能力的人签订的合同均无效。如果签订合同的当事人是法人,那么合同的内容必须属于法人的经营范围,内容超出经营范围的合同没有任何法律效力。

(二)合同必须有对价或约因

英美法认为,对价(consideration)是指当事人为了取得合同利益所付出的代价。法国法认为,约因(cause)是指当事人签订合同所追求的直接目的。按照英美法和法国法的规定,合同只有在有对价或约因时,才是法律上有效的合同,无对价或无约因的合同是得不到法律保障的。

(三)合同的内容必须合法

这里所说的内容"合法"是广义的概念,即不仅要符合法律法规,而且要符合国家政策、国际惯例和商业道德。

(四)合同必须符合法律规定的形式

世界上绝大多数国家一般不从法律上规定合同的形式,只有少数国家规定了合同的法定标准文本和形式并要求必须遵守。

(五)合同当事人的意思表示必须真实

几乎所有的国家都认为,合同当事人的意思必须是真实的,如此合同才具有约束力,否则合同无效或可以撤销。

第四节 合同的形式与内容

一、合同的形式

在国际贸易中,合同的形式有三种:书面合同、口头合同、行为合同。随着国际通信技术和互联网的发展,出现了很多快捷、方便、即时性的沟通联络方式,如 E-mail、MSN 即时交流、IP 电话等,由于很多交易往往是使用现代化通信方法达成的,因此,很难要求当事人必须使用书面形式订立合同。为了方便迅速地成交,许多国家尽量简化订立合同的手续，对国际货物买卖合同一般不做形式上的法律要求。但是，按照国际贸易的惯例，交易双方通过口头或函电进行磋商达成协议后，一般还是需要签订正式的书面合同的。书面合同有以下几种意义。

（一）合同成立的证据

合同是否成立必须要有证据，而书面合同可以作为合同成立的凭证。

（二）合同生效的条件

交易双方如果明确表示以签订正式的书面合同来表示双方的关系，那么就只有在正式签订书面合同时，合同方成立。

（三）合同履行的依据

交易双方磋商时达成的共识和交易条件都可以订立在书面合同中，双方也都可以以书面的合同为准，履行合同中的条款。

书面合同的形式包括合同（contract）、确认书（confirmation）和协议书（agreement）等。其中，采用得最多的是合同和确认书，这两种形式的合同的法律约束力是一样的，只是内容的繁简不同。合同包括销售合同（sales contract）和购买合同（purchase contract）两种；确认书是合同的简化形式，分为售货确认书（sales confirmation）和购买确认书（purchase confirmation）。在实际业务中，合同或确认书通常一式两份，由双方各执一份，作为合同订立和履行的证据。

二、合同的内容

无论是哪一种类型的书面合同，都包括约首、基本条款和约尾三部分。

（一）约首

约首，顾名思义是合同的开头部分，一般包括合同的名称、编号，买卖双方的名称和地址（要求写明全称）、通信联络方式（如电报挂号、电传号码、电子信箱地址）和订约日期等。

（二）基本条款

这是合同的主体和核心，体现了双方当事人的权利和义务。它包括合同的主要条款和一般交易条件，即商品的名称、质量、规格、数量或重量、包装、价格、交货条件、运输、保险、支付、检验、不可抗力和仲裁等项内容。其实这些也是交易磋商和谈判的主要内容和关键所在。

在正式的合同中，应至少包括以上各项交易条件在内，简式合同或确认书以列明主要交易条件为主。

（三）约尾

这是合同的结尾部分，一般包括订约地点、双方当事人的手写签字等内容。

在规定合同内容时应该做到全面、具体、严密、衔接、明确,并且与磋商时的内容保持一致,以保证争取到的利益,并使合同顺利履行。

以下为合同样本。

上海×××进出口贸易实业有限公司

Shanghai ××× Imp. &. Exp.Enterprises Co., Ltd

中国上海外高桥保税区台中南路×号

Tai Zhong South Road WaiGaoQiao Free Trade Zone, Shanghai, PRC

电话 Telephone:86-21-5048056×× 传真 Fax:86-21-554801××

售 货 确 认 书

SALES CONFIRMATION

致:TO:
OVERSEAS TRADINGCORP.   合同编号 NO.:01XDJJD-14778
P.O.BOX 1563   签订日期 Date:Oct.16, 2020
SINGAPORE ELOPMENT

经双方同意,按照下述条款签订本合同:

The Buyer and Seller have agree to conclude the following transactions according to the terms and conditions stipulated below:

1. 货物名称及规格 Commodity & Speifications	2. 数量 Quantity	3. 单价 Unit Price	4. 总额 Total Value
MAXAM TOOTH PASTE ART.NW101	60 000DOZENS (10 000CARTONS)	HKD118.00 CIFC5%	USD7 080 000
合计 TOTAL			USD7 080 000

5. 原产国(地)COUNTRY OF ORIGIN:MADE IN CHINA

6. 包装 PACKING:IN CARTON

7. 保险 INSURANCE:TO BE COVERED BY THE SELLER FOR 110% OF INVOICE VALUE AGAINST ALL RISKS AND WAR RISK AS PER THE OCEAN MARINE CARGO CLAUSE OF PICC DATED JAN. 1, 1981.

8. 付款条件 TERMS OF PAYMENT:THE BUYER SHALL OPEN THROUGH A BANK ACCEPTABLE BY THE SELLER AN IRREVOCABLE SIGHT LETTER OF CREDIT TO REACH THE SELLER 30 DAYS BEFORE THE MONTH OF SHIPMENT VALID FOR NEGOTIATION IN CHINA UNTIL THE 15TH DAY AFTER THE DATE OF SHIPMENT.

9. 装运期 TIME OF SHIPMENT:DURING DEC.

10. 装运口岸 PORT OF SHIPMENT:SHANGHAI

11. 到货口岸 PORT OF DESTINATION:SINGAPORE

买　　方:　　　　　　　　　卖　　方:上海×××进出口贸易实业有限公司
The Buyer:　　　　　　　　The Seller:
　　　　　　　　　　　　　　Shanghai×××Imp. &.Exp. Enterprises Co., Ltd.

本章小结

国际贸易交易前的准备工作非常重要,需要对交易对手的背景有充分的了解,做好市场调研,进行贸易谈判,然后进入正式的磋商过程。磋商的基本环节包括询盘、发盘、还盘和接受,每一个环节的形式和有效期的确定都因法律的不同而有所差异,而《联合国国际货物销售合同公约》对此也有明确的规定。贸易磋商的最终结果以合同的形式体现,合同分为口头、书面和行为三种,我国以书面合同为主,相关法规对其形式与内容都有明确的规定。

本章重要概念

询盘	发盘	还盘	接受	合理时间
撤回	撤销	合同签订	交易磋商	逾期接受

思考题

1. 交易前应做哪些准备工作?
2. 贸易磋商为什么一定要坚持"双赢原则"?
3. 发盘的构成条件是什么?发盘的有效期如何规定?
4. 发盘的撤回和撤销有什么区别?
5. 发盘效力在什么情况下终止?
6. 接受的有效条件是什么?
7. 接受在什么情况下可以撤回?怎样撤销一项接受?
8. 合同成立的条件是什么?
9. 我国上海某公司出口农产品,于某年 2 月 1 日向美国某进口商发盘,在发盘中除了列明各项必要条件外,还表示"PACKING IN CARTONS"。在发盘的有效期内,美进口商复电称"REFER TO YOUR TELEX FIRST ACCEPTED,PACKING IN WOODEN CASES"。上海公司收到上述复电后即着手备货。数日后,该农产品的国际市场价格猛跌,美进口商来电称"我方对包装条件做了变更,你未确认,合同并未成立",而上海公司坚称合同已经成立,于是双方发生争执。你认为此案应如何处理?为什么?
10. 英国某出口商于某年 5 月 3 日向德国某进口商发出一项发盘,德国商人于收到该发盘的次日(5 月 6 日)上午答复英国商人,表示完全同意发盘内容,但英国商人在发出发盘后发现该商品行情上涨,便于 5 月 7 日下午致电德国商人,要求撤销发盘,英国商人收到德国商人接受的通知时间是 5 月 8 日上午。请分析：

（1）若按英国法律，英国商人提出撤销发盘的要求是否合法？

（2）根据《联合国国际货物销售合同公约》，双方是否存在合同关系？

学生课后阅读参考文献

[1] 宫焕久. 进出口业务教程[M]. 上海：格致出版社，上海人民出版社，2009.

[2] 吴百福. 进出口贸易实务教程[M]. 上海：上海人民出版社，2003.

[3] 吴国新. 国际贸易理论与实务[M]. 北京：机械工业出版社，2016.

[4] 王保树. 中国商事法[M]. 北京：人民法院出版社，2002.

[5] 中华人民共和国合同法[M]. 北京：法律出版社，2008.

[6] 中国制造网. http://cn.made-in-china.com/infocentre/ notebook.

[7] 中国国际贸易促进委员会官网. www.ccpit.org.

第十一章 进出口合同的履行

> **学习目的与要求**
>
> 通过本章的学习,理解依法履行合同的重要意义,掌握进出口合同履行的程序及进出口索赔和理赔的相关内容。

开篇案例:采用信用证结算时,出口方应该注意哪些问题

【案情】

上海 A 进出口公司与外商按照 CIF 条件签订一笔大宗商品出口合同,合同规定装运期为 8 月份,但未规定具体开证日期。外商拖延开证,上海 A 公司见装运期临近,从 7 月底开始连续多次电催外商开证,怕耽误装运期,急忙按简电办理装运。8 月 28 日,外商开来信用证正本,正本上对有关单据做了与合同不符的规定。对比,上海 A 公司审证时未予注意,通过银行议付,银行也未发现,但开证行以单证不符为由,拒付货款。经过多次交涉,最后,该批货物被港口海关拍卖处理,使上海 A 公司遭受货款两空的损失。请对此案进行评价。

【分析】

在此合同的履行中,上海 A 进出口公司存在明显的失误。首先,在出口业务中,一般应明确规定买方开立信用证的期限,而合同中却未做此项规定。其次,装运期为 8 月份,而出口公司 7 月底才开始催证;8 月 5 日收到简电后,即忙于装船,过于草率。再次,以信用证付款的交易,即使合同中未规定开证期限,按惯例,买方有义务不迟于装运期开始前一天将信用证送达卖方,而本案的信用证迟至装运期开始后才送达,显然违反惯例。A 进出口公司理应向外商提出异议,并保留以后索赔的权利,而 A 公司对此只字未提。此外,收到信用证后理应认真地逐字加以审核,而 A 公司工作人员竟疏忽大意,未发现单据与合同不符。最后,发生争议时理应做好货物的保全工作,而本案的货物最后竟然被港口海关拍卖处理,A 公司对争议的处理工作非常不到位。

由此可见,熟悉和掌握进出口合同各环节及有关的国际惯例、法律规定和要求对买卖双方行使和取得各自的权利尤为重要。本章将分别介绍出口合同和进口合同的履行过程。

第一节 出口合同的履行

《联合国国际货物销售合同公约》第三十条规定了卖方应履行的三项基本义务:① 卖

方必须按照合同和本公约的规定交付货物；② 移交一切与货物有关的单据；③ 转移货物的所有权。

合同采用的贸易术语和支付方式决定了卖方履行合同的具体方式。例如，采用托收方式和 CIF 价格术语成交的合同，卖方履约的一般程序是备货、签订委托协议、租船订舱和投保、报验、报关和装运、制单、交单、结汇；而采用信用证方式和 CIF 价格术语成交的合同，卖方履约的程序有所不同，其一般程序是备货、催证、审证和改证，租船订舱与投保，报关与检验检疫，制单、结汇。在实际业务中，卖方以信用证和 CIF 价格术语成交的合同较为常见。

一、备货

合同的实体是货物，因此根据合同规定条款按时、按质、按量地准备货物是卖方最基本的义务。备货工作的内容主要包括产前的准备、投入生产、质量跟踪、商检验收。在以信用证为支付方式时，卖方备货阶段工作的好坏关系到是否能认真履行合同义务、符合信用证的规定，落实生产计划，安排必要的货物清点、加工整理、刷制运输标志以及办理申报检验和领证等工作，然后核实、检查应交货物的品质、数量、包装等情况，对货物进行催交验收。

（一）产前的准备

在投入生产之前，应做好充分的准备，如落实购买原材料的资金、按照合同规定提交产前样（pre-production sample）、机器调试和员工培训等。

（1）落实购买原材料和配套设备的资金是接盘时就应认真考虑的问题，一般方法有自有资金、向银行申请出口打包贷款等。

（2）为了避免凭文字说明产生的误解，提交产前样是买方控制并确保卖方能生产合同所要求标准的商品的重要手段。在实际业务中，合同中往往规定产前样合格后，卖方才能继续生产，否则要重新打样，这样势必影响后面的生产周期。同样地，产前样对卖方的大货生产的把握也非常重要。如果产品不宜生产产前样，一般也应具体规定质量标准。

（二）投入生产

应根据合同和信用证上的交货期安排生产计划，并要留出解决突发事件的时间，确保货物按时完成生产。除非合同另有规定或信用证允许分批装运，卖方一般是全部一次交货，否则买方有权拒收货物、提出索赔，甚至可宣布合同无效。

（三）质量跟踪

从生产的周期来讲，质量跟踪一般分为前期、中期、终期阶段，主要把握大货的质量标准符合合同或合格产前样的要求，数量充足，或符合合同中"溢短装条款"规定的数量，货物的内包装（package）和外箱包装/运输包装（packing）的材质、文字、标识均应认真按合同规定完成，其中，运输包装的材质还应符合进口国海关的要求，如木箱、草垫中不应有寄生虫。

（四）商检验收

凡属于法定商检范围的出口商品，应根据出口国商检法的规定，在规定的期限和地点向有关部门报检，在装运前取得必要的商检合格证。

二、催证、审证和改证

以信用证作为支付方式时，催证、审证和改证对卖方来讲是安全结汇的关键。

（一）催证

从买卖双方的利益角度来讲，买方由于银行要押款或遇有市场发生变化或资金短缺，往往不愿意很早地开证，而信用证是卖方能够安全结汇的保障，尤其是对于大宗交易或按买方要求而特制的商品交易，买方及时开证更为重要，否则卖方无法安排生产和组织货源，因此催证的情况经常会发生。

如果供应的不是现货，正常情况下，买方最迟应在货物装运期前 30 天将信用证开到卖方手中。为使合同顺利履行，在下列几种情况下，卖方应及时催促买方开立信用证。

（1）合同规定装运期限较长（如 3 个月），同时规定买方应在装运期前一定期限（如 30 天）内开证，那么卖方应在通知对方预计装运期的同时催请对方按约定时间开证。

（2）根据卖方备货和船舶情况，若有可能提前装运，也可与对方商量，要求其提前开证。

（3）买方未在销售合同规定期限内开立信用证，卖方有权向对方要求损害赔偿，在此之前仍可催促买方开证。

（4）开证期限未到，但发现客户资信不佳或市场情况有变，也可催促对方开证。

（二）审证

信用证的条款和开证银行的资信都关系到能否安全结汇。卖方收到买方开来的信用证后，应对照销售合同和 UCP600 进行审核。审证的基本原则是：信用证的内容必须与销售合同的规定相一致。可是，在实际业务中，某些国家、地区的习惯做法有特殊规定，买卖双方的政策不相同，开证银行工作的疏忽或差错，不法分子故意玩弄手法而在信用证中加列一些不合理的条款等往往造成信用证与合同出现不符点，因此必须认真审核。

审核信用证是银行和出口方（受益人）的共同职责，但各自审核的内容不同。银行审核主要涉及的内容为：检查信用证的真伪和信用证的表面真实性，如果银行不能确定信用证的表面真实性，必须不延误地告知开证行，并且告知受益人自己不能核对信用证的真实性；开证行或保兑行的资信情况必须与所承担的信用证义务相适应，如果发现它们资信不佳，应酌情采取适当的措施；信用证是否是不可撤销的信用证，只有不可撤销的信用证才有付款保证；信用证是否已经生效、条款中是否加列了"限制性"条款或其他"保留"条款等。

出口方（受益人）主要审核信用证的条款，主要内容包括以下几个方面。

（1）开证申请人和受益人的名称和地址，前后要一致，否则会影响收汇。

（2）信用证的金额及其采用的货币应与合同一致，总金额的小写和大写数字必须一致。例如，"溢短装条款"与合同规定的一致。

（3）信用证有关货物的品名、质量、规格、数量、包装、单价、金额、港口、保险等的描述是否与合同规定的一致，有无附加特殊条款及保留条款，如指定由某轮船公司的船只运输，或者商业发票、产地证书须由国外的领事签证等，这些都应慎重审核，视具体情况做出是否接受或提请修改的决策。

（4）信用证的到期地点，付款、承兑的交单地点是否对出口方有利，根据 UCP600 规定，所有信用证均须规定一个到期日及一个付款、承兑的交单地点。议付到期日是指受益人向议付银行交单并要求议付的最后期限，到期地点通常在出口国。承兑或付款到期日是指受益人通过出口地银行向开证行或信用证指定的付款银行交单要求承兑或付款的最后期限，到期地点一般选择在出口地。

（5）装运期和有效期在原则上必须与合同规定一致。如信用证到达得太晚，不能如期装运，应及时电请国外买方；如由于生产或船舶等原因，不能在装运期限内装运，应要求买方修改信用证，延长装运期限。信用证的有效期与装运期应有一定的合理间隔，以便在货物装船后有足够的时间进行制单和结汇等工作。

（6）转船和分批装运条款应与合同的规定一致，合同中如允许转船，还应注意在允许转船的内容后面有无加列特殊限制或要求，如指定转运地点、船名或船公司。如规定分批、定期、定量装运，应注意每批装运的时间是否留有适当的间隔等，如不合理，均应要求对方及时修改。

（7）付款方式是否与合同规定的一致。

（8）要求提供的单据种类、份数及填制方法是否有不适当的要求和规定，若有，应酌情做出适当处理。

（9）信用证上有很多印就的内容，对信用证空白处、边缘处加注的字句和戳记等应特别注意，这些内容往往是对信用证内容的重要补充或修改，稍不注意就可能造成事故或损失。受益人应考虑是否能接受信用证上的特别条款，若对方有不合理的要求，要及时提出异议。

（三）改证

在不可撤销信用证的有效期内，修改均须有关当事人的同意方可进行。UCP600 第十条对修改信用证的规则做了非常详细的规定。

（1）不可撤销信用证未经开证行、保兑行及受益人同意，既不能修改也不能撤销。

（2）自发出修改通知之时起，开证行即须受该修改内容的约束，而且对已发出的修改不得撤销，如果信用证经另一银行保兑，保兑行可对修改内容扩展保兑，并自通知修改之时起受到其约束。如果保兑行对修改内容不同意保兑，可仅将修改通知受益人而不加保兑，但必须毫不延误地将情况告知开证行和受益人。

(3) 直至受益人将接受修改的意见告知通知修改银行为止，原信用证的条款对受益人依然有效。受益人应对该修改做出接受或拒绝的通知，否则，当受益人向银行提交符合信用证和尚未被接受的修改的单据时，即视为受益人接受了该修改的通知，并自此时起，信用证已被修改。

(4) 对同一修改通知，必须全面接受，部分接受或拒绝是无效的。

对出口方来讲，凡影响合同履行和安全收汇的情况，则必须要求修改，除此之外，为了减少改证费用和缩短周期，可酌情处理不做修改而按信用证规定走货；对开证申请人来讲，如果情况有变化，也有必要修改所开的信用证，并且所有的修改条款应一次提出完成，以下为具体程序。

(1) 受益人先向申请人提出异议，由开证申请人向开证行提交信用证修改申请书。

(2) 开证行审核同意后，向信用证通知行发出信用证修改书，修改书一经发出就不能撤销。

(3) 通知行收到修改书后，验核修改书的表面真实性并将其转达给受益人。

(4) 修改书的通知程序和信用证的通知程序大致相同。受益人同意接受后，则信用证项下修改正式生效。如受益人拒绝接受修改，将修改通知书退回通知行并附表示拒绝接受修改的文件，则此项修改不能成立，视为无效。受益人对修改拒绝或接受的表态可推迟至交单时。

三、租船订舱与投保

对于贸易术语中须由卖方办理保险的，如 CIF，当货物备妥、有关信用证审核或修改无误后，卖方就应做好租船订舱工作，同时办理申请检验、投保和报关工作，在货物装运期内将货物装运出口。

（一）委托承运人

1. 货运代理人（forwarding agent/forwarder）

货运代理人，又称为货代。出口方在加紧备货的同时，应寻找一位合适的货运代理人。良好的货代掌握着国际贸易运输方面的专业知识，具有丰富的实践经验，熟悉各种运输方式、工具、路线、手续和法律规定、习惯做法等，与国内外有关机构，如海关、商检、银行、保险、仓储、包装、各种承运人以及各种代理人等有着广泛的联系和密切的关系，在世界各地建有客户网和自己的分支机构。货代接受货主的委托，代表货主办理有关货物的报关、报验、交接、仓储、包装、转运、订舱等业务，收取一定的代理费。

2. 租船经纪人（broker）

租船经纪人的主要业务是按照委托人（船东或租船人）的要求，在市场上为委托人寻找货运对象或合适的运输船舶，从而收取佣金。除此之外，租船经纪人还向委托人提供航运市场行情、国际航运动态及其有关资料，斡旋于船东和租船人之间，为他们调解纠纷，以取得公平合理的解决方法。中国租船公司是我国最大的一家租船代理。租船经纪人的作用相当重要，大宗交易往往是通过他们达成的，因为他们有广泛的业务联系渠道，能向船东提供询租消息及向租船人提供船源情况，促使双方选择到合适的洽租对象。国际上最大的租船市场是伦敦租船市场，其成交量约占世界总成交量的30%。纽约租船市场也颇为繁荣，它的船源以油轮为主，成交量约占世界同类租船业务总成交量的30%，货船业务成交量居该市场第二位。北欧的租船市场分布在奥斯陆、汉堡和斯德哥尔摩，大多经营专业化的高质量船舶，如冷藏船、滚上滚下船、液化石油气船等。

（二）安排托运的程序

如果出口方出口的是大宗货物，如粮谷、饲料、矿砂等，可以采用租船运输；如货物不足一整船，则可以选用程租船。租船订舱即租用一部分舱位。

（1）缔结租船合同。与货物买卖相同，托运人（货主）和承运人要通过询租、报盘、还盘、接受，达成货运委托合同。承租船合同的主要条款包括货物，装卸港口，受载日和解约日，运费、装卸费的划分，许可装卸时间，速遣费和滞期费等。期租合同的主要条款有船舶说明、使用范围和航行区域、租期、交船和还船、租金、停租及转租等。

（2）托运。托运人应根据货代最新发布的出口船期表填写托运单或订舱委托书，写明托运人、船期、目的港、货名、箱唛、总件数、毛重和体积等代理配载的资料。如果货物数量较大，需要整理或整舱装运，或需要用专门舱位，如冷藏舱、通风舱、油舱、散载舱等，应事先与外运公司洽商，在截止收单期前将托运单送达货代，作为订舱依据。

（3）货代收到托运单后与租船公司或船主联系，根据配载协议，结合船期、货物性质、货运数量、目的港等条件进行考虑，认为合适、可以接受后，在托运单上签章，退回托运人一份，或将有关的进舱通知书或下货单（shipping order）发到托运人，承诺接受委托，完成订舱手续。

（4）货物装船后，船长或大副便签发收货单，即大副收据。托运人凭收货单向外轮代理公司交付运费并换取正式提单。收货单上如有大副批注，则在换取提单时将该项大副批注转注在提单上。至此，租船订舱乃至装船都已完成。

出口方在确定出运安排时，应及时向进口方发出"装运通知"（shipping advice），以便对方准备付款赎单和办理进口清关的有关事宜。

（三）投保

凡是按 CIF 或 CIP 价格术语成交的出口合同，卖方在装船或货交承运人之前，须及时向保险公司办理投保手续，填制投保申请单。出口商品的投保手续一般都是逐笔办理的，投保人在投保时，应将货物名称、保险金额、运输路线、运输工具、开航日期、投保险别等一一列明。保险公司接受投保后，即签发保险单或保险凭证。

四、报关与检验检疫

（一）报关

报关是指进出口货物的收发货人或其代理人指派获得海关资格认证的报关员，在海关规定的期限内以书面或者电子数据交换方式（electronic data interchange，EDI）向海关申报，请求海关放行货物的行为。海关对呈交的单证和申请进出口的货物依法进行审核、查验、征缴税费、批准出口的全过程称为通关。出口货物的通关一般分四个基本环节，即申报、查验、征税和放行。

（1）申报。出口申报的主要工作是填写报关单，出口货物的报关时限为装货前 24 小时。根据我国海关规定，报关时应随附的单证有报关单、发票、装箱单、进出口许可证和法定商检证书。一般的进出口货物应填制报关单一式三联，俗称基本联。其中，第一联为海关留存联，第二联为海关统计联，第三联为企业留存联。在已实行报关自动化系统、利用计算机报关进行数据录入的口岸报关时，报关员只需填写一份报关单，后交指定的预录入中心将数据输入计算机；其他贸易方式进出口的货物，按贸易方式的不同填制不同份数的报关单。

报关单是申请海关审查、放行货物的必要法律文书，在对外经济贸易活动中具有十分重要的法律效力，它既是海关对进出口货物进行监管、征税、统计以及开展稽查和调查的重要依据，又是加工贸易进出口货物核销以及出口退税和外汇管理的重要凭证，也是海关处理进出口货运走私、违规案件及税务、外汇管理部门查处骗税和套汇犯罪活动的重要书证。因此，申报人对报关单所填报内容的真实性和准确性承担法律责任。

报关单的填报必须真实，要做到两个相符：一是单证相符，即报关单与合同、批文、发票、装箱单等相符；二是单货相符，即报关单中所报内容与实际进出口货物情况必须相符，不得出现差错，更不能伪报、瞒报及虚报。

（2）查验。查验是指海关在接受报关单位的申报后，依法为确定进出口货物的性质、原产地、状况、数量和价值是否与货物申报单上已填报的详细内容相符，对货物进行实际检查的行政执法行为。海关在查验中要求进出口货物的收发货人或其代理人必须到场，并按海关的要求负责办理货物的搬运、拆装箱和重封货物的包装等工作；海关认为必要时，也可以径行开验、复验或者提取货样，货物保管人员应到场作为见证人。

（3）征税。税费计征是指海关根据出口国有关政策、法规对进出口货物征收关税及进口环节税费。如我国的《海关法》和《进出口关税条例》规定，进出口的货物除国家另有规定外，均应依照海关税则征收关税。

（4）放行。放行是指海关接受进出口货物的申报后，经过审核报关单据、查验货物、依法征收税费，对进出口货物做出结束海关现场监管决定的工作程序。海关在决定放行进出口货物后，需在有关报关单据上签章，即"海关放行章"，进出口货物的收发货人凭此办理提取进口货物或装运出口货物的手续。对于海关监管货物来说，盖章的报关单也是海关核销的依据。

对涉及出口退税的货物，出口货物的发货人应在向海关申报出口时增附一份浅黄色的出口退税专用报关单。海关放行后，在报关单上加盖"验讫单"和已向税务机关备案的海关审核出口退税负责人的签章，并加贴防伪标签后，退还报关单位，送交退税地税务机关。

（二）检验检疫

关检融合后，出入境检验检疫职责纳入海关现有通关流程。对于法检商品，申报环节按照企业通过"互联网+海关"及"单一窗口"报关报检合一界面录入报关报检数据向海关一次申报。企业先填写报检数据，取得检验检疫编号，再填写报关数据，并在报关单随附单据栏中填写检验检疫编号。

五、制单、结汇

制单、结汇是出口合同履行过程中的最后一个环节，也是关系到卖方是否能按时收到货款的一个非常重要的环节。出口公司在货物出运后备齐全套单据向银行结汇，对于结汇单据，要求做到"正确、完整、及时、简明、整洁"。

正确是指制作的单据正确，保证及时收汇。单据应做到两个一致，即单据与信用证一致、单据与单据一致。此外，单据与货物也应一致，这样单据才能真实地代表货物，以免发生错装错运事故。

完整是指必须按照信用证的规定提供各项单据，不能短少。单据的份数和单据本身的项目，如产地证明书的原产国别、签章，其他单据上的货物名称、数量等内容也必须完整无缺。

及时是指应在信用证的有效期内，及时将单据送交议付银行，以便银行早日寄出单据，按时收汇。此外，在货物出运之前，应尽可能地将有关结汇单据送交银行预先审核，使银行有较充裕的时间来检查单证、单单之间有无差错或问题。如发现一般差错，可以提前改正，如有重大问题，也可及早由进出口公司与国外买方联系修改信用证，以免在货物出运后不能收汇。

简明是指单据的内容应按信用证要求和国际惯例填写，力求简明，切勿加列不必要的内容，以免弄巧成拙。

整洁是指单据的布局要美观大方，缮制或打印的字迹要清楚，单据表面要清洁，对更改的地方要加盖校对图章。有些单据，如提单、汇票以及其他一些单据的主要项目，如金额、件数、重量等一般不宜更改。

（一）结汇单据的种类和制作说明

如果是托收方式成交，则按合同要求提供单据；如果是信用证方式成交，则按信用证要求提供单据。结汇单据一般包括汇票、发票、装箱单、提单、保险单、产地检验证等。下面选择汇票、发票、海运提单说明填制结汇单据的基本方法。

1. 汇票

目前，在国际贸易结算中，不管是信用证支付方式还是托收支付方式，均使用跟单汇票。为了安全邮寄单据、避免丢失，一般对国际贸易结算单据的邮寄均分两次寄发，故商业汇票分一式两联缮制。在汇票的第一联有这样的表示："This first of exchange（Second of the same tenor and date unpaid）"，第二联表示："This second of exchange（First of the same tenor and date unpaid）"，这就是所谓的"付一不付二""付二不付一"条款，即支付了第一联就不支付第二联、支付了第二联就不支付第一联。除这个条款外，第一联和第二联的其他内容完全一样。

汇票的主要项目有汇票号码（draft No.）、出票日期及地点（place and date of issue）、汇票金额（amount of draft）、付款期限（tenor）、收款人（payee）、出票条款（drawn clause）、付款人（payer）和出票人签章（signature of the drawer）等。具体填写内容参见本书第十二章。

2．发票

发票根据用途不同，形式分很多种，常见的有商业发票、海关发票、形式发票、领事发票等，虽然这几种发票在表示内容上很相近，但其中唯有商业发票才对卖方具有法律约束力。商业发票是卖方向买方开立的，对所装运货物做全面、详细的说明，凭以向买方收款的价目总清单。商业发票没有固定形式，具体填写项目参见本书第十二章。

3．海运提单

海运提单的格式因不同的国家、不同的船运公司而有所不同，但其内容和项目基本一致，海运提单主要项目填制说明参见本书第十二章。

（二）出口结汇

出口结汇的主要方式有收妥结汇、押汇和定期结汇。

1．收妥结汇

收妥结汇又称收妥付款，是指议付行收到外贸公司的出口单据后，经审查无误，将单据寄交国外付款行索取货款，待收到付款行将货款拨入议付行账户的通知书时，即按当时外汇牌价折合成人民币拨给外贸公司。

2．押汇

押汇又称买单结汇，是指议付行在审单无误的情况下，按信用证条款买入受益人（外贸公司）的汇票和单据，从票面金额中扣除从议付日到估计收到票款之日的利息，将余款按议付日外汇牌价折成人民币拨给外贸公司。议付行向受益人垫付资金、买入跟单汇票后，即成为汇票持有人，可凭票向付款行索取票款。银行同意做出口押汇是为了对外贸公司提供资金融通，有利于外贸公司的资金周转。

3．定期结汇

定期结汇是指议付行根据向国外付款行索偿所需时间，预先确定一个固定的结汇期限，到期后主动将票款金额折成人民币拨交外贸公司。如前所述，开证行在审核单据与信用证完全相符后才承担付款的责任。开证行对所提交的单据如发现任何不符，则有拒付货款的可能，因此，各种结汇单据的缮制是否正确完备与能否安全迅速收汇有着十分重要的关系。

六、出口收汇核销管理

出口收汇核销制度是国家为加强出口收汇管理，确保国家外汇收入，防止外汇流失而指定外汇管理部门对出口企业贸易项下的外汇收入进行监督检查的一种制度。我国自1991年1月1日起开始采用"出口收汇核销单"（简称核销单）对出口货物实施直接收汇控制，其做法是由国家外汇管理局印发"出口收汇核销单"，由货物的发货人或其代理人填写，海关凭以接受报关，外汇管理部门凭以核销收汇。因此，"出口收汇核销单"是跟踪、监督出口单位出口货物收汇核销的重要凭证之一。

（一）出口收汇核销单的缮制

出口收汇核销单由出口收汇核销单存根、正联以及出口退税专用联三联构成，其缮制要点如下。

1．存根联的缮制

（1）编号。编号事先由国家外汇管理局统一印就。

（2）出口单位。填写合同出口方的全称并加盖公章，应与出口货物报关单、发票等同项内容一致。

（3）单位代码。填写领取核销单的单位在国家外汇管理局备案的号码，由9位数代码组成。

（4）出口币种总价。填写出口成交货物总价及使用币种，按照应收外汇的原币种和收汇总额填写，一般应与商业发票总金额相同。

（5）收汇方式。根据合同的规定填制收汇方式，如L/C、T/T、D/P等。

（6）预计收款日期。根据具体的收汇方式推算出可能收汇的日期，按照不同的规定填写。即期信用证和即期托收项下的货款，从寄单之日起，近洋地区（香港和澳门）20天内、远洋地区（香港和澳门以外的地区）30天内结汇或收账；远期信用证和远期托收项下货款，从汇票规定的付款日期起，近洋地区30天内、远洋地区40天内结汇或收账；分期付款要注明每次收款的日期和金额。

（7）报关日期。填写海关放行日期。

（8）备注。填写出口单位就该核销单项下需要说明的事项。如在委托代理方式下，使用代理出口单位的核销单时，代理出口单位须在此栏注明委托单位的名称和地址，并加盖代理单位公章；两个或两个以上单位联合出口时，应由报关单位在此栏加注联合出口单位的名称、地址和各单位的出口金额，并加盖报关单位公章；原出口商品调整或部分退货、部分更换的，还应填写原出口商品核销单的编号等情况。

（9）此单的报关有效期。通常填写出口货物的装运日期。

2．正联的缮制

正联除编号、出口单位和单位代码与存根联相同以外，还有以下栏目。

（1）银行签注栏。由银行填写商品的类别号、货币名称和金额、收结汇日期并加盖银行公章。

（2）海关签注栏。海关验放该核销单项下的出口货物后在该栏目内加盖"放行"或"验讫"章，并填写放行日期。

（3）外汇局签注栏。外汇管理部门审核核销单、报关单、发票等无误后，在该栏内签注，并由核销人员签字，加盖"已核销"章。

3．退税联的缮制

退税联除编号、出口单位和单位代码与上述两联相同以外，还有以下栏目。

（1）货物名称。填写实际出口货物的名称，应与发票、出口货物报关单的品名相一致。

(2)数量。按包装方式的件数填写,应与报关单同项内容相一致。

(3)币种总价。同存根联。

(4)报关单编号。按照报关单实际编号填写。

(5)外汇局签注栏。同正联。

(二)出口收汇核销业务的基本操作流程

出口收汇核销工作主要当事人有出口单位、外汇管理局、海关、银行和税务机关。出口企业向当地外汇管理局申领出口收汇核销单,并做好其他相关手续,在当地办理核销手续。其具体流程如图 11-1 所示。

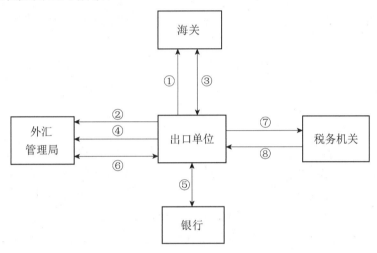

图 11-1　出口收汇核销业务流程

(1)到海关办理"中国电子口岸"入网手续。出口单位到海关办理"中国电子口岸"入网手续,并到有关部门办理"中国电子口岸"企业法人 IC 卡和"中国电子口岸"企业操作员 IC 卡电子认证手续。

(2)向外汇管理局申领核销单。初次申领出口收汇核销单的出口单位应先到注册所在地外汇局办理登记手续,外汇局在审核相关材料后,为出口单位办理登记手续,建立出口单位电子档案信息。出口单位操作员按所需份数在网上向外汇局申请领用核销单后,凭 IC 卡、核销员证、出口合同(首次申领时提供)到注册地外汇局申领纸质出口收汇核销单。出口单位在正式使用核销单前,应当加盖单位名称及组织机构代码条形章,在骑缝处加盖单位公章,出口单位填写的核销单应与出口货物报关单上记载的有关内容相一致。

(3)向海关报关。出口单位报关时,向海关提交事先从外汇管理部门领取的加盖出口单位公章的有编号的出口收汇核销单,经审核无误后,海关在核销单和有核销单编号的报关单上加盖"放行章"。应该注意的是,一张外汇核销单只能对应一张出口货物报关单。

(4)向外汇管理局交单。出口单位在网上通过"中国电子口岸出口收汇系统"将已用于出口报关的核销单向外汇管理局交单。

(5)向银行办理出口收汇手续。出口单位在汇票和发票上注明核销单编号,持全套结汇单据向银行办理议付或托收。银行在办理议付或托收手续后,应在核销单上盖章并连同结汇水单(收账通知)一并退回出口单位。出口单位在向议付行(信用证业务)或托收行(无证托收业务)交单时,必须随附盖有"放行章"的核销单,凡没有随附核销单的单据,银行一律拒绝受理。

(6)到外汇管理局办理出口收汇核销手续。出口单位不论采用何种方式收汇,最迟必须在收款日期后30个工作日内,凭银行签章的核销单、结汇水单或收账通知以及有关证明文件到当地外汇管理部门办理出口收汇核销手续。如逾期未收汇,出口单位应及时以书面形式向外汇管理部门申报原因。实行自动核销的出口单位,除特殊情况外,无须向外汇管理局进行核销报告。外汇管理局为出口单位办理完核销手续后,在"出口收汇核销单"的"出口退税专用联"上签注净收汇额、币种、日期,并加盖"已核销单",并将"出口退税专用联"等凭证退出口单位办理退税。

(7)出口单位向税务机关申请办理退税手续。

(8)税务机关核准后,向出口企业退税。

七、出口退税

为鼓励出口企业自主经营、自负盈亏,增强我国出口产品的国际竞争力,参考国际惯例,我国从1985年开始对出口产品实行退税制度。所谓出口退税,是指有出口经营权的企业和代理出口货物的企业,除另有规定外,可在货物报关出口并在企业财务账册做销售处理后,凭有关凭证按月报送税务机关批准退还或免征增值税和消费税。

2005年,国家相继出台了《出口货物退(免)税管理办法(试行)》(国税发〔2005〕51号)等有关退税的政策法规。为加强出口退税的管理,我国政府实行出口退税与出口收汇核销挂钩的政策,规定出口企业申请出口退税时,应向国家税务机关提交出口货物报关单(出口退税专用联)、出口销售发票、购货发票以及出口收汇核销单(出口退税专用联)、税收缴款书等单据,经国家税务机关审核无误后才予以办理。

2007年,财政部、国家税务总局联合发布《关于调低部分商品出口退税率的通知》(财税〔2007〕90号),从2007年7月1日起,取消濒危动物、植物及其制品等10类商品的出口退税,调低植物油等15类商品的出口退税率,花生果仁、油画、雕饰板、邮票、印花税票等商品改为出口免税。

(一)出口企业的退税登记

凡经批准有进出口经营权的企业及实行独立经济核算的企业单位,均应持工商营业执照(副本),填写"出口企业退税登记表",于批准日起30天内到所在地主管退税业务的税务机关办理出口企业退税登记。

(二)出口退税的一般程序

出口企业在产品报关出口,并在财务账册上做完销售处理后,按月、旬逐批填具出口产品退税申请书,报主管出口退税税务机关申请退税。同时,必须提供"三单两票",即银行结汇水单、出口收汇核销单（出口退税专用联）、出口货物报关单、出口销售发票、出口购货发票，税务机关经审核无误后，退还有关税款。

1．有关证件的送验及登记表的领取

出口企业办理出口退税应先办理出口退税登记，持出口经营权批件（复印件）和工商营业执照（副本），于批准日起30天内到当地主管退税业务的税务机关办理退税登记。企业领到"出口企业退税登记表"后，即按登记表及有关要求填写，加盖企业公章和有关人员印章后，连同出口产品经营权批准文件、工商登记证明等材料一起报送税务机关，税务机关经审核无误后，即受理登记。

2．出口货物退税的按时申报

出口企业应按期向当地主管出口退税的税务机关申报退税。出口企业在报关后，通过"中国电子口岸"核对报关信息，并将有关信息输入国税局的出口货物退（免）税电子申报系统向税务机关办理预申报。我国从2005年起已经取消对出口货物的退（免）税清算，关于出口货物退（免）税申报期限的现行政策规定为：出口企业应在货物报关出口之日（以出口货物报关单出口退税专用联上注明的出口日期为准）起90日内，向退税部门申报办理出口货物退（免）税手续。逾期不申报的，除另有规定者和确有特殊原因经地市级以上税务机关批准者外，不再受理该笔出口货物的退（免）税申报。如果出口企业未按上述规定期限申报退（免）税，其主管征税部门应视同内销货物予以征税。所以，凡是已超过上述规定期限未申报退（免）税的货物，企业应该尽快到主管征税部门将其视同内销申报纳税，否则主管征税部门可依据《中华人民共和国税收征收管理法》给予处罚。

3．税务机关定期审核

税务机关对出口企业的电子数据进行初审，受理申报，若预申报没有获得通过（如因报关单、增值税专用发票无信息等情况），经同意可予以改正、补报。

4．出口企业提供相关凭证，取得退税

出口企业向税务机关办理正式退税时，需要提供出口货物的增值税专用发票（已认证）、出口货物报关单（出口退税专用联）、出口收汇核销单（出口退税专用联）以及已输入税务机关软件的光盘（包括三张表：出口货物退税进货明细表、出口货物销售明细账和出口退税汇总申请表）。税务机关在审核后，安排退税资金有关工作，将出口退税资金划转出口企业并通知出口企业退税税款到达的时间。

（三）出口退税应提供的凭证

企业办理出口退税须提供的凭证主要有以下几种。

（1）购进出口货物的增值税专用发票（税款抵扣款）或普通发票。

（2）出口货物销售明细账。

（3）盖有海关验讫章的出口货物报关单（出口退税联，附核销单编号）。

（4）已办完核销手续的出口收汇核销单（出口退税专用联）。

（5）出口货物退税申请表。

（6）与出口退税有关的其他材料。

如属于委托代理出口，委托方在申办退税时还须提供"代理出口货物证明"和"代理出口协议"（副本）。"代理出口货物证明"由省、自治区、直辖市国家税务局印制，由受托方开具并经主管退税的税务机关签章后，由受托方交委托方。代理出口协议约定由受托方收汇核销的，税务机关须在外汇管理局办理完外汇核销手续后，方能签发"代理出口货物证明"，并注明"收汇已核销"字样。

第二节　进口合同的履行

进口合同的履行是指进口商对其合同义务的履行。与出口合同一样，进口合同的履行程序也随着合同采用的贸易术语、支付条件等不同而不同。现以一般贸易方式下，FOB贸易术语及信用证支付方式为例，介绍进口合同的履行。

一、申领进口许可证

在我国，有许多商品是不能直接进口的，根据国家的有关规定，在进口这些商品之前，须申领进口许可证，其程序如下。

（1）进口商向发证机关提出申请报告，内容包括将要进口货物的名称、规格、数量、单价、总金额、进口国别、贸易方式、出口商名称等信息，同时随附相关的证件和材料，如相关主管部门的批准文件等。

（2）发证机关审核通过申请材料后，进口商填写"中华人民共和国进口许可证申请表"。

（3）发证机关在进口商递交申请表后三个工作日内签发许可证。

二、开证和改证

（一）开立信用证

1. 开立信用证的手续

合同签订后，进口方应按合同规定，通过指定银行办理信用证开立手续。

（1）进口商向开证行提交开证申请书及有关的文件和证明。开证申请书是银行开立信用证的依据，也是申请人和银行之间的契约关系的法律证据。开证申请书一般包括以下两部分内容。

第一部分是拟开立的信用证的内容，包括：① 开证申请人与受益人的名称、地址；② 汇票付款人的名称与付款期限；③ 信用证的性质、金额；④ 货物基本情况，如名称、规格、数量、包装等；⑤ 运输条件，如装运港、目的港、装运时间等；⑥ 所需要的单据；⑦ 信用证的有效期与到期地等；⑧ 信用证的通知方式等。这部分内容是开证行打印信用证的依据，应严格根据买卖合同和有关国际惯例的规定填写。

第二部分是申请人对开证行的声明，其内容包括承认并遵守UCP600的规定，保证向银行支付信用证项下的货款、手续费、利息及其他费用；在申请人付款赎单前，单据及货物所有权属银行所有；开证行收到不符信用证规定的单据时，申请人有权拒绝赎单等。

申请人申请开立信用证时必须同时提交有关文件及证明，如对外签订的合同、进口审批证明、备案登记表等，首次开证的申请人需要提供工商行政管理部门颁发的营业执照和主管部门批准其成立的证书。

（2）进口商向银行交付开证保证金或提供担保人，并支付开证手续费。

（3）开证行对开证申请书的内容和开证人的资信进行审核。开证行对开证申请书审核无误后，则按申请书的要求对外开立信用证。

2. 开立信用证应该注意的事项

（1）信用证的内容应该是完整的、自足的。信用证内容应严格以合同为依据，信用证的内容必须具体列明，不能使用"按××号合同规定"等类似的表达方式。因为信用证是一个自足文件，有其自身的完整性和独立性，不应参照或依附于其他契约文件。

（2）合同中有关规定单据化。UCP600 规定：如信用证载有某些条件，但并未规定需提交与之相符的单据，银行将视这些条件为"未予规定而不予置理"。因而，进口商在申请开证时，应将合同的有关规定转化成单据，而不能照搬照抄。

（3）按时开证。如合同规定开证日期，进口商应在规定期限内开立信用证；如合同只规定了装运的起止日期，则应让受益人在装运期开始前收到信用证；如合同只规定最迟装运日期，则应在合理时间内开证，以使卖方有足够时间备妥货物并出运，通常掌握在交货期前一个月至一个半月。

（4）关于装船前检验证明。由于开立信用证是单据业务，银行不过问货物质量，因而可在信用证中要求对方提供双方认可的检验机构出具的装船前检验证明，并明确规定货物的数量和规格。如果受益人所交检验证明的结果和信用证规定不符，银行即可拒绝开证。

（5）关于保护性规定。UCP600 中若干规定均以"除非信用证另有规定"为前提，如果进口商认为 UCP600 的某些规定将给自己增加风险，则可利用"另有规定"这一前提在信用证中列入相应的保护性条件。

（6）关于保兑和可转让信用证。我国银行原则上不开立保兑信用证，对可转让信用证也持慎重的态度。对此，进口商在签订合同时应予注意，以免开证时陷入被动。

（二）修改信用证

信用证开出后，如果发现内容与开证申请书不符，或由于其他原因需要对信用证进行修改，原开证申请人要向开证行提交修改申请书。开证行经审查，若同意修改，便缮制信用证修改书，并将由原通知行通知出口方，以征求出口方的同意。如果出口方同意，则该修改书即成为信用证的一部分；若不同意，则仍按原信用证执行。

按照国际惯例，修改信用证有以下几条原则。

（1）信用证的修改必须经开证行、保兑行（如已保兑）、受益人的同意。不经开证行、保兑行（如已保兑）、受益人各方的同意，开证人对信用证的部分修改内容是无效的。

（2）如果开证行利用另一家银行的服务将信用证通知受益人，则它必须利用同一家银行的服务通知修改。

（3）开证行自发出修改书之时起，即对修改书负有不可撤销的义务。保兑行可将其保兑扩大至修改书,并自收到修改书之时起负有不可撤销的义务。但是,保兑行可以选择不扩大保兑,并将修改书通知受益人,如果保兑行这样做,则它必须将此情况通知开证行和受益人。

(4)原信用证(或含有先前被接受修改的信用证)的条款在受益人告知通知修改的银行接受修改之前,仍对受益人具有约束力。

三、租船订舱和催装

FOB进口合同下,租船订舱应由买方负责。目前,我国大部分进口货物是委托中国对外贸易运输公司、中国租船公司或其他运输代理机构代办运输的,也有直接向中国远洋运输公司或其他国际货运的实际承运人办理托运手续的。买方应根据合同规定的交货期联系安排出运时间及预订舱位,并与卖方联系确认。买方租船订舱后,应及时通知卖方船名、航次、航行日程及船运公司的联系地址,并催告卖方如期装船,对于大宗商品和重要物资,应随时了解卖方的备货情况,必要时可请我驻外机构就地了解并督促卖方如期履约。

四、保险

为了简化投保手续、防止漏保,进口单位一般与保险公司订有长期预约保险合同(或预保合同),其中对进口货物的应保险别、保险费、适用条款、赔付方法等做了具体明确的规定。根据预保合同的规定,凡属合同承保范围内的所有FOB条件进口货物的保险都由中国人民保险公司自动承保。货物一经装船,在收到卖方装船通知后,进口单位只要将进口货物装船通知书(包括货物的名称、船名、日期、金额、起运港和目的港、提单号等内容)送交保险公司,即视为已办妥保险手续,保险即时开始生效。

未与保险公司签订预约保险合同的企业,需对进口货物逐笔办理保险。进口企业在接到出口方的发货通知后,应立即填制投保单。经保险公司在投保单上签署同意后,进口方向保险公司缴纳保险费。然后,保险公司出具正式的保险单给进口方。进口次数少的企业一般采用逐笔投保的方式。

五、审单、承兑或付款、进口付汇核销和信用证注销

(一)审单

开证行收到国外议付行寄来的单据后,应根据信用证规定的条款全面、逐项地审核单证之间、单单之间是否相符,并根据国外议付行的寄单索偿通知书核对单据的种类、份数及汇票、发票与索偿通知书所列金额是否正确。审核无误后,开证行凭议付行的寄单索偿通知书填制进口单据发送清单,附上全部单据送公司签收,经公司全面审核无误,在五个工作日内办理付款。索偿通知书、汇票及一份清单,连同信用证留底,归入代办卷内,以待办理对外付款。

对于审单付款的问题,银行和贸易公司双方都应当在思想上明确一点,即若按正常做法,审核进口单据应当是开证行的职责,开证行在审核单据无误以后,就应当直接对外办

理付款,不必事先征得开证申请人的同意。在我国,开证行在接到国外寄来单据以后,未经详细审核就先交开证申请人审核,这是一种变通的做法,属于暂借单据的性质。之所以采用这种做法,主要是为了简化手续,因为如果开证行先审核单据再转交申请人,申请人仍须再审一遍,况且开证申请人对货物规格等较开证行更熟悉,申请人又都是国内企业,所以才把这两道手续合而为一。正因为这样,申请人接到单据后,在办理对外付款之前,要妥善保管单据,以便在单证不符欲拒付时可以对外退单。

在审单过程中,如发现单证不符,一般可采取全部拒付、部分拒付或扣减货款等办法处理,但应在合理的时间内(一般在三个工作日)立即以最迅速的方法向议付行提出,在对方尚未答复之前,由开证行代议付行保存全部单据,归存拒付案卷单独保管,等待处理。如系电拒付,所发生的电报或电传费用于付款时扣收或另函收取。

(二)承兑或付款

进口商收到开证行转来的单据,经核验无误后即向开证行办理付款或承兑手续,银行则应立即根据信用证规定并结合国外议付行索偿通知书的要求,对外办理付款或承兑。如果信用证规定为即期付款,则应对外办理付款手续;如为远期付款,则应办理承兑手续,确定付款到期日,发出承兑通知书,于到期日付款转账。总体来说,付款或承兑时间应掌握在银行接到单据后五个工作日内。

银行收到进口公司交来的盖章后确认付款的发送清单,应对照证号从待付款卷内调出原"进口单据发送清单"、索偿证明书及信用证留底,经核查证明手续齐备、内容正确、本币与外币折算无误后,在信用证留底背批付汇日期、金额、余额及有关事宜后办理付款手续。

为了做到在合理的时间内对外办理或承兑,银行应建立检查制度,即每日检查待付款卷内的到期付款或承兑情况,如有到期应付而未付或未承兑,应及时办理手续,对外付款或承兑。如因申请人迟付而引起国外议付行索赔,其迟付利息应由申请人负担,如属银行责任则应由银行负担。

(三)进口付汇核销

国家为防止企业汇出外汇而实际不进口货物的逃汇行为,国家通过海关对进口货物实施监管,监督进口付汇,对进口单位实行进口付汇核销制度。根据该制度的规定,进口企业在进口付汇前,需向付汇银行申领由国家外汇管理局统一印制的"进口付汇核销单",凭以办理进口付汇。货物进口后,进口单位或其代理单位凭盖有海关"放行章"或"验讫章"的进口货物报关单,连同"购买外汇申请书""进口付汇核销单"向银行办理进口付汇核销手续。"购买外汇申请书"和"进口付汇核销单"由进口单位填写,银行根据外汇牌价表的汇率,以人民币兑换信用证上所规定的外币以及各项费用。以下为其基本操作流程。

1. 进口付汇核销资格的申请

进口单位需持下列材料向注册所在地的外汇管理局申请办理列入"对外付汇进口单位名录"的手续:① 商务部(委、厅)的进出口经营权的批件;② 工商管理部门颁发的营业执照;③ 技术监督部门颁发的企业代码证书。外汇管理局审核无误后,为进口单位办

"对外付汇进口单位名录"手续，只有列入名录内的单位才具有对外付汇的资格，不在名录内的进口单位不得直接到外汇指定银行办理进口付汇。进口单位如果被列入"由外汇局审核真实性的进口单位名单"，在付汇时需要提交由外汇管理局签发的"进口付汇备案表"。

2. 进口付汇备案的办理

国家外汇管理部门对较为特殊的贸易、银行资金风险较大以及逃、套汇发生频率较高的进口付汇一般实行事先登记制度，即通过发放"进口付汇备案表"的方式进行管理。进口单位付汇或开立信用证前，要判断是否需要向外汇管理局办理"进口付汇备案"手续，如需要，则持有关材料到外汇管理局办理进口付汇备案手续，领取进口付汇备案表，外汇指定银行凭此办理进口付汇，最后由备案表签发地外汇管理局办理核销手续。

一般情况下，需要事先向进口单位所在地外汇管理局办理备案手续的情况主要有：① 进口单位不在"对外付汇进口单位名录"或被列入"由外汇局审核真实性的进口单位名单"的；② 付汇后 90 天以上到货的；③ 预付款超过合同金额 15%且超过 10 万美元的；④ 属于异地付汇的；⑤ 属于转口贸易的；⑥ 所购买的货物直接用于境外工程的；⑦ 开立一年以上远期信用证的；⑧ 推延进口付汇期限的。

3. 办理开证或购汇手续

进口单位须持有关材料到外汇指定银行办理开证或购汇手续，主要包括：① 进口单位填写的进口付汇核销单；② 进口付汇备案表（需要时）；③ 进口合同、发票；④ 正本进口货物报关单（货到付款方式）。

4. 办理进口付汇核销报审

进口单位在有关货物报关后一个月内到外汇管理局办理进口付汇核销报审手续。进口单位在办理到货报审手续时，须提供下列单据：① 进口付汇核销单（如核销单上的结算方式为"货到付款"，则报关单号栏不得为空）；② 进口付汇备案表（如核销单付汇原因为"正常付汇"，企业可不提供该单据）；③ 进口货物报关单正本（如核销单上的结算方式为"货到付汇"，企业可不提供该单据）；④ 进口付汇到货核销表（一式两份）；⑤ 结汇水单及收账通知单（如核销单付汇原因为"境外工程使用物资"及"转口贸易"，企业可不提供该单据）；⑥ 外汇管理局要求提供的其他凭证和文件。

银行进口付汇核销及对外付汇申报应严格按照外汇管理局有关规定办理，其申报的凭证是进口付汇核销单，在办理时要注意以下事项：① 每份进口付汇核销单只能办理一笔付汇手续；② 付汇时，企业必须提交加盖企业印章的进口付汇核销单；③ 进口付汇核销单加盖银行有关业务章后，第一联装订成册报外汇管理局，第二联退进口单位，第三联银行留存；④ 如信用证没有执行或对外拒付，业务已了结，应将进口付汇核销单退回申请人，银行代外汇管理局发放的进口付汇核销单需予以注销，并归专夹保管。

（四）信用证注销

信用证无论是否发生对外支付，均应在超过有效期 3 个月后注销。如果信用证未超过有效期或超过有效期不到 3 个月，经有关各方当事人同意，且通知行已确认受益人同意撤证并已确认收回信用证正本，该信用证可予以撤销并收取有关费用。在信用证执行完毕或信用证注销、撤销后，银行应将保证金退还开证申请人，并在开证登记簿上做好相应的记录，对于采用授信开证的申请人，应通知有关部门恢复其授信额度。

六、报关、验收和拨交货物

（一）报关

根据我国《海关法》规定：进出境的货物必须通过设有海关的地方进出境，接受海关实施监管，即接受申报、查验、征税、结关四个环节。因此，进口方在提货之前，应与海关积极配合，顺利完成进口报关。

1. 申报

货物入境时，由收货人或其代理人向海关申报、交验规定的单据文件，如货物报关单、进口许可证、提货单、发票、装箱单、减税或免税证明文件。海关认为必要时，还应交验买卖合同、产地证明和其他有关单证，请求办理进口手续。

可以向海关办理申报手续的单位有：① 海关准予注册的代理收发货人办理报关手续的企业；② 海关准予注册的有权经营进出口业务的企业、中外合资（合作）经营企业、外资企业；③ 其他经常有进出口业务的企业。没有经过海关注册登记的单位不得直接办理进出口货物报关手续。报关单位的报关员必须经海关培训和考核，获得报关员证书。每次向海关递交的进口货物报关单上必须盖有报关单位和报关员已备案的印章或签字。

法定申报时限为：进口货物的收货人应当自运输工具申报进境之日起 14 日内向海关申报，超过 14 日期限未向海关申报的，由海关征收滞报金；对于超过 3 个月还没有向海关申报的，其进口货物由海关依法提取、变卖处理，如属于不宜长期保存的货物，海关可以根据实际情况提前处理，变卖后所得价款扣除运输、装卸、储存等费用和税款后尚有余款的，自货物变卖之日起一年内，经收货人申请，予以发还，逾期无人申请的，上缴国库。

2. 查验

查验即海关以报关单、许可证等为依据，对进口货物进行实际的核对和检查，以确保货物合法进口。海关查验应在海关监管区域的仓库、场地进行，货物的收货人或其代理人应当在场，并负责搬移货物、开拆和重封货物的包装。为了适应对外开放的需要、方便合法进出口，对进口的散装货物、大宗货物和危险品等，海关可以结合装卸环节，在现场直接验放。对于成套设备和"门到门"运输的集装箱货物，经申报人申请，海关可以派员到监管区域外的地点，就地查验放行，但海关需按规定收取费用。

海关通过对货物的查验，检查、核对实际进出口货物是否与报关单和进口许可证相符，确定货物的性质、成分、规格、用途等，以便准确地依法计征关税，进行归类统计。

报验单位报验时应留有时间，以便商检机构检验出证和订货公司办理对外索赔，要求不少于索赔有效期的 1/3。若索赔期限迫近，预计无法完成检验出证，报验单位须与订货公司联系办理延长索赔期或保留索赔权手续，在得到外方确认函电后，方能受理报验；对包装残损的进口商品，应由到货口岸商检机构签发"异地检验通知单"，货物到达使用地后，当地商检机构凭"异地检验通知单"受理残损鉴定工作。

3. 征税

为了保证关税及时入库，进口货物的纳税人应在海关填发税款缴纳通知书的次日起15日内（星期日和假日除外）缴纳税款。

进口关税包括：① 进口货物关税。根据《中华人民共和国进出口税则》，除少数进口商品免税外，我国对绝大多数进口商品都征收进口货物关税。② 进口调节税，这是进口货物关税的附加税，目前对国家限制进口的部分商品征收进口调节税。③ 对入境旅客行李物品和个人邮递进口物品征收的进口税，仅适用于非贸易性的个人进口物品。

4. 结关

进口货物在办完向海关申报、查验、纳税等手续后，由海关在货运单据上签印结关放行。进口方或其代理人必须凭海关签印放行的货运单据才能提取进口货物。

货物的放行是海关对一般进出口货物实施监管的最后一个环节，放行就是结关。但是，对于担保放行货物、保税货物、暂时进口货物和海关给予减免税进口的货物来说，放行不等于结关，还要在办理核销、结案或者补办进出口和纳税手续后，才能结关。

（二）报验

进口货物若属于法定检验商品，进口商或其代理人需持货运单据和进口货物报关单并随附对外贸易成交合同、国外商业发票、装箱单、提单、进口货物通知书等必要单据向口岸海关申请办理报验，由口岸海关审核、编号登记，并在进口货物报关单上加盖"已接受报验"印章，申请人凭此向海关办理进口报关。海关凭"已接受报验"印章验关放行，准予卸货。

除口岸海关机构实施的检验外，进口港的港务局还将按码头惯例在卸货时核查进口货物的表面情况。若发现短缺或残损，港务局将把短缺或残损情况做成书面报告并提交船方确认和签字，然后将货物存放于海关仓库，等候保险公司会同海关相关部门进行进一步的检验。

（三）提货与拨交

货物经海关、商检机构和港务局等部门检验无误后，进口商即可办理提货手续。提货与拨交可由进口商自行办理，俗称"自提"；也可由进口商委托的运输部门将货物直接从进口港转运到用货单位，转运费用一般先由进口商垫付。

七、进口索赔

进口货物常因品质、数量、包装等不符合合同规定而需要向有关方面提出索赔。进口索赔是一项技术性、政策性极强的工作，办理进口索赔时，应注意以下几个问题。

（1）在查明原因、分清责任的基础上确定索赔对象，根据事故性质和致损原因的不同，向责任方提出索赔。例如，凡属原装短少和品质、规格与合同不符，应向卖方提出索赔；货物数量少于提单所载数量，或在签发清洁提单情况下货物出现残损短缺，应向承运人索赔；由于自然灾害、意外事故而使货物遭受承保险别范围内的损失，应向保险公司索赔。

（2）提供索赔证据。为了保证索赔工作的顺利进行，必须提供切实有效的证据。首先，必须准备索赔清单和证明文件，并随附检验证明书、发票、装箱单、提单副本等；其次，对不同索赔对象，还要另附有关证件。

（3）掌握索赔期限。应在规定的期限内向责任方提出索赔，逾期提出索赔则无效。合同内一般都规定了索赔期限：向卖方索赔，应在约定期限内提出，如合同未规定索赔期限，按《联合国国际货物销售合同公约》规定，买方向卖方声明货物不符合合同规定的时限是买方实际收到货物之日起两年内；按《海牙规则》规定，向船公司索赔的时限是货物到达目的港交货后一年内；按中国人民保险公司制定的《海洋运输货物保险条款》规定，向保险公司索赔的时限为货物在卸货港全部卸离海轮后两年内。

（4）索赔金额。索赔金额应适当确定，除受损的商品的价值外，应根据具体情况将有关费用（如商检费、装卸费、银行手续费、仓租、利息等）包括在内。

本章小结

进出口合同的履行是一个繁杂的，需要认真、仔细对待的过程，合同履行中，任何环节出错都可能导致违约发生，影响合同的继续履行和预期利益的获取。在履行 CIF 或 CFR 出口合同时，必须切实做好备货、催证、审证、租船订舱、报验、报关、投保、装船和制单结汇工作，尤其是信用证的审核及议付单据的制作。在履行进口合同时，必须切实做好开立信用证、租船订舱、装运、办理保险、审单付汇、接货报关、检验等环节的工作。进出口合同的履行是由进出口企业、运输部门、银行、海关、商检等各有关方面分工负责、紧密配合而共同完成的。

本章重要概念

| 审证 | 租船订舱 | 制单结汇 | 改证 |
| 预约保险合同 | 审单付汇 | 出口核销 | |

思考题

1. 一般贸易方式下，采用 CIF 条件和信用证支付方式的出口合同履行要经过哪些环节？
2. 审核信用证的依据是什么？通常应审核哪些内容？
3. 简述改证的一般流程。修改信用证应该注意什么问题？
4. 当前，我国出口结汇有哪几种方式？

5. 出口贸易中使用的主要单据有哪几种？试列出这些单据的中英文名称，并分别说明其作用。

6. 采用 FOB 条件和信用证支付方式的进口合同履行一般包括哪些环节？

7. 申请开立信用证时应注意哪些事项？

8. 买卖双方在处理索赔与理赔时应注意哪些问题？

9. 我方某贸易公司与荷兰某进口商按 CIF 鹿特丹条件签订一份皮手套合同，向中国人民保险公司投保一切险。生产厂家在生产的最后一道工序将手套的湿度降到最低程度，然后用牛皮纸包好装入双层瓦楞纸纸箱，再装入 20 英尺集装箱。货物到达鹿特丹后，检验结果表明：全部货物湿、霉、变色，损失价值达 10 万美元。据分析，该批货物的出口地不异常热，进口地鹿特丹不异常冷，运输途中无异常，运输工具完全属于正常运输。

试分析：

（1）保险公司对该批货损是否负责赔偿？

（2）进口商对受损货物是否应支付货款？

（3）出口商应如何处理此事？

10. 我国 A 公司向巴基斯坦 B 公司以 CIF 条件出口货物一批。国外来证中单据条款规定：商业发票一式两份；全套清洁已装船提单，注明"运费预付"，做成指示抬头空白背书；保险单一式两份，根据中国人民保险公司 1981 年 1 月 1 日《海洋运输货物保险条款》投保一切险和战争险，信用证内注明"按 UCP600 办理"。A 公司在信用证规定的装运期内将货物装上船，并于到期日前向议付行交单议付，议付行随即向开证行寄单索偿。开证行收到单据后，来电表示拒绝付款，其理由是下列单证不符。

（1）商业发票上没有受益人签字。

（2）正本提单由一份组成，不符合全套要求。

（3）保险单上的保险金额与发票金额相等，因此投保金额不足。

试分析开证行单证不符的理由是否成立？并说明理由。

学生课后阅读参考文献

[1] 吴百福．进出口贸易实务教程[M]．上海：上海人民出版社，2003．

[2] 黎孝先．国际贸易实务[M]．北京：对外贸易教育出版社，2004．

[3] 彭福永．国际贸易实务教程[M]．上海：上海财经大学出版社，2004．

[4] 董谨．国际贸易理论与实务[M]．北京：北京理工大学出版社，2005．

[5] 叶德万，陈原．国际贸易实务案例教程[M]．广州：华南理工大学出版社，2003．

第十二章 国际贸易单证的缮制与填写

学习目的与要求

在前面十一章的学习基础上,本章要求学生对国际贸易中常用的单证进行缮制与填写,主要学会填写汇票、商业发票、海运提单、保险单、原产地证书、进出口报关单和装箱单等。

单证业务是国际贸易业务的一个重要组成部分,从签订合同开始,到履行合同的全过程,每一个环节都需要单证的缮制、处理、交换和传递。这一过程不能存在丝毫差错,否则就有可能给企业带来经济损失,因此,我们在缮制单证时必须做到正确、完整、及时、简洁和严谨等。

第一节 汇票的缮制与填写

汇票(bill of exchange,draft)是国际贸易结算中非常重要的一种票据。根据我国《票据法》对汇票的定义,"汇票是出票人签发的,委托付款人在见票时或者在指定日期无条件支付确定的金额给收款人或者持票人的票据"。在国际贸易结算实务中,汇票在信用证和托收业务中都有使用,但在信用证业务中使用得更为广泛。下面分别介绍跟单信用证项下汇票(见式样12-1)的缮制和跟单托收项下汇票(见式样12-2)的缮制。

式样12-1 跟单信用证项下的汇票

BILL OF EXCHANGE

凭
Drawn under _____ 信用证 L/C NO. _____

日期 按___息___付款
Date _____ Payable with interest@___%___

号码 汇票金额 上海
No. _____ Exchange for _____ Shanghai

见票___日后(本汇票之正本未付)付交
At ___ sight of this **SECOND** of Exchange (First of Exchange being unpaid)
Pay to the order of _____

金额
the sum of _____

_____

此致:
To _____

_____

式样 12-2　跟单托收项下的汇票

BILL OF EXCHANGE

号码　　　　　　　　汇票金额　　　　　　　　　上海
No. _____　　Exchange for _____　Shanghai_____
见票_____日后（本汇票之副本未付）付交
At _____ sight of this FIRST of Exchange (Second of Exchange being unpaid)
Pay to the order of_____
金额
the sum of _____
_____
凭
Drawn under_____
此致
To _____
　　_____

一、跟单信用证汇票的缮制

1. 出票根据（Drawn under）

这一栏要求根据信用证填写开证行的名称与地址。在信用证支付条件下，开证行是提供银行信用的一方，开证行开出的信用证最终伴随所要求的单据成为凭以向买方（付款人）收款的书面证据。

2. 信用证号码（L/C NO.）

这一栏的内容要求填写正确，但有时来证要求不填这一栏目，对此，出口公司在制单过程中也可以接受。

3. 开证日期（Date）

这一栏应填写的是开证日期，常见的错误是把出具汇票的日期填在这一栏中，在实务操作中应多加注意。

4. 年息（Payable with interest @×% per annum）

这一栏目由结汇银行填写，用以清算企业与银行间利息费用。

5. 汇票小写金额（Exchange for）

汇票上有两处相同暗底的栏目，较短的一处填写小写金额，较长的一处填写大写金额。汇票金额一般不超过信用证规定的金额。在填写这一栏时应注意，金额不包含佣金，即应填写净价。

6. 汇票大写金额

大写金额由小写金额转换而成，要求顶格，不留任何空隙，以防有人故意在汇票金额上做手脚。大写金额由两部分构成：一是货币名称，二是货币金额。常见的货币英文名称写法如下：美元（USD）、英镑（GBP）、瑞士法郎（CHF）、港币（HKD）、日元（JPY）、人民币（CNY）、欧元（EUR）、澳大利亚元（AUD）、加拿大元（CAD）、荷兰盾（NLG）、比利时法郎（BEF）等。

7．号码（No.）

这一栏正确的填写内容是制作该交易单据中发票的号码，其本来的用意是方便核对发票与汇票中相同和相关的内容，如金额、信用证号码等。一旦出现一套单据错误或需要修改的情况时，只要查出与发票号码相同的汇票，就能确定它们是同一笔交易的单据，从而便于纠正错误。在实务中，制单人员往往将这一栏称作汇票号码，因此，汇票号码一般与发票号码是一致的。

8．付款期限（At...sight）

汇票付款期限有即期和远期之分。

（1）即期汇票表明在汇票的出票人按要求向银行提交单据和汇票时，银行应立即付款。即期汇票中付款期限的填写较简单，只需使用"×××""———"或"＊＊＊"等符号或者直接将"At sight"字样填在这一栏目中，但该栏不得空白。

（2）远期汇票表明在将来的某个时间付款。因表明"远期"起算时的根据不同，远期汇票分为很多种，在此不做介绍。

9．收款人（Pay to the order of...）

应从信用证的角度来理解这一栏目的填写要求。信用证是由银行提供货款，而信用证的整个执行过程都处在银行的监督、控制下，同时，开证行也不会跟受益人直接往来，而是通过另一家银行与受益人接触。当开证行按信用证规定把货款交给受益人时，也应通过另一家银行，这家银行应成为信用证履行中接受货款的第一方，因此被称为收款人，所以在信用证支付的条件下，汇票中收款人这一栏目中填写的应是银行的名称和地址，一般是议付行的名称和地址。究竟要填哪家银行作为收款人，这要看信用证中是否有具体的规定，即是公开议付还是限制议付。

在填写汇票时，应将选择好的银行的名称、地址直接填入收款人栏目中。我国主要银行的英文名称如下。

中国银行　　　　　　　Bank of China
中国工商银行　　　　　Industrial & Commercial Bank of China
中国交通银行　　　　　Bank of Communication,China
中国农业银行　　　　　Agricultural Bank of China
中国建设银行　　　　　China Construction Bank

10．汇票的交单日期

这是指受益人把汇票交给议付行的日期。这一栏由银行填写，银行在填写此日期时应注意交单日期不能超过信用证的有效期。

11．付款人

信用证项下汇票的付款人和合同的付款人不完全相同。从信用证的角度来看，汇票的付款人应是提供这笔交易的信用的一方，即开证行或其指定付款行为的付款人。但从合同的意义来看，信用证只是一种支付方式，是为买卖合同服务的。买卖交易中的最终付款人是买方，通常是信用证的开证申请人。按照国际商会《跟单信用证统一惯例》的相关规定：信用证不应凭以申请人为付款人的汇票支付，但如信用证要求以申请人为付款人的汇票，银行将视此种汇票为一项额外的单据。据此，如信用证要求以申请人为付款人的汇票，仍应照办，但这只能作为一种额外的单据。因此，在填写汇票时，应严格按照信用证的规定填写。

12．出票人

虽然汇票上没有出票人这一栏，但习惯上都把出票人的名称填在右下角，与付款人对应。出票人即出具汇票的人，在贸易结汇使用汇票的情况下，一般都由出口企业填写，主要包括出口公司的全称和经办人的名字。

汇票在没有特殊规定时，一式两份并在醒目的位置上印着"1""2"字样，或"Original""Copy"，表示第一联和第二联。汇票的第一联和第二联在法律上并无区别，第一联生效则第二联自动作废（Second of Exchange being unpaid），第二联生效则第一联自动作废（First of Exchange being unpaid）。

二、托收汇票的缮制

以托收方式托收汇款时使用的汇票与信用证支付条件的汇票相似，在填写方式上有以下区别。

（1）出票根据、信用证号码和开证日期三栏是不需要填写的，或在"Draw under"后的空栏内打上"For Collection"字样；或者在缮制托收汇票时，这三项不用缮制。

（2）在"付款期限"栏目中，填写 D/P At sight（即期付款交单）或 D/P ×× days（××天远期付款交单）；D/A ×× days（××天承兑交单）。

（3）在"收款人"栏目中填写托收行名称。

托收汇票也是一式两份，两联汇票起相同的法律作用。当第一联汇票生效时，第二联自动作废（Second of Exchange being unpaid）；当第二联汇票生效时，第一联汇票自动作废（First of Exchange being unpaid）。

第二节　商业发票的缮制与填写

商业发票（commercial invoice）简称发票，是卖方向买方开立的，凭以向买方收取货款的发货价目清单，是装运货物的总说明，其主要作用有如下几点。

（1）卖方向买方发货的凭证，是重要的卖方履约证明文件。

（2）便于进口人核对已装运的货物是否符合买卖合同的规定。

（3）进出口双方收付货款和记账的重要凭证。

（4）进出口双方办理报关、纳税的重要依据。

（5）索赔和理赔的重要凭证。

发票全面反映了交付货物的状况，是缮制其他单据的依据，也是整套单据的中心单据，因此，它是出口人必须提供的主要单据之一。

第十二章 国际贸易单证的缮制与填写

现以目前较通用的商业发票为例介绍商业发票的缮制方法（见式样 12-3）。

式样 12-3　商业发票

上海市 ××× 进出口公司

SHANGHAI　×××　IMPORT & EXPORT CORPORATION

27 CHUNGSHAN ROAD E.1.

SHANGHAI, CHINA

TEL：8621-653425×× 　　FAX：8621-657247××

COMMERCIAL　INVOICE

TO: M/S.　　　　　　　　　　　　　　　　　　　号码
　　　　　　　　　　　　　　　　　　　　　　　No.

　　　　　　　　　　　　　　　　　　　　　　　订单或合约号码
　　　　　　　　　　　　　　　　　　　　　　　Sales Confirmation No._____

　　　　　　　　　　　　　　　　　　　　　　　日期
　　　　　　　　　　　　　　　　　　　　　　　Date_____

装船口岸　　　　　　　　　　　　　　　　　　　目的地
From_____　　　　　　　　　　　　　　　　　To_____

信用证号码　　　　　　　　　　　　　　　　　　开证银行
Letter of Credit No._____　　　　　　　　　Issued by_____

唛号　Marks & Nos.	货物的描述　Quantities and Descriptions	总值　Amount

We certify that the goods are of Chinese origin.　　Shanghai　　　上海市×××进出口公司
　　　　　　　　　　　　　　　　　　　　　　　　　　　　　　　×××Import & Export Corporation
　　　　　　　　　　　　　　　　　　　　　　　　　　　　　　　SHANGHAI, CHINA

1．出票人的名称和地址

出票人的名称与地址在发票正上方表示。一般来说，出票人的名称和地址是相对固定的，因此许多出口企业在制作单据时已将这一内容编入系统。

2．发票名称

一般在出口业务中使用的，由出口方出具的发票大多是商业发票，所以并不要求一定标出"COMMERCIAL"（商业）的字样，但一定要醒目地标出"INVOICE"（发票）的字样。

3．发票抬头人（To）

只有少数来证在发票条款中指出发票抬头人，多数来证都不说明，因此，习惯上将信用证的申请人或收货人的名称、地址填入这一栏目。根据国际商会《跟单信用证统一惯例》的规定：除非信用证另有规定，商业发票的抬头必须做成开证申请人。

4．发票号码（No.）

本栏由出口公司自行编制，一般采用顺序号，以便查对，同时也作为相应的汇票号码。

5．发票签发日期（Date）

国际商会第 600 号出版物《跟单信用证统一惯例》规定：银行可以接受签发日期早于开证日期的发票。一般而言，在全套单据中，发票是签发日期最早的单据。尤其要注意的是，不应使发票签发日期迟于提单的签发日期，也不应使其晚于信用证规定的交单到期日。

6．信用证号码（Letter of Credit No.）

当货款的支付使用信用证方式时，这一栏目填写信用证号码；当货款的支付不使用信用证方式时，保持空白或删去这一栏目。

7．合同号

发票的出具都以买卖合同作为依据，但买卖合同不都以"Contract"为名称，有时出现"Sales Confirmation""Order"等。因此，当合同的名称不是 Contract 时，应将本栏目的名称修改后，再填写合同的号码。

8．起讫地点（From...To...）

此栏按货物运输实际的起讫地点填写。如果货物需要转运，转运地点也应在这一栏明确地表示出来。例如，货物从广州经香港转船至德国的法兰克福，这一栏目应填写：From Guangzhou To Frankfrut W/T Hong Kong

9．唛头（号）

凡信用证有关于唛头的规定，必须依照规定制唛，而且发票中的唛头应与提单、托运单据严格保持一致，它由收货人、目的地、件号和件数以及有关参考号码组成。例如，信用证规定唛头是"ABC CO./STOCKHOLM/SC8898/CNT NO.1-88"，则应在发票该栏打印：

ABC CO.

STOCKHOLM

SC8898

CNT NO.1-88

如果信用证未规定唛头，则出口人可自行设计；如果无唛头，此栏填写"N/M"。

10．货物的描述（Quantities and Descriptions）

当不使用信用证支付货款时，合同有关货物内容的条款应如实地反映在发票的这一栏目中。当使用信用证支付货款时，这一栏目的内容应与信用证有关内容严格一致。国际商会第 600 号出版物《跟单信用证统一惯例》规定：商业发票中对货物的描述必须符合信用证中的描述，而在其他所有单据中，货物的描述可使用统称，但不得与信用证中货物的描述有抵触。

货物描述内容一般包括合同的四个主要条款，即品质条款、数量条款、包装条款、单价条款。

11．价格（Price）

价格内容在发票中分别由两个栏目表述：单价（Unite Price）、总额（Amount）。单价又由四个部分组成：计价货币、计量单位、单位价格金额和价格术语。例如，USD（计价货币）24.50（单位价格金额）Per Piece（计量单位）CIF NEWYORK（价格术语）。

发票总金额通常是可以收取的价款，如果合同中包含佣金和折扣而信用证未加规定，则总金额不应该扣减佣金，因为原则上佣金应由卖方收到货款后向中间商支付，但总金额中通常应减去折扣，因为折扣不是卖方可以收取的价款。

12．特殊条款（Special Terms）

在相当多的信用证中，除了要求一般的发票内容外，还要求在发票中列出证明某些事项的条款。在缮制发票时，可将上述内容打印在发票的商品描述栏内。在实际业务中，常见的要求有：列明货物的FOB金额、运费以及保险费、布鲁塞尔税则号、注明货物的原产地是中国以及要求提供"证实发票"等。例如：

（1）The commercial invoice must certify that the goods are of Chinese origin.

（2）The commercial invoice should bear the following clause: "We hereby certify that the contents of invoice herein are ture and correct."

13．签名（Signature）

该栏一般由出口公司的法人代表或经办制单人员代表公司签名，并注明公司名称。

第三节　海运提单的缮制与填写

提单（bill of lading，B/L）在国际班轮运输中是一份非常重要的单据，同时也是一份重要的法律文件。根据《汉堡规则》和我国《海商法》的规定，提单是海上货物运输合同的证明，是证明货物已经由承运人接管或已装船的货物收据，是承运人保证交付货物的物权凭证。

国际公约和各国国内立法均对提单需要记载的内容做了明确的规定，以保证提单的效力。根据我国《海商法》第七十三条的规定，提单的内容主要包括以下事项。

（1）货物的品名、标志、包数或者件数、重量或者体积，以及运输危险货物时对危险性质的说明。

（2）承运人的名称和主营业所。

（3）船舶名称。

（4）托运人的名称。

（5）收货人的名称。

（6）装货港和在装货港接收货物的日期。

（7）卸货港。

（8）多式联运提单增列接收货物地点和交付货物地点。

（9）提单的签发日期、地点和份数。

（10）运费的支付。

（11）承运人或者其代表的签字。

当然，实践中，提单正面还载有其他一些项目，不同公司开立的提单的格式各不相同，但其内容大致相似，主要包括正面的内容和背面的条款。现以中国对外贸易运输总公司的提单（见式样12-4）为例，介绍每一个栏目的填写要求。

式样 12-4　海运提单

托运人 Shipper			B/L No.	
收货人或指示 Consignee or Order				
通知地址 Notify Address		中 国 对 外 贸 易 运 输 总 公 司 北　　京 BEIJING 联　运　提　单 COMBINED TRANSPORT BILL OF LADING		
前段运输 Pre-carriage by	收货地点 Place of Receipt			
海运船只 Ocean Vessel	装货港 Port of Loading	RECEIVED the foods in apparent good order and condition as specified below unless otherwise stated herein. THE Carrier, in accordance with the provisions contained in this document, 1）undertakes to perform or to procure the performance of the entire transport from the place at which the goods are taken in charge to the place designated for delivery in this document, and 2）assumes liability as prescribed in this document for such transport one of the Bills of Lading must be surrendered duty indorsed in exchange for the goods or delivery order		
卸货港 Port of Discharge	交货地点 Place of Delivery	运费支付地 Freight payable at	正本提单份数 Number of original Bs/L	
标志和号码 Marks and Nos.	件数和包装种类 Number and Kind of Packages	货名 Description of Goods	毛重（千克） Gross Weight（kgs.）	尺码（立方米） Measurement（m^3）
		以 上 细 目 由 托 运 人 提 供 ABOVE PARTICULARS FURNISHED BY SHIPPER		
运费和费用 Freight and Charges		IN WITNESS whereof the number of original bills of Lading stated above have been signed, one of which being accomplished, the other(s) to be void		
		签发地点和日期 Place and date of issue		
		代 表 承 运 人 签 字 Signed for or on behalf of the carrier		
		代　　　理 As Agents		

（1）托运人（Shipper）。托运人是指委托运输的人，在贸易中是合同的卖方，一般在填写提单 Shipper 栏目时填上卖方的名称。当然，托运人也可以是买卖双方以外的第三者，对此，国际商会第 600 号出版物《跟单信用证统一惯例》做出规定：除非 L/C 另有规定，银行将接受表明以 L/C 受益人以外的第三者作为发货人的运输单据。目前，实务中，许多货代公司将自己的公司名称填写在这一栏中。

（2）收货人（Consignee）。这一栏的填写和托运单"收货人"一栏的填写完全一致，应严格按照信用证（L/C）的有关规定填写。一般来说，提单收货人栏有三种填法，即记名收货人、凭指示和记名指示，实务中要看信用证怎么规定，具体如下：① 记名收货人。例如，信用证规定"…Bill of Lading made out ABC CO."，则提单收货人一栏应填写"ABC CO."，即货交 ABC CO.。② 凭指示，即 To Order。例如，信用证提单条款中规定"…Bill of Lading made out to order"，则提单收货人一栏应填写"To order"。③ 记名指示，即"to the order of ×××"，记名指示人（×××）可以是银行，也可以是贸易商。例如，"…Bill of Lading made out to the order of HSBC"，则提单收货人一栏应填写"To the order of HSBC"，即凭 HSBC 指示。

（3）被通知人（Notify Party/Notify Address）。这一栏内容的填写应与信用证条款相一致。例如，信用证提单条款规定"…Bill of Lading made out…notify applicant"，则在提单被通知人栏填写开证申请人的详细名称和地址。如果来证没有说明哪一方为被通知人，那么应将 L/C 中的申请人名称、地址填入副本 B/L 的这一栏中，而正本的这一栏保持空白。

（4）前段运输（Pre-carriage by）。如果货物需转运，在这一栏中填写第一程船的船名；如果货物不需转运，这一栏空白。

（5）收货地点（Place of Receipt）。如果货物需转运，这一栏填写收货港口的名称；如果货物不需转运，这一栏空白。

（6）海运船只（Ocean Vessel）。如果货物需转运，这一栏填写第二程船的船名和航次；如果货物不需转运，填写实际运输船舶的船名和航次。

（7）装货港（Port of Loading）。如果货物需转运，这一栏填写中转港口名称；如果货物不需转运，填写装运港名称。

（8）卸货港（Port of Discharge）。这一栏填写卸货港（指目的港）名称。

（9）交货地点（Place of Delivery）。这一栏填写最终目的地名称。如果货物的目的地是目的港的话，这一栏空白。

（10）标志和号码（Marks and Nos.）。该栏填写唛头，应与商业发票上的唛头完全一致。如果既无集装箱号，又无唛头，填写"N/M"。

（11）货名（Description of Goods）。本栏包括三个栏目，但无须分别填写。填写的内容包括：第一，商品名称；第二，最大包装的件数；第三，运费条款。

① 商品名称。填写内容应与托运单完全一致，不得有任何增减。在文字使用上要严格按信用证要求。

② 运费条款。在各种类型的提单中，都有运费计算这一栏目，一般有运费预付（Freight Prepaid）和运费到付（Freight Collect），使用哪一种应根据价格术语来确定。当使用 CIF 或 CFR 时，应选择运费预付；当使用 FOB 时，应采用运费到付。

有时，来证一方面规定"B/L marked freight prepaid"，另一方面又规定"价格术语为FOB"，对于这样的来证，出口公司应要求对方修改信用证；如果不修改，至少应要求对方在支付运费时加入从卖方支付运费时起至买方支付运费止这一时间内产生的利息数额。

（12）毛重（Gross Weight）。填写毛重，其内容应与托运单保持完全一致。

（13）尺码（Measurement）。填写尺码，其内容应与托运单保持一致。

（14）正本提单份数（Number of original Bs/L）。此栏显示的是船公司为承运此批货物所开具的正本提单的份数，一般是 1～3 份。标注"original"字样的是正本提单，标注"copy"字样的是副本提单。如果信用证对提单正本份数做出了规定，则应与信用证规定一致。

（15）签发地点和日期（Place and date of issue）。根据国际商会《跟单信用证统一惯例》规定，如果提单上没有预先印就"已装船"（Shipped on board…）字样，则必须在提单上加注装船批注（On board notation）。已装船提单的签发日期视为装运日期。

（16）代表承运人签字（Signed for or on behalf of the carrier）。根据国际商会《跟单信用证统一惯例》第二十三条规定：海运提单应由承运人或代表承运人的具名代理人签署证实，或由船长或代表船长的具名代理人签署证实，同时规定：承运人或船长的任何签署或证实，必须视情况可识别其为承运人或船长。代表承运人或船长签署或证实的代理人还必须表明被代理一方（即承运人或船长）名称和身份。

例如：

承运人（PACIFIC INTERNATIONAL LINES LTD）本人签发提单应签署 PACIFIC INTERNATIONAL LINES LTD AS CARRIER。

代理人（FAN CHENG INTERNATIONAL TRANSPORTATION SERVICE CO., LTD）代签提单应签署 FAN CHENG INTERNATIONAL TRANSPORTATION SERVICE CO., LTD AS AGENT FOR PACIFIC INTERNATIONAL LINES LTD AS CARRIER。

载货船长（James Brown）签发提单应签署 CAPTAIN James Brown AS MASTER。

第四节　保险单的缮制与填写

保险单（insurance policy）是保险人与被保险人之间订立保险合同的证明文件，它反映了保险人与被保险人之间的权利和义务关系，也是保险人的承保证明。当发生保险责任范围内的损失时，它又是保险索赔和理赔的主要依据。目前，在保险实务中，我国绝大多数企业采用中国人民保险公司出具的海洋货物运输保险单，也有部分企业采用英国伦敦保险业协会海运货物保险条款。

在国际贸易中是否使用保险单取决于 L/C 的规定，在确定以 FOB、CFR 价格成交时，出口方无须提交保险单；在以 CIF 价格成交时，出口方须办理保险手续，填写保险单。例如，信用证保险条款规定"Insurance Policy covered for 110% of total value against ALL Risks and as per and subject to the relevant Ocean Marine Cargo Clause of The People's Insurance Company of China dated 1/1/1981"，则要求卖方提供保险单。

现以中国人民保险公司的海洋货物运输保险单（见式样 12-5）为例，解释保险单的缮制方法。

式样 12-5 保险单

中 国 人 民 保 险 公 司
THE PEOPLE'S INSURANCE COMPANY OF CHINA

总公司设于北京　　　　　1949 年创立
Head Office: Beijing　　　Established in 1949

保　险　单　　　　　　　号次
INSURANCE   POLICY　　No.SH02/304246

中国人民保险公司（以下简称本公司）
This Policy of Insurance witnesses that The People's Insurance Company of China (hereinafter called "the Company"),
根　　据
at the request of _____
（以下简称被保险人）的要求，由 被 保 险 人 向 本 公 司 缴 付 约 定
（hereinafter called "the Insured"）and in consideration of the agreed premium paid to the Company by the
的保险费，按照本保险单承保险别和背 面 所 载 条 款 与 下 列
Insured, undertakes to insure the undermentioned goods in transportation subject to the conditions of this Policy
条 款 承 保 下 述 货 物 运 输 保 险，特 立 本 保 险 单。
as per the Clause printed overleaf and other special clauses attached hereon.

标　　记 Marks & Nos.	包装及数量 Quantity	保险货物项目 Description of Goods	保险金额 Amount Insured
As per Invoice No.			

总保险金额：
Total Amount Insured: _____

保　费　　　　　　　　费率　　　　　　　　装载运输工具
Premium: _as arranged_　　Rate _as arranged_　　Per conveyance S.S. _____
开航日期　　　　　　　　自　　　　　　　　　至
Slg.on or abt. _As Per B/L_　From _____　to _____
承保险别
Conditions

所保货物，如遇险，本 公 司 凭 本 保 险 单 及 其 他 有 关 证 件 给 付 赔 款。
Claims, if any, payable on surrender of this Policy together with other relevant documents.
所 保 货 物，如 发 生 本 保 险 单 项 下 负 责 赔 偿 的 损 失 或 事 故，
In the event of accident whereby loss or damage may result in a claim under this Policy immediate notice applying
应 立 即 通 知 本 公 司 下 述 代 理 人 查 勘。
For survey must be given to the Company's Agent as mentioned hereunder:

赔款偿付地点
Claim payable at _____
日期　　　　　　上海　　　　　　　　　　　中国人民保险公司上海分公司
Date _____ Shanghai　　　　　THE PEOPLE'S INSURANCE CO. OF CHINA
　　　　　　　　　　　　　　　　　　　　　　　SHANGHAI BRANCH
地址：中国上海中山东一路 23 号
Address: 23 Zhongshan Dong Yi Lu Shanghai, China.
Cables:42001 Shanghai.
Telex: 33128 PICCS CN

（1）被保险人（Insured）。在出口业务中，买卖双方对货物的权利通常凭单据的转移而转移，保险单中的可保利益（即货物）也随卖方转移给买方。因此，运输保险索赔几乎是由买方进行的。保险业务中的投保人和被保险人的区别被单据转让掩盖了，按照习惯，人们在被保险人一栏中填出口公司的名称，一般为信用证的受益人。

（2）唛头（标记）（Marks & Nos.）。一般与商业发票的唛头完全一致。

（3）包装及数量（Quantity）。本栏填写商品外包装的数量及种类。

（4）保险货物项目（Description of Goods）。本栏填写商品的名称，可以用总称。以上 3 个栏目的填写内容与提单一致。其中，货物一栏使用统称；标记可以只填"As Per Invoice No.×××"，因为凭保险单索赔时一定要求出具发票，这样简单地填写可使两种单据互相参照，避免因填写单据时疏忽导致单单不符的严重错误；数量一栏填写最大包装的件数。

（5）保险金额（Amount Insured）。保险金额应按信用证规定的金额及加成率投保。如果信用证对此未做规定，一般是按发票金额加一成（即 110%的发票金额）填写，但允许不按这个比率而按双方商定的比率计算而成，如允许加 2 成或 3 成甚至更多。保险单上保险金额的填写方法应该是"进一法"，即如果保险金额为 USD18 055.16，则在此栏应填写 USD18 056。

（6）保险总金额（Total Amount Insured）。这一栏目只需将保险金额以大写的形式填入，计价货币也应以全称形式填入。注意，保险金额使用的货币应与信用证使用的货币一致。

（7）保费（Premium）。这一栏一般都已由保险公司在印刷保险单时填入"as arranged"字样，出口公司在填写保险单时无须填写此栏。

（8）费率（Rate）。这一栏基本不需要由出口公司填写，保险公司已经在该栏目中印有"as arranged"字样。

（9）装载运输工具（Per conveyance S.S.）。该栏应如实填写装载船的船名。当运输采用转船方式时，应分别填写第一程船船名和第二程船船名。填写时，要按提单中相应栏目的内容填写，如提单的一程船名是"May Flower"，二程船名是"Shanghai"，本栏目应填写"May Flower/Shanghai"。

（10）开航日期（Slg. on or abt）。一般地，这一栏根据提单签发日填写，也可以填写"As Per B/L"。

（11）起讫地点（From…To…）。起点填写装运港名称，讫点填写目的港名称。当一批货物经转船到达目的港时，这一栏按照下列方法填写：From 装运港 To 目的港 W/T（VIA）转运港。

（12）承保险别（Conditions）。出口公司在制单时，只需在副本上填写这一栏的内容，当全套保险单填好交给保险公司审核、确认时，才由保险公司把承保险别的详细内容加注在正本保险单上。

承保险别可分为两大类：基本险、附加险。中国人民保险公司承保的基本险险别是平安险（F.P.A.）、水渍险（W.A.）和一切险（ALL RISKS）。在填写时，一般只需填写险别的英文缩写，同时注明险别的来源，即颁布这些险别的保险公司，如"PICC"指中国人民保险公司，"C.I.C."指中国保险条款，并标明险别生效的时间，如 PICC 或 C.I.C.颁布的险别生效时间是 1981 年 1 月 1 日。在实际业务中，对于要求投保英国协会货物条款的，我方一般也可接受。

（13）赔款偿付地点（Claim payable at）。一般将目的地作为赔付地点，故将目的地名称填入这一栏目。

（14）日期（Date）。填写保险单的签发日期。由于保险公司提供仓至仓服务，所以要求保险手续在货物离开出口方仓库前办理，保险单的日期相应地填写货物离开仓库的日期，或至少填写早于提单签发日的日期。

（15）背书（Endorsement）。海运保险单是可以经背书转让的单据。根据国际保险行业的习惯，保险单据经被保险人背书后，即随着被保险货物所有权的转移自动转到受让人手中，背书前后均不需要通知保险公司。因此，出口方只需在保险单上背书就完成了转让手续。

保险单背书一般分为空白背书和记名背书。空白背书只注明被保险人（包括出口公司的名称和经办人的名字）的名称。当来证没有明确使用哪一种背书时，可使用空白背书方式。记名背书在出口业务中较少使用，因为这一背书方式只允许被背书人（受让人）而限制其他任何人在被保险货物损失后享有向保险公司或其代理人索赔的权利，并得到合理的补偿，其背书方法与提单背书相似，在此不做阐述。

第五节 原产地证书的缮制与填写

原产地证书（certificate of origin）是一种证明货物原产地或制造地的文件，它的作用是实行差别关税、分配和控制进口配额。在出口业务中，常使用的产地证主要有普惠制产地证、出口商产地证、一般原产地证和政府间协议规定的特殊产地证。选择使用上述哪一种产地证，应根据信用证条款确定。本节主要介绍一般原产地证书和普惠制产地证书。

一、一般原产地证书

我国出口业务中采用一般原产地证书（Certificate of Origin of the People's Republic of China）证明出口货物的原产地是中华人民共和国，而且符合《中华人民共和国进出口货物原产地条例》，该文件是进口国海关确定对进口货物按何种税率征收进口税的依据。一般原产地证书（见式样12-6）的填写方法如下。

式样 12-6　一般原产地证书

ORIGINAL

1. Exporter（full name and address）	CERTIFICATE NO. **CERTIFICATE OF ORIGIN** **OF** **THE PEOPLE'S REPUBLIC OF CHINA**			
2. Consignee（full name, address, country）					
3. Means of transport and route	5. For certifying authority use only			
4. Country/region of destination					
6. Marks and numbers	7. Number and kind of packages description of goods	8. H.S.Code	9. Quantity	10. Number and date of invoices
11. Declaration by the exporter The undersigned hereby declares that the above details and statement are correct; that all the goods were produced in China and that they comply with the Rules of Origin of the People's Republic of China. Place and date, signature and stamp of authorized signatory	12. Certification It is hereby certified that the declaration by the exporter is correct. Place and date, signature and stamp of certifying authority			

(1) 填写出口公司的详细地址和名称。

(2) 填写给惠国最终收货人的名称和地址。

(3) 运输方式和运输路线，应注明起运地、目的地以及运输方式等内容。

(4) 目的地或最终目的国，即填写货物最终到达的国家。

(5) 签证当局填写。正常情况下，此栏空白。如果是"后发证书"，则加盖"ISSUED RETROSPECTIVELY"的红色印章。应当注意，日本一般不接受"后发证书"。

(6) 填写唛头和包装号码。此栏填写商品包装上的装运标志，应完整、规范并与其他单据上的装运标志一致。当唛头过长，可超出本栏，延续到第 7 栏内。一般不能简单地填写"As per invoice No. ×××"或类似内容。当无唛头时，填写"N/M"。

(7) 货物描述及包装种类。该栏目填写内容应包括如下 3 项。

① 最大包装件数，包括大、小写两种方式，如"ONE HUNDRED (100) packages"。

② 商品名称。最大包装件数和商品名称用"of"连接，如"ONE HUNDRED (100) packages of Door Locks"。

③ 使用终止符号"***"将上述内容的下一行填满。

(8) HS 编码。该栏应按照商品在《商品名称和编码协调制度》（harmonized commodity description & coding system）中的编码填写，应该与报关单中的商品编码一致。

(9) 数量或重量。此栏应按提单或其他运输单据中的毛重、数量填写。

(10) 发票号码和日期。此栏应填写两项内容：① 发票号码；② 发票日期。此栏不得空白。

(11) 出口商申明。本栏必须由出口公司指派的专人签字并签署地点、日期。该日期不能早于发票的签发日期，一般与发票的日期相同，同时不能迟于装运日期和第 12 栏"签证机关"的签发日期。

(12) 签证机关。此栏由签证当局填写机构的名称、地点和日期等，如"中国国际贸易促进委员会，2020 年 08 月于上海"。

二、普惠制产地证书

普遍优惠制产地证（generalized system of preferences certificate of origin），简称普惠制产地证（GSP），凡是对给予我国以普惠制关税优惠待遇的国家出口的受惠商品，必须提供该产地证，以作为进口国海关减免关税的依据。其中，主要书面格式为 GSP FORM A（见式样 12-7）。在我国，普惠制产地证书由出口人填写后连同普惠制产地证申请书（见式样 12-8）和商业发票等单据资料一起送交国家质量监督检验检疫总局签发。

式样 12-7　普惠制原产地证书

ORIGINAL

1. Goods consigned from（Exporter's business name, address, country）	Reference No.: **GENERALIZED SYSTEM OF PREFERENCES** **CERTIFICATE OF ORIGIN** （Combined declaration and certificate） **FORM A**
2. Goods consigned to（Consignee's name, address, country）	Issued in　**THE PEOPLE'S REPUBLIC OF CHINA** （country） See Notes, overleaf
3. Means of transport and route（as far as known）	4. For official use

5. Item number	6. Marks and numbers of packages	7. Number and kind of packages; description of goods	8. Origin criterion (see Notes overleaf)	9. Gross weight or other quantity	10. Number and date of invoices

11. Certification It is hereby certified, on the basis of control carried out, that the declaration by the exporter is correct. Place and date, signature and stamp of certifying authority	12. Declaration by the exporter The undersigned hereby declares that the above details and statements are correct; that all the goods were produced in **CHINA** ------------------------------- （country） and that they comply with the origin requirements specified for those goods in the Generalized System of Preferences for goods exported to ------------------------------- （importing country） ------------------------------- Place and date, signature of authorized signatory

第十二章 国际贸易单证的缮制与填写

式样 12-8 普惠制原产地证书申请书

普惠制原产地证书申请书

申请人单位（盖章）：   证书号：_____

申请人郑重声明：   注册号：_____

  本人是被正式授权代表出口单位办理和签署本申请书的。

  本申请书及普惠制产地证格式 A 所列内容正确无误，如发现弄虚作假，冒充格式 A 所列货物，擅改证书，自愿接受签证机关的处罚及负法律责任。现将有关情况申报如下：

生产单位		生产单位联系人电话					
商品名称 （中英文）		H.S 税目号 （以六位数码计）					
商品（FOB）总值（以美元计）				发票号			
最终销售国		证书种类划"√"			加急证书		普通证书
货物拟出运日期							
贸易方式和企业性质（请在适用处划"√"）							
正常贸易 C	来料加工 L	补偿贸易 B	中外合资 H	中外合作 Z	外商独资 D	零售 Y	展卖 M
包装数量或毛重或其他数量							

原产地标准：
本项商品是在中国生产，完全符合该给惠国给惠方案规定，其原产地情况符合以下第 ___ 条：
（1）"P"（完全国产，未使用任何进口原材料）
（2）"W" 其 H.S 税目号为……………………（含进口成分）
（3）"F"（对加拿大出口产品，其进口成分不超过产品出厂价值的40%）
本批产品是：1. 直接运输从 _____ 到 _____
      2. 转口运输从 _____ 中转国（地区）_____ 到 _____

申请人说明	领证人（签名）
	电 话：
	日 期： 年 月 日

  现提交中国出口商业发票副本一份，普惠制产地证明书格式 A（FORM A）一正二副，以及其他附件_____份，请予审核签证。

  注：凡含有进口成分的商品，必须按要求提交《含进口成分受惠商品成本明细单》。

商 检 局 联 系 记 录

  GSP FORM A 的填写方法如下。
  （1）填写出口公司的详细地址和名称。
  （2）填写给惠国最终收货人的名称和地址。
  （3）运输方式和运输路线，应注明起运地、目的地以及运输方式等内容。
  （4）此栏由签证当局填写。正常情况时，此栏空白。如果是"后发证书"，加盖"ISSUED

RETROSPECTIVELY"的红色印章。应当注意,日本一般不接受"后发证书"。

（5）项目号。本栏根据品名的个数顺序写出。例如,出现第一个品名,本栏填"1",出现第二个品名,本栏填写"2",依此类推。

（6）填写唛头和包装号码。此栏填写商品包装上的装运标志,应完整、规范并与其他单据上的装运标志一致。当唛头过长,可超出本栏,延续到第7栏内。当无唛头时,填写"N/M"。

（7）货物描述及包装种类。该栏目填写内容应包括三项：① 最大包装件数,包括大、小写两种方式,如"ONE HUNDRED（100）packages"。② 商品名称。最大包装件数和商品名称用"of"连接,如"ONE HUNDRED（100）packages of Door Locks"。③ 使用终止符号"***"将上述内容的下一行填满。

当一份 FORM A 的货物不只一种时,第5、6、7栏要做到一一对应。

（8）原产地标准。该栏应按照普惠制产地证申请书中货物原料的成分比率的不同填写相应字母：① 完全自产、无进口成分,应填写"P"。② 含有进口成分,应填写"W";经过出口国充分加工的产品输往欧盟等国时,应在"W"后加注出口产品在《海关合作理事会税则商品分类目录》（Customs Co-operation Council Nomenclature,CCCN）中的税目号。③ 加拿大出口的商品,如含有进口成分占产品出厂价值的40%以下,使用"F"。④ 出口到澳大利亚、新西兰的产品,此栏可以空白。

（9）数量或重量。此栏应按提单或其他运输单据中的毛重数量填写。

（10）发票号码和日期。此栏应填写两项内容：① 发票号码。② 发票日期。此栏不得空白。

（11）签证机关。此栏由签证当局填写机构的名称,如"中华人民共和国上海出入境检验检疫局"。

（12）出口商申明。本栏目包括产品原产国、进口国（给惠国）国名和出口公司指派的专人签字和申报地点、日期。该日期不能早于发票的签发日期,一般与发票的日期相同,同时不能迟于装运日期和第11栏"签证机关"的签发日期。

第六节　进出口货物报关单的缮制与填写

为规范进出口货物收发货人的申报行为,统一进出口货物报关单填制要求,海关总署于2019年1月22日对《中华人民共和国海关进（出）口货物报关单填制规范》（海关总署2018年第60号公告,以下简称《规范》）进行了修订。

《中华人民共和国海关进（出）口货物报关单》按进口和出口分为《中华人民共和国海关进口货物报关单》（以下简称进口货物报关单）和《中华人民共和国海关出口货物报关单》（以下简称出口货物报关单）两种,每种报关单均有47个栏目。海关总署发布的《中华人民共和国海关进（出）口货物报关单填制规范》统一规定了报关单各栏目的填写要求,报关单位（人）必须按照填制规范的要求,真实准确地填制报关单的有关栏目,并对其填报的数据的准确性和真实性承担相应的法律责任。采用"报关单""进口报关单""出口报关单"的提法,现将海关对进（出）口货物报关单的各栏目的填制内容和规定介绍如下,式样12-9为进口货物报关单,式样12-10为出口货物报关单。

式样12-9 中华人民共和国海关进口货物报关单

中华人民共和国海关进口货物报关单

式样12-10 中华人民共和国海关出口货物报关单

中华人民共和国海关出口货物报关单

1. 预录入编号

预录入编号指预录入报关单的编号，一份报关单对应一个预录入编号，由系统自动生成。

报关单预录入编号为 18 位，其中第 1～4 位为接受申报海关的代码（海关规定的《关区代码表》中相应海关代码），第 5～8 位为录入时的公历年份，第 9 位为进出口标志（"1"为进口，"0"为出口；集中申报清单"I"为进口，"E"为出口），后 9 位为顺序编号。

2. 海关编号

海关编号指海关接受申报时给予报关单的编号，一份报关单对应一个海关编号，由系统自动生成。

报关单海关编号为 18 位，其中第 1～4 位为接受申报海关的代码（海关规定的《关区代码表》中相应海关代码），第 5～8 位为海关接受申报的公历年份，第 9 位为进出口标志（"1"为进口，"0"为出口；集中申报清单"I"为进口，"E"为出口），后 9 位为顺序编号。

3. 境内收发货人

填报在海关备案的对外签订并执行进出口贸易合同的中国境内法人、其他组织名称及编码。编码填报 18 位法人和其他组织统一社会信用代码，没有统一社会信用代码的，填报其在海关的备案编码。

特殊情况下填报要求如下。

（1）进出口货物合同的签订者和执行者非同一企业的，填报执行合同的企业。

（2）外商投资企业委托进出口企业进口投资设备、物品的，填报外商投资企业，并在标记唛码及备注栏注明"委托某进出口企业进口"，同时注明被委托企业的 18 位法人和其他组织统一社会信用代码。

（3）有代理报关资格的报关企业代理其他进出口企业办理进出口报关手续时，填报委托的进出口企业。

（4）海关特殊监管区域收发货人填报该货物的实际经营单位或海关特殊监管区域内经营企业。

（5）免税品经营单位经营出口退税国产商品的，填报免税品经营单位名称。

4. 进出境关别

根据货物实际进出境的口岸海关，填报海关规定的《关区代码表》中相应口岸海关的名称及代码。

特殊情况填报要求如下。

（1）进口转关运输货物填报货物进境地海关名称及代码，出口转关运输货物填报货物出境地海关名称及代码。按转关运输方式监管的跨关区深加工结转货物，出口报关单填报转出地海关名称及代码，进口报关单填报转入地海关名称及代码。

（2）在不同海关特殊监管区域或保税监管场所之间调拨、转让的货物，填报对方海关特殊监管区域或保税监管场所所在的海关名称及代码。

（3）其他无实际进出境的货物，填报接受申报的海关名称及代码。

5. 进出口日期

进口日期填报运载进口货物的运输工具申报进境的日期。出口日期指运载出口货物的运输工具办结出境手续的日期，在申报时免予填报。无实际进出境的货物，填报海关接受申报的日期。

进出口日期为8位数字，顺序为年（4位）、月（2位）、日（2位）。

6. 申报日期

申报日期指海关接受进出口货物收发货人、受委托的报关企业申报数据的日期。以电子数据报关单方式申报的，申报日期为海关计算机系统接受申报数据时记录的日期。以纸质报关单方式申报的，申报日期为海关接受纸质报关单并对报关单进行登记处理的日期。本栏目在申报时免予填报。

申报日期为8位数字，顺序为年（4位）、月（2位）、日（2位）。

7. 备案号

填报进出口货物收发货人、消费使用单位、生产销售单位在海关办理加工贸易合同备案或征、减、免税审核确认等手续时，海关核发的《加工贸易手册》、海关特殊监管区域和保税监管场所保税账册、《征免税证明》或其他备案审批文件的编号。

一份报关单只允许填报一个备案号。具体填报要求如下。

（1）加工贸易项下货物，除少量低值辅料按规定不使用《加工贸易手册》及以后续补税监管方式办理内销征税的外，填报《加工贸易手册》编号。

使用异地直接报关分册和异地深加工结转出口分册在异地口岸报关的，填报分册号；本地直接报关分册和本地深加工结转分册限制在本地报关的，填报总册号。

加工贸易成品凭《征免税证明》转为减免税进口货物的，进口报关单填报《征免税证明》编号，出口报关单填报《加工贸易手册》编号。

对加工贸易设备、使用账册管理的海关特殊监管区域内减免税设备之间的结转，转入和转出企业分别填制进、出口报关单，在报关单"备案号"栏目填报《加工贸易手册》编号。

（2）涉及征、减、免税审核确认的报关单，填报《征免税证明》编号。

（3）减免税货物退运出口，填报《中华人民共和国海关进口减免税货物准予退运证明》的编号；减免税货物补税进口，填报《减免税货物补税通知书》的编号；减免税货物进口或结转进口（转入），填报《征免税证明》的编号；相应的结转出口（转出），填报《中华人民共和国海关进口减免税货物结转联系函》的编号。

（4）免税品经营单位经营出口退税国产商品的，免予填报。

8. 境外收发货人

境外收货人通常指签订并执行出口贸易合同中的买方或合同指定的收货人，境外发货人通常指签订并执行进口贸易合同中的卖方。

填报境外收发货人的名称及编码。名称一般填报英文名称，检验检疫要求填报其他外文名称的，在英文名称后填报，以半角括号分隔；对于AEO互认国家（地区）企业的，编码填报AEO编码，填报样式为："国别（地区）代码+海关企业编码"，例如，新加坡AEO

企业 SG123456789012（新加坡国别代码+12 位企业编码）；非互认国家（地区）AEO 企业等其他情形，编码免予填报。

特殊情况下无境外收发货人的，名称及编码填报"NO"。

9．运输方式

运输方式包括实际运输方式和海关规定的特殊运输方式，前者指货物实际进出境的运输方式，按进出境所使用的运输工具分类；后者指货物无实际进出境的运输方式，按货物在境内的流向分类。

根据货物实际进出境的运输方式或货物在境内流向的类别，按照海关规定的《运输方式代码表》选择填报相应的运输方式。

（1）特殊情况填报要求。

① 非邮件方式进出境的快递货物，按实际运输方式填报。

② 进口转关运输货物，按载运货物抵达进境地的运输工具填报；出口转关运输货物，按载运货物驶离出境地的运输工具填报。

③ 不复运出（入）境而留在境内（外）销售的进出境展览品、留赠转卖物品等，填报"其他运输"（代码 9）。

④ 进出境旅客随身携带的货物，填报"旅客携带"（代码 L）。

⑤ 以固定设施（包括输油、输水管道和输电网等）运输货物的，填报"固定设施运输"（代码 G）。

（2）无实际进出境货物在境内流转时的填报要求。

① 境内非保税区运入保税区货物和保税区退区货物，填报"非保税区"（代码 0）。

② 保税区运往境内非保税区货物，填报"保税区"（代码 7）。

③ 境内存入出口监管仓库和出口监管仓库退仓货物，填报"监管仓库"（代码 1）。

④ 保税仓库转内销货物或转加工贸易货物，填报"保税仓库"（代码 8）。

⑤ 从境内保税物流中心外运入中心或从中心运往境内中心外的货物，填报"物流中心"（代码 W）。

⑥ 从境内保税物流园区外运入园区或从园区内运往境内园区外的货物，填报"物流园区"（代码 X）。

⑦ 保税港区、综合保税区与境内（区外）（非海关特殊监管区域、保税监管场所）之间进出的货物，填报"保税港区/综合保税区"（代码 Y）。

⑧ 出口加工区、珠澳跨境工业区（珠海园区）、中哈霍尔果斯边境合作中心（中方配套区）与境内（区外）（非海关特殊监管区域、保税监管场所）之间进出的货物，填报"出口加工区"（代码 Z）。

⑨ 境内运入深港西部通道港方口岸区的货物以及境内进出中哈霍尔果斯边境合作中心中方区域的货物，填报"边境特殊海关作业区"（代码 H）。

⑩ 经横琴新区和平潭综合实验区（以下简称综合试验区）二线指定申报通道运往境内区外或从境内经二线指定申报通道进入综合试验区的货物，以及综合试验区内按选择性征收关税申报的货物，填报"综合试验区"（代码 T）。

⑪ 海关特殊监管区域内的流转、调拨货物，海关特殊监管区域、保税监管场所之间的流转货物，海关特殊监管区域与境内区外之间进出的货物，海关特殊监管区域外的加工贸易余料结转、深加工结转、内销货物，以及其他境内流转货物，填报"其他运输"（代码9）。

10. 运输工具名称及航次号

填报载运货物进出境的运输工具名称或编号及航次号。填报内容应与运输部门向海关申报的舱单（载货清单）所列相应内容一致。

（1）运输工具名称具体填报要求。

① 直接在进出境地或采用全国通关一体化通关模式办理报关手续的报关单填报要求。

a. 水路运输：填报船舶编号（来往港澳小型船舶为监管簿编号）或者船舶英文名称。

b. 公路运输：启用公路舱单前，填报该跨境运输车辆的国内行驶车牌号，深圳提前报关模式的报关单填报国内行驶车牌号+"/"+"提前报关"。启用公路舱单后，免予填报。

c. 铁路运输：填报车厢编号或交接单号。

d. 航空运输：填报航班号。

e. 邮件运输：填报邮政包裹单号。

f. 其他运输：填报具体运输方式名称，例如，管道、驮畜等。

② 转关运输货物的报关单填报要求。

a. 进口。

☐ 水路运输：直转、提前报关填报"@"+16位转关申报单预录入号（或13位载货清单号）；中转填报进境英文船名。

☐ 铁路运输：直转、提前报关填报"@"+16位转关申报单预录入号；中转填报车厢编号。

☐ 航空运输：直转、提前报关填报"@"+16位转关申报单预录入号（或13位载货清单号）；中转填报"@"。

☐ 公路及其他运输：填报"@"+16位转关申报单预录入号（或13位载货清单号）。

☐ 以上各种运输方式使用广东地区载货清单转关的提前报关货物填报"@"+13位载货清单号。

b. 出口。

☐ 水路运输：非中转填报"@"+16位转关申报单预录入号（或13位载货清单号）。如多张报关单需要通过一张转关单转关的，运输工具名称字段填报"@"。中转货物，境内水路运输填报驳船船名；境内铁路运输填报车名（主管海关4位关区代码+"TRAIN"）；境内公路运输填报车名（主管海关4位关区代码+"TRUCK"）。

☐ 铁路运输：填报"@"+16位转关申报单预录入号（或13位载货清单号），如多张报关单需要通过一张转关单转关的，填报"@"。

☐ 航空运输：填报"@"+16位转关申报单预录入号（或13位载货清单号），如多张报关单需要通过一张转关单转关的，填报"@"。

☐ 其他运输方式：填报"@"+16位转关申报单预录入号（或13位载货清单号）。

③ 采用"集中申报"通关方式办理报关手续的,报关单填报"集中申报"。

④ 免税品经营单位经营出口退税国产商品的,免予填报。

⑤ 无实际进出境的货物,免予填报。

(2) 航次号具体填报要求。

① 直接在进出境地或采用全国通关一体化通关模式办理报关手续的报关单。

a. 水路运输:填报船舶的航次号。

b. 公路运输:启用公路舱单前,填报运输车辆的 8 位进出境日期[顺序为年(4 位)、月(2 位)、日(2 位),下同]。启用公路舱单后,填报货物运输批次号。

c. 铁路运输:填报列车的进出境日期。

d. 航空运输:免予填报。

e. 邮件运输:填报运输工具的进出境日期。

f. 其他运输方式:免予填报。

② 转关运输货物的报关单。

a. 进口。

☐ 水路运输:中转转关方式填报"@"+进境干线船舶航次。直转、提前报关免予填报。

☐ 公路运输:免予填报。

☐ 铁路运输:"@"+8 位进境日期。

☐ 航空运输:免予填报。

☐ 其他运输方式:免予填报。

b. 出口。

☐ 水路运输:非中转货物免予填报。中转货物:境内水路运输填报驳船航次号;境内铁路、公路运输填报 6 位启运日期[顺序为年(2 位)、月(2 位)、日(2 位)]。

☐ 铁路拼车拼箱捆绑出口:免予填报。

☐ 航空运输:免予填报。

☐ 其他运输方式:免予填报。

③ 免税品经营单位经营出口退税国产商品的,免予填报。

④ 无实际进出境的货物,免予填报。

11. 提运单号

填报进出口货物提单或运单的编号。一份报关单只允许填报一个提单或运单号,一票货物对应多个提单或运单时,应分单填报。

具体填报要求如下。

(1) 直接在进出境地或采用全国通关一体化通关模式办理报关手续的。

① 水路运输:填报进出口提单号。如有分提单的,填报进出口提单号+"*"+分提单号。

② 公路运输:启用公路舱单前,免予填报;启用公路舱单后,填报进出口总运单号。

③ 铁路运输:填报运单号。

④ 航空运输：填报总运单号+"_"+分运单号，无分运单的填报总运单号。

⑤ 邮件运输：填报邮运包裹单号。

（2）转关运输货物的报关单。

① 进口。

a．水路运输：直转、中转填报提单号。提前报关免予填报。

b．铁路运输：直转、中转填报铁路运单号。提前报关免予填报。

c．航空运输：直转、中转货物填报总运单号+"_"+分运单号。提前报关免予填报。

d．其他运输方式：免予填报。

e．以上运输方式进境货物，在广东省内用公路运输转关的，填报车牌号。

② 出口。

a．水路运输：中转货物填报提单号；非中转货物免予填报；广东省内汽车运输提前报关的转关货物，填报承运车辆的车牌号。

b．其他运输方式：免予填报。广东省内汽车运输提前报关的转关货物，填报承运车辆的车牌号。

③ 采用"集中申报"通关方式办理报关手续的，报关单填报归并的集中申报清单的进出口起止日期[按年（4位）月（2位）日（2位）年（4位）月（2位）日（2位）]。

④ 无实际进出境的货物，免予填报。

12．货物存放地点

填报货物进境后存放的场所或地点，包括海关监管作业场所、分拨仓库、定点加工厂、隔离检疫场、企业自有仓库等。

13．消费使用单位/生产销售单位

（1）消费使用单位填报已知的进口货物在境内的最终消费、使用单位的名称，包括：

① 自行进口货物的单位。

② 委托进出口企业进口货物的单位。

（2）生产销售单位填报出口货物在境内的生产或销售单位的名称，包括：

① 自行出口货物的单位。

② 委托进出口企业出口货物的单位。

③ 免税品经营单位经营出口退税国产商品的，填报该免税品经营单位统一管理的免税店。

（3）减免税货物报关单的消费使用单位/生产销售单位应与《中华人民共和国海关进出口货物征免税证明》（以下简称《征免税证明》）的"减免税申请人"一致；保税监管场所与境外之间的进出境货物，消费使用单位/生产销售单位填报保税监管场所的名称[保税物流中心（B型）填报中心内企业名称]。

（4）海关特殊监管区域的消费使用单位/生产销售单位填报区域内经营企业（"加工单位"或"仓库"）。

（5）编码填报要求。

① 填报18位法人和其他组织统一社会信用代码。

② 无 18 位统一社会信用代码的，填报"NO"。

（6）进口货物在境内的最终消费或使用以及出口货物在境内的生产或销售的对象为自然人的，填报身份证号、护照号、台胞证号等有效证件号码及姓名。

14．监管方式

监管方式是以国际贸易中进出口货物的交易方式为基础，结合海关对进出口货物的征税、统计及监管条件综合设定的海关对进出口货物的管理方式。其代码由 4 位数字构成，前两位是按照海关监管要求和计算机管理需要划分的分类代码，后两位是参照国际标准编制的贸易方式代码。

根据实际对外贸易情况按海关规定的《监管方式代码表》选择填报相应的监管方式简称及代码。一份报关单只允许填报一种监管方式。

特殊情况下加工贸易货物监管方式填报要求如下：

（1）进口少量低值辅料（即 5000 美元以下，78 种以内的低值辅料）按规定不使用《加工贸易手册》的，填报"低值辅料"。使用《加工贸易手册》的，按《加工贸易手册》上的监管方式填报。

（2）加工贸易料件转内销货物以及按料件办理进口手续的转内销制成品、残次品、未完成品，填制进口报关单，填报"来料料件内销"或"进料料件内销"；加工贸易成品凭《征免税证明》转为减免税进口货物的，分别填制进、出口报关单，出口报关单填报"来料成品减免"或"进料成品减免"，进口报关单按照实际监管方式填报。

（3）加工贸易出口成品因故退运进口及复运出口的，填报"来料成品退换"或"进料成品退换"；加工贸易进口料件因换料退运出口及复运进口的，填报"来料料件退换"或"进料料件退换"；加工贸易过程中产生的剩余料件、边角料退运出口，以及进口料件因品质、规格等原因退运出口且不再更换同类货物进口的，分别填报"来料料件复出""来料边角料复出""进料料件复出""进料边角料复出"。

（4）加工贸易边角料内销和副产品内销，填制进口报关单，填报"来料边角料内销"或"进料边角料内销"。

（5）企业销毁处置加工贸易货物未获得收入，销毁处置货物为料件、残次品的，填报"料件销毁"；销毁处置货物为边角料、副产品的，填报"边角料销毁"。

企业销毁处置加工贸易货物获得收入的，填报为"进料边角料内销"或"来料边角料内销"。

（6）免税品经营单位经营出口退税国产商品的，填报"其他"。

15．征免性质

根据实际情况按海关规定的《征免性质代码表》选择填报相应的征免性质简称及代码，持有海关核发的《征免税证明》的，按照《征免税证明》中批注的征免性质填报。一份报关单只允许填报一种征免性质。

加工贸易货物报关单按照海关核发的《加工贸易手册》中批注的征免性质简称及代码填报。特殊情况填报要求如下：

（1）加工贸易转内销货物，按实际情况填报（如一般征税、科教用品、其他法定等）。

（2）料件退运出口、成品退运进口货物填报"其他法定"。

（3）加工贸易结转货物，免予填报。

（4）免税品经营单位经营出口退税国产商品的，填报"其他法定"。

16．许可证号

填报进（出）口许可证、两用物项和技术进（出）口许可证、两用物项和技术出口许可证（定向）、纺织品临时出口许可证、出口许可证（加工贸易）、出口许可证（边境小额贸易）的编号。

免税品经营单位经营出口退税国产商品的，免予填报。

一份报关单只允许填报一个许可证号。

17．启运港

填报进口货物在运抵我国关境前的第一个境外装运港。

根据实际情况，按海关规定的《港口代码表》填报相应的港口名称及代码，未在《港口代码表》列明的，填报相应的国家名称及代码。货物从海关特殊监管区域或保税监管场所运至境内区外的，填报《港口代码表》中相应海关特殊监管区域或保税监管场所的名称及代码，未在《港口代码表》中列明的，填报"未列出的特殊监管区"及代码。

其他无实际进境的货物，填报"中国境内"及代码。

18．合同协议号

填报进出口货物合同（包括协议或订单）编号。未发生商业性交易的免予填报。

免税品经营单位经营出口退税国产商品的，免予填报。

19．贸易国（地区）

发生商业性交易的进口填报购自国（地区），出口填报售予国（地区）。未发生商业性交易的填报货物所有权拥有者所属的国家（地区）。

按海关规定的《国别（地区）代码表》选择填报相应的贸易国（地区）中文名称及代码。

20．启运国（地区）/运抵国（地区）

启运国（地区）填报进口货物启始发出直接运抵我国或者在运输中转国（地）未发生任何商业性交易的情况下运抵我国的国家（地区）。

运抵国（地区）填报出口货物离开我国关境直接运抵或者在运输中转国（地区）未发生任何商业性交易的情况下最后运抵的国家（地区）。

不经过第三国（地区）转运的直接运输进出口货物，以进口货物的装货港所在国（地区）为启运国（地区），以出口货物的指运港所在国（地区）为运抵国（地区）。

经过第三国（地区）转运的进出口货物，如在中转国（地区）发生商业性交易，则以中转国（地区）作为启运/运抵国（地区）。

按海关规定的《国别（地区）代码表》选择填报相应的启运国（地区）或运抵国（地区）中文名称及代码。

无实际进出境的货物，填报"中国"及代码。

21．经停港/指运港

经停港填报进口货物在运抵我国关境前的最后一个境外装运港。

指运港填报出口货物运往境外的最终目的港；最终目的港不可预知的，按尽可能预知的目的港填报。

根据实际情况，按海关规定的《港口代码表》选择填报相应的港口名称及代码。经停港/指运港在《港口代码表》中无港口名称及代码的，可选择填报相应的国家名称及代码。

无实际进出境的货物，填报"中国境内"及代码。

22．入境口岸/离境口岸

入境口岸填报进境货物从跨境运输工具卸离的第一个境内口岸的中文名称及代码；采取多式联运跨境运输的，填报多式联运货物最终卸离的境内口岸中文名称及代码；过境货物填报货物进入境内的第一个口岸的中文名称及代码；从海关特殊监管区域或保税监管场所进境的，填报海关特殊监管区域或保税监管场所的中文名称及代码。其他无实际进境的货物，填报货物所在地的城市名称及代码。

离境口岸填报装运出境货物的跨境运输工具离境的第一个境内口岸的中文名称及代码；采取多式联运跨境运输的，填报多式联运货物最初离境的境内口岸中文名称及代码；过境货物填报货物离境的第一个境内口岸的中文名称及代码；从海关特殊监管区域或保税监管场所离境的，填报海关特殊监管区域或保税监管场所的中文名称及代码。其他无实际出境的货物，填报货物所在地的城市名称及代码。

入境口岸/离境口岸类型包括港口、码头、机场、机场货运通道、边境口岸、火车站、车辆装卸点、车检场、陆路港、坐落在口岸的海关特殊监管区域等。按海关规定的《国内口岸编码表》选择填报相应的境内口岸名称及代码。

23．包装种类

填报进出口货物的所有包装材料，包括运输包装和其他包装，按海关规定的《包装种类代码表》选择填报相应的包装种类名称及代码。运输包装指提运单所列货物件数单位对应的包装，其他包装包括货物的各类包装，以及植物性铺垫材料等。

24．件数

填报进出口货物运输包装的件数（按运输包装计）。特殊情况填报要求如下。

（1）舱单件数为集装箱的，填报集装箱个数。

（2）舱单件数为托盘的，填报托盘数。

不得填报为零，裸装货物填报为"1"。

25．毛重（千克）

填报进出口货物及其包装材料的重量之和，计量单位为千克，不足一千克的填报为"1"。

26．净重（千克）

填报进出口货物的毛重减去外包装材料后的重量，即货物本身的实际重量，计量单位为千克，不足一千克的填报为"1"。

27．成交方式

根据进出口货物实际成交价格条款，按海关规定的《成交方式代码表》选择填报相应的成交方式代码。

无实际进出境的货物，进口填报 CIF，出口填报 FOB。

28．运费

填报进口货物运抵我国境内输入地点起卸前的运输费用，出口货物运至我国境内输出地点装载后的运输费用。

运费可按运费单价、总价或运费率三种方式之一填报，注明运费标记（运费标记"1"表示运费率，"2"表示每吨货物的运费单价，"3"表示运费总价），并按海关规定的《货币代码表》选择填报相应的币种代码。

免税品经营单位经营出口退税国产商品的，免予填报。

29．保费

填报进口货物运抵我国境内输入地点起卸前的保险费用，出口货物运至我国境内输出地点装载后的保险费用。

保费可按保险费总价或保险费率两种方式之一填报，注明保险费标记（保险费标记"1"表示保险费率，"3"表示保险费总价），并按海关规定的《货币代码表》选择填报相应的币种代码。

免税品经营单位经营出口退税国产商品的，免予填报。

30．杂费

填报成交价格以外的、按照《中华人民共和国进出口关税条例》相关规定应计入完税价格或应从完税价格中扣除的费用。可按杂费总价或杂费率两种方式之一填报，注明杂费标记（杂费标记"1"表示杂费率，"3"表示杂费总价），并按海关规定的《货币代码表》选择填报相应的币种代码。

应计入完税价格的杂费填报为正值或正率，应从完税价格中扣除的杂费填报为负值或负率。

免税品经营单位经营出口退税国产商品的，免予填报。

31．随附单证及编号

根据海关规定的《监管证件代码表》和《随附单据代码表》选择填报除《规范》第十六条规定的许可证件以外的其他进出口许可证件或监管证件、随附单据代码及编号。

本栏目分为随附单证代码和随附单证编号两栏，其中代码栏按海关规定的《监管证件代码表》和《随附单据代码表》选择填报相应证件代码；随附单证编号栏填报证件编号。

（1）加工贸易内销征税报关单（使用金关二期加贸管理系统的除外），随附单证代码栏填报"c"，随附单证编号栏填报海关审核通过的内销征税联系单号。

（2）一般贸易进出口货物，只能使用原产地证书申请享受协定税率或者特惠税率（以下统称优惠税率）的（无原产地声明模式），"随附单证代码"栏填报原产地证书代码"Y"，在"随附单证编号"栏填报"<优惠贸易协定代码>"和"原产地证书编号"。可以使用原产地证书或者原产地声明申请享受优惠税率的（有原产地声明模式），"随附单证代码"栏填写"Y"，"随附单证编号"栏填报"<优惠贸易协定代码>"、"C"（凭原产地证书申报）或"D"（凭原产地声明申报），以及"原产地证书编号（或者原产地声明序列号）"。一份报关单对应一份原产地证书或原产地声明。各优惠贸易协定代码如下。

  "01"为"亚太贸易协定"；
  "02"为"中国—东盟自贸协定"；
  "07"为"中国—巴基斯坦自贸协定"；
  "08"为"中国—智利自贸协定"；
  "10"为"中国—新西兰自贸协定"；
  "11"为"中国—新加坡自贸协定"；
  "12"为"中国—秘鲁自贸协定"；
  "13"为"最不发达国家特别优惠关税待遇"；
  "14"为"海峡两岸经济合作框架协议（ECFA）"；
  "15"为"中国—哥斯达黎加自贸协定"；
  "16"为"中国—冰岛自贸协定"；
  "17"为"中国—瑞士自贸协定"；
  "18"为"中国—澳大利亚自贸协定"；
  "19"为"中国—韩国自贸协定"；
  "20"为"中国—格鲁吉亚自贸协定"。

  海关特殊监管区域和保税监管场所内销货物申请适用优惠税率的，有关货物进出海关特殊监管区域和保税监管场所以及内销时，已通过原产地电子信息交换系统实现电子联网的优惠贸易协定项下货物报关单，按照上述一般贸易要求填报；未实现电子联网的优惠贸易协定项下货物报关单，"随附单证代码"栏填报"Y"，"随附单证编号"栏填报"<优惠贸易协定代码>"和"原产地证据文件备案号"。"原产地证据文件备案号"为进出口货物的收发货人或者其代理人录入原产地证据文件电子信息后，系统自动生成的号码。

  向香港或者澳门特别行政区出口用于生产香港 CEPA 或者澳门 CEPA 项下货物的原材料时，按照上述一般贸易填报要求填制报关单，香港或澳门生产厂商在香港工贸署或者澳门经济局登记备案的有关备案号填报在"关联备案"栏。

  "单证对应关系表"中填报报关单上的申报商品项与原产地证书（原产地声明）上的商品项之间的对应关系。报关单上的商品序号与原产地证书（原产地声明）上的项目编号应一一对应，不要求顺序对应。同一批次进口货物可以在同一报关单中申报，不享受优惠税率的货物序号不填报在"单证对应关系表"中。

  （3）各优惠贸易协定项下，免提交原产地证据文件的小金额进口货物"随附单证代码"栏填报"Y"，"随附单证编号"栏填报"<优惠贸易协定代码>XJE00000"，"单证对应关系表"享惠报关单项号按实际填报，对应单证项号与享惠报关单项号相同。

32．标记唛码及备注

  填报要求如下。

  （1）标记唛码中除图形以外的文字、数字，无标记唛码的填报 N/M。

（2）受外商投资企业委托代理其进口投资设备、物品的进出口企业名称。

（3）与本报关单有关联关系的，同时在业务管理规范方面又要求填报的备案号，填报在电子数据报关单中"关联备案"栏。

保税间流转货物、加工贸易结转货物及凭《征免税证明》转内销货物，其对应的备案号填报在"关联备案"栏。

减免税货物结转进口（转入），"关联备案"栏填报本次减免税货物结转所申请的《中华人民共和国海关进口减免税货物结转联系函》的编号。

减免税货物结转出口（转出），"关联备案"栏填报与其相对应的进口（转入）报关单"备案号"栏中《征免税证明》的编号。

（4）与本报关单有关联关系的，同时在业务管理规范方面又要求填报的报关单号，填报在电子数据报关单中"关联报关单"栏。

保税间流转、加工贸易结转类的报关单，应先办理进口报关，并将进口报关单号填入出口报关单的"关联报关单"栏。

办理进口货物直接退运手续的，除另有规定外，应先填制出口报关单，再填制进口报关单，并将出口报关单号填报在进口报关单的"关联报关单"栏。

减免税货物结转出口（转出），应先办理进口报关，并将进口（转入）报关单号填入出口（转出）报关单的"关联报关单"栏。

（5）办理进口货物直接退运手续的，填报"<ZT"+"海关审核联系单号或者《海关责令进口货物直接退运通知书》编号"+">"。办理固体废物直接退运手续的，填报"固体废物，直接退运表××号/责令直接退运通知书××号"。

（6）保税监管场所进出货物，在"保税/监管场所"栏填报本保税监管场所编码（保税物流中心（B型）填报本中心的国内地区代码），其中涉及货物在保税监管场所间流转的，在本栏填报对方保税监管场所代码。

（7）涉及加工贸易货物销毁处置的，填报海关加工贸易货物销毁处置申报表编号。

（8）当监管方式为"暂时进出货物"（代码2600）和"展览品"（代码2700）时，填报要求如下。

① 根据《中华人民共和国海关暂时进出境货物管理办法》（海关总署令第233号，以下简称《管理办法》）第三条第一款所列项目，填报暂时进出境货物类别，如暂进六，暂出九。

② 根据《管理办法》第十条规定，填报复运出境或者复运进境日期，期限应在货物进出境之日起6个月内，如20180815前复运进境，20181020前复运出境。

③ 根据《管理办法》第七条，向海关申请对有关货物是否属于暂时进出境货物进行审核确认的，填报《中华人民共和国××海关暂时进出境货物审核确认书》编号，如<ZS海关审核确认书编号>，其中英文为大写字母；无此项目的，无须填报。

上述内容依次填报，项目间用"/"分隔，前后均不加空格。

④ 收发货人或其代理人申报货物复运进境或者复运出境的：货物办理过延期的，根据《管理办法》填报《货物暂时进/出境延期办理单》的海关回执编号，如<ZS海关回执编号>，

其中英文为大写字母；无此项目的，无须填报。

（9）跨境电子商务进出口货物，填报"跨境电子商务"。

（10）加工贸易副产品内销，填报"加工贸易副产品内销"。

（11）服务外包货物进口，填报"国际服务外包进口货物"。

（12）公式定价进口货物填报公式定价备案号，格式为："公式定价"+备案编号+"@"。对于同一报关单下有多项商品的，如某项或某几项商品为公式定价备案的，则备注栏内填报为："公式定价"+备案编号+"#"+商品序号+"@"。

（13）进出口与《预裁定决定书》列明情形相同的货物时，按照《预裁定决定书》填报，格式为："预裁定+《预裁定决定书》编号"（例如，某份预裁定决定书编号为R-2-0100-2018-0001，则填报为"预裁定 R-2-0100-2018-0001"）。

（14）含归类行政裁定报关单，填报归类行政裁定编号，格式为："c"+四位数字编号，如 c0001。

（15）已经在进入特殊监管区时完成检验的货物，在出区入境申报时，填报"预检验"字样，同时在"关联报检单"栏填报实施预检验的报关单号。

（16）进口直接退运的货物，填报"直接退运"字样。

（17）企业提供 ATA 单证册的货物，填报"ATA 单证册"字样。

（18）不含动物源性低风险生物制品，填报"不含动物源性"字样。

（19）货物自境外进入境内特殊监管区或者保税仓库的，填报"保税入库"或者"境外入区"字样。

（20）海关特殊监管区域与境内区外之间采用分送集报方式进出的货物，填报"分送集报"字样。

（21）军事装备出入境的，填报"军品"或"军事装备"字样。

（22）申报 HS 为 3821000000、3002300000 的，属于下列情况的，填报要求为：属于培养基的，填报"培养基"字样；属于化学试剂的，填报"化学试剂"字样；不含动物源性成分的，填报"不含动物源性"字样。

（23）属于修理物品的，填报"修理物品"字样。

（24）属于下列情况的，填报"压力容器""成套设备""食品添加剂""成品退换""旧机电产品"等字样。

（25）申报 HS 为 2903890020（入境六溴环十二烷），用途为"其他（99）"的，填报具体用途。

（26）集装箱体信息填报集装箱号（在集装箱箱体上标示的全球唯一编号）、集装箱规格、集装箱商品项号关系（单个集装箱对应的商品项号，半角逗号分隔）、集装箱货重（集装箱箱体自重+装载货物重量，千克）。

（27）申报 HS 为 3006300000、3504009000、3507909010、3507909090、3822001000、3822009000，不属于"特殊物品"的，填报"非特殊物品"字样。"特殊物品"定义见《出入境特殊物品卫生检疫管理规定》（国家质量监督检验检疫总局令第 160 号公布，根据国家质量监督检验检疫总局令第 184 号、海关总署令第 238 号、第 240 号、第 243 号修改）。

（28）进出口列入目录的进出口商品及法律、行政法规规定须经出入境检验检疫机构检验的其他进出口商品实施检验的，填报"应检商品"字样。

（29）申报时其他必须说明的事项。

33．项号

分两行填报。第一行填报报关单中的商品顺序编号；第二行填报备案序号，专用于加工贸易及保税、减免税等已备案、审批的货物，填报该项货物在《加工贸易手册》或《征免税证明》等备案、审批单证中的顺序编号。有关优惠贸易协定项下报关单填制要求按照海关总署相关规定执行。其中第二行特殊情况填报要求如下。

（1）深加工结转货物，分别按照《加工贸易手册》中的进口料件项号和出口成品项号填报。

（2）料件结转货物（包括料件、制成品和未完成品折料），出口报关单按照转出《加工贸易手册》中进口料件的项号填报；进口报关单按照转进《加工贸易手册》中进口料件的项号填报。

（3）料件复出货物（包括料件、边角料），出口报关单按照《加工贸易手册》中进口料件的项号填报；如边角料对应一个以上料件项号时，填报主要料件项号。料件退换货物（包括料件，不包括未完成品），进出口报关单按照《加工贸易手册》中进口料件的项号填报。

（4）成品退换货物，退运进境报关单和复运出境报关单按照《加工贸易手册》原出口成品的项号填报。

（5）加工贸易料件转内销货物（以及按料件办理进口手续的转内销制成品、残次品、未完成品）填制进口报关单，填报《加工贸易手册》进口料件的项号；加工贸易边角料、副产品内销，填报《加工贸易手册》中对应的进口料件项号。如边角料或副产品对应一个以上料件项号时，填报主要料件项号。

（6）加工贸易成品凭《征免税证明》转为减免税货物进口的，应先办理进口报关手续。进口报关单填报《征免税证明》中的项号，出口报关单填报《加工贸易手册》原出口成品项号，进、出口报关单货物数量应一致。

（7）加工贸易货物销毁，填报《加工贸易手册》中相应的进口料件项号。

（8）加工贸易副产品退运出口、结转出口，填报《加工贸易手册》中新增成品的出口项号。

（9）经海关批准实行加工贸易联网监管的企业，按海关联网监管要求，企业需申报报关清单的，应在向海关申报进出口（包括形式进出口）报关单前，向海关申报"清单"。一份报关清单对应一份报关单，报关单上的商品由报关清单归并而得。加工贸易电子账册报关单中项号、品名、规格等栏目的填制规范比照《加工贸易手册》。

34．商品编号

填报由 10 位数字组成的商品编号。前 8 位为《中华人民共和国进出口税则》和《中华人民共和国海关统计商品目录》确定的编码；9、10 位为监管附加编号。

35. 商品名称及规格型号

分两行填报。第一行填报进出口货物规范的中文商品名称，第二行填报规格型号。具体填报要求如下。

（1）商品名称及规格型号应据实填报，并与进出口货物收发货人或受委托的报关企业所提交的合同、发票等相关单证相符。

（2）商品名称应当规范，规格型号应当足够详细，以能满足海关归类、审价及许可证件管理要求为准，可参照《中华人民共和国海关进出口商品规范申报目录》中对商品名称、规格型号的要求进行填报。

（3）已备案的加工贸易及保税货物，填报的内容必须与备案登记中同项号下货物的商品名称一致。

（4）对需要海关签发《货物进口证明书》的车辆，商品名称栏填报"车辆品牌+排气量（注明 cc）+车型（如越野车、小轿车等）"。进口汽车底盘不填报排气量。车辆品牌按照《进口机动车辆制造厂名称和车辆品牌中英文对照表》中"签注名称"一栏的要求填报。规格型号栏可填报"汽油型"等。

（5）由同一运输工具同时运抵同一口岸并且属于同一收货人、使用同一提单的多种进口货物，按照商品归类规则应当归入同一商品编号的，应当将有关商品一并归入该商品编号。商品名称填报一并归类后的商品名称；规格型号填报一并归类后商品的规格型号。

（6）加工贸易边角料和副产品内销、边角料复出口，填报其报验状态的名称和规格型号。

（7）进口货物收货人以一般贸易方式申报进口属于《需要详细列名申报的汽车零部件清单》（海关总署 2006 年第 64 号公告）范围内的汽车生产件的，按以下要求填报。

① 商品名称填报进口汽车零部件的详细中文商品名称和品牌，中文商品名称与品牌之间用"/"相隔，必要时加注英文商业名称；进口的成套散件或者毛坯件应在品牌后加注"成套散件""毛坯"等字样，并与品牌之间用"/"相隔。

② 规格型号填报汽车零部件的完整编号。在零部件编号前应当加注"S"字样，并与零部件编号之间用"/"相隔，零部件编号之后应当依次加注该零部件适用的汽车品牌和车型。汽车零部件属于可以适用于多种汽车车型的通用零部件的，零部件编号后应当加注"TY"字样，并用"/"与零部件编号相隔。与进口汽车零部件规格型号相关的其他需要申报的要素，或者海关规定的其他需要申报的要素，如"功率""排气量"等，应当在车型或"TY"之后填报，并用"/"与之相隔。汽车零部件报验状态是成套散件的，应当在"标记唛码及备注"栏内填报该成套散件装配后的最终完整品的零部件编号。

（8）进口货物收货人以一般贸易方式申报进口属于《需要详细列名申报的汽车零部件清单》（海关总署 2006 年第 64 号公告）范围内的汽车维修件的，填报规格型号时，应当在零部件编号前加注"W"，并与零部件编号之间用"/"相隔；进口维修件的品牌与该零部件适用的整车厂牌不一致的，应当在零部件编号前加注"WF"，并与零部件编号之间用"/"相隔。其余申报要求同第（7）条执行。

(9) 品牌类型。品牌类型为必填项目。可选择"无品牌"（代码 0）、"境内自主品牌"（代码 1）、"境内收购品牌"（代码 2）、"境外品牌（贴牌生产）"（代码 3）、"境外品牌（其他）"（代码 4）如实填报。其中，"境内自主品牌"是指由境内企业自主开发、拥有自主知识产权的品牌；"境内收购品牌"是指境内企业收购的原境外品牌；"境外品牌（贴牌生产）"是指境内企业代工贴牌生产中使用的境外品牌；"境外品牌（其他）"是指除代工贴牌生产以外使用的境外品牌。上述品牌类型中，除"境外品牌（贴牌生产）"仅用于出口外，其他类型均可用于进口和出口。

(10) 出口享惠情况。出口享惠情况为出口报关单必填项目。可选择"出口货物在最终目的国（地区）不享受优惠关税""出口货物在最终目的国（地区）享受优惠关税""出口货物不能确定在最终目的国（地区）享受优惠关税"如实填报。进口货物报关单不填报该申报项。

(11) 申报进口已获 3C 认证的机动车辆时，填报以下信息。

① 提运单日期。填报该项货物的提运单签发日期。

② 质量保质期。填报机动车的质量保证期。

③ 发动机号或电机号。填报机动车的发动机号或电机号，应与机动车上打刻的发动机号或电机号相符。纯电动汽车、插电式混合动力汽车、燃料电池汽车为电机号，其他机动车为发动机号。

④ 车辆识别代码（VIN）。填报机动车车辆识别代码，须符合国家强制性标准《道路车辆 车辆识别代号（VIN）》（GB 16735）的要求。该项目一般与机动车的底盘（车架号）相同。

⑤ 发票所列数量。填报对应发票中所列进口机动车的数量。

⑥ 品名（中文名称）。填报机动车中文品名，按《进口机动车辆制造厂名称和车辆品牌中英文对照表》（原质检总局 2004 年 52 号公告）的要求填报。

⑦ 品名（英文名称）。填报机动车英文品名，按《进口机动车辆制造厂名称和车辆品牌中英文对照表》（原质检总局 2004 年 52 号公告）的要求填报。

⑧ 型号（英文）。填报机动车型号，与机动车产品标牌上整车型号一栏相符。

(12) 进口货物收货人申报进口属于实施反倾销反补贴措施货物的，填报"原厂商中文名称""原厂商英文名称""反倾销税率""反补贴税率"和"是否符合价格承诺"等计税必要信息。

格式要求为"|<><><><><>"。"|""<"和">"均为英文半角符号。第一个"|"为在规格型号栏目中已填报的最后一个申报要素后系统自动生成或人工录入的分割符（若相关商品税号无规范申报填报要求，则需要手工录入"|"），"|"后面 5 个"<>"内容依次为"原厂商中文名称""原厂商英文名称（如无原厂商英文名称，可填报以原厂商所在国或地区文字标注的名称，具体可参照商务部实施贸易救济措施相关公告中对有关原厂商的外文名称写法）""反倾销税率""反补贴税率""是否符合价格承诺"。其中，"反倾销税率"和"反补贴税率"填写实际值，例如，税率为 30%，填写"0.3"。"是否符合价格承诺"填写"1"或者"0"，"1"代表"是"，"0"代表"否"。填报时，5 个"<>"

不可缺项，如第3、4、5项"<>"中无申报事项，相应的"<>"中内容可以为空，但"<>"需要保留。

36．数量及单位

分三行填报。

（1）第一行按进出口货物的法定第一计量单位填报数量及单位，法定计量单位以《中华人民共和国海关统计商品目录》中的计量单位为准。

（2）凡列明有法定第二计量单位的，在第二行按照法定第二计量单位填报数量及单位。无法定第二计量单位的，第二行为空。

（3）成交计量单位及数量填报在第三行。

（4）法定计量单位为"千克"的数量填报，特殊情况下填报要求如下。

① 装入可重复使用的包装容器的货物，按货物扣除包装容器后的重量填报，如罐装同位素、罐装氧气及类似品等。

② 使用不可分割包装材料和包装容器的货物，按货物的净重填报（即包括内层直接包装的净重重量），如采用供零售包装的罐头、药品及类似品等。

③ 按照商业惯例以公量重计价的商品，按公量重填报，如未脱脂羊毛、羊毛条等。

④ 采用以毛重作为净重计价的货物，可按毛重填报，如粮食、饲料等大宗散装货物。

⑤ 采用零售包装的酒类、饮料、化妆品，按照液体/乳状/膏状/粉状部分的重量填报。

（5）成套设备、减免税货物如需分批进口，货物实际进口时，按照实际报验状态确定数量。

（6）具有完整品或制成品基本特征的不完整品、未制成品，根据《商品名称及编码协调制度》归类规则按完整品归类的，按照构成完整品的实际数量填报。

（7）已备案的加工贸易及保税货物，成交计量单位必须与《加工贸易手册》中同项号下货物的计量单位一致，加工贸易边角料和副产品内销、边角料复出口，填报其报验状态的计量单位。

（8）优惠贸易协定项下进出口商品的成交计量单位必须与原产地证书上对应商品的计量单位一致。

（9）法定计量单位为立方米的气体货物，折算成标准状况（即摄氏零度及1个标准大气压）下的体积进行填报。

37．单价

填报同一项号下进出口货物实际成交的商品单位价格。无实际成交价格的，填报单位货值。

38．总价

填报同一项号下进出口货物实际成交的商品总价格。无实际成交价格的，填报货值。

39．币制

按海关规定的《货币代码表》选择相应的货币名称及代码填报，如《货币代码表》中无实际成交币种，需将实际成交货币按申报日外汇折算率折算成《货币代码表》列明的货币填报。

40．原产国（地区）

原产国（地区）依据《中华人民共和国进出口货物原产地条例》《中华人民共和国海关关于执行〈非优惠原产地规则中实质性改变标准〉的规定》以及海关总署关于各项优惠贸易协定原产地管理规章规定的原产地确定标准填报。同一批进出口货物的原产地不同的，分别填报原产国（地区）。进出口货物原产国（地区）无法确定的，填报"国别不详"。

按海关规定的《国别（地区）代码表》选择填报相应的国家（地区）名称及代码。

41．最终目的国（地区）

最终目的国（地区）填报已知的进出口货物的最终实际消费、使用或进一步加工制造国家（地区）。不经过第三国（地区）转运的直接运输货物，以运抵国（地区）为最终目的国（地区）；经过第三国（地区）转运的货物，以最后运往国（地区）为最终目的国（地区）。同一批进出口货物的最终目的国（地区）不同的，分别填报最终目的国（地区）。进出口货物不能确定最终目的国（地区）时，以尽可能预知的最后运往国（地区）为最终目的国（地区）。

按海关规定的《国别（地区）代码表》选择填报相应的国家（地区）名称及代码。

42．境内目的地/境内货源地

境内目的地填报已知的进口货物在国内的消费、使用地或最终运抵地，其中最终运抵地为最终使用单位所在的地区。最终使用单位难以确定的，填报货物进口时预知的最终收货单位所在地。

境内货源地填报出口货物在国内的产地或原始发货地。出口货物产地难以确定的，填报最早发运该出口货物的单位所在地。

海关特殊监管区域、保税物流中心（B型）与境外之间的进出境货物，境内目的地/境内货源地填报本海关特殊监管区域、保税物流中心（B型）所对应的国内地区。

按海关规定的《国内地区代码表》选择填报相应的国内地区名称及代码。境内目的地还需根据《中华人民共和国行政区划代码表》选择填报其对应的县级行政区名称及代码。无下属区县级行政区的，可选择填报地市级行政区。

43．征免

按照海关核发的《征免税证明》或有关政策规定，对报关单所列每项商品选择海关规定的《征减免税方式代码表》中相应的征减免税方式填报。

加工贸易货物报关单根据《加工贸易手册》中备案的征免规定填报；《加工贸易手册》中备案的征免规定为"保金"或"保函"的，填报"全免"。

44．特殊关系确认

根据《中华人民共和国海关审定进出口货物完税价格办法》（以下简称《审价办法》）第十六条，填报确认进出口行为中买卖双方是否存在特殊关系，有下列情形之一的，应当认为买卖双方存在特殊关系，应填报"是"，反之则填报"否"。

（1）买卖双方为同一家族成员的。

（2）买卖双方互为商业上的高级职员或者董事的。

（3）一方直接或者间接地受另一方控制的。

（4）买卖双方都直接或者间接地受第三方控制的。

（5）买卖双方共同直接或者间接地控制第三方的。

（6）一方直接或者间接地拥有、控制或者持有对方 5%以上（含 5%）公开发行的有表决权的股票或者股份的。

（7）一方是另一方的雇员、高级职员或者董事的。

（8）买卖双方是同一合伙的成员的。

买卖双方在经营上相互有联系，一方是另一方的独家代理、独家经销或者独家受让人，如果符合前款的规定，也应当视为存在特殊关系。

出口货物免予填报，加工贸易及保税监管货物（内销保税货物除外）免予填报。

45．价格影响确认

根据《审价办法》第十七条，填报确认纳税义务人是否可以证明特殊关系未对进口货物的成交价格产生影响，纳税义务人能证明其成交价格与同时或者大约同时发生的下列任何一款价格相近的，应视为特殊关系未对成交价格产生影响，填报"否"，反之则填报"是"。

（1）向境内无特殊关系的买方出售的相同或者类似进口货物的成交价格。

（2）按照《审价办法》第二十三条的规定所确定的相同或者类似进口货物的完税价格。

（3）按照《审价办法》第二十五条的规定所确定的相同或者类似进口货物的完税价格。

出口货物免予填报，加工贸易及保税监管货物（内销保税货物除外）免予填报。

46．支付特许权使用费确认

根据《审价办法》第十一条和第十三条，填报确认买方是否存在向卖方或者有关方直接或间接支付与进口货物有关的特许权使用费，且未包括在进口货物的实付、应付价格中。

买方存在需向卖方或者有关方直接或者间接支付特许权使用费，且未包含在进口货物实付、应付价格中，并且符合《审价办法》第十三条的，在"支付特许权使用费确认"栏目填报"是"。

买方存在需向卖方或者有关方直接或者间接支付特许权使用费，且未包含在进口货物实付、应付价格中，但纳税义务人无法确认是否符合《审价办法》第十三条的，填报"是"。

买方存在需向卖方或者有关方直接或者间接支付特许权使用费且未包含在实付、应付价格中，纳税义务人根据《审价办法》第十三条，可以确认需支付的特许权使用费与进口货物无关的，填报"否"。

买方不存在向卖方或者有关方直接或者间接支付特许权使用费的，或者特许权使用费已经包含在进口货物实付、应付价格中的，填报"否"。

出口货物免予填报，加工贸易及保税监管货物（内销保税货物除外）免予填报。

47．自报自缴

进出口企业、单位采用"自主申报、自行缴税"（自报自缴）模式向海关申报时，填报"是"；反之则填报"否"。

48．申报单位

自理报关的，填报进出口企业的名称及编码；委托代理报关的，填报报关企业名称及编码。编码填报 18 位法人和其他组织统一社会信用代码。

报关人员填报在海关备案的姓名、编码、电话，并加盖申报单位印章。

49．海关批注及签章

供海关作业时签注。

其他相关用语的含义如下。

报关单录入凭单：指申报单位按报关单的格式填写的凭单，用作报关单预录入的依据。该凭单的编号规则由申报单位自行决定。

预录入报关单：指预录入单位按照申报单位填写的报关单凭单录入、打印由申报单位向海关申报，海关尚未接受申报的报关单。

报关单证明联：指海关在核实货物实际进出境后按报关单格式提供的，用作进出口货物收发货人向国税、外汇管理部门办理退税和外汇核销手续的证明文件。

《规范》所述尖括号（<>）、逗号（,）、连接符（-）、冒号（:）等标点符号及数字，填报时都必须使用非中文状态下的半角字符。

第七节　其他单证的缮制与填写

一、装箱单、重量单和尺码单的内容

装箱单（packing list）、重量单（weight memo）和尺码单（measurement list）都是商业发票的补充单据，便于国外买方在货物到达目的港时核对货物及供海关检查。在实际业务中，卖方需要提供这三种单据中的哪一种是根据来证规定及商品性质决定的。

装箱单又称包装单，是指记载或描述商品情况的单据，是商业发票的附属单据。在信用证上有"Packing Note""Packing Specifications""Specification List"等不同的写法，都是为了清楚、正确地列明每批货物逐件的花色搭配；表明所装货物的名称、规格、数量、唛头、包装、箱号、件数等情况，便于买方收货时的清点和核对。装箱单的内容必须与货物实际包装相符，与提单、发票等单据各项目一致。

重量单又称磅码单，在信用证上也有"Weight Note""Certificate of Weight"等不同的写法，它应详细清楚地表明每件货物的毛重和净重。

尺码单提供货物包件的体积，可按信用证的要求，用长（cm）×宽（cm）×高（cm）来表示，或用立方米（m^3）来表示，便于买方安排运输、装卸和存仓。

二、装箱单、重量单和尺码单的缮制和注意事项

（1）装箱单（见式样 12-11）的内容主要是说明每件货物内装的品名和数量；重量单是每件货物的毛重和净重；尺码单着重于每件货物的体积。货物的品名、件数，总的毛、净重，总的尺码都要和发票、提单、保险单、产地证等其他单据完全一致。

式样 12-11 装箱单

上海 ××× 进出口有限公司
SHANGHAI ××× I/E CORP.
PACKING LIST
ADD:27,CHUNGSHAN ROAS E1.
TEL：8621-65342517   FAX：8621-65724743

MESSR:
CRYSTAL KOBE LTD.,
1410 BROADWAY,ROOM 3000
NEW YORK,N.Y. 10018 U.S.A.

INVOICE NO.:STP015088
S/C NO.:21SSG-017
Date:NOV.8, 2018

DESCRIPTION OF GOODS	SHINPPING MARKS:
55% ACRYLIC 45% COTTON LADIES' KNITTED BLOUSE STYLE NO.H32331SE: PAYMENT BY L/C NO. L-02-I-03437 SHIPPING S/C NO.	CRYSTAL KOBE LTD., NEW YORK ORDER NO.21SSG-017 STYLE NO. H32331SE L-02-I-03437 CARTON/NO.1-120 MADE IN CHINA

COLOUR BREAKDOWN: SIZE

COLOR	PACK	S	M	L	XL	XXL	XXXL	TOTAL（PCS）
IVORY		120	360	240				720
BLACK		320	360	440				1 120
NAVYBLUE		180	180	100				460
RED		432	580	440				1 452
WHITE		78	234	156				468
BROWN		160	280	220				660
TAWNY		320	360	440				1 120
TOTAL（PCS）:								6 000

SIZE ASSORTMENT   QUANTITY

CTN NO.	COLOR	CTNS	S	M	L	XL	XXL	XXXL	（PCS）
1～20	IVORY	20	6	18	12				720
21～40	BLACK	20	16	18	22				1 120
41～50	NAVYBLUE	10	18	18	10				460
51～66	RED	16	16	28	22				1 056
67～79	WHITE	13	6	18	12				468
80～89	BROWN	10	16	28	22				660
90～109	TAWNY	20	16	18	22				1 120
110～120	RED	11	16	12	8				396

TOTAL: 6000   PCS   IN   120   CARTONS   ONLY.

GROSS WT:	2 584KGS	NET WT:	2 326KGS
MEASUREMENT:	60×40×40CBCM		11.58CBM

For and on behalf of
上海 ××× 进出口有限公司
SHANGHAI ××× I/E CORP.

Authorized Signature(s)

（2）装箱单、重量单和尺码单，原则上应单独缮制，但来证如未提"不接受联合单据"（Combined documents not acceptable）的条款，可以同发票联合在一起，但必须标明"Packing List""Weight Memo""Measurement List"字样。

（3）如来证规定"不接受联合单据"，可以利用装箱单分别冠以重量单和尺码单的单据名称，一次缮制。

（4）重量单如冠以"Certificate of Weight"的名称，最好加注"We certify that the weight are true and correct"（兹证明所有重量均正确无误）的字句。

（5）制单日期可同于发票日期，但不得早于发票日期。

本章小结

本章主要介绍国际贸易中常用的进出口单证的缮制和填写，要求学生通过学习，掌握汇票、商业发票、海运提单、保险单、原产地证书、商品检验证书、进（出）口报关单和装箱单等单证的填写并注意相关问题。

本章重要概念

| 商业发票 | 保险单 | 商品检验证书 | 汇票 |
| 海运提单 | 装箱单 | 进（出）口报关单 | 原产地证书 |

思考题

1. 请根据上海市×××进出口公司与美国 CRYSTAL KOBE LTD 洽谈含 55%丙烯酸树脂 45%的棉女士短衫签订的合同、装箱单，进口商 CRYSTAL KOBE LTD 向美国纽约银行申请开列的信用证以及补充材料填写汇票、商业发票、海运提单、保险单、商品检验证书、一般原产地证书和出口货物报关单。

补充材料：2020 年 11 月 10 日，上海市×××进出口公司向中国对外贸易运输总公司办理海运托运手续，托运单显示货物毛重为 2584 千克、体积为 11.58 立方米。货物于 2020 年 11 月 20 日装上了 ZHE LU V.031118SE 船并由承运人中国对外贸易运输总公司签发三份正本提单，提单号为 CSA1505；于 11 月 18 日向中国人民保险公司投保，保险单号为 SH01/0456980；于 11 月 15 日向中国国际贸易促进委员会提出申请，贸促会于 11 月 18 日开出一般原产地证书，其号码是 0897898，HS 编码为 6109.1000；上海×××进出口有限公司（虹口区）委托上海久盛报关公司于 2020 年 12 月 18 日向上海浦江海关（2201）申报，2020 年 12 月 20 日出口。

外汇核销单编号：28/155451

许可证号：5 CN 695897　　　HS CODE: 6109.1000

出口货物通关单：311090204038739000

B/L No.CSA1505　　Vessel：ZHELU V.031118SE

F: USD 882　　I: 0.27%

G.W: 2584.000kgs　　N.W: 2326.000kgs　　法定计量单位：件

生产厂家、发货单位同经营单位。

上海市×××进出口公司

SHANGHAI ××× IMPORT & EXPORT CORPORATION

27 Chungshan Road E.1　　SHANGHAI　CHINA

TEL：8621-65342517　　FAX：8621-65124743

TO：CRYSTAL KOBE LTD.

编号 No. 21SSG-017

售货确认书
SALES CONFIRMATION

日期　Date：AUG.26, 2020

货号 ART.NO.	品名及规格 COMMODITY AND SPECIFICATION	数量 QUANTITY	单价及价格条款 UNIT PRICE & TERMS	金额 AMOUNT
H32331SE	LADIES'55% ACRYLIC 45% COTTON KNITTED BLOUSE	500　DOZS	USD 48.5 PER DOZ CIFC3% NEW YORK	USD24 250
			总金额	

TOTAL　AMOUNT　　USD24 250

装运条款

SHIPMENT: SHIPMENT ON OR BEFOR NOV. 20, 2020 WITH PARTIAL SHIPMENTS ARE NOT ALLOWED TRANSSHIPMENT IS ALLOWED FROM SHANGHAI TO NEW YORK.

付款方式

PAYMENT: THE BUYER SHALL OPEN THOUGH A BANK ACCEPTABLE TO THE SELLER AN IRREVOCABLE L/C AT SIGHT TO REACH THE SELLER 30 DAYS BEFORE THE MONTH OF SHIPMENT REMAINED VALID FOR NEGOTIATION IN CHINA UNTIL THE 15TH DAY AFTER THE DATE OF SHIPMENT.

保　险

INSURANCE: THE SELLER SHALL COVER INSUREANCE AGAINST ALL RISKS FOR 110% OF THE TOTAL INVOICE VALLUE AS PER THE RELEVANT OCEAN MARINE CARGO CLAUSE OF P.I.C.C.DATED JAN.1, 1981.

注　意　请完全按本售货确认书开证并在证内注明本售货确认书号码。

IMPORTANT: PLEASE ESTABLISH L/C EXACTLY ACCORDING TO THE TERMS AND CONDITIONS OF THIS S/C AND WITH THIS S/C NUMBER INDICATED.

CRYSTAL KOBE LTD. CORPORATION

买方　（The Buyers）

SHANGHAI ××× I/E

卖方　（The Sellers）

LETTER OF CREDIT

07SEPT20 18:16:30　　　　　　　　　　　　　　　　　　LOGICAL TERMINAL POO5
MT:S700　　　　　　　ISSUE OF DOCUMENTARY CREDIT　　PAGE 00001
　　　　　　　　　　　　FUNC SWPR3
　　　　　　　　　　　　UMR 00182387

APPLICATIONG HEADER	0700 1586 70225 SAIB H.K.JTC×××3846 992024 001015 1447
	◆ BANK OF NEWYORK
	◆ 48 WALL STREET P. O. BOX 11000
	◆ NEW YORK，N.Y.10249，U.S.A.
USER HEADER	SERVICE CODE 103:
	BANK PRIORITY 216:
	MSG USER REF 280:
	INFO.FROMC1　116:
SEQUE NCE OF TOTAL	◆ 27:　1/2
FORM OF DOC. CREDIT	◆ 40:　IRREVOCABLE
DOC. CREDIT NUMBER	◆ 20:　L-02-I-03437
DATE OF ISSUE	◆ 31C: 20200930
EXIPRY	◆ 31D: DATE 20201205 AT NEGOTIATING BANK'S COUNTER
APPLICANT	◆ 50:　CRYSTAL KOBE LTD.,
	1410 BROADWAY,ROOM 300
	NEW YORK,N.Y. 10018 U.S.A.
BENEFICIARY	◆ 59:　SHANGHAI ××× I/E CORPORATION
	27 CHUNGSHAN ROAD E, 1
	SHANGHAI, CHINA
AMOUNT	◆ 32B: CURRENCY USD AMOUNT 23,522.50
AVAILABLE WITH/BY	◆ 41D: BANK OF CHINA BY NEGOTIATION
DRAFTS AT…	◆ 42C: DRAFTS AT SIGHT FOR FULL INVOICE VALUE
DRAWEE	◆ 42A: BANK OF NEW YORK
PARTIAL SHIPMENTS	◆ 43P: NOT ALLOWED
TRANSSHIPMENT	◆ 43T: PROHIBITED
LOADING IN CHARGE	◆ 44A: SHIPMENT FROM SHANGHAI
FOR TRANSPORT TO	◆ 44B: NEW YORK
LATEST DATE OF SHIP	◆ 44C: 20201120
DESCRIPT.OF GOODS	◆ 45A: LADIE'S 55% ACRYLIC 45% COTTON KNITED BLOUSE
	STYLE NO. H32331SE ORDER NO. 21SSG-017
	500 DOZS AT USD48.50 PER DOZ CIFC3% NEW YORK
DOCUMENTS REQUIRED	◆ 46A :

+ ORIGINAL SIGNED COMMERCIAL INVOICE IN QUADRUPLICATE INDICATING S/C NO.21SSG-017 OF SHANGHAI NEW DRAGON CO. , LTD.

+ PACKING LIST IN TRIPLICATE.

+ INSURANCE POLICY OR CERTIFICATE IN TWO FOLD AND ENDORSED IN BLANK FOR 110 PCT OF FULL TOTAL INVOICE VALUE COVERING ALL RISKS, WAR RISKS AS PER THE RELEVANT OCEAN MARINE CARGO CLAUSE OF P.I.C.C.DATED JAN.1, 1981. WITH CLAIMS, IF ANY, PAYABLE AT DESTINATION IN THE CURRENCY OF THE DRAFTS.

+ 3/3 SET OF ORIGINAL CLEAN ON BOARD MARINE BILL OF LADING MADE OUT CRYSTAL KOBE LTD.,1410 BROADWAY, ROOM 300 NEW YORK, NY10018 U.S.A. NOTIFY ABOVE MENTIONED APPLICANT WITH FULL ADRESS AND TEL. NO.559-525-70000 AND MARKED"FREIGHT PREPAID".

+ CERTIFICATE OF ORIGIN IN ONE ORIGINAL AND ONE COPY.

+ INSPECTION IS TO BE EFFECTED BEFORE SHIPMENT AND INSPECTION CERTIFICATES ARE REQUIRED TO ISSUED BY CHINA EXIT AND ENTRY INSPECION AND QUARANTINE BUREAU.

+ TEXTILE EXPORT LICENCE IN ONE ORIGINAL.

+ BENEFICIARY'S CERTIFICATE STATING THAT ALL DOCUMENTS HAS BEEN SENT TO APPLICANT IMMEDIATELY AFTER SHIPMENT.

+ CERTIFIED COPY OF BENEFICIARY'S FAX TO APPLICANT(FAX NO. 73423 FNCB HX) WITHIN 48 HOURS AFTER SHIPMENT ADVISING L/C NO., NAME OF VESSEL, DATE ,QUANTITY AND VALUE OF THE SHIPMENT.

ADDITIONAL COND.	◆ 47: T.T. REIMBURSEMENT IS PROHIBITED.
DETAILS OF CHARGES	◆ 71B: ALL BANKING CHARGES OUTSIDE NEW YORK INCLUDING REIMBURSEMENT COMMISSION ARE FOR ACCOUNT OF BENEFICIARY.
PRESENTATION PERIOD	◆ 48:

DOCUMENTS TO BE PRESENTED WITHIN 15 DAYS AFTER THE DATE OF SHIPMENT, BUT WITHIN THE VALIDITY OF THE CREDIT.

CONFIRMATION	◆ 49: WITHOUT
INSTRUCTION	◆ 78:

THE NEGOTIATION BANK MUST FORWARD THE DRAFTS AND ALL DOCUMENTS BY REGISTERED AIRMAIL DIRECT TO US(BANK OF NEWYORK 48 WALL STREET P. O. BOX 11000 NEW YORK, N.Y.10249, U.S.A.) IN ONE LOTS, UPON RECEIPT OF THE DRAFTS AND DOCUMENTS IN ORDER, WE WILL REMIT THE PROCEEDS AS INSTRUCTED BY THE NEGOTIATING BANK.

IT IS SUBJECT TO THE UNIFORM CUSTOMS AND PRACTICE FOR DOCUMENTARY CREDITS(2007 VERSION), INTERNATIONAL CHAMBER OF COMMERCE PUBLICATION NO. 600.

TRAILER: ORDER IS <MAC:><PAC:><ENG:><CHK:><PDE:>

MAC: 3CDFF889

CHK: 8A1AA1206080

上海 ××× 进出口有限公司
SHANGHAI ××× I/E CORP.
PACKING LIST

ADD：27,CHUNGSHAN ROAS E1.

TEL：8621-65342517　　FAX：8621-65724743

MESSR:
CRYSTAL KOBE LTD.,
1410 BROADWAY,ROOM 3000
NEW YORK,N.Y. 10018 U.S.A.

INVOICE NO.：STP015088
S/C NO.：21SSG-017
Date:NOV.8, 2020

DESCRIPTION OF GOODS	SHINPPING MARKS:
55% ACRYLIC 45% COTTON LADIES' KNITTED BLOUSE STYLE NO.H32331SE； PAYMENT BY L/C NO. L-02-I-03437 SHIPPING S/C NO.	CRYSTAL KOBE LTD., NEW YORK ORDER NO.21SSG-017 STYLE NO. H32331SE L-02-I-03437 CARTON/NO.1-120 MADE IN CHINA

COLOUR BREAKDOWN:　　　　　SIZE

COLOR	PACK	S	M	L	XL	XXL	XXXL	TOTAL（PCS）
IVORY		120	360	240				720
BLACK		320	360	440				1 120
NAVYBLUE		180	180	100				460
RED		432	580	440				1 452
WHITE		78	234	156				468
BROWN		160	280	220				660
TAWNY		320	360	440				1 120
TOTAL（PCS）:								6 000

SIZE ASSORTMENT　　　　QUANTITY

CTN NO.	COLOR	CTNS	S	M	L	XL	XXL	XXXL	（PCS）
1-20	IVORY	20	6	18	12				720
21-40	BLACK	20	16	18	22				1 120
41-50	NAVYBLUE	10	18	18	10				460
51-66	RED	16	16	28	22				1 056
67-79	WHITE	13	6	18	12				468
80-89	BROWN	10	16	28	22				660
90-109	TAWNY	20	16	18	22				1 120
110-120	RED	11	16	12	8				396

TOTAL:	6 000 PCS IN 120 CARTONS ONLY.		
GROSS WT:	2 584KGS	NET WT:	2 326KGS
MEASUREMENT：	60×40×40CBCM		11.58CBM

For and on behalf of
上海 ××× 进出口有限公司
SHANGHAI ××× I/E CORP.

_____

Authorized Signature（s）

学生课后阅读参考文献

[1] 吴国新，李元旭．国际贸易单证实务[M]．北京：清华大学出版社，2019．

[2] 吴国新．国际贸易理论·政策·实务[M]．上海：上海交通大学出版社，2009．

[3] EDWARD G. HNKELMAN. International payments[M]. 上海：上海外语教育出版社，2003．

[4] EDWARD G, HNKELMAN. International settlements[M]. Novato, CA: The Syndicate of World Trade Press, 2000.

第十三章　国际贸易综合实训

> **学习目的与要求**
>
> 在学习前面十二章的基础上，本章要求学生在掌握进出口贸易各个环节的理论知识点后，将各知识点：商品的品名、数量、包装、价格、贸易术语、运输、保险、付款方式以及争议预防与处理进行串联，形成合同或售货确认书的内容。在本章学习中，学生要抓住本课程的核心轴线，即合同的签订和合同的履行。
>
> 学生可以借助计算机平台，将理论与实践结合起来，学会如何与外商谈判、签订对外合同；合同签订后，学生要学会如何落实货源（签订购销合同、核算成本）；对外催开信用证（卖方）；申请开立信用证（买方）；待买方信用证到达卖方后，能够独立审核信用证；审核无误后，待卖方货物备齐后即安排报检、报关、保险、出运等手续；货物出运后，卖方按信用证要求备妥出口单据，完成出口收汇等进出口程序。本章综合性强，涉及进出口环节多，细节十分重要。

综合实训

【案情】

马先生，江西省达维进出口贸易公司总经理，他与阿联酋 AL WATHEEQ TRADING 有限责任公司总裁 MR.KAZEM SHIVA 有长达十几年的国际贸易业务关系。江西省达维进出口贸易公司是一家以出口景德镇日用陶瓷为主的综合贸易公司，而 MR.KAZEM SHIVA 长期与中国多家日用陶瓷供货商有生意往来。基于他们之间的多年贸易关系，马先生于 2020 年 7 月邀请 MR.KAZEM SHIVA 来中国洽谈购买景德镇日用陶瓷事宜。

实训一：买卖双方谈判

以下 NEGOTIATION 是马先生与 MR.KAZEM SHIVA 在 2020 年 7 月 26 日于江西省南昌市站前路江西省达维进出口贸易公司样品展厅的对话片段。

NEGOTIATION

FOR YOUR INFORMATION, MR. MA, GENERAL MANAGER, JIANGXI DA WEI IMPORT & EXPORT CO., LTD INVITED MR. KAZEM SHIVA, PRESIDENT OF AL WATHEEQ TRADING CO. LLC. TO NANCHANG FOR AN INTERVIEW IN JULY 26, 2020. FINALLY, THEY SIGN THE S/C NO. 2020NC18 IN PORCELAIN WARE.

THE CONDITIONS AND TRADE TERMS BETWEEN THEM ARE AS FOLLOWS:

M: NICE TO MEET YOU! MR. SHIVA, WELCOME TO NANCHANG.
S: EVERYTHING IS OK, MR MA. HOW ABOUT YOUR FAMILY?
M: FINE, THANKS SO MUCH. HOW ABOUT MARKET IN DUBAI?
S: NO BAD.
M: AFTER LUNCH I WILL SHOW YOU SOME NEW SAMPLES.
S: OK.

…………

S: THESE GOODS ARE QUITE IMPRESSIVE. I'M PARTICULARLY INTERESTED IN ARTILE NO. 2" SAUCER, 5" SPOON AND 4.5" BOWL + SPOON.
M: THAT IS OUR LATEST PRODUCT. SO YOU HAVE REALLY GOT EXCELLENT TASTE IN YOUR MARKET.
S: WHAT ABOUT THE PRICE?
M: 2" SAUCER USD1.65/DZ, BROWN BOX, 5" SPOON USD1.30/DZ, BROWN BOX, 4.5" BOWL + SPOON USD6.50/DZ, WITH GIFT BOX, THE PRICES ARE BASED ON CFR DUBAI.
S: I'M AFRAID THAT YOUR PRICES ARE ON THE HIGH SIDE.
M: I'M SORRY TO HEAR THAT. YOU KNOW THAT THE MATERIALS AND OCEAN FREIGHT WERE GETTING UP. ALL OF COSTS WERE MORE 10% THAN LAST YEAR.
S: UNDERSTAND, BUT YOUR COMPETITOR OFFER US SAME PRICE AS LAST YEAR.
M: MR. SHIVA, I'M DEALING IN PORCELAIN WARE OVER 15 YEARS. I CAN SUPPLY THE GOODS ARE BETTER THAN ANOTHER IN QUALITY, PACKING ETC.
S: CAN YOU ACCEPT THE PRICES AS 2" SAUCER USD1.50/DZ, 5" SPOON USD1.20/DZ, 4.5" BOWL+SPOON USD6.00/DZ?
M: I ACCEPT YOUR BID. HOW MANY CARTONS FOR EACH ITEM?
S:1×20'FCL, 400CARTONS(HALF AND HALF FOR 2" SAUCER, 5" SPOON,) 100CARTONS FOR 4.5" BOWL + SPOON. WITH 10% MORE OR LESS IN QUANTITY AND AMOUNT ARE ALLOWED.
M: SHIPMENT BEFORE OCT 31, 2020.
S: THAT'S NO PROBLEM. BUT WHAT ARE YOUR PAYMENT TERMS? USUALLY I DO BUSINESS WITH OUR SUPPLIERS ON D/P BASIS.
M: D/P IS UNACCEPTABLE TO ME. IT'S OUR USUAL PRACTICE TO REQUIRE PAYMENT BY L/C AT SIGHT.
S: OK. I AGREE TO PAY BY L/C AT SIGHT THIS TIME, BUT FOR OUR FUTURE REGULAR ORDERS, I HOPE YOU CAN ACCEPT BY D/P AT SIGHT OR DEPOSIT AND D/P AT SIGHT. THE L/C PAYMENT WILL TIE UP OUR MONEY.

M: GOOD, THANK YOU FOR YOUR COOPERATION.

…

PRODUCT INTRODUCE:

2" SAUCER 64DOZENS/ CARTON, 220CARTONS, PACKING IN BROWN BOX

5" SPOON 60DOZENS/CARTON, 220CARTONS, PACKING IN BROWN BOX

4.5" BOWL + SPOON 8DOZENS/CARTON, 110CARTONS, PACKING IN GIFT BOX

H.S.CODE: 6911.1010

THE SELLER: JIANGXI DA WEI IMPORT & EXPORT CO., LTD.

    NO. 200, ZHAN QIAN ROAD, NANCHANG, CHINA

    FAX: 0086 25 221419, 212279

THE BUYER: AL WATHEEQ TRADING CO. LLC.

    P.O.BOX 344, DUBAI, UAE.

    TEL. 265265. FAX 265656

SHIPPING MARKS: SAWAN/DUBAI INTRANSIT

SHIPMENT FROM JIUJIANG OR CHINA'S ANY PORT TO DUBAI, UAE BY SEA.

THE RELEVANT L/C WILL BE REACHED THE SELLER BEFORE AUG 20, 2020.

AS PER THE GROSS WEIGHT AND MESUMENTS OF CONTAINER, TOTAL 550CARTONS

HAD BEEN LOADED IN 1×20'. GROSS WEIGHT 16 500KGS, NET WEIGHT 13 750KGS, 25.850CBM.

THE CONTAINER NUMBER: ATKU3242759

VESSEL/VOYAGE-:XU TONG JI 8 V.5004-

INVOICE NO. 04A11-43702

DATE OF INVOICE: OCT 4, 2020

实训二：买卖双方签订售货合约

售 货 合 约
SALES CONTRACT

合约编号
Contract <u>2020NC18</u>

日期　　　签约地
Date: <u>JULY 26, 2020</u>

卖方：江西省达维进出口贸易有限公司
The Sellers: JIANGXI DA WEI IMPORT AND EXPORT CO. LTD.
NO.200, ZHAN QIAN ROAD, NANCHANG, CHINA

买方：
The Buyers: AL WATHEEQ TRDG. CO. LLC. PO BOX 344 DUBAI. U.A.E.

双方同意按下列条款由买方购进卖方售出下列商品：
The Buyers agree to buy and the Sellers agree to sell the following goods on terms and conditions as set forth below:

（1）货物名称及规格，包装及装运唛头 Name of Commodity and Specifications, Packing and Shipping Marks	（2）数量 Quantity	（3）单价 Unit price	（4）总价 Total Amount
PORCELAIN WARE OF 5" SPOON　　　（60DZS/CTN） OF 2" SAUCER　　　（64DZS/CTN） OF 4.5" BOWL+SPOON　（GIFT BOX, 8DZS/CTN） SHIPPING MARK:　SAWAN/ DUBAI INTRANSIT	13 200DZS 14 080DZS 880DZS	USD1.20 1.50 6.00	USD15 840.00 21 120.00 5280.00
TTL:	550CTNS	CFR DUBAI	USD42 240.00

（5）装运期限（Time of Shipment）：　　BEFORE OCT 31, 2020

（6）装运地点：从中国港口或内陆城市　　　　　　　　（7）目的口岸
　　Place of loading: From China port or inland city.　JIUJIANG　　Port of Destination: DUBAI

（8）保险：投保_____险，由卖方按发票金额110%投保
　　Insurance: TO BE COVERED BY BUYERS

（9）付款条件。
Terms of Payment: L/C AT SIGHT. WITHIN 15DAYS UPON RECEPIT OF L/C
该信用证/装运指示/预付货款必须在装船前____开到/通知到/付到卖方，信用证的有效期应为装船期后15天，在中国到期，否则卖方有权取消本售货合约并保留因此而发生的一切损失的索赔权。
The Covering Letter of Credit must reach the Sellers <u>AUG 20, 2020</u>_____days before shipment and is to remain valid in China 15 days after the date of Shipment, failing which the Sellers reserve the right to cancel this Sales Contract and to claim from the Buyers for losses resulting there from.

（10）本销售合同的其他事项均按背面的一般条款的规定处理，该一般条款为本销售合同不可分割的组成部分。

Other matters in connection with this sales contract shall be handled according to the general provisions on the back of the contract, the general provision are an integral part of this contract.

REMARKS:

① The Seller's LOGO Will be printed on the bottom.

② Stating on B/L "THE GOODS IN TRANSIT TO IRAN BY APPLICANT".

③ Stating "LEGALIZE BY UAE OR ANY ARAB EMBASSY".

（11）一般条款（The general provision）：

① It's mutually agreed that the Certificate of Quantity/Weight issued by Entry-Exit Inspection and Quarantine Bureau of the People's Republic of China and its branches shall be the final evidence of delivery.

双方同意以中国出入境检验检疫局及其分局出具的品质、数量/重量检验证书作为卖方交货的最终证明。

② Any disputes regarding the goods quality, the Seller should be notified by the Buyer within 15 days after the arrival of the goods at the destination specified in the Bills of Lading; any disputes regarding the goods package, quantity and specification, the Seller should be notified by the Buyer within 7 days after the arrival of goods at the destination specified in the Bill of Lading.

凡属品质异议，须于货到提单载明的目的港之日起 15 天内提出；凡属包装、数量、规格异议，须于货到提单载明的目的港之日起 7 天内提出。

③ The Seller shall not be responsible for late delivery or non-delivery in the event of Force Majeure, or any other contingencies beyond the Seller's control.

由于不可抗力或其他不可抗拒的事故，使卖方不能在合同规定的期限内交货或不能交货，卖方概不负责。

④ Any disputes arising from or in connection with this contract shall be submitted to the China International Economic and Trade Arbitration Commission, Shanghai Commission for arbitration which shall be conducted in accordance with the Commission's Arbitration rules in effect. The arbitral award is final and binding upon the both parties.

凡因执行本合同或合同有关的任何争议，应提交中国国际经济贸易仲裁委员会上海分会，根据该会现行的仲裁规则进行仲裁，仲裁裁决是终局的，对双方均有约束力。

⑤ The formation of this contract, validity, interpretation, execution and settlement of disputes shall be governed by the related laws of the People's Republic of China and United Nations Convention on International Goods Sales Contract; the PRICE TERMS is governed by " INCOTERMS 2010".

本合同的订立、效力、解释、履行和争议的解决，均受中华人民共和国法律和《联合国国际货物销售合同公约》约束；价格条款适用《2020 年国际贸易术语解释通则》。

⑥ 补充条款（Additional terms）：

⑦ This contract would come into force only after it is signed by the one of the President, Vice President, General Manager and Vice General Manager of the Seller or by the Person authorized by the President of the Seller.

本合同由卖方董事长、副董事长、总经理、副总经理或董事长授权的代理人签字方为有效。

卖方（The Sellers）：　　　　　　　　　　　买方（The Buyers）：

实训三：卖方与生产商签订购销合同

江西省达维进出口有限责任公司购销合同

兹向　　　　景德镇中新瓷厂　　　　签订以下合同：2020NC18

品名和货号	数量	单价	总价（含增值税发票）	交货期和交货地点	包装要求
金2头饭具	10 560套/110箱	5.00	52 800.00	2018.09.30	
金5寸调羹	158 400个/220箱	0.50	79 200.00		
金2寸小碟	168 960个/220箱	0.60	10 1376.00		
			合计人民币	233 376.00	

注：供应单位（甲方）必须按要货单位（乙方）要求交货，否则乙方有权拒收货物。
（1）甲方交货质量除原托允许部分2级，其余按以前标准，如金的成色要亮等。
（2）景德镇交货，包装费、包装手工费另计。
（3）乙方付2万元人民币订金，交货后在货款中扣除。如甲方未能够履行合同，须加倍返还乙方订金。

供应单位（甲方）　　　　　　　　　　要货单位（乙方）

　　签章　　　　　　　　　　　　　　　　签章

2020年8月2日　　　　　　　　　　　　2020年8月2日

实训四：卖方成本核算

江西省达维进出口贸易有限责任公司成本核算表

对外合约号与成交术语： 2020NC18 CFR DUBAI	工厂收购价（含 17%增值税） CNY 233 376.00
成交总金额： USD42 240.00	公司经营费：（按收购价 5%计提） CNY11 668.80
海运费： USD1 400.00	退税收入：（陶瓷为 11%） CNY21 941.33
保险费： 无	
佣金和折扣： 无	
FOB 净价： USD40 840.00	
小计： USD40 840.00	小计： CNY223 103.47
换汇成本：5.46	
结汇时牌价外汇（银行外汇买入价以 2020 年 7 月 29 日中国银行牌价为准）：6.12	
盈亏额： 盈：CNY249 940.80−CNY223 103.47=CNY26 837.33	
业务员签字：	
财务部签字：	
经理签字：	

实训五：买方信用证申请书填制

IRREVOCABLE DOCUMENTARY CREDIT APPLICATION

DATE:

Beneficiary (full name and address) JIANGXI DA WEI IMPORT & EXPORT CO.,LTD NO. 200 ZHAN QIAN ROAD, NANCHANG, CHINA. TEL:........... FAX:...........		L/C NO. EBIILC04010484 Ex Card no. Contract No.**2020NC18** Date and Place of expiry of the credit **DATE 20201115** **PLACE CHINA**
Partial shipments **Allowed**　　Not allowed	Transshipment **Allowed**　　Not allowed	Issue by airmail Issue by express delivery 　　　　　　　　　**Issue by tele-transmission**
Loading on board/dispatch/taking in charge at/from CHINA Not later than　**20201031** For transportation to **DUBAI**		Amount (both in figures and words) **USD42 240.00 SAY U.S.DOLLARS FORTY TWO THOUSAND TWO HUNDRED AND FORTY ONLY**
Description of goods: **ABOUT 550 CARTONS OF 28 160 DZS POR CELAIN WARE AS UNDER.** 1) ABOUT 13 200DZS OF 5" SPOON (60DZS/CTN) AT USD1.20PER DOZ. 2) ABOUT 14 080DZS OF 2" SAUCER (64DZS/CTN) AT USD1.50 PER DOZ. 3) ABOUT 880DZS OF 4.5" BOWL+SPOON (8DZS/CTN) AT USD6.00 PER DOZ. PACKING IN BROWN BOX (GIFT BOX ONLY FOR BOWL+SPOON)		Credit available with　**ANY BANK IN CHINA** By sight payment　　　　　　**By negotiation** And beneficiary's draft for **100**　% of the invoice value FOB　　　**CFR**　　　CIF　　　or other terms

Documents required: (marked with X)
1. (**X**) Signed Commercial Invoice in **4** copies indicating L/C No. and Contract No.
2. (**X**) Full set of clean on board ocean Bills of Lading made out to order and blank endorsed, marked "freight[ ]to collect [ ]prepaid[**X**]showing freight amount" notifying.
3. ( ) Air Waybills showing "freight[ ] to collect/[ ]prepaid [ ]indicating freight amount".
4. ( ) Memorandum issue by.
5. ( ) Insurance Policy/Certificate in　copies for　% of the invoice value showing claims payable in[　　]in currency of the draft, blank endorsed, covering [ ] Ocean Marine Transportation/[ ] Air Transportation/ [ ]Over Land Transportation [ ] F.P.A [ ]W.P.A.[ ]All Risks [ ]War Risks[ ]Strike Risks.
6. (**X**) Packing List/Weight Memo in **4** copies indicating quantity/gross and net weights of each package and packing conditions as called for by the L/C.
7. ( ) Certificate of Quantity/Weight in copies issued by an independent surveyor at the loading port, indicating the actual surveyed quantity/weight of shipped goods as well as the packing condition.
8. ( ) Certificate of Quality in copies issue by [ ]manufacture/[ ]public recognized surveyor/[ ].
9. (**X**) Beneficiary's Certified copy of cable/telex dispatched to the application within **7days** after shipment advising[**X**]name of vessel/ [ ]flight No./[ ]wagon No., date, quantity and value of shipment.
10. ( ) Beneficiary's Certificate certifying that extra copies of the documents have been dispatched according to the contract terms.
11. ( ) Other documents, if any.

Additional conditions:
1. (**X**) All banking charge outside the opening bank are for beneficiary's account.
2. (**X**) Documents must be presented within 15 days after the date of issuance of the transport documents but within the validity of this credit.
3. (**X**) Short Form/Blank Back B/L is not acceptable.
4. (**X**) Both quantity and amount 10% more or less are allowed.
5. (**X**) All documents to be forwarded in one lot.
6. ( ) Other terms, if any.

Account no.:　　　　　　　with　　　　　　　Name of Bank
Transacted by:
Telephone no.:

　　　　　　　　　　　　　　　　　Applicant name, signature of authorized person
　　　　　　　　　　　　　　　　　　　　　　with seal

实训六：买方信用证正文

2020AUG19 08:16:41	LOGICAL TERMINAL JX23
MT S700	ISSUE OF A DOCUMENTARY CREDIT
SEQUENCE OF TOTAL	*27 : 1/1
FORM OF DOC. CREDIT	*40A: IRREVOCABLE
DOC. CREDIT NUMBER	*20: EBIILC04010484
DATE OF ISSUE	31C: 20200820
EXPIRY	*31D: DATE 20201115 PLACE CHINA FOR PRESENTATION ONLY
APPLICANT	*50: AL WATHEEQ TRDG CO. LLC.
	P O BOX 344 DUBAI. U.A.E.
	TEL. 265265. FAX 265656
BENEFICIARY	*59: JIANGXI DAWEI IMPORT AND EXPORT CO.LTD.,
	NO. 200, ZHAN QIAN ROAD, NANCHANG, CHINA. (SEE. F.47A)
AMOUNT	*32B CURRENCY USD AMOUNT USD42240.00
POS./NEG.TOL.(%)	39A: 05/05
AVAILABLE WITH/BY	*41A: *EMIRATES BANK INTERNATIONAL PJSC
	*DUBAI
	*(HEAD OFFICE)
PARTIAL SHIPMENTS	43 P: ALLOWED
TRANSSHIPMENT	43T: ALLOWED
LOADING IN CHARGE	44A: ANY PORT IN CHINA
FOR TRANSPORT TO…….	44B: DUBAI
LATEST DATE OF SHIP.	44C: 20201031
DESCRIPT. OF GOODS	45A:

ABOUT 550 CARTONS OF 28160 DZS PORCELAIN WARE AS UNDER.

1) ABOUT 13200DZS OF 5" SPOON (60DZS/CTN) AT USD1.20PER DOZ.
2) ABOUT 14080DZS OF 2" SAUCER(64DZS/CTN) AT USD1.50 PER DOZ.
3) ABOUT 880DZS OF 4.5" BOWL + SPOON (8DZS/CTN) AT USD6.00 PER DOZ.

PACKING-IN BROWN BOX (GIFT BOX ONLY FOR BOWL +SPOON)
ALL OTHER DETAILS ARE AS PER SALES CONTRACT NO. 2013NC18 DATED 26-JULY-2020.CFR DUBAI

DOCUMENTS REQUIRED 46 A:

1. SIGNED COMMERCIAL INVOICE IN 4 COPIES STATING THE NAME AND ADDRESS OF THE MANUFACTURER/PRODUCER CERTIFYING THE ORIGIN OF GOODS AND CONTENTS TO BE TRUE AND CORRECT.
2. FULL SET OF CLEAN "ON BOARD" MARINE BILLS OF LADING PLUS ONE NON-NEGOTIABLE COPY TO BE ISSUED TO THE ORDER OF EMIRATES BANK INTERNATIONAL PJSC MARKED

FREIGHT PREPAID AND NOTIFY APPLICANT. THE BILL OF LADING MUST STATE (A) NAME. ADDRESS AND TELEPHONE NUMBER OF THE CARRYING VESSEL'S AGENT AT THE PORT OF DESTINATION AND (B) NAME, ADDRESS AND TELEPHONE NUMBER OF THE CARRIER.

3. CERTIFICATE OF ORIGIN IN DUPLICATE ISSUED/CERTIFIED BY CHINA COUNCIL FOR THE PROMOTION OF INTERNATIONAL TRADE. CERTIFYING THAT THE GOODS ARE OF CHINESE ORIGIN. STATING FULL NAME AND ADDRESS OF MANUFACTURER/PRODUCER OF THE GOODS AND ALSO NAME OF THE EXPORTER AND NAME OF THE EXPORTING COUNTRY.

4. INSURANCE COVERED LOCALLY BY APPLICANT UNDER OPEN POLICY NO. UD/OP/028/02 WITH UNITED INSURANCE COMPANY P.S.C.. P.O.BOX 1888 DUBAI. U. A. E., FAX NO. 009714 271217/ 228668, DUBAI, TEL. 009714 222440. SHIPMENT ADVICE QUOTING NAME OF THE CARRYING VESSEL. DATE OF SHIPMENT. NUMBER OF PACKAGES. SHIPPING MARKS, AMOUNT. LETTER OF CREDIT NUMBER AND POLICY NUMBER MUST BE SENT (A) TO THE ABOVE INSURANCE COMPANY BY FAX AND (B) TO APPLICANT BY FAX. COPIES OF TRANSMITTED SHIPMENT ADVICES ACCOMPANIED BY FAX TRANSMISSION REPORTS MUST ACCOMPANY THE DOCUMENTS.

5. PACKING LIST IN 4 COPIES.

6. CERTIFICATE ISSUE BY THE CARRIER/MASTER OR THEIR AGENT CERTIFING THAT THE CARRYING VESSEL IS ALLOWED BY ARAB AUTHORITIES TO CALL AT ARABIAN PORTS AND IS NOT SCHEDULED TO CALL AT ANY ISRAELI PORT DURING ITS VOYAGE TO THE UNITED ARAB EMIRATES. IN CASE OF SHIPMENT BY UNITED ARAB SHIPPING CO. LINE VESSELS SUCH CERTIFICATE IS NOT REQUIRED.

7. ONE COPY EACH OF INVOICE, CERTIFICATE OF ORIGIN, PACKING LIST AND NON-NEGOTIABLE COPY OF BILL OF LADING MUST BE SENT TO APPLICANT BY REGISTERED POST/COURIER SERVICE AND A COMPLIANCE CERTIFICATE TO THIS EFFECT ISSUED BY THE BENEFICIARY MUST ACCOMPANY THE DOCUMENTS.

ADDITIONAL CONDITIONS   47A: BENEFICIARY'S ADDRESS CONTD.

FAX. 0086 25 221419, 212279

(1) ALL DOCUMENTS MUST QUOTE ISSUING BANK'S NAME, LETTER OF CREDIT NUMBER AND DATE OF ISSUE.

(2) ALL DOCUMENTS MUST BE ISSUED IN ENGLISH LANGUAGE.

(3) GOODS MUST BE SHIPPED IN CONTAINER AND BILLS OF LADING MUST EVIDENCE COMPLIANCE AND MUST SHOW THE CONTAINER NUMBER.

(4) INVOICE TO INDICATE HARMONIZED SYSTEM COMMODITY CODE NUMBER (H.S.CODE) OF THE GOODS.

(5) SHIPPING MARKS-SAWAN/DUBAI INTRANSIT (TO BE STATED IN PACKING LIST AND BILLS OF LADING)

(6) THE USAGE OF THE WORD "ABOUT" IN THE QUANTITY AND CREDIT VALUE DENOTES TOLERANCE OF PLUS/MINUS 5 PERCENT ONLY.

DIRECTIONS TO ADVISING/PRESENTING BANK

A. WE UNDERTAKE TO HONOUR THE DRAFTS DRAWN IN CONFORMITY WITH TERMS AND CONDITONS OF THIS CREDIT.

B. THE AMOUNT OF EACH DRAWING MUST BE ENDORSED ON REVERSE OF PAGE 1 OF THIS CREDIT.

C. DOCUMENTS MUST BE COURTERED TO US IN ONE LOT TO OUR PROCESSING CENTER AT 13TH FLOOR, AL MUSSALLA TOWERS, KBALID BIN AL WALEED ROAD, P O BOX 46046, DUBAI, U. A. E.

D. PLEASE QUTOE OUR ABOVE LC REFERENCE NUMBER IN ALL YOUR COMMUNICATION AND CORRESPONDENCE TO OURSELVES.

E. A DISCREPANCY HANDLING FEE OF USD100/-OR ITS EQUIVALENT (PLUS RELATED COMMUNICATION CHARGES) WILL BE LEVIED BY US TO BENEFICIARY FOR EACH SET OF DOCUMENTS PRESENTED WITH DISCREPANCY.

F. IF DOCUMENTS ARE PRESENTED BY ANY BANK OTHER THAN THE ADVISING BANK THE PRESENTING BANK MUST CONFIRM ON THEIR COVERING SCHEDULE THAT ALL CHARGES OF ADVISING BANK HAVE BEEN PAID.

G. IN REIMBURSEMENT. WE SHALL REMIT THE PROCEEDS AT BENEFICIARY'S COST AS PER THE INSTRUCTIONS OF THE PRESENTING BANK PROVIDED DOCUMENTS RECEIVED BY US ARE FOUND IN COMPLIANCE WITH THE CREDIT TERMS.

GENERAL INSTRUCTIONS

EXCEPT SO FAR AS OTHERWISE EXPRESSELY STATED THIS CREDIT IS SUBJECT TO THE UNIFORM CUSTOMS AND PRACTICE FOR DOCUMENTARY CREDITS (2007 REVISION) INTERNATIONAL CHAMBER OF COMMERCE PUBLICATION NO. 600.

DETAILS OF CHARGES 71B: ALL BANKING CHARGES OUTSIDE U. A. E. INCLUDING REIMBURSEMENT CHARGES ARE TO BENEFICIARY'S ACCOUNT.

PRESENTATION PERIOR	48: 15 DAYS FROM SHIPMENT DATE BUT WITHIN THE CREDIT VALIDITY
CONFIRMATION	*49 WITHOUT
ADVISE THROUGH	57 D: BANK OF CHINA, JIANGXI BRANCH
	ZHAN QIAN ROAD, NANCHANG, CHINA. SWIFT BKCHCNBJJ550
TRAILER	MAC: 3EI85788 CHK: 70CFD4DF8B61

实训七：出口报关单填制

中华人民共和国海关出口货物报关单

预录入编号：834764312		海关编号：834764312		页码/页数	
境内发货人（3114920058）江西省达维进出口有限公司		出境关别 外港海关（2225）	出口日期 20201020	申报日期 20201020	
境外收货人		运输方式 航空运输	运输工具名称及航次号 XU TONG JI 8 V.5004	提运单号 PJJDXB0530016	
生产销售单位 江西省达维进出口有限公司		监管方式	征免性质 一般征税（101）	许可证号	
合同协议号 2020NC18		贸易国（地区）阿联酋	运抵国（地区）	指运港 迪拜	
包装种类 纸箱	件数 550	毛重（千克）16 500	净重（千克）13 750	成交方式 CFR	
	运费 502/1400/3	保费	杂费	备案号：E22173000004	
随附单证及编号					
标记唛码及备注 CFRUSD42 240.00 B:310100204195827000 集装箱号：ATKU3242759					

项号	商品编号	商品名称	规格类型	数量及单位	最终目的国（地区）	单价	总价	币制	征免
1	6911.1010	日用瓷/碗/调羹	(138)	16 500 千克	阿联酋	2.560	42 240.00 USD	美元	全免

特殊关系确认：	价格影响确认：	支付特许权使用费确认：	自报自交：
	兹声明以上内容承担如实申报，依法纳税之法律责任	海关批注及签章	

报关人员
3114920058312063　　申报单位（签章）
报关员　唐月华　　江西省达维进出口有限公司
申报单位
邮编　　　电话　　　填制日期 2020/10/20

实训八：出境货物订舱单

上海亚东国际货运有限公司江西分公司出境货物订舱单

经营单位 SHIPPER	JIANGXI DA WEI IMPORT AND EXPORT CO.LTD., NO.,200 ZHAN QIAN ROAD, NANCHANG, CHINA 0086 25 221419, 212279	发票号	04A11-43702	合同号	2020NC18
		L/C NO.	EBIILC04010484	收汇方式	L/C
收货人 RECEIVER		贸易国别	U.A.E.	贸易性质	GENERAL
		销售国别	IRAN	运输方式	BY SEA
抬头人 CONSIGNEE	TO THE ORDER OF EMIRATES BANK INTERNATIONAL PJSC	出口口岸	JIUJIANG	目的港	DUBAI
		可否分运	ALLOWED	可否转运	ALLOWED
通知人 NOTIFY	AL WATHEEQ TRDG CO.,LLC P O BOX 344 DUBAI. U.A.E. TEL: 265265. FAX: 265656	装运期	OCT 31ST, 2020	有效期	NOV 15TH, 2020
		运费	FREIGHT PREPAID	提单份数	ORIGINAL 3 COPY 3

提单上需注明：
1. FULL SET, CLEAN "ON BOARD", MARINE B/L PLUS ONE COPY, NOTIFY APPLICANT.MARKED "FREIGHT PREPAID" B/L STATE NAME, ADDRESS, TEL OF CARRYING VESSEL'S AGENT AND THE CARRIER.
2. CERTIFICATE BY CARRIER/MASTER, CERTIFYING THAT THE CARRYING VESSEL IS ALLOWED BY ARAB AUTHORITIES TO CALL AT ARABIAN PORTS AND IS NOT SCHEDULED TO CALL AT ANY ISRAELI PORT DURING ITS VOYAGE TO U.A.E..
3. STATING THE L/C NO. AND DATE OF ISSUE. ISSUING BANK.
4. GOODS MUST BE SHIPPED IN CONTAINER AND B/L EVIDENCE COMPLIANCE, SHOW CONTAINER NO.
5. SHIPMENT BY LINER
6. 1×20' FCL, CY-CY

唛头	货号规格、品名及成交价格	件数及包装	毛重(kg)	净重(kg)	总体积：25.85CBM
SAWAN DUBAI INTRANSIT	PORCELAIN WARE	550CARTONS	30	25	船名：
					提单号：
					提单日期
					海关编号
					海关放行日期

实训九：卖方按信用证要求将填制好的结汇单据递交议付行

Drawn under : EMIRATES BANK INTERNATIONAL PJSC
DUBAI （HEAD OFFICE）
L/C no.- EBIILC04010484 Dated: 20200820

1

Pay able with interest@------------------- % per annum

No. 04A11-43702 Exchange for------------------ Nanchang, China-----------------2020

At--/// -----Sight of this **first** of Exchange （second of exchange being unpaid）

Pay to the order of—BANK OF CHINA, JIANGXI BRANCH

The sum of-SAY U.S.DOLLARS FORTY-TWO THOUSAND TWO HUNDRED AND FORTY ONLY

To: EMIRATES BANK INTERNATIONAL PJSC

JIANGXI DA WEI IMPORT AND EXPORT CO. LTD.

江西省达维进出口贸易有限公司
JIANGXI DA WEI IMPORT AND EXPORT CO. LTD.
NO.,200 ZHAN QIAN ROAD, NANJING CHINA
FAX 0086 25 221419, 212279

COMMERCIAL INVOICE

TO:	AL WATHEEQ TRDG CO. LLC	Invoice NO.:	04A11-43702
	PO BOX 344 DUBAI. U.A.E.	S/C NO.:	2020NC18
	TEL. 265265, FAX 265656	Date of Invoice:	OCT 4, 2020

From:	JIUJIANG	To:	DUBAI
L/C NO.:	EBIILC04010484	Issued by:	EMIRATES BANK INTERNATIONAL PJSC DUBAI

Quantities and Descriptions

Shipping Marks:	550CARTONS OF 28 160 DZS PORCELAIN WARE AS UNDER		
ART NO.	QUANTITY:	UNIT PRICE:	AMOUNT:
5" SPOON (60DZS/CTN)	13 200DZS	USD1.20 PER DOZ	USD15 840.00
2" SAUCER (64DZS/CTN)	14 080DZS	1.50 PER DOZ	21 120.00
4.5"BOWL+SPOON (8DZS/CTN)	880DZS	6.00 PER DOZ	5 280.00
		CFR DUBAI	USD42 240.00

SHIPPING MARK: SAWAN/DUBAI INTRANSIT
ALL OTHER DETAILS ARE AS PER SALES CONTRACT NO. 2020NC18 DATED 26-JULY-2020.
THE NAME AND ADDRESS OF THE MANUFACTURER: ZHONG XING PORCELAIN FACTORY. NO.2 DONG FENG ROAD, JINGDEZHEN, CHINA
WE CERTIFY THAT THE ORIGIN OF GOODS AND CONTENTS ARE TRUE AND CORRECT.
H.S.CODE: 6911.1010
NAME OF ISSUING BANK: EMIRATES BANK INTERNATIONAL PJSC DUBAI
L/C NO. EBIILC04010484
DATE OF ISSUE: 20200820
TTL: 1X20' 550CARTONS, N.W.13 750KGS, G.W.16 500KGS

江西省达维进出口贸易有限公司
JIANGXI DA WEI IMPORT AND EXPORT CO. LTD.

江西省达维进出口贸易有限公司
JIANGXI DA WEI IMPORT AND EXPORT CO. LTD.
NO.200 ZHAN QIAN ROAD, NANCHANG, CHINA
FAX 0086 25 221419, 212279

PACKING LIST

Shipping marks: To: AL WATHEEQ TRDG CO., LLC

PO BOX 344 DUBAI. U.A.E.

TEL. 265265, FAX 265656

Number: 04A11-43702

Date: OCT 4, 2020

Total No. of Package: 550CARTONS

Total N.W.   13 750KGS

550CARTONS OF 28160 DZS PORCELAIN WARE AS UNDER   Gross Weight: 16 500KGS

PACKAGE NO.	ARTICLE NO.	DESCRIPTION	QUANTITY	N.W.	G.W.	MEAS.
1~220	5"	SPOON	60DZS/CTN	220CARTONS	25KGS	30KGS
221~440	2"	SAUCER	64DZS/CTN	220CARTONS	25KGS	30KGS
441~550	4.5"	BOWL+SPOON	8DZS/CTN	110CARTONS	25KGS	30KGS

TTL: 25.850CBM, 1X20'

SHIPPING MARK: SAWAN/DUBAI INTRANSIT

NAME OF ISSUING BANK: EMIRATES BANK INTERNATIONAL PJSC DUBAI

L/C NO. EBIILC04010484

DATE OF ISSUE: 20200820

PACKING: IN BROWN BOX (GIFT BOX ONLY FOR BOWL+ SPOON)

江西省达维进出口贸易有限公司

JIANGXI DAWEI IMPORT AND EXPORT CO. LTD.

1. Exporter JIANGXI DA WEI IMPORT AND EXPORT CO. LTD., NO. 200 ZHAN QIAN ROAD, NANCHANG, CHINA.	Certificate No. **CERTIFICATION OF ORIGIN**			
2. Consignee AL WATHEEQ TRADING CO.,LLC	**OF** **THE PEOPLE'S REPUBLIC OF CHINA**			
3. Means of transport and route FROM JIUJIANG PORT TO JEBEL ALI PORT/DUBAI BY VESSEL	5. For certifying authority use only			
4. Country/region of destination U.A.E.				
6. Marks and numbers SAWAN DUBAIINTRANSIT ------------------------	7. Number and kind of packages: description of goods 550CARTONS OF 28 160DZS PORCELAIN WARE. WE CERTIFY THAT THE GOODS ARE OF CHINESE ORIGIN. NAME AND ADDRESS OF PRODUCER OF THE GOODS: ZHONG XING PORCELAINFACTORY. NO.2 DONG FENG ROAD, JINGDEZHEN, CHINA JIANGXI DA WEI IMPORT AND EXPORT CO. LTD. EXPORTER COUNTRY: CHINA NAME OF ISSUING BANK: EMIRATES BANK INTERNATIONAL PJSC DUBAI L/C NO. EBIILC04010484 DATE OF ISSUE: 20200820	8. H.S.Code 6911.1010 -------------	9. Quantity 28 160DZS 550CARTONS ----------------	10. Number and date of invoice 04A11-43702 OCT 4TH, 2020 ----------------
11. Declaration by the exporter The undersigned hereby declares that the above Details and statements are correct, that all the goods were produced in China and that they comply with the Rules of Origin of the People's Republic of China. JIANGXI, CHINA. OCT 18, 2020 --- Place and date. Signature and stamp of authorized signatory	12. Certification It is hereby certified that the declaration by the exporter is correct. JIANGXI, CHINA. OCT 18, 2018 --- Place and date, signature and stamp of certifying authority			

PACIFIC INTERNATIONAL LINES LTD
BILL OF LADING

SHIPPER/EXPORT (COMPLETE NAME AND ADDRESS) JIANGXI DA WEI IMPORT AND EXPORT CO. LTD. FOREIGN TRADE BUILDING, 200 ZHAN QIAN ROAD, NANCHANG, CHINA FAX: 0086 25 221419, 212279	BOOKING NO.-------	BILL OF LADING NO. – PPJJDXB0530016----------
	EXPORT REFERENCE	
CONSIGNEE (COMPLETE NAME AND ADDRESS) TO THE ORDER OF EMIRATES BANK INTERNATIONAL PJSC	FORWARDING AGENT-REFERENCE PACIFIC SHIPPING AND FORWARDING P O BOX 50702, DUBAI, SHIPPING TOWER, SECOND FLOOR. OPPOSITE DUBAI PORT, UAE TEL:+9714-3933555	
NOTIFY PARTY (COMPLETE NAME AND ADDRESS) AL WATHEEQ TRDG CO.LLC PO BOX 344 DUBAI. U.A.E. TEL. 265265, FAX 265656	ALSO NOTIFY PARTY-ROUTING & INSTRUCTIONS	
PRE-CARRIAGE BY------	PLACE OF RECEIPT BY CARRIER	
VESSEL/VOYAGE----- XU TONG JI 8 V.5004-----	PORT OF LOADING: JIUJIANG	ORIGINALS TO BE RELEASED AT: JIUJIANG
PORT OF DESCHARGE DUBAI	PLACE OF DELIVERY BY CARRIER	

PARTICULARS FURNISHED BY SHIPPER					
CNTR NO. SEAL NO. MARKS & NUMBERS	QUANTITY PACKAGES	DESCRIPTION OF PACKAGES AND GOODS			GROSS WEIGHT	MEASURE-MENT
SAWAN DUBAI INTRANSIT CONTAINER NO. ATKU3242759	550CARTON	550CARTONS OF 28 160 DZS PORCELAIN WARE **1X20' FCL CY-CY** NAME OF ISSUING BANK:EMIRATES BANK INTERNATIONAL PJSC DUBAI L/C NO. EBIILC04010484 DATE OF ISSUE: 20200820 **GOODS HAVE SHIPPED IN CONTAINER FREIGHT PREPAID** **SAY: FIVE HUNDRED FIFTY CARTONS ONLY.**			16 500KGS	25.850CBM

FREIGHT & CHARGES PAYABLE AT/BY				THE RECEIPT, CUSTODY, CARRIAGE AND DELIVERY OF THE GOODS ARE SUBJECT TO THE TERMS AAPPEARING ON THE TACE AND BACK HEREOF AND TO THE CARRIER'S APPLICABLE TARIFF. IN WITNESS WHEREOF THREE ORIGINAL BILLS OF LADING HAVE BEEN SIGNED, ONE OF WHICH BEING ACCOMPLISHED, THE OTHERS TO BE VOID.	
CODE TARIFF ITEM		PREPAID	COLLECT		
PLACE AND DATE OF ISSUE: JIUJIANG OCT 23, 2020				SIGNED BY:--------------	AS AGENT FOR THE CARRIER: **PACIFIC INTERNATIONAL LINES LTD**

EMS

========================国际特快专递邮件详情单========================

中华人民共和国邮政　POST OF CHINA

OFFICE OR ORIGIN　交寄日期时间 　　　　　　　　DATE AND TIME OF POSTING 　　　　　　　　OCT 25, 2020 11:15 AM FROM: 　　　　　　　　JIANGXI DA WEI　IMPORT 　　　　　　　　AND EXPORT CO.LTD., 　　　　　　　　200 ZHAN QIAN ROAD, 　　　　　　　　NANCHANG, CHINA. TEL NO. FAX. 0086 25 221419, 212279	收件人地址： TO: 　　　　AL WATHEEQ TRDG CO. LLC 　　　　P O BOX　344 DUBAI. U.A.E. 　　　　TEL. 265265. FAX　265656 TEL NO.009714 265265. FAX 009714 265656
NAME OF ISSUING BANK: EMIRATES BANK INTERNATIONAL PJSC DUBAI **L/C NO. EBIILC04010484** **DATE OF ISSUE: 20200820**	WEIGHT　　KG / POSTAGE OTHER FEE / TOTAL SENDER'S SIGN / EMS SIGN / RECEIVER'S SIGN（DATE AND TIME）

CERTIFICATE　A

DATE: OCT 23, 2020
B/L NO. PJJDXB0530016
VESSEL/VOY: XU TONG JI 8 V. 5004
WE HEREBY CERTIFY THAT THE CARRYING VESSEL IS ALLOWED BY ARAB AUTHORITIES TO CALL AT ARABIAN PORTS AND IS NOT SCHEDULED TO CALL AT ANY ISRAELI PORT DURING ITS VOYAGE TO THE UNITED ARAB EMIRATES.
NAME OF ISSUING BANK: EMIRATES BANK INTERNATIONAL PJSC DUBAI
L/C NO. EBIILC04010484
DATE OF ISSUE: 20200820

PACIFIC INTERNATIONAL LINE
(SIGNATURE)

CERTIFICATE B

DATE: OCT 23, 2020
WE HEREBY CERTIFY THAT ONE COPY EACH OF INVOICE, CERTIFICATE OF ORIGIN, PACKING LIST AND NON-NEGOTIABLE COPY OF BILL OF LADING HAD BEEN SENT TO APPLICANT BY REGISTERED POST.
NAME OF ISSUING BANK: EMIRATES BANK INTERNATIONAL PJSC DUBAI
L/C NO. EBIILC04010484
DATE OF ISSUE: 20200820

江西省达维进出口贸易有限公司
JIANGXI DA WEI IMPORT AND EXPORT CO. LTD.
(SIGNATURE)

本章小结

本章进行国际贸易综合实训，可以将学生编成十人一组，分别担任外商、外贸业务员、工厂代表、单证员、跟单员、检验检疫、海关、出口地银行、进口地银行、货代（船公司）等角色，共同演绎国际贸易的全过程。学生可以选择不同的商品，根据学生的外语熟练程度以及对商品的了解程度，外商与外贸业务员之间的谈判必须用外语进行，谈判时间可长可短、可简易可复杂、知识点可多可少，灵活掌握；工厂代表、单证员、跟单员、检验检疫、海关、出口地银行、进口地银行、货代（船公司）等各角色要进入状态，实时处理国际贸易过程的相关业务，本章重点是每位学生要熟悉国际贸易的基本流程，并加以运用。

学生课后阅读参考文献

[1] 吴百福. 进出口贸易实务教程[M]. 上海：上海人民出版社，2003.
[2] 黎孝先. 国际贸易实务[M]. 北京：对外贸易教育出版社，2004.
[3] 祝卫. 国际贸易操作能力实用教程[M]. 上海：上海人民出版社，2006.
[4] 吴国新. 国际贸易理论与实务[M]. 北京：机械工业出版社，2016.
[5] 陈翀. 进出口贸易模拟实训教程[M]. 上海：立信会计出版社，2007.
[6] 夏合群. 国际贸易实务模拟操作教程[M]. 北京：对外经济贸易大学出版社，2008.
[7] 孟祥年. 国际贸易实务模拟操作教程[M]. 北京：对外经济贸易大学出版社，2002.

参考文献

[1] 陈宪，韦金鸾，应诚敏．国际贸易理论与实务[M]．北京：高等教育出版社，2009．

[2] 陈岩，刘玲．UCP600与信用证精要[M]．北京：对外经济与贸易大学出版社，2007．

[3] 宫焕久．进出口业务教程[M]．上海：格致出版社，上海人民出版社，2009．

[4] 顾民．信用证特别条款与UCP500实务[M]．北京：对外经济贸易大学出版社，2007．

[5] 国际商会（ICC）编写．国际贸易术语解释通知2020[M]．北京：中国民主法治出版社，2010．

[6] 海关总署报关员资格考试教材编写委员会．报关员资格全国统一考试教材[M]．北京：中国海关出版社，2005．

[7] 海关总署报关员资格考试教材编写委员会．报关员资格全国统一考试辅导教材[M]．北京：中国海关出版社，2005．

[8] 侯学文．国际贸易实务[M]．北京：清华大学出版社，2009．

[9] 梁琦．国际结算[M]．北京：高等教育出版社，2009．

[10] 鲁照旺．采购法务与合同管理[M]．北京：机械工业出版社，2009．

[11] 帅建林．国际贸易实务[M]．北京：对外经济贸易大学出版社，2008．

[12] 王志明，顾建清．报关综合实务[M]．大连：东北财经大学出版社，2005．

[13] 王斌义．报检员业务操作指引[M]．北京：对外经济贸易大学出版社，2005．

[14] 吴国新，李元旭，何一红．国际贸易单证实务[M]．4版．北京：清华大学出版社，2018．

[15] 吴国新，毛小明．国际贸易实务[M]．北京：清华大学出版社，2019．

[16] 吴国新．国际贸易理论·政策·实务[M]．上海：上海交通大学出版社，2017．

[17] 应诚敏，刁德霖．国际结算[M]．北京：高等教育出版社，2009．

[18] 中国国际货运代理协会．国际海上货运代理理论与实务[M]．北京：中国对外经济贸易出版社，2005．

[19] 中华人民共和国合同法[M]．北京：法律出版社，2008．

[20] 中华人民共和国海关总署官网．http://www.customs.gov.cn/．

后 记

《国际贸易实务(第四版)》是对第三版的进一步修订。本书参编作者均为各高校多年从事"国际贸易实务"教学、具有丰富实践经验的老师。在此,首先感谢参编本书的全体同仁,我们来自不同的高校,在编写教材的过程中,全体同仁体现了较好的团队合作精神;其次,我们要感谢清华大学出版社在本书编写过程中给予的帮助和支持;再次,要感谢在编写本书过程中给我们提供案例资料的企业界的朋友,他们是:上海联集国际货运有限公司的季惠英,上海国顺玩具有限公司的施燕,上海佳达航空国际货运代理有限公司的庞焱,中海集装箱运输股份有限公司客户服务中心的客服部经理郭健飞女士等。

参加本教材编写的其他老师包括李智玲、刘斌、宋志培、赵承勇、杨勐、郭峥嵘、陈红进、汪浩泳、范冬云、潘红梅、谷冬青、刘一君、姚博、陈君丽、顾雅婷等。

编 者

2021 年 6 月 26 日